上海市人民政府发展研究中心系列报告

[周振华 等著]

新改革·新开放·新红利

中国经济分析2013—2014

格致出版社 上海人民出版社

“中国经济分析”系列

为中国丰富多变的改革实践
贡献中国经济学人
不竭的智慧和社会关怀

《走向市场》(1978–1993)
《企业改制》(1994)
《地区发展》(1995)
《增长转型》(1996)
《结构调整》(1997–1998)
《金融改造》(1999)
《挑战过剩》(2000)
《收入分配》(2001–2002)
《政府选择》(2004–2005)
《外部冲击与经济波动》(2008–2009)
《经济复苏与战略调整》(2009–2010)
《复苏调整中的双重压力：预防滞胀》(2010–2011)
《危机中的增长转型：新格局与新路径》(2011–2012)
《新机遇·新风险·新选择》(2012–2013)
《新改革·新开放·新红利》(2013–2014)

前　言

中国经济体制改革与经济发展已经走过了30多个年头。回首凝眸，筚路蓝缕，逸态横生；抬首远瞻，椎轮大辂，大成有望。在中国经济发展正处在重要的转型发展的关键阶段，面对发展的实践和经验，面对全面深化改革的战略部署，也面对一系列新的矛盾和问题，对我们经济理论工作者来说，也提出了不可推卸的历史责任，即要求我们面对新的形势、新的问题，提供新的研究成果，作出我们的新贡献。其中最重要的任务，就是如何站在中国学者独特的地位上，对中国体制改革和经济发展的历程及其面临的各种问题作出全面、系统而客观的理论与经验实证的分析，揭示改革与发展的内在规律性要求，比较准确地把握经济发展趋势，为社会各界的经济决策及其科学发展提供有价值的参考意见。组织经济学界的同仁们共同撰写《中国经济分析》系列研究报告，就是我们在这种历史要求下尝试作出努力的一种方式。

《中国经济分析》系列研究报告的组织撰写工作，已有20多个年头。从1992年始，我们已陆续出版了《走向市场》(1978—1993)、《企业改制》(1994)、《地区发展》(1995)、《增长转型》(1996)、《结构调整》(1997—1998)、《金融改造》(1999)、《挑战过剩》(2000)、《收入分配》(2001—2002)、《政府选择》(2004—2005)、《外部冲击与经济波动》(2008—2009)、《经济复苏与战略调整》(2009—2010)、《复苏调整中的双重压力：预防滞胀》(2010—2011)、《危机中的增长转型：新格局与新路径》(2011—2012)、《新机遇·新风险·新选择》(2012—2013)。2013—2014年度《中国经济分析》主题为"新改革·新开放·新红利"，立足新一轮红利再造与中国经济长期增长开展分析，其撰写仍按原有风格，保持这一系列研究报告的特点：

1. 着重对与整个国民经济有关的全局性、宏观性问题从各个角度进行分析。每一辑《中国经济分析》都有一个特定的主题，但对每一个主题都是从整个国民经济全局的角度加以考察；若集中论述某一部门或经济某一方面的发展，也是从它对宏观经济的影响以及整个经济与这一部门的关系方面加以分析。

2. 侧重于对经济发展过程的体制因素和体制变革问题的分析，并通过对此分析来进一步阐述经济发展中的技术进步和结构变化等。我们相信，即使在目前阶段，体制机制仍然是中国经济发展中更为基本的、决定技术进步和结构调整的因素。因此，我们希望自己的研究成果首先能为中国正在继续深化着的体制改革和经济发展服务。

3. 以对事实的实证分析为主，主要是向人们提供对引起经济问题的各种原因及其相互关系的科学解释，而不是以“政策建议”为取向。尽管我们也会从问题分析中引出一些“政策含义”，并就一些问题提出对策建议，但基本上也只是一种“思路”，而不是技术上的具体化的政策设计。我们认为，学者的主要任务是进行“分析”和提供“思路”，为实际工作者（包括政府决策者和公司决策者）提供参考；后者利用这些“分析”和“思路”，结合现实中的实际情况和当时各自面临的各种（利益）矛盾，才能最终作出具有现实可行性的具体对策。

4. 为社会各界提供客观而独立的分析，而不仅仅是一种现行政策的“解读”。由于政府是宏观经济政策的决策者和执行者，是中国经济体制改革的主要推动者之一，因此我们关于宏观经济问题、体制变革问题的分析，将首先可以为政府决策部门所利用。但是，第一，由于我们并不把“政府”本身看成理论上的那种超越一切利益矛盾、只是为最大化“社会福利”而工作的“社会计划者”，因此我们把政府也作为一个特殊的、外在的分析对象，研究政府行为本身以及政府行为中所体现的各种社会矛盾，供社会各界参考。第二，由于我们是站在学者的角度观察和思考问题，可能较少考察更多的现实约束条件，一些对策思路和政策建议也许并不具有更多的可操作性。第三，本书只是学者的分析，而不代表政府及其机构的观点。

由于每一辑《中国经济分析》都有一个特定的主题，因此根据不同主题所涉及的专业要求，其撰写者时有变动，但每部书的基调和风格是一致的，整套丛书是前后连贯的。而且，每一部专著都会在以前研究的基础上有更深入的分析和新的发挥。最新奉献给读者的这本书，无论在分析方法和研究深度上都会有一些进步。希望读者给予支持和帮助，我们会继续努力，把《中国经济分析》系列研究越搞越好。

目　录

0 导论 红利再造与中国经济持续增长

2013 年以来,国内外经济都处于重要关口和转折点。从国际经济看,进入金融危机后二次探底的底部,区域增长结构出现重大变化;从国内经济看,经过三年的连续下滑,经济开始筑底企稳,但深层次矛盾进一步积累。从 2014 年看,国内外环境都将平稳复苏,但不确定性和风险依然十分突出,必须引起高度警惕。

0.1 2013 年世界经济的二次探底及其 2014 年的不确定性和风险

0.1.1 世界经济增长进入谷底,区域分化加剧

2013 年以来,世界经济出现 2008 年金融危机以来的第二次探底,全球生产和贸易增长处于近年来的谷底。从全球生产看,世界产出增长率 2010 年为 4.1%,2011 年和 2012 年分别下降到 2.8%和 2.2%,2013 年预计进一步下降至 2.1%;从全球贸易看,在过去 12 个月中,全球贸易基本处于零增长,明显低于全球经济和生产增速。

与 2008—2009 年的全球经济第一次探底不同,这次全球经济探底主要是由新兴经济体增速大幅下降造成的。从 2013 年尤其是下半年以来全球经济增长格局看,发达经济体出现明显复苏迹象:一是美国经济重拾活力。三季度美国 GDP 环比增长 2.8%,比上年四季度提高 2.7 个百分点;失业率从 1 月的 7.9%下降到 9 月的 7.2%。二是欧洲国家经济开始缓慢复苏。三季度欧元区经济环比增长 0.2%,同比提高 0.3 个百分点,制造业 PMI 下半年以来持续高于 50%,从收缩转向扩张。三是日本经济明显复苏。在安倍经济学的刺激下,三季度日本 GDP 同比增长 2.7%,比一季度上升 2.4 个百分点,10 月相比 1 月失业率下降 0.3 个百分点。四是发达国家房价走势也显示出经济好转的

迹象。近几个月来，美国拉斯维加斯、洛杉矶、旧金山、圣迭戈的房价较上年同期上涨20%，底特律上涨了17%，英国仅9月一个月房价就上涨了10%，都柏林上涨了11%。但与此同时，由于受内部经济结构和美国可能退出量化宽松政策的影响，新兴市场经济国家经济增速出现大幅下滑，增长态势出现逆转。以金砖国家为例，二季度印度GDP增速由前两年最高时的13.2%下滑到2.4%，巴西由最高时的9.3%下滑到3.2%，南非由最高时的7.9%下滑到2.0%，俄罗斯由最高时的5%下滑到1.2%，泰国也由最高时的19.1%下滑到2.6%。全球经济增长引擎由新兴经济体再次转向发达国家。

2013年下半年以来，虽然发达经济体经济出现明显复苏迹象，但总体上依然非常脆弱。从美国看，前三季度GDP同比增速仅分别为1.32%、1.63%和1.65%，大大低于前几年的水平，是上一次经济探底以来的最低速度。而且10月美国失业率又比9月上升了0.2个百分点；从欧元区看，经济依然处于负增长中，而且失业率仍在持续攀升，10月已高达12.2%，完全走出衰退还需时日。有鉴于此，尽管美欧经济均出现好转迹象，但近期美联储报告仍建议采取力度更大的政策行动，欧洲央行也采取降息措施预防通缩，并表示有可能进一步降息以提供流动性。由于发达经济体复苏势头脆弱，难以弥补新兴市场国家增速下滑造成的损失，因此全球经济与上年相比进一步下降，滑入谷底。

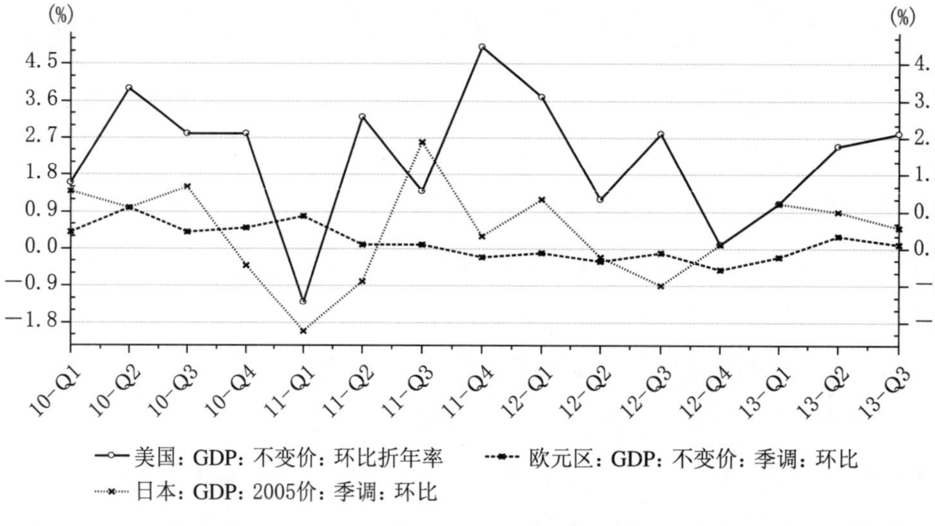

资料来源：Wind资讯。

图0.1　主要发达国家GDP环比增长率

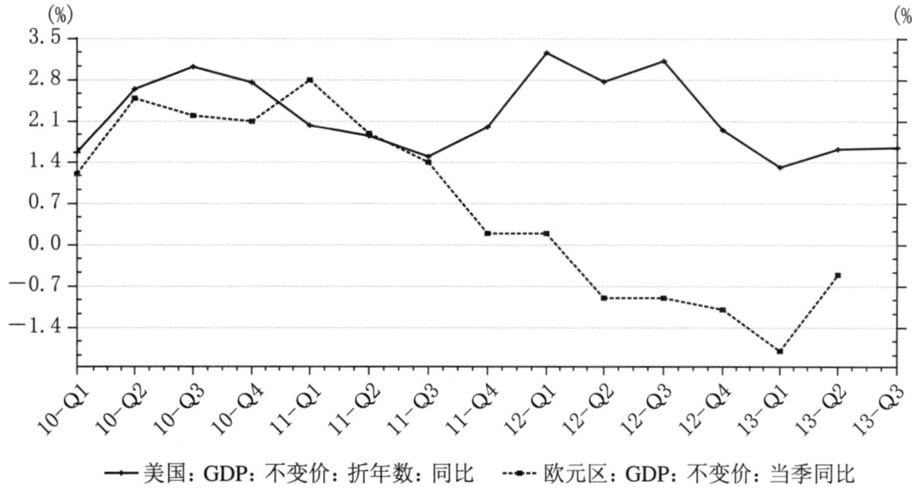

资料来源：Wind 资讯。

图 0.2　美国和欧元区经济同比增长率

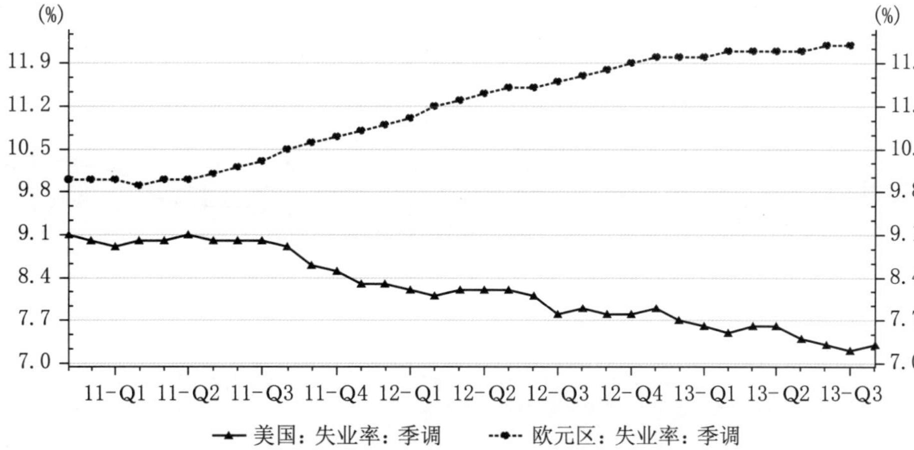

资料来源：Wind 资讯。

图 0.3　美国和欧元区失业率走势

0.1.2　2014 年世界经济增速将略高于 2013 年，但存在着大幅波动的风险

2014 年是全球经济逐步走出谷底的一年，经济运行环境将有所改善，经济增速将略高于 2013 年：一是全球生产将进一步回暖。2013 年下半年以来，全球生产增速明显加快。10 月全球制造业 PMI 升至 29 个月来的高位，预计着 2014 年生产前景看好。二是全球贸易投资将适度回升。国际货币基金组

织预测，2014 年全球贸易将增长 4.9%，明显高于 2013 年。同时，2013 年以来发达国家企业持有的包括现金在内的流动性资产明显增加，扩大投资的能力增强。联合国贸发会议预测，2014 年全球直接外资流量将达到 1.6 万亿美元，比 2013 年增加 0.2 万亿美元。三是全球货币财政政策仍将有利于经济增长。2014 年由于大多数国家经济增长仍低于潜在水平，加上劳动力市场改善缓慢，预计各国货币政策仍将保持宽松。特别是美国目前 7.3%的失业率和 1%的通胀率水平与美联储设立的低利率政策退出条件（失业率 6.5%、通胀率 2.5%）相比仍有很大差距，因此目前的低利率政策将至少维持到 2014 年四季度。同时，2014 年由于多数发达国家政府债务负担趋稳，财政紧缩力度将明显下降，对经济增长的拖累降低。四是银行杠杆率和资产负债率已回到正常水平，对实体经济的支持能力增强。

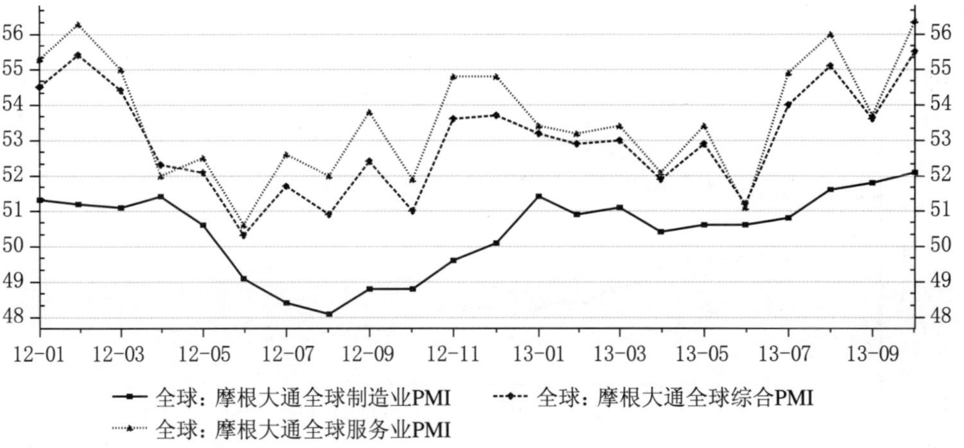

资料来源：Wind 资讯。

图 0.4　全球 PMI 走势

鉴于上述情况，尽管各国际主要机构近期纷纷下调对 2014 年全球经济增长的预测数，但均预测 2014 年全球经济增速将略高于 2013 年。其中，国际货币基金组织预测 2014 年全球经济将增长 3.6%，比 2013 年提高 0.7 个百分点；经合组织预测 2014 年全球经济增长率为 2.9%，比 2013 年上升 1.2 个百分点；瑞银集团预测 2014 年全球经济增长率为 3.4%，比 2013 年上升 0.9 个百分点。

从全球经济增长格局看,2014 年世界经济增长加速将仍然主要来自发达国家。其中,美国经济 2014 年将继续维持温和复苏,财政对经济增长的拖累将下降,经济增长稳健,失业率将继续回落。但受 QE3 可能退出和财政悬崖问题的影响,复苏势头依然有限,并有可能出现新的波动;欧元区由于财政紧缩力度下降和金融分化改善,2014 年经济将走出衰退,实现正增长,但由于欧元区结构性改革缓慢和失业率高企,经济内需动力依然不足,仅能维持微弱增长。日本经济 2014 年将依然保持复苏势头,但受消费税大幅提高的冲击,将从高增长过渡到稳健增长。新兴市场国家在 2013 年增速大幅下降的基础上,2014 年经济增速可望企稳,特别是东南亚国家有望小幅回升,但多数国家经济增速仍低于潜在水平,平均增速仍将低于 4%。

从通胀方面看,2014 年由于全球经济复苏势头依然较弱,增长速度仍低于潜在水平,加之大宗商品价格涨幅有限,因此,全球通胀将继续温和。但由于 OPEC 国家受美国页岩油产量飙升的影响推迟投资和削减产量,原油价格有可能出现短期波动。

0.1.3 2014 年全球经济最大变数和不确定性:量化宽松货币政策的调整及其影响

2014 年全球经济增长面临的最大变量是美国货币政策的调整。退出量化宽松政策对美国经济来说是一把双刃剑:如果过早退出,可能给美国经济带来损害,导致经济增速再度下滑,并迫使美联储再次实施量化宽松货币政策;而如果过晚退出,将会导致货币发行量过大,有可能引发严重的通货膨胀,并会导致美元持续大幅贬值,危及美元的国际地位。因此,美国在退出量化宽松政策的时间选择上将会寻求利益平衡点。我们判断,2014 年美国退出量化宽松政策的可能性很大。但在操作方式上,不大可能采取一步到位的做法,更大的可能是从二季度开始逐步减量化,全部退出可能要到 2015 年。其间如果美国经济出现反复,美联储随时有可能停止退出并加大宽松力度。随着美国启动退出量化宽松政策,欧元区和日本也会跟进,逐步启动减量化。但从欧元区看,欧洲央行仍需不断买入银行债务;从日本看,2014 年销售税率将从 5%上调到 8%,对经济增长有负面影响。因此,2014 年欧日在退出量化宽松政策上不会跟得很紧，更不会大幅减量。

2014 年美国量化宽松政策的退出有可能导致国际资本流动发生逆转，对新兴市场造成新的冲击。2013 年受美国量化宽松退出预期的影响，新兴经济体特别是亚洲新兴国家出现了较大规模的资本流出，导致货币大贬值和股市暴跌，遭受了一次小规模的金融风暴。2014 年随着美国量化宽松的减量化和逐步退出，美元将会由弱转强，从而吸引国际资本回流。一旦强势美元带动国际资本流动再次出现逆转，新兴市场资产将会遭到大规模抛售，从而引起新兴市场国家金融市场和经济的剧烈动荡，其程度将会超过 2013 年。据估计，从金融危机爆发至 2013 年 4 月，流入亚洲十大经济体的资金总值为 2.1 万亿美元；而 2013 年 4 月以来，仅有约 860 亿美元撤离亚洲，占总量的 4%。2014 年如果国际资本流动发生逆转，流出亚洲的资金数量将会大幅增加，导致亚洲新兴市场国家股市暴跌、国际收支恶化和货币急剧贬值，引发金融市场出现大幅波动。但外资外流引发亚洲金融危机再次爆发的可能性不大，因而不会改变全球经济缓慢复苏的总体趋势。

0.2 2014 年中国经济的平稳增长及其下行风险

0.2.1 中国经济运行总体平稳，深层矛盾进一步积累

2013 年以来，中国经济增长总体平稳，主要呈现出三大特征：

一是经济增速止跌企稳。受总需求疲软的影响，一季度全国经济增速为 7.7%，比上年四季度下降 0.2 个百分点；二季度进一步下滑至 7.5%。进入三季度后，由于国务院及时创新宏观管理方式，明确调控区间，增强了企业发展信心，并且围绕“调结构、稳增长、促改革”，推出了一系列政策措施，经济增速回升到 7.8%。四季度由于受上年同期基数较高的影响，经济增速可能稳中略降。全年预计经济增速将达 7.6%—7.8%，与上年基本持平，超过年初设定的 7.5%的预期目标。

二是经济增长主要靠投资拉动。2013 年是政府换届后的第一年，投资依然保持着较高增长速度的主要动力。前三季度，全国固定资产投资增长 20.2%，同比仅微降 0.3 个百分点。其中，基础设施投资增长 25.1%，同比上

升 1.4 个百分点;民间投资增长 23.3%,快于全社会投资增幅。但消费受“八项规定”出台的影响,增速大幅下降。前三季度全国社会消费品零售总额增长 12.9%,同比下降 1.2 个百分点。前三季度,投资对 GDP 增长的贡献率达到 55.8%,比一季度上升 25.5 个百分点;而消费贡献率为 45.9%,比一季度下降 9.6 个百分点,出口贡献率为 −1.7%,比一季度下降 15.9 个百分点,投资替代消费和出口成为拉动经济增长的主要动力。

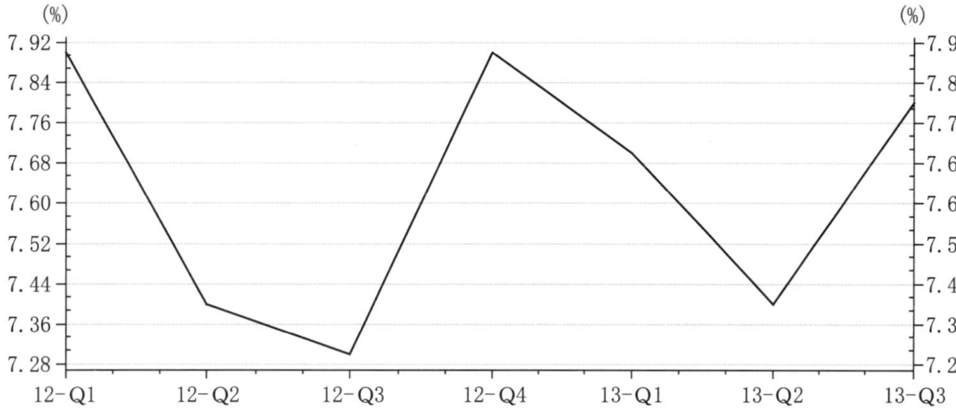

资料来源:Wind 资讯。

图 0.5　中国经济增长率变化(当季同比)

三是经济运行的质量和协调度有所提高。2013 年以来,在经济继续保持 7.8%左右的中高速增长态势的同时,物价走势平稳,1—10 月 CPI 仅增长 2.6%,同比下降 0.1 个百分点,预计全年通胀率低于 3%。就业形势稳定,全国城镇新增就业有望超过 1 200 万人,大大超过了年初制定的 900 万人的目标,没有出现大规模的就业问题。国际收支状况进一步改善,三季度我国国际收支经常项目、资本和金融项目顺差额分别为 397 亿美元和 573 亿美元,均较上半年大幅下降近 600 亿美元,国际收支状况更趋平衡。这表明经济运行的质量和协调度有所提高。

但与此同时,经济运行仍然存在着风险和隐忧,深层次矛盾进一步积累:

一是经济回升的基础不稳固。2013 年下半年,全国经济增速回升主要是靠短期政策效应的发挥,市场总需求依然不足,特别是投资增速有放缓迹象,预示着未来经济增长后劲不足。

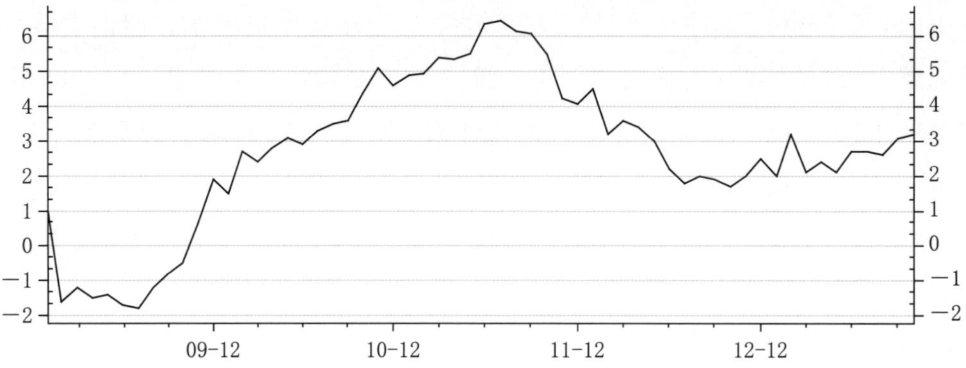

资料来源：Wind资讯。

图 0.6　中国居民消费价格指数变化(当月同比)

二是高耗能产业快速回升导致节能减排压力加大。2013 年工业增速回升中，钢铁、焦炭、平板玻璃等高耗能重工业增速超过预期。前三季度，全社会用电量增长 7.2%，同比提高 2.4 个百分点，其中工业用电量占 70%左右，而高耗能产业的用电消耗又占到工业消耗的一半左右。上半年全国单位 GDP 能耗仅下降 3.4%，与全年 3.5%的目标尚存差距。

三是产能过剩矛盾进一步加剧。2013 年以来，全国产业结构调整未有明显进展，产能过剩矛盾进一步加剧，不仅旧有的过剩产能未能消化，而且新产能过剩又继续叠加，许多行业产能利用率不足 75%，按照西方标准已处于经济危机中，严重制约了经济增长与转型升级。

四是资金"体外循环"导致金融潜在风险上升。1—10 月，社会融资规模累积达 14.82 万亿元，比上年同期增加近 1.81 万亿元，其中绝大部分新增贷款是以信托和委托贷款等方式由影子银行提供。从资金流向上看，地方政府融资平台贷款与房地产贷款占全部贷款的比重接近 35%，企业新增贷款同比增长不足 6 000 亿元，社会资金"脱实就虚"和"体外循环"情况严重，使得金融风险进一步加大。

0.2.2　2014 中国经济有望与 2013 年持平，但下行风险依然存在

2014 年是中国全面深化改革的一年，预计消费和出口形势略好于 2013 年，经济增长速度有望与 2013 年持平：一是固定资产投资仍将保持较高增速。

一方面，从历史上看，政府换届的前两年投资增幅不会很低；另一方面，从投资需求看，当前仍有扩张空间。2014 年随着扩大内需政策的实施，预计铁路网、城市基础设施、信息基础设施和旧城改造投资将会出现高潮。同时，随着行政审批制度改革和投资领域进一步放开，民营企业投资增速有望加快，成为支撑投资增长的主要力量。因此，2014 年投资增速虽会比 2013 年略有下降，但总体上仍能保持较高水平。二是消费增速将适度回升。党的十八届三中全会后，收入分配改革措施将适时出台。这有利于降低结构失衡，使我国消费储蓄的比例关系逐步回到正常水平，并使 2014 年的需求结构得到一定的改善。同时，2013 年消费增速下降对 2014 年增长基数的影响将会消失。因此，2014 年消费增速将高于 2013 年，对 GDP 增长的贡献将上升，重新成为总需求增长的引擎。三是外部需求有望小幅改善。2014 年随着发达国家经济继续复苏，外部需求有望小幅改善。特别是我国最大的贸易伙伴，欧盟经济的复苏将直接提振我国的出口。同时，我国积极推进与东盟、韩国等国家或地区的区域性自由贸易谈判，争取在局部地区内实现贸易和投资自由化，也将对我国出口平稳增长形成一定支撑作用。因此，2014 年的出口形势会稍好于 2013 年。根据以上情况判断，2014 年经济增长速度仍可保持在 7.8%左右，与 2013 年大致持平。

但与此同时，也必须清醒地看到，2014 年全国经济增长仍然面临着一系列重大制约因素：一是经济周期性下降仍未结束。2014 年中国经济运行仍然处于本轮周期的下降期，经济增长缺乏强劲回升的动力。二是当前经济运行中累积的产能过剩、房地产泡沫、地方债务问题等深层次的结构性矛盾并未解决，而且越来越接近临界点，对经济增长的制约越来越大。特别是 2014 年中央加大化解产能过剩的力度，将对部分地区和行业的生产增长产生较大的影响，而新的经济增长点尚未形成，难以起到弥补作用。三是地方政府投资进一步增长存在较大约束。随着中央清理地方融资平台和规范地方政府融资行为，以及继续实行偏紧的宏观政策和大力督促地方转变执政理念，地方政府的融资扩张将更为困难，融资成本越来越高。因此，地方政府投资增速将会放慢。四是房地产投资增速可能适度回落。2014 年受财税体制改革和房地产税试点范围扩大的影响，房地产市场可能由热转冷，带动房地产投资增速适度回落。五是宏观调控政策不会明显松动。2014 年宏观调控政策将继续坚持“不扩大赤字,既不放松也不收紧银根”的政策基调,政策重点仍将侧重于稳增长、防风险和调结构,政策取向将转为更加中性或偏紧。一方面,财政政策将更趋谨慎,财政赤字增幅可能下降,财政扩张力度减小,对 GDP 的拉动作用小于 2013 年;另一方面,货币政策将在中性的基础上趋紧,央行可能会设定比 2013 年更低的 M2 增速指标,新增贷款和社会融资总量增幅将低于 2013 年。因此,2014 年的政策环境不会明显改善,总体环境比 2013 年略有偏紧。这些情况表明,2014 年经济增长仍然存在下行的风险。

由于目前房地产开发贷款仅占银行信贷总额 7%—8%,且不良贷款率低于 0.5%,2014 年发生系统性金融风险的可能性不大,国内经济能否继续保持平稳增长,关键取决于投资。只要投资不出现大幅回落,2014 年的经济增长速度可望与 2013 年持平。但如果投资增幅出现较为明显的下降,经济增速有可能低于 2013 年。特别是 2014 年一季度,在 2013 年年中出台的短期刺激政策的效应消失后,如果投资不能及时跟进,经济有可能再次出现波动。但综合起来看,2014 年经济保持平稳增长的可能性较大。

0.2.3 2014 年国内经济运行存在着四大风险因素

一是财政收支矛盾加大的风险。2013 年以来,我国财政收入增加呈现明显的扩张乏力现象,上半年不少地区的地方财政收支出现较大困难。2014 年随着结构性减税、“营改增”等改革措施的推进,再加上经济增长总体平稳,我国财政收入大幅增长的可能性较小,仍将呈现增长乏力局面。但与此同时,我国财政支出却呈现刚性特征,且规模日趋扩大,这会导致我国财政收支矛盾进一步加大。预计 2014 年发生财政收支困难的地区将会进一步增加。

二是物价上涨突破上限的风险。2013 年下半年以来,随着经济增速逐步回升,CPI 涨幅也紧随其后。9 月 CPI 涨幅首次超过 3%的警戒线,达到3.1%。10 月 CPI 继续上涨到 3.2%,创多月来新高,逐步接近 3.5%的上限,其中食品价格上涨幅度高达 6.5%。2013 年底 2014 年初,随着元旦和春节的临近,食品和消费品还将迎来新一轮需求高峰,有可能推动 CPI 进一步走高。2014 年随着货币的继续投放,流动性将进一步增大,给物价上涨带来沉重压力。特别是随着水电煤价格调整和生猪等农副产品价格上涨，通胀压力将进一步加大。同时，国际油价有可能出现波动，对我国形成新的输入性通胀压力。因此，对2014年的通胀形势不可掉以轻心。

三是房价全面下跌的风险。当前国内房地产市场存在着较大的泡沫。国际货币基金组织数据显示，在世界最昂贵的房地产市场中，中国五大城市名列前茅。2013年以来，在全国640多个大中城市中，有超过半数的城市房价在跌。其中，温州、鄂尔多斯等城市房价出现大幅下滑。从70个大中城市看，房价涨幅和住房销量也在逐月下降，其中北京、广州等一线城市"金九银十"的楼市成交量出现大幅下降。前10个月，全国商品房销售面积同比增长21.8%，比前9个月回落1.5个百分点；商品房销售额增长32.3%，比前9个月回落1.6个百分点。2014年随着税制改革和房贷利率走高，特别是美元升值后国际热钱回流美国，有可能刺破房市泡沫，使得更多房贷违约，导致全国特别是三四线城市的房价加速下降，类似于温州和鄂尔多斯的房市暴跌有可能向更多城市和地区蔓延。

四是地方政府债务偿还违约的风险。2014年地方政府债务到期量较多，在货币政策偏紧、房地产市场回落、地方财政增收放缓和地方融资更趋规范的情况下，不排除个别地方融资平台出现偿债困难，导致一些地方政府债务违约风险上升。但鉴于地方政府整体负债与经济规模相比仍然较低，发生系统性金融危机的可能性较小。

0.3 全面深化改革与红利再造：中国经济走向内生性增长

0.3.1 综合改革效应下的经济增长

2014年是党的十八届三中全会召开后的第一年，各方面重大改革措施将会陆续推出。改革从长期看有利于改善经济结构，优化资源配置效率，提高经济潜在增长率，有助于促进中国经济的长远发展。从短期看对经济增长的影响有正有负：一方面，减少政府干预经济、打破国企垄断和改革财税制度等改革措施有利于扩大民营资本投资，增强经济发展的活力。另一方面，改变以GDP为核心的考核方式有可能弱化各地追求经济增长的动力；扩大房产税试点范围有可能抑制房地产开发投资增长，特别是扩大消费税和房产税如果没有降低增值税相配合，有可能变成事实上的增税，抑制社会消费和民间投资需求。因此，总的来看，2014 年加大改革力度不会在短期显著促进经济增长。

0.3.2 推动重点领域改革，再造增长红利

第一，推进生产要素市场化改革的新战略：市场化红利再造。加速市场化改革行动，进一步发挥市场机制对资源配置的决定性作用。从未来发展需要来看，微观基础领域深化市场化改革的关键是在三个方面：一是加速土地要素市场化改革进程，让市场成为配置土地资源的基础力量，纠正土地市场价格扭曲的定价机制，提高土地资源市场化配置程度和土地资源利用效率。二是积极推进户籍制度改革，进一步解放劳动力市场，推动劳动力市场更加自由更加公平地流动和配置，提高劳动力资源的配置效率。三是积极培育企业家市场，形成真正独立的企业家阶层，让企业家成为真正创新驱动发展的主体。进一步激活中国经济的微观活力，必须加快这三个要素市场的改革和发展，让市场机制成为培育和促进中国经济增长微观基础的重要机制。

第二，国有企业改革新战略：国有企业改革红利再造。一是国有企业的主体地位的确立；二是国资、民资、外资平衡与公平竞争发展；三是国有经济的垄断地位与竞争机制设计。

第三，推进城镇化建设和城乡一体化发展体制改革：城镇化发展红利再造。一是促进新一轮城镇化建设行动，进一步释放中国经济发展的潜力。二是加速公共服务均等化行动，推动城乡一体化发展。三是全面设计新型城镇化道路的一揽子体制机制即城乡规划体制、产业园区和城镇化融合，城市化和城市群融合以及城乡空间一体化等。另一方面，需要推进新二元结构的体制瓶颈及其破解问题；逐步建立城乡一体化的公共服务均等化体系，形成以工促农、以城带乡、工农互惠、城乡一体的新型工农、城乡关系。走包容性城市化道路，从社会、经济、空间、制度等多个维度，实现城乡统筹发展、城市内部人口、产业与空间布局协调而均衡发展，从而进一步挖掘中国经济发展的最大潜力。

第四，教育体制、科技体制改革：信息化建设新战略获得人力资本新红利、

信息化红利再造。一是加速信息化行动，推进信息化与工业化深度融合发展和制造业的升级。二是教育体制改革与人力资本红利；全面深化教育领域综合改革，着力提高教育质量，培养创新型的人才。

第五，加快建设中国(上海)自由贸易试验区与新开放战略：全球化红利再造。实施“引进来”和“走出去”结合战略。积极推进汇率改革，加速人民币国际化进程；加快建设国际金融中心和贸易中心，提升国际竞争力。推动中国本土化跨国公司发展，加速全球化融入进程，以全球化机制推动对外经济发展模式的创新和升级。

第六，收入分配制度改革和财政税收体制创新：分配改革和激励机制红利再造。中国改革的基本经验之一就是以收入分配改革获得发展的新红利。未来也需要加速收入分配改革行动，努力实现收入分配公平公正，以分配改革新红利推动经济又好又快增长。收入分配改革和建立更加公平型的社会，是中国新一轮发展的重大战略任务。加快推进四大领域改革即初次分配改革、再分配改革、城乡居民收入流动性以及收入分配秩序规范。同时推动实现收入分配改革的“机会公平、规则公平和权利公平”的三大目标。调整中央和地方的利益分配关系，推进财权与事权的重新配置，调整税制结构。

第七，加快金融体制改革行动：金融创新红利再造。一是加快发展多层次资本市场，进一步推进利率和汇率市场化改革，逐步实现人民币资本项目可兑换。二是加快发展民营金融机构，促进各种所有制金融机构平等竞争和发展。三是加快金融创新，增长金融发展的活力和效率。四是完善金融监管，提高银行、证券、保险等行业竞争力，维护金融稳定。

第八，政府职能转型与改革：构建服务型政府与效率红利再造。中国经济转型发展的内生性要求和规律决定了中国政府体制、机制及其职能必须发生根本性的变革和创新。这个创新的目标和方向就是努力构建法治政府、透明政府和服务型政府。为此，需要加快政府机构改革和创新，提高政府效率和效能；需要加快政府职能转型，从管制型政府真正转向服务型政府；需要坚持依法行政，让政府的行为在法制的轨道上运行；需要不断加大政府公开和政务公开，建设透明政府、廉洁政府和服务型政府。这是中国未来创新驱动经济发展和可持续增长的关键。

0.4 本书的主要发现与基本结论

基本结论一：全球经济逐渐趋暖，美国经济踏上回暖之路，欧洲经济扫除危机阴霾，美联储逐步淡出的量化宽松政策将对中国宏观经济产生正面促进作用，同时，中国资产价格走势在“后量化宽松”时期仍将受到国内经济基本面的影响。数据显示，中国出口形势渐好，虽然 2013 年增速已从过去的 20%下降到 8%，但其占中国 GDP 的比重仍很大，表明出口在中国经济增长中的地位难以撼动，所以短期还是要依靠出口带动。然而，中国现有的制度安排不利于贸易转型、服务业全面开放等全球化的游戏规则，各方面管制都较多，而上海自贸试验区的建立将有助于对接 TPP，从内核打造贸易升级、服务业升级，以及投资“走出去”。党的十八届三中全会的召开使中国的开放模式将发生根本性的变化，即我国将以更积极主动的姿态来面对金融改革、贸易转型、参与全球价值链的国际分工，将借助于全球化配置效率的提升来实现从静态红利向动态红利的合理转变。中国经济在全球经济中的地位将随着党和政府的切实改革方向而不断加强和深化，进一步为中国参与全球化的国际分工起助推作用。

基本结论二：现有经验研究并不支持所谓的从粗放型增长向集约型增长变迁的效率转型。中国过去 30 多年的增长事实表明，正是全要素生产率的改进事实上在改善着投资的回报率，从而诱导资本更快的扩张。2007 年金融危机以来，中国经济出现减速，其理由并非“增长收敛”假说所能解释，而是外部冲击下全要素生产率减速引致的结果。但能否出现熊彼特主义所期许的结构变化和产业升级，关键还在于是否拥有一个可改革的体制。所以在这个意义上，可改革性比改革本身更重要。目前中国全要素生产率减速的主要原因是要素的跨部门流动受阻，因此，为了进一步“促进国际国内要素有序自由流动、资源高效配置、市场深度融合”，确保中国经济长期增长的改革思路，应致力于一个有助于促进要素跨行业流动和生产率持续增长的政策框架。

基本结论三：各种混乱的增长预测导致市场预期混乱，就 2014 年应有的货币政策取向而言，第一，中央银行确定 13%的广义货币供应量增长目标不能与中国经济进入稳步复苏的要求相匹配，应将美国和欧元区经济逐步复苏的外部环境作一个加总的考虑，改变2013年年末确定的来年目标。第二，2011—2013年连续三年的"稳中求进"政策并没有通过实际的货币政策体现出来，2014年应该成为真正的、名副其实的"求进"之年，GDP增长率从2012年的7.8%、2013年的7.8%向8%的增长目标迈进。第三，2012—2013年经济衰退带来的后果是制造业就业减少，2014年出口市场的超预期增长将给闲置的产能提供一个扩张的机会，要利用好这次全球经济复苏的创造就业和提高劳动生产率的发展机会。展望2014年，中国经济增长率将又一次回到"8"字头，仍然是全球经济复苏的领头羊。中央银行所要采取的货币政策是告别"从紧"，转向真正稳健的政策，并为2015年的经济稳定增长创造一个良好的货币信贷环境。

基本结论四：我国的对外贸易发展面临外困内忧的不利格局，严峻的对外贸易发展环境对我国的贸易格局调整产生了倒逼机制。在当前经贸形势下，我国通过积极构建多边贸易体系、发展双边自由贸易协定、挂牌成立中国（上海）自由贸易试验区等措施全方位推进贸易开放，大力度调整优化贸易布局，推动产业转型升级，化解产能过剩，积极谋划贸易发展的新格局。对上海自贸试验区的贸易监管改革是加强对外开放力度，构建贸易自由和便利化环境的关键所在，是推行其他改革措施的基础。建议推行由企及物制，明确区内备案制企业标准，加强与国际海关的AEO互认，促进一线放开；对货物实施分类监管，加强海关风险指标体系的建设，实现二线安全高效管住；对可自行组织区内货物运输的企业参照我国香港海关的"认可经济营运商计划"，采取资格认证制，在加强风险防范的前提下实现区内货物的自由流动。未来，将进一步丰富完善贸易监管改革措施，并在全国推广、复制上海自贸试验区的成功建设经验，全面加快我国自贸区的建设步伐，积极主动地对接全球贸易新规则，争取早日从一个国际贸易新规则的跟随者向参与者、制定者转变，实现从贸易大国向贸易强国的飞跃。

基本结论五：金融开放是中国（上海）自由贸易试验区建设中的核心利益和价值，这种核心利益的实现取决于在风险可控前提下在试验区内对人民币资本项目可兑换、金融市场利率市场化、人民币跨境使用等方面创造条件进行先行先试，建立与上海自贸试验区相适应的外汇管理体制，实现贸易投资便利化和跨境融资自由化，推动人民币国际化和金融服务业对内对外全面开放。上海自贸试验区建设中的金融开放红利可分解为人民币对内价格市场化改革红利、人民币对外价格市场化改革红利、人民币国际化与资本项目开放红利、资本投融资便利化红利、宏观审慎管理框架下资本流动监管制度创新红利以及上海自贸试验区可复制可推广的制度溢出红利等六个方面。

基本结论六：行政审批制度改革的重要作用体现在四个方面：促进政府职能转变、增强市场配置资源的基础性作用；促进依法行政，进一步规范政府行为；促进政府管理创新，提高行政效能；促进反腐倡廉建设，进一步完善政府系统预防和治理腐败的体制机制。为此，行政审批制度对经济增长可实现市场、政府与社会三重红利。中国的行政审批制度改革，正是中国从计划经济向市场经济转轨过程中出现的特定制度安排。而伴随着这一过程，政府、市场、社会发展的宏观制度环境、中观区域环境与微观企业环境不断调整变化，并对中国经济发展起到了促进作用。从党的十八届三中全会以来中国经济发展的新形势看，对行政审批制度的改革还需处理好五大关系：一是行政审批制度改革与加快政府职能转变的关系；二是行政审批制度改革与深入推进政府机构改革的关系；三是行政审批制度改革与相关配套改革的关系；四是行政审批制度改革与经济规制过程的关系；五是行政审批制度改革与经济绩效的关系。

基本结论七：农村的可持续发展需要注入新的动力和活力，需要有新的土地制度改革来延续和拓展30年来的农村改革红利。党的十八届三中全会提出的农村土地制度改革的政策措施，正是激活土地这一农村最大的资产，再一次释放新的改革红利的重大制度设计。新一轮农村土地制度改革，范围将更广泛，不仅包括农户承包地，更涉及农户宅基地和农村集体经营性建设用地变革，是对于农村土地制度的一次系统性改革；内容将更复杂，包括确权、放权、让权和还权等一系列权能的变革，是对于农户和农村的一次综合性赋权；影响更深刻，不仅是农村土地制度的改革，更是涉及城市用地制度的变革，是对于建立新型城乡关系的一次制度性探索；意义将更深远，不仅着眼问题导向，更是着眼发展导向、市场导向、制度导向的长远变革，是对于广大农民平等参与现代化进程、共同分享现代化成果的一次长期性安排。因此，必然产生农村新的改革活力、发展动力，真正实现农业发展的第二次飞跃，实现中国农村的可持续发展。

基本结论八：大数据时代，信息产业与金融业互相渗透，互联网金融蓬勃兴起，以独特的信息处理方式和资源配置模式，成为继以商业银行等金融中介为代表的间接融资和以证券市场为代表的直接融资之后的第三种金融业态。研究认为，在相当长的一段发展时期内，互联网金融与传统金融将共生并存，两者各存优势，共同丰富金融生态环境。国际金融危机以来，中国互联网金融企业的实业经历丰富了信用经济、平台经济、网络经济与体验经济的内涵，成为推动中国经济结构升级的新红利与新动力。目前，中国互联网金融发展面临的主要问题是，市场竞争引发体制内的金融企业通过保护性政策限制和挤压体制外的互联网金融机构展业。深化金融体制必须从构建公平竞争的营商环境入手，革除各种形式的金融垄断，加快利率市场化进程，鼓励互联网金融业态创新；同时，强化互联网金融分类监管，加快信息基础设施建设，完善第三方支付凭证管理等。

基本结论九：由于中等收入群体在社会态度、价值观念等方面有如下特点——支持社会稳定、遵纪守法、崇尚自我和个性、理性务实，中等收入群体比重的扩大可以通过维持社会安定、保证机会平等、推进产业结构调整和升级以及产品和技术的更新换代等来有效地避免中国陷入“中等收入陷阱”。应用23个省、自治区、直辖市的2012年七等份城镇居民可支配收入均值数据所进行的实证分析，得出了各省、自治区、直辖市以及中国东、中、西部地区的多种中等收入上下限。其中按照可支配收入均值法所计算得出的中等收入上下限，东部地区为25 652—43 314元，中部地区为20 536—34 614元，西部地区为17 285—29 539元。进一步分析未来最有可能挤进中等收入群体的“潜在中等收入者”群体，以中等收入户甚至中等偏下收入户中的年轻人和中年人为主体，这些人有机会接受更多教育、学会更多的知识和技能，在社会上比较容易获得就业机会，所以有着较高的收入流动性，比其他人群更有能力增加收入，挤入中等收入群体。对上海的中等收入群体收入值的界定和估算表明，综合三种推测值的均值来作为上海中等收入群体的可支配收入上下限，即约6—10万元。而扩大中国的中等收入群体的政策建议包括：推动经济增长，改善收入分配；实施新型城镇化战略，实现城乡一体化发展；创造机会公平、权利公平和规则公平的环境，促进城乡居民的收入流动；加快土地制度、户籍制度和公共服务均等化体系改革，加快人口流动和社会融合；优化中小企业发展环境，促进创业就业发展；促进教育、医疗与社会保障建设，提高中等收入群体健康成长的保障环境等。

基本结论十：如何摆脱传统粗放的发展模式，成功实现经济的转型是目前我国诸多改革的要义，在培育新的动态比较优势的过程中，既要充分认识到我国存在的诸多不足，也需要从长期战略的眼光来审视我国作为一个崛起的大国在未来全球中的重要地位。未来我国可能不仅仅是作为一个"追随者"参与全球分工，更有可能作为一个"并行者"甚至在有些领域作为"引领者"来主导价值的分配。特别是中国（上海）自由贸易试验区建立以及党的十八届三中全会确立了市场在资源配置中起决定性作用之后，我国迎来了"对外开放"与"对内放开"的新制度变革。"对外开放"意味着我们更多的产业将会直面全球的竞争，我们的管理模式也需要实现相应的调整；"对内放开"意味着我国内部的制度变革将会极大地释放经济的活力。这些都为我国创造新的比较优势奠定了坚实的基础，动态比较优势的形成，既有高级要素禀赋的积累，战略性资源的培育，也有制度性障碍的破除，新红利的释放。与此同时，我们也认为，培育产业动态比较优势不等于培养动态比较优势产业，还包括体现动态比较优势要素升级的环节。它涉及人力资本、技术能力、营销能力、产业组织和制度保障等方面。在全球化过程中，国别之间的分工已由产业之间的分工，向行业内、产品内分工演变，培育产业动态比较优势，并不是简单的产业调整或扶持，还应从产业链和价值链的角度，培育体现动态比较优势要素的价值链环节。这意味着我国产业结构调整的政策重心应由结构性政策为主向支持关键环节的功能性政策为主、兼顾结构性政策转变。

基本结论十一：服务业的发展会释放巨大的生产力潜能。然而，中国服务业增加值占比与就业占比依然偏低，服务业就业弹性总体呈现不断下降的趋势，劳动生产率低下，对GDP的贡献率及对GDP增长的拉动也不够显著。服务业技术效率总体水平偏低，增长主要依靠要素投入推动，具有较为明显的粗放型特征。同时，各部门、各区域之间还存在着显著差异，并没有实现相对均衡的发展。从行业层面看，技术效率也处于低水平状态，诸多行业均存在大量的要素投入冗余。从区域层面来看，除上海和江苏外，其余省市服务业技术效率都处于较低水平，资源配置水平有待进一步改善。外贸粗放型的增长方式没有得到根本转变，服务贸易长期逆差，出口结构低级化，知识、技术密集型服务的比重严重偏低，国际竞争力薄弱。服务业利用外资结构不合理，投入房地产业的比重畸高，区域分布严重不均衡，溢出效应尚不明显，未能显著提高我国服务业国际竞争力。服务业开放度较低，且提升速度缓慢，对商业存在的限制仍然比较严格。未来一段时间，我国将以上海自贸试验区建设为突破口，探索对外资实行准入前国民待遇、负面清单管理模式，破除体制机制障碍，大力推进市场化与城镇化进程，进一步开放服务业，用更深层面的开放带动转型，使服务业成为推动经济增长的“新引擎”。

基本结论十二：要在完善的基础上深化税收制度改革，对税种、征收范围和方式等都作出了改革的方向性指示。税制改革同时也是一项牵一发而动全身的系统性改革，不仅会影响到税制本身，对国家制度的其他宏观战略的实现同样有着直接或间接的关系。首先，“营改增”是统筹增值税和营业税改革的一项最重要的结构性减税及税制完善的现实政策，改革的方向是增值税进一步扩围以及税收管理调整，特别是对于小规模纳税人应该设置免征额而非起征点，应更科学地确定增值税央地分成的比例。其次，消费税的未来改革方向应至少涵盖四个方面：税目、税率、征税环节及税收归属。未来消费税税目改革将高污染、高能耗及部分高档品纳入征税范围应该是确定不移的。再者，个人所得税要求在免征额、扣除项目和抵免项目、课税模式以及税率结构方面都做出改变，在功能定位上应该体现纳税人家庭的生计费用的需要；个人所得税改革应考虑引入劳动所得抵免制度和税收递延型养老储蓄账户；税档重置方面，建议将现行工薪税率表的前 3 级合并，并在进一步提高免征额的基础上取消 3％和 25％的税率，以保证在不增加中低收入者税负的基础上完成 7 级税率向 5 级税率的转变。

基本结论十三：内陆沿边区域经济发展是我国区域经济发展战略的重要组成部分，自 1992 年沿边开放提出以来，内陆沿边取得了重大发展，以开放促改革、以开放促发展成为共识。党的十八届三中全会对内陆沿边开放提出了新的战略举措，提出要抓住全球产业重新布局机遇，推动内陆贸易、投资、技术创新协调发展；创新加工贸易模式，形成有利于推动内陆产业集群发展的体制机制；支持内陆城市增开国际客货运航线，发展多式联运，形成贯穿东中西、连接南北方对外经济走廊；推动内陆同沿海沿边通关协作，实现口岸管理相关部门信息互换、监督互认、执法互助。新时期内陆沿边开放势必将取得重大进展。研究认为，内陆沿边的开放与发展也非“遍地开花”，其空间载体仍然是城市群与经济带。要以丝绸之路经济带与长江流域经济带作为内陆沿边开放的重要突破口，选择经济带的中心城市，通过“点”（中心城市）对周围地区的辐射作用，最终由“点—点”、“点—轴”空间组织模式向“面—面”形态的空间组织模式转变。通过城市群与经济带的全方位开放，形成中国区域经济发展的新格局。

1 全球经济调整新格局新转机与中国经济

2013 年是全球经济拐点之年，也是全球经济从经济危机阴霾走向后危机时代的过渡之年。展望 2014 年，全球经济仍将处于危机后的恢复时期，美国量化宽松政策逐步退出，经济景气循环还将持续；欧洲经济在债务危机缓和的背景下将踏上复苏之路；日本经济在财政与货币政策刺激下出现内部景气回暖，然而结构性问题依然突出，经济复苏将有所放缓；新兴经济体受累于发达国家量化宽松政策所产生的负面影响，逊于发达经济体的格局仍将延续；中国经济增速已下移至新的中高速区间，在内部改革不断推进以及外部需求逐步回暖情况下继续下滑的概率不大。

1.1 全球经济调整新格局已然确立

1.1.1 美国经济踏上回暖之路

全球经济趋向好转的主要原因在于美国经济的持续回暖。2013 年三季度美国经济增长率为 4.1%，高于 2013 年二季度的 2.5%和一季度的 1.1%，为 2012 年以来的最大增幅（图 1.1）。同时，美国就业情况出现了明显改善，2013 年 11 月非农就业人数增加 20.3 万，较 10 月相比增加 0.3 万，失业率则下降至 7.0%，为近五年以来的最低点（图 1.2）。从其他指标来看，制造业 PMI 为 57.3，创 2011 年 4 月以来的新高，消费者信心指数达到了 82.5，处于 2008 年金融危机爆发以来的较高水平。这些指数的持续回升都表明美国经济景气度较高。

美国经济复苏得益于两个方面。第一，量化宽松政策起到了修复居民资产负债表的作用。量化宽松政策推动了房地产以及金融市场的繁荣，通过财富效应提振了居民消费，进而带动了企业投资需求；第二，美国科技创新、能源革命加大了投资需求，同时也提高了经济的长期供给能力。展望2014年，美国经济将延续稳健复苏的趋势，就业市场不断改善的势头将得到维持。首先，私人部门去杠杆过程已经基本完成。居民可支配收入的提高以及资产价格的回升使得私人部门负债与可支配收入比重下降至110%以下的合理区间，消费者信心达到高点，这将有助于居民消费的增长。其次，政府去杠杆的过程也已经历过最艰难的时期，财政紧缩高潮已经过去，美国政府债务水平回到了历史的均值区间。再次，就业市场呈现的回升趋势将使"就业改善—收入上行—消费增长"循环得以延续。

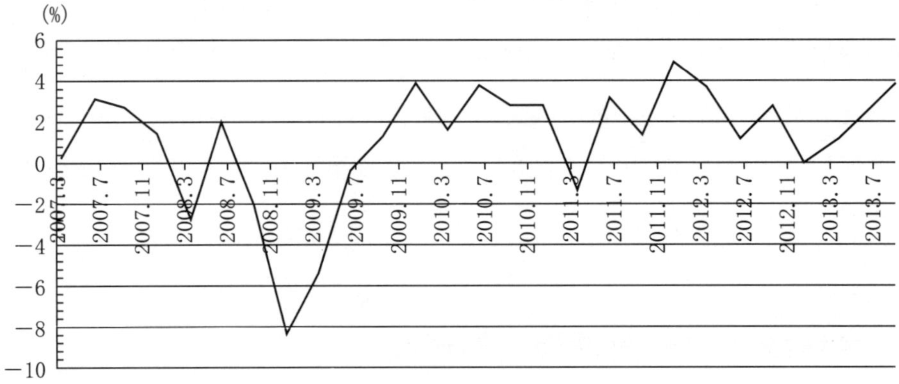

资料来源：CEIC。

图1.1　美国季度GDP增长率

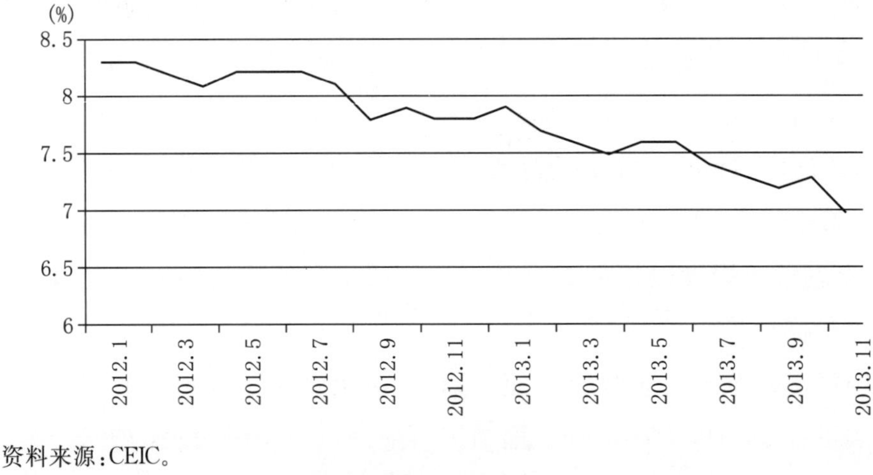

资料来源：CEIC。

图1.2　美国失业率

1.1.2 欧洲经济扫除危机阴霾

欧盟 28 国和欧元区 17 国三季度 GDP 环比增长分别为 0.2%和 0.1%，经济恢复正增长（图 1.3）。2013 年 10 月，欧盟失业率保持在 10.9%，欧元区失业率为 12.1%，环比下降 0.1%（图 1.4）。从其他指标来看，11 月欧元区制造业 PMI 为 51.6，连续 5 个月处于荣枯线以上，消费者信心指数为 12.4，自 2012 年 10 月以来持续回升，并处于 2011 年 7 月以来的最高值。此外，2013 年 10 月，希腊、爱尔兰、西班牙和葡萄牙国债收益率分别为 8.74%、3.65%、4.22%

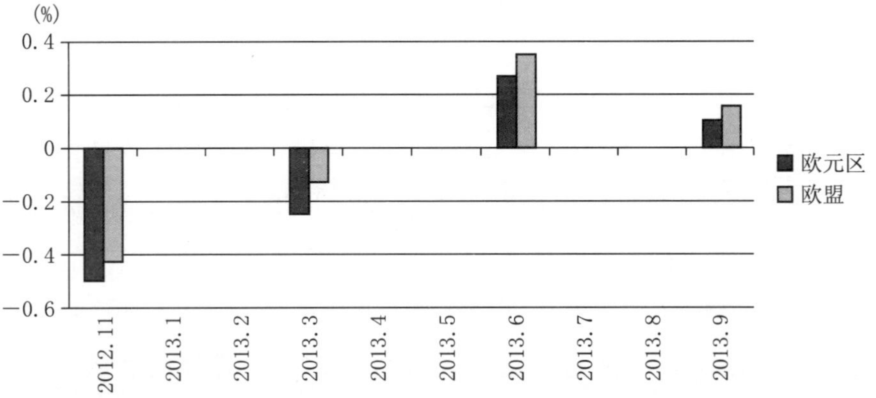

资料来源：Eurostat。

图 1.3 欧盟及欧元区的 GDP 增长率

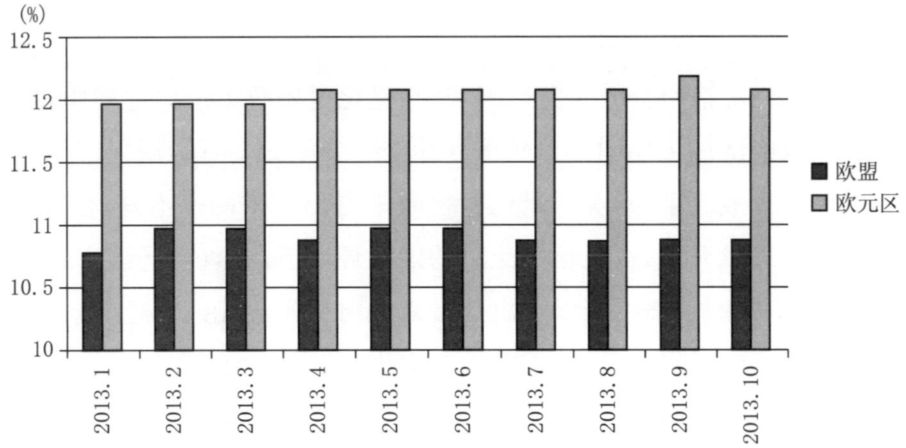

资料来源：Eurostat。

图 1.4 欧盟及欧元区的失业率

和6.33%，均回落至金融危机前的水平，欧债危机渐行渐远。展望2014年，欧洲经济复苏动力仍将持续。首先，美国量化宽松政策的退出所产生的流动性冲击提高了资本对风险的敏感性，这将加大资本向增长前景较好、处于技术前沿的发达国家流动的规模；其次，较金融危机时期相比，全球经济趋于好转，这对拉动欧洲出口有积极作用；再次，经历债务危机的欧洲国家所进行的劳动力制度和福利制度改革所产生的积极影响将逐步显现。

1.1.3 日本经济复苏乏善可陈

日本经济在规模巨大的刺激政策下摆脱了负增长的阴霾。刺激政策由大胆的货币政策、机动的财政政策以及刺激民间投资为中心的经济产业成长战略构成，其中最引人注目的是宽松的货币政策以及由此引致的日元加速贬值。然而，从政策的执行情况来看，积极财政政策规模仍然有限，并且旨在提高民间投资、鼓励竞争的产业政策仍然没有实质性举措。长期来看，货币保持中性，通过日元贬值以及虚拟经济繁荣产生的财富效应难以对经济的长期供给能力产生显著改善，制约日本长期经济增长的结构性问题，比如产业空心化和人口老龄化等并没有得到有效解决。此外，2014年消费税将从5%上调至8%，在景气上行通道并不明确的情况下提高税率将会对消费需求产生一定程度的负面影响。

1.1.4 新兴市场经济饱受冲击

新兴市场经济格局会弱于发达国家，在量化宽松政策退出过程中，出现贸易逆差的新兴经济体将受到更为严重的冲击。展望2014年，新兴市场国家面临着三方面的挑战。第一，美国量化宽松政策退出带来的资本外流。2008年美国金融危机爆发以来，在流动性泛滥的国际环境下，新兴市场国家经历了快速复苏的过程，资产价格上涨以及由此带来的财富效应提振了经济。然而，随着美国经济的好转，量化宽松政策的逐渐退出，获利资本流向处于技术革新前沿的发达国家将不可避免。这种流动性风险的产生主要取决于经常账户收支、存贷比以及资本账户开放程度。第二，中国经济增速下滑带来的需求下降。2008年金融危机爆发后，中国采取的刺激性财政政策不仅避免了中国经济的“硬着陆”，而且也通过贸易增加了新兴市场的资源和原材料出口。而随着中国经济增速的下滑，新兴市场面临着外需下降的困难。第三，贸易条件的恶化。大宗商品及原材料价格在美元走强的条件下将受到压制。总体来看，新兴经济体外部环境出现恶化，内部结构性矛盾将会逐步显现。

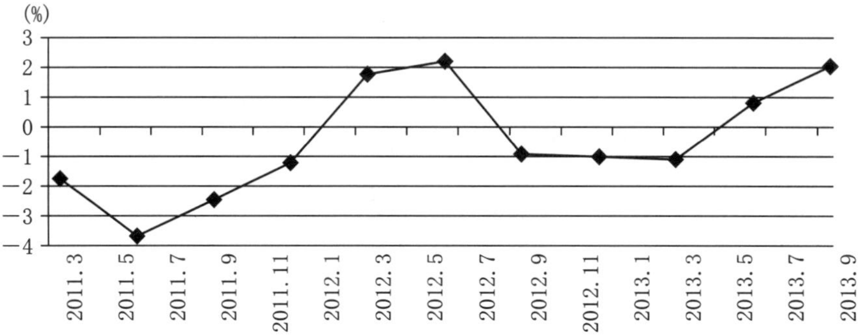

资料来源：CEIC。

图 1.5　日本经济增长率

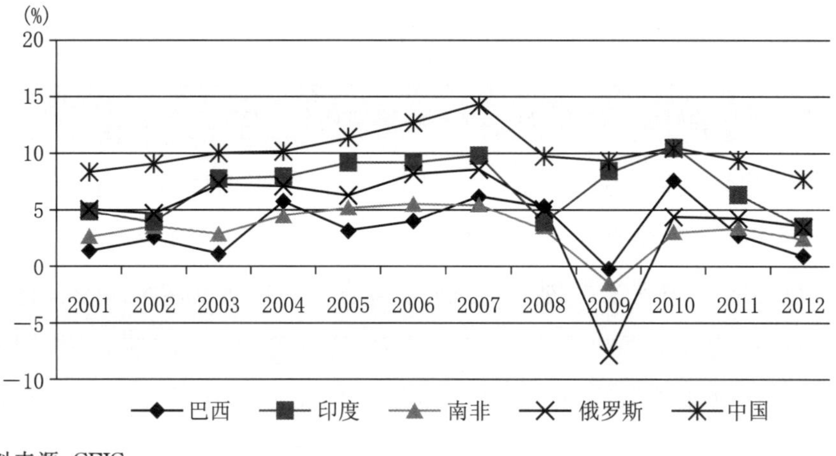

资料来源：CEIC。

图 1.6　金砖国家经济增长率

1.1.5　中国经济借力全球复苏

2014 年中国经济可能出现两方面的转变。第一，随着国内金融改革的稳步推进，在金融危机爆发之后采取的扩张性财政政策带来的投资效率低下有望得到改善。利率市场化的推进使得价格机制逐步发挥其应有的资源配置功能，过去配给信贷、压低资金价格等金融抑制格局将被打破，资金的合理定价将会有效地反映市场供给和需求，避免低效率投资项目占用较多资金的情况。第二，金融危机爆发以来全球经济增速大幅放缓拖累中国出口的局面有望改变。加入WTO以来，中国贸易增速有过快速的增长，2013年的增速已经从过去的20%下降到8%。但是，不可否认出口占中国GDP的比重为25%，仍然较高，它依然是影响中国经济的关键因素。2014年发达国家和新兴市场国家经济虽有所分化，但总体而言，全球经济将会复苏（表1.1）。全球经济回暖有助于中国经济稳固当前的中高增长平台。

表1.1　全球及主要经济体经济增长预测（%）

	2011年	2012年	2013年（预测）	2014年（预测）
全　球	3.9	3.2	2.9	3.6
中　国	9.3	7.7	7.6	7.3
美　国	1.8	2.8	1.6	2.6
欧元区	1.5	−0.6	−0.4	1
日　本	−0.6	2	2	1.2
新兴经济体	6.6	5.5	6.2	—

资料来源：IMF《全球经济展望》（2013.3）、《新兴经济体发展2013年度报告》。

在全球化背景下，各国经济联系不断加强，对于美国、欧元区这样较大的经济体而言，其复苏将会拉动中国经济出口。如果将中国等视为以制造为主的国家，将美欧等国视为以创新、金融等高附加值产业为主的国家，将部分新兴市场国家视为以资源生产和出口的国家，那么全球“三国演义”将展开新一轮的正向反馈联系。首先，欧美经济的复苏将通过贸易渠道拉动作为追赶国家的中国的出口。中国出口增加一方面有助于短期经济增长，另一方面通过学习效应也有助于经济效率的提升，从而提高长期经济供给能力。其次，中国经济发展增加了欧美发达国家的先进制造业产品以及资源国家的原材料和资源产品的需求。这些国家出口的增加又会巩固其经济上行通道，从而进一步提高其对中国产品的需求。

全球“三国演义”所产生的正向反馈效应依赖于以中国为代表的制造、以美欧为代表的研发和金融及以部分新兴市场国家为代表的资源比较优势的差异，以及由此产生的商品贸易和服务贸易的互补性。这种互补性取决于产业结构、消费需求以及要素禀赋的差异(魏浩等，2005；宗建亮、熊豪华，2007；黄满盈，2011)。按照显性比较优势，中美相比，中国在工业制成品、杂项制品等产品上具有比较优势；美国在高科技产品、化学及其制品、机械和运输设备等产品上具有比较优势①。如果按照贸易结合度指标和贸易互补性指标②，将一个国家整体的比较优势和比较劣势综合加以考虑，那么中美贸易的结合度和互补性指标均大于1，这表明中美两国贸易关系十分紧密(图1.7)。

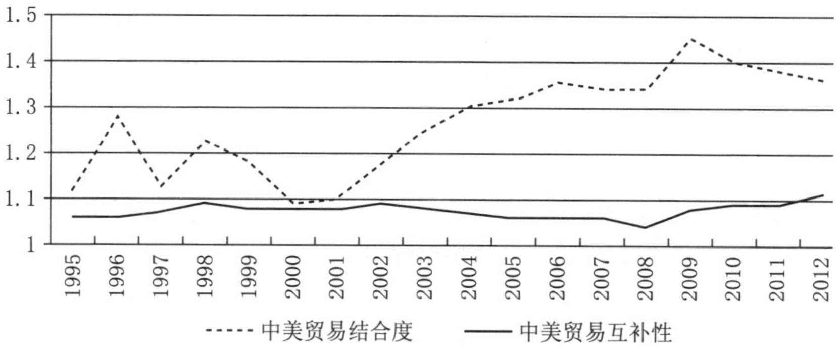

资料来源：http://unctadstat.unctad.org。

图1.7　中美贸易结合度和贸易互补性

贸易互补性指标反映了贸易双方出口供给与进口需求之间的产品吻合程度。从中欧贸易互补性来看，随着中国经济的高速发展和国际贸易自由化程度的不断推进，特别是出口市场多元化战略的实施，中国和欧洲之间表现出较强的贸易互补性。从显性比较优势来看，中欧相比，中国在劳动密集型产品上具有明显的优势，而欧洲在资本及技术密集型产品上具有明显的优势。同时，随着中国经济规模的扩大，粗放型增长模式依赖于大量资源的投入，增加了资源产品的需求，中国在初级产品方面处于劣势(图1.8)。

---

① 关于显性比较优势指数计算可参见 Balassa，B.，"The Changing Pattern of Comparative Advantage in Manufactured Goods"，*Review of Economics and Statistics*，1979，61(2)：259—266。如果国家 j 的产品 a 在与另一国贸易中具有比较优势，那么 j 国家的产品 a 的显性比较优势指数大于1。

② 关于贸易结合度指标和贸易互补性指标计算可参见宗建亮、熊豪(2007)，于津平(2003)。如果两个国家的贸易结合度指标大于1，那么说明两个国家在贸易上存在紧密的联系；如果贸易互补性指数大于1，那么说明两个国家进出口吻合度较高，贸易互补性较强。

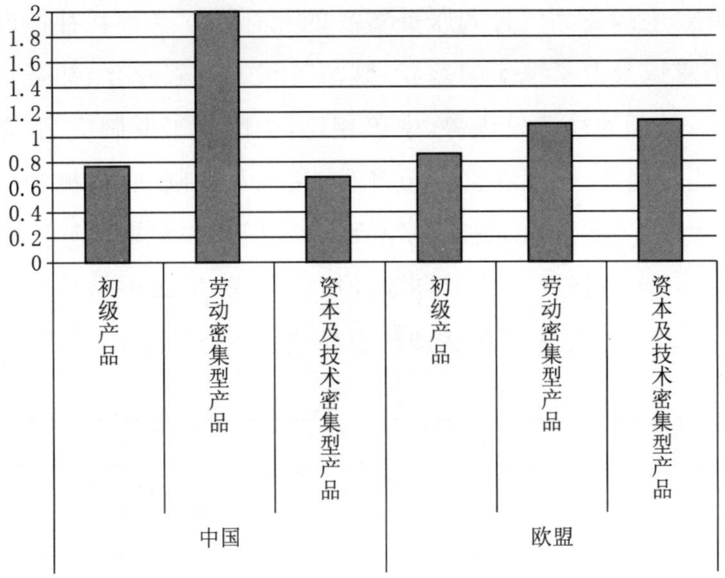

资料来源：联合国贸易数据库。

图 1.8　中欧显性比较优势

对于中国而言，劳动力相对比较丰富，对于美欧而言，资本相对比较丰富，因此按照比较优势理论，中国应当发展劳动密集型产业，生产劳动密集型产品；美欧应当发展资本密集型产业，生产资本密集型产品。此外，按照克鲁格曼的新贸易理论，中国和美欧还处于不同的经济发展阶段，根据产业结构以及要素禀赋上的差异发展贸易还可以扩大贸易规模，进而增加国内的有效需求，更充分地发挥比较优势，提高要素资源的配置效率，最终提升国民经济运行的效率。

中国不仅仅与美欧发达国家存在较强的贸易互补性，而且也与新兴经济体存在一定程度的贸易互补性。以金砖国家为例，表 1.2 列举了中国和金砖国家相互之间具有比较优势的贸易产品，其中仅列举了显性比较优势位于前五位的贸易产品。从中可以发现，与俄罗斯、巴西和南非相比，中国在手工业制品、化工产品、轻工业产品以及机械制成品方面具有较强的比较优势；与中国相比，俄罗斯、巴西和南非在原材料、初级产品方面具有较强的比较优势，比如，巴西、南非的农产品、矿产品等，俄罗斯的石油、天然气等能源类产品以及原木材料。中国是世界第二大经济体，同时也是人均资源较为匮乏的国家，资源和原材料相对比较短缺，而这方面恰恰是俄罗斯、巴西和南非的比较优势所在。同时，随着中国经济的崛起，中国所面对的资源约束日趋明显，因此中国与这些国家可以通过贸易往来，充分发挥基于自身资源禀赋的比较优势，从而实现双赢。此外，中国和印度虽然同为劳动力相对丰富的国家，具有比较优势的产品有一定的相似性，但是两个国家发展水平依然有所差异，同种产品内部也存在一定的异质性，因此中印之间也存在互补性较强的贸易产品。

表 1.2　中国与金砖国家的贸易互补性

	互补性指标>1				
中国—巴西	肥料	雨伞、阳伞、手杖、鞭子、马鞭及其零件	化学纤维长丝	各种机械交通信号设备等	铅及其制品
中国—俄罗斯	各种机械交通信号设备等	雨伞、阳伞、手杖、鞭子、马鞭及其零件	鞋靴、护腿和类似品及其零件	毛皮、人造毛皮及其制品	其他纺织制成品
中国—南非	稻草、秸秆、针茅或其他编结材料制品等	已加工羽毛、羽绒及其制品等	陶瓷产品	烟火制品等	帽类及其零件
中国—印度	蚕丝	铅及其制品	其他植物纺织纤维	船舶及浮动结构体	肥料
巴西—中国	工业用或药用植物等	矿砂、矿渣及矿灰	木浆及其他纤维状纤维素浆等	生皮（毛皮除外）及皮革	动、植物油、脂及其分解产品等
俄罗斯—中国	镍及其制品	肥料	矿物燃料、矿物油及其蒸馏产品等	铜及其制品	稻草、秸秆、针茅或其他编结材料制品等
南非—中国	矿砂、矿渣及矿灰	木浆及其他纤维状纤维素浆等	羊毛、动物细毛或粗毛等	钢铁	镍及其制品
印度—中国	矿砂、矿渣及矿灰	棉花	编结用植物材料等	其他植物纺织纤维	蚕丝

注：行业划分按照二位 HS 编码。
资料来源：EPS 世界贸易数据库。

在全球经济转暖的背景下，中国作为追赶国家与欧美发达国家以及俄罗斯、巴西、南非等资源国家都存在较强的贸易互补性，中国经济也将从全球经济复苏中汲取增长的动力。

1.2 美联储逐步退出量化宽松政策

2013 年 12 月 19 日，美联储宣布将从 2014 年 1 月起，逐步减少对长期国债和抵押贷款支持证券的购买规模，由此开始启动量化宽松政策的退出。作为国际资本市场上最具有影响力的国家，美国的货币政策将对中国的资本流动状况，货币政策和汇率政策的施行，产生重大影响，从而影响中国未来的宏观经济走向。在这一部分，我们将通过梳理量化宽松政策的理论和实践，为分析施行和退出量化宽松政策对实体经济变量可能造成的影响提供框架。基于此，我们将结合中国的经济现状，进一步考察美联储退出量化宽松对未来中国宏观经济状况的影响。

1.2.1 量化宽松政策:理论与实践

2008 年始于雷曼兄弟破产的次贷危机造成了美国乃至全世界金融市场的海啸，并随后向实体经济蔓延。世界经济经历了 20 世纪 30 年代“大萧条”以来最大的动荡。为应对危机，美联储迅速出台了一系列紧急贷款措施，并施行宽松的货币政策，以期达到稳定金融市场，提升实体经济需求的目的。但是，当短期的联邦基金利率下降到零值附近以后，美联储已丧失通过传统货币政策提振经济的空间。因此，在 2008 年 11 月以后，美联储推出量化宽松政策，以刺激实体经济。而量化宽松政策作为非传统的货币政策，其作用机制和传统的货币政策有所不同。

理论上，货币政策分为传统和非传统两种类型。传统的货币政策主要是指一国的中央银行通过改变该国的短期利率而对实体经济的总需求进行调节，从而达到稳定经济增长和就业的目的。具体来说，短期利率的浮动会通过资本市场的套利活动而对长期利率以及风险资产的回报率产生影响。由于价格在短期内存在黏性，名义长期利率和风险资产回报率的变动会转化为实际长期利率水平的变动，而后者会对企业、家庭的投资和消费行为产生影响。因此，扩张性的货币政策将通过降低短期利率而对经济的总需求产生促进作用，而总需求水平的上升会提高经济的产出水平，并增加就业。从操作上来说，大多数发达经济体的中央银行都将短期利率作为其货币政策工具，例如美联储在 20 世纪 90 年代以后主要通过公开市场操作来调节短期的联邦基金利率，从而对实体经济施加影响。

但是，传统货币政策的有效性取决于两个条件。一方面，一国必须有稳定的银行体系，否则，缺乏稳定性的金融体系将使货币政策的传导机制失灵（IMF，2013）。另一方面，当短期利率下降到零值附近以后，中央银行将无法再通过进一步降低短期利率来增加流动性的释放，实体经济可能会因此而陷入“流动性陷阱”，造成通货紧缩和总需求不断下降恶性循环的局面。面对传统货币政策的失效，央行将转而求助于非传统货币政策，通过长期国债和资产的购买，直接影响长期利率。由于市场对长期国债的需求增加，长期国债价格会随之上升，从而造成长期国债利率的下降。而长期国债利率的下降会通过降低购房贷款利率等方式转而增加企业的投资需求和家庭的消费需求，进而起到扩大总需求的目的。日本是世界上最早实行非传统货币政策的国家。为了应对 20 世纪 80 年代中后期经济危机带来的金融体系的恶化和长期宽松的货币政策导致的“流动性陷阱”，日本从 2001 年 3 月起开始施行量化宽松政策，通过购买长期政府债券、资产抵押证券和资产抵押商业票据，向市场进一步释放流动性（Yamaoka，et al.，2010）。

类似地，在 2008 年次贷危机以后，面对传统货币政策的失灵，美国、英国、欧元区、日本均通过长期债券的购买，不同程度地实行了非传统的货币政策。非传统的货币政策在美国被称为量化宽松政策。由于美国在国际资本市场上的主导地位，其量化宽松政策的推出和政策变化备受关注。在操作层面，美联储的量化宽松政策大致可以分为三个阶段。第一阶段（QE1）始于 2008 年 11 月，美联储在这一阶段通过购买 3 000 亿美元的长期国债、2 000 亿美元的联邦机构债券和 12 500 亿美元的抵押贷款支持证券，向市场注入流动性。除了降低长期利率，刺激经济增长以外，QE1 的另一个主要目的是为了稳定雷曼兄弟破产以后的金融市场恐慌情绪，防止短期资金市场挤兑的进一步恶化。从 2010 年 11 月起，美国的量化宽松政策进入到第二阶段（QE2）。在这一阶段，美联储将其对长期国债的购买规模增加到 6 000 亿美元。随着金融市场情绪的逐步稳定，QE2 的目的不再是稳定金融市场情绪，而是集中于通过降低长期利率来避免通货紧缩的风险，刺激实体经济的增长。QE2 于 2011 年 6 月结束。此后，为进一步降低长期利率，但同时为避免未来通货膨胀的风险，美联储于 2011 年 9 月到 2012 年 12 月间进行了扭曲操作，利用卖出短期国债所获得的资金购买长期国债，以期对长期利率产生直接的影响。扭曲操作的一个优点就是不会增加经济的基础货币供给数量，因此较好地避免了未来的通货膨胀风险。此后，美国的核心通货膨胀率稳定在 2%左右，通货紧缩的风险下降。但其房地产复苏依旧缓慢，由此带来实体经济增长乏力和失业率居高不下的局面。因此，从 2012 年 9 月起，美联储的量化宽松政策进入到第三阶段（QE3），通过每月购买 400 亿美元的抵押贷款支持证券来直接影响住房贷款利率，刺激房地产市场的复苏。QE3 一直持续至今。

但是，面对实体经济状况的改善，美联储于 2013 年 12 月 19 日宣布将从 2014 年 1 月起削减长期国债和抵押贷款支持证券的购买规模，并根据实体经济状况逐步退出量化宽松政策。表 1.3 是对美联储量化宽松政策的整理。

表 1.3　美联储量化宽松政策整理

	时　间	购买规模（亿美元）				主要目的
		短期国债	长期国债	机构债券	MBS	
QE1	2008.11—2010.3		3 000	1 750	12 500	降低长期利率，稳定金融市场情绪
QE2	2010.11—2011.6		6 000			降低长期利率，避免通货紧缩
扭曲操作 1	2011.9—2012.6	−4 000	4 000			不增加基础货币供给的情况下降低长期利率
扭曲操作 2	2012.7—2012.12	−2 670	2 670			不增加基础货币供给的情况下降低长期利率
QE3	2012.9 至今				400/月	降低长期利率，定向刺激房地产市场
QE3 调整	2013.1 至今		450/月		400/月	降低长期利率，定向刺激房地产市场
QE3 淡出	2014.1 起		400/月		350/月	视实体经济状况逐步降低货币政策刺激力度

资料来源：根据美联储政策整理。

1.2.2 量化宽松政策如何影响世界经济

正如前文所提到的，量化宽松政策的目的是为了通过降低长期利率，达到刺激企业投资和家庭消费的目的，从而提升经济体的总需求，使经济增长率回到其潜在增长水平。从效果上来看，美联储的量化宽松政策的确达到了预期效果。图1.9显示了2008年至今美国短期利率和长期利率（以10年期美国国债利率为代理）的走势。随着次贷危机的爆发，美联储最初使用了传统的货币政策工具，即通过公开市场操作释放流动性，以期通过降低短期的联邦基金利率，促进实体经济的增长。但是，联邦基金利率迅速下降，并在2008年末至2009年初跌落至零值附近，美联储因此无法进一步通过降低短期利率来刺激经济。而与此同时，长期利率却由于金融市场的高风险而居高不下，资产价格急剧下跌，极大地抑制了投资和消费，美国经济因此而陷入"流动性陷阱"。为防止实体经济形势进一步恶化，美联储开始施行非传统的货币政策，即量化宽松政策，通过长期债券和资产的购买降低长期利率，刺激消费。从数据上来看，量化宽松政策的确起到了降低长期利率的效果，10年期国债收益率在2008年底、2010年和2011年后期有了比较大幅度的下降。但是，数据结果也显示，量化宽松政策效果的持续时间往往较短，当短期政策效果消失后，长期利率又趋向于上升。

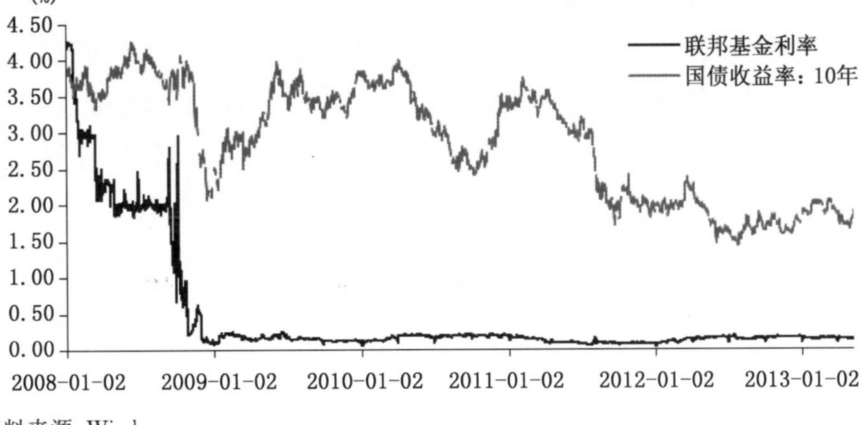

资料来源：Wind。

图1.9 量化宽松政策以后美国利率走势

尽管量化宽松政策对利率水平的影响并不持久,但它确实起到了促进美国经济增长的效果,加快了美国走出经济危机泥潭的步伐。图 1.10 显示,美国的国内生产总值及其增长率从 2009 年第二季度起均有了明显的回升。因此,在美国的实体经济状况有了确定性改善之后,美联储决定于 2014 年 1 月开始逐步退出量化宽松政策。

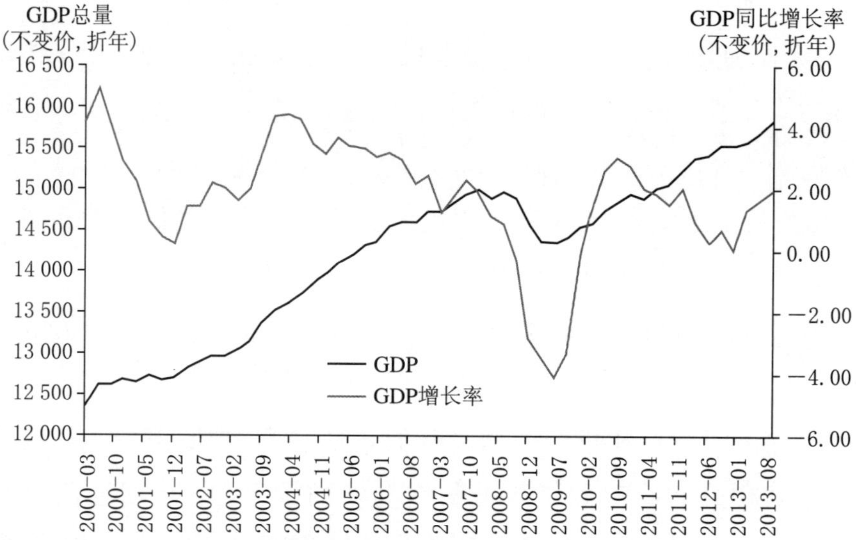

资料来源:Wind。

图 1.10 美国国内生产总值及其增长率

美国作为全球最大的经济体和国际资本市场最重要的参与者,其量化宽松政策的施行和退出都会对世界经济产生重大影响。全世界大宗商品价格走势在美联储施行量化宽松政策以后有明显的波动。从理论上来说,给定其他条件不变,大宗商品的价格会受到需求的影响。一方面,美国金融市场的海啸增强了资金的避险需求,而其后量化宽松政策的实施又降低了美国的国债收益率,增加了美国宏观经济通胀的风险。因此,大量资金出于保值的需要重新配置进入大宗商品市场,尤其是贵金属的市场,造成贵金属价格的不断上升。图 1.11 显示,2008 年到 2011 年间,黄金、白银等贵金属的价格大幅上涨,其中最为重要的原因就是国际资本的避险需求。另一方面,在次贷危机和欧债危机的阴影笼罩下,世界经济增速减缓,全球大宗商品的总需求趋于下降,从而对其价格产生了向下的压力。图 1.11 显示,2011 年以后,随着资产重新配置的完成，总需求不振对大宗商品价格的影响开始占主导地位，大宗商品的价格自此以后开始走弱。

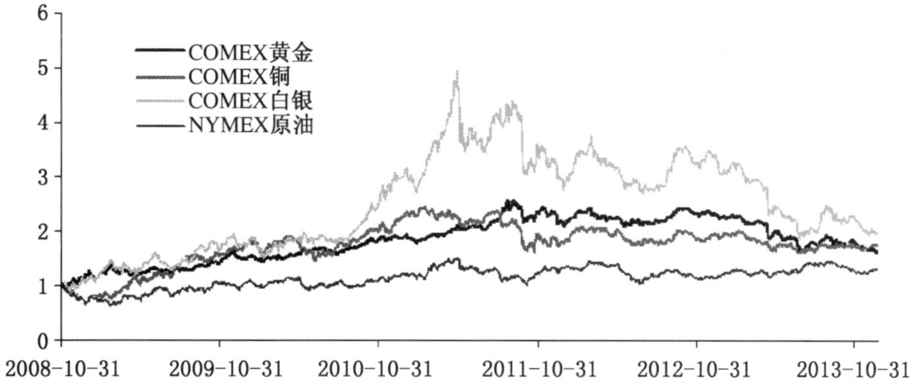

注：所有商品的价格均根据其在 2008 年 10 月 31 日的价格进行了标准化。
资料来源：Wind。

图 1.11 大宗商品价格走势

类似的逻辑也可用于分析美联储退出量化宽松政策之后全球大宗商品价格的走势。总体来说，我们认为，避险性需求对大宗商品价格的推动作用在 2011 年以后有所下降，而大宗商品价格其后主要受到实体经济需求的影响。因此，随着美联储逐步退出量化宽松政策，大宗商品价格由于资本流出而发生价格下跌的可能性相对较小。相反，由于美联储退出量化宽松政策是源于美国实体经济状况的实质性改善，因此，未来美国经济乃至世界经济的向好将提振大宗商品的总需求，从而带来其长期价格的上升。

此外，量化宽松政策的施行和退出也会对风险资产的价格产生影响。正如图 1.9 所示，美国的长期债券收益率、长短期债券利差在美联储施行量化宽松政策之后有了明显的下降。在其他条件不变的情况下，投资者的风险偏好会上升，资产组合的重新配置会促使更多的资金流出固定收益市场，而流入股票和其他风险资产市场，推高风险资产的价格。图 1.12 显示，美国的股票价格指数在 2009 年以后有了大幅度的上升，而推动股票价格指数上升的最为重要的因素就是量化宽松政策下的低利率水平。随着美联储逐步退出量化宽松政策，短期来看，长期债券的收益率会趋于上升。因此，投资者又会重新增加固定收益类产品在其资产组合中的配置比重，从而导致资金从股票市场的流出，短期内将带来股市的下跌。但长期来看，美国经济的复苏会带来企业盈利的上升，而低通胀风险又会降低市场的无风险利率水平，从而共同对股市产生促进作用。

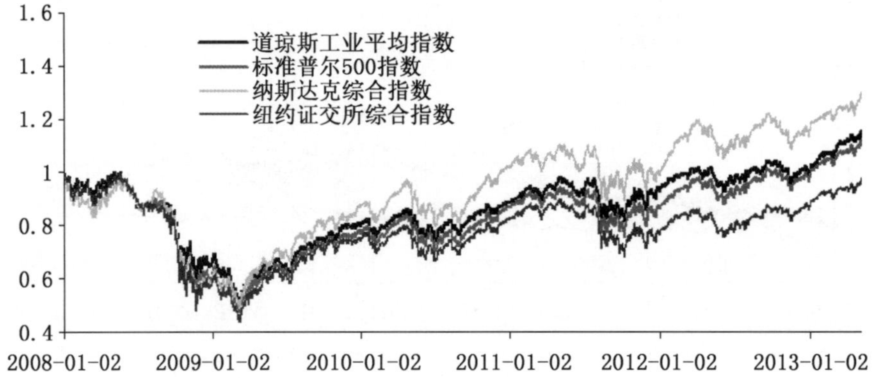

注：所有证券市场指数均根据其在 2008 年 1 月 2 日的水平进行了标准化。
资料来源：Wind。

图 1.12　美国股票市场指数

但是，我们仍需要防范美联储变卖风险资产对长期资产价格走势的抑制作用。量化宽松政策期间美联储大量购买债券的行为使其资产负债表的规模急剧膨胀。而在未来，美联储将在实体经济稳定之后，择机变卖其所持有的长期债券和抵押贷款支持证券，以压缩资产负债表的规模。这种资产变卖行为将对长期资产价格产生抑制作用。

以上是量化宽松政策的施行和退出对美国风险资产价格的影响。类似地，同样由于债券收益率降低和投资者资产重新配置的需要，国际资本在美联储施行量化宽松政策之后，更多地流动进入收益率相对更高的新兴市场经济体。对于新兴市场经济体来说，国际资本的流入会降低其借贷成本，从而增加这些国家经济增长对国际资本的依赖。此外，国际资本的流入和国际无风险利率的走低也会同时对新兴市场经济体的风险资产价格产生促进作用。若货币政策调控不当，其资产价格可能因此出现泡沫。表 1.4 计算了 2008 年 1 月 2 日至 2013 年 12 月 24 日期间美国和新兴市场经济体股票价格指数的相关系数矩阵。计算结果显示，美国和新兴市场经济体的股票价格指数高度正相关。即使是在经济独立性相对最高的韩国，其 KOSPI 指数和美国标普 500 指数的相关系数也高达0.58。而在菲律宾、马来西亚等，经济规模总体较小，国际资本流动相对更为自由。经济发展高度依赖于外债的经济体中，其股票市场指数和美国标普500指数的相关系数更是达到了0.92和0.94的水平。美国和新兴经济体股票价格指数高度正相关背后的一个重要的驱动因素即是量化宽松政策下的低利率水平，低利率水平通过资产重新配置的渠道同时推高了美国和新兴市场经济体的风险资产价格。

表1.4 美国和新兴市场经济体股票价格指数相关系数矩阵

	美国标准普尔500	韩国KOSPI指数	菲律宾综合指数	马来西亚股票综合指数	印度尼西亚LQ-45指数
美国标准普尔500	1.000 0				
韩国KOSPI指数	0.576 4	1.000 0			
菲律宾综合指数	0.915 1	0.543 0	1.000 0		
马来西亚股票综合指数	0.940 8	0.693 4	0.930 8	1.000 0	
印度尼西亚LQ-45指数	0.797 4	0.696 5	0.927 8	0.890 4	1.000 0

注：各国股指均取值于2008年1月2日到2013年12月24日的时间区间。
资料来源：Wind以及作者的计算。

未来，随着美联储逐步退出量化宽松政策和美国国内利率水平的走高，出于资产重新配置的需要，国际资本又会从新兴市场经济体流出，而重新流回进入美国的固定收益市场。在短期内，这可能引发新兴市场经济体的资本外流和货币贬值，而无风险利率的走高又会导致其资产价格的下跌，从而对这些国家的股票和房地产价格形成向下的压力。这些问题在存在严重贸易逆差，资产市场泡沫严重，并且资本账户开放程度较高的国家将更为严重，因此这类国家值得我们高度关注。从历史上来看，新兴市场经济体曾多次在美国经济强劲复苏之后，由于国际资本的挤兑而发生经济、金融危机（王健，2013）。

但是，量化宽松政策的退出并不必然对新兴市场经济体未来的经济增长造成挑战。量化宽松政策的逐步淡出代表了美国经济的复苏。而美国经济状况的好转将提高其总需求水平，从而对新兴市场经济体的出口产生促进作用。此外，量化宽松政策的退出代表了2000年以来“弱美元”时代的结束。美元相对于新兴市场国家货币的升值又会进一步带动这些国家出口的增长。因此，那些在量化宽松政策时期借助良好的国际环境进行了结构性改革，经济基本面较好，对国际资本依赖相对较少的新兴市场经济体反而可能在美国经济复苏以后迎来其经济发展的机遇期。

综合以上的分析，我们认为，美联储退出量化宽松政策对新兴市场经济体未来宏观经济和资本市场走势的影响并不确定。我们需要根据每个国家经济基本面的状况进行具体分析。

1.2.3 量化宽松政策与中国的宏观经济走势

中国当前的经济增长正处于结构性减速的关键时期，需要通过经济结构的转型进一步释放经济增长的动力，提高经济增长的质量。中国经济结构的成功转型需要借助于良好的国际经济环境，而美联储的量化宽松政策正是中国经济增长所面临的国际经济环境中最为关键的一环。

和其他新兴市场经济体国家不同，中国的经济总量很大，并且对国际资本流动的管制相对较为严格。因此，从历史数据上来看，中国的宏观经济状况和美国货币政策走向的相关性相对较小。分析表1.4发现，新兴市场经济体国家和美国的股票价格走势高度正相关。类似地，我们也计算了中国和美国股票价格走势的相关系数。我们发现，从2008年1月2日到2013年12月24日这一期间，中国上证综合指数和美国标准普尔500指数的相关系数为－0.12，而深圳成分指数和美国标准普尔500指数的相关系数为－0.10，即中美两国股票市场的走势负相关。图1.13也显示，虽然在2008年次贷危机以后，沪深指数和美国股指类似，也有了明显回落，但其后的量化宽松政策尽管带来了美国股市长达五年的繁荣期，却没有推动中国股市的上涨。2009年中期以后，沪深股票价格指数反而双双持续走低。这主要是由两方面的原因导致的。一方面，次贷危机之后外需的下降恶化了中国的宏观经济状况以及企业的基本面，从而对股市估值产生了抑制作用。另一方面，更为重要的是，中国股票市场走势同时受到了中国金融市场扭曲的抑制。

利率双轨制的存在使得中国通过货币政策释放的流动性难以进入实体经济并推动实体经济的增长。银行、信托等金融机构通过理财产品等表外业务实现了不同市场间资金价格的套利，而更多的资金也因此流入了房地产市场和地方政府融资平台，从而催生了房地产市场的泡沫，增加了中国宏观经济的

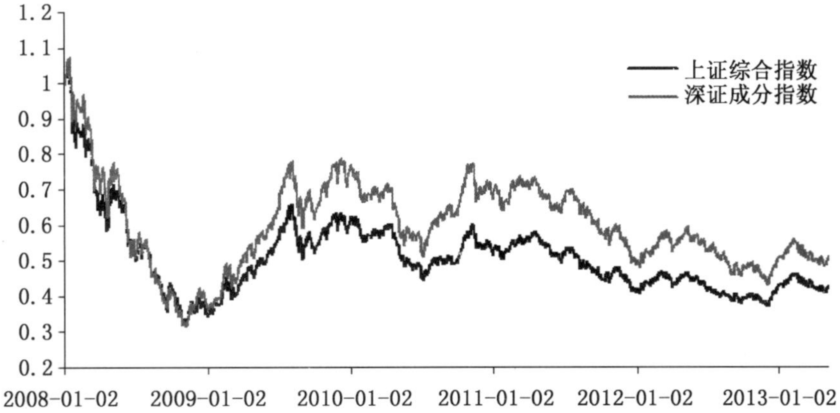

注：上证综合指数和深证成分指数均根据其在 2008 年 1 月 2 日的水平进行了标准化。
资料来源：Wind。

图 1.13　中国股票市场价格走势

系统性风险和地方政府的债务风险。因此，尽管在 2008 年次贷危机之后，央行流动性的释放、中国政府四万亿财政刺激计划的实施，以及国际游资的进入增加了中国的货币供给，但是，中国的股票价格并没有因为流动性的宽松而出现类似于美国和其他新兴市场经济体的上涨趋势。正如图 1.14 所示，2008 年 9 月以后，中国 M2 存量的增长速度相比 2008 年之前有了显著的提高，每月社会融资总量的中轴相比以前也有显著抬升。但是，实体经济增长的乏力和经济系统性风险的高企共同抑制了中国股票价格的上涨，中国的股票价格指数在 2009 年中期以后持续走低（图 1.13）。

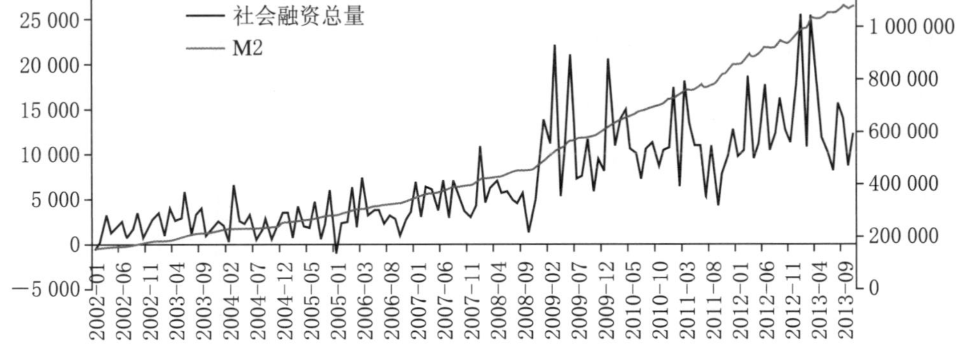

资料来源：Wind。

图 1.14　中国的社会融资总量和货币供应量

随着美联储逐步退出量化宽松政策，部分国际资本会撤离中国，而重新流回美国。但是，由于中国拥有巨大的经济规模和巨额外汇储备，并且资本账户管制较为严格，国际资本撤离对中国宏观经济的影响相对较小。短期来看，国际资本的撤离可能会带来资金面的进一步趋紧，导致利率水平的上升，对证券以及房地产价格产生抑制作用。但是，由于相对于中国的经济总量，国际资本的规模很小，其撤离对风险资产价格的抑制作用相对较小。正如美联储施行量化宽松政策并没有对中国的风险资产价格产生显著的推动作用，量化宽松政策的退出同样不会导致中国资产价格的急剧下跌，从而引发金融危机。此外，由于中国存款准备金率仍处于较高水平，利率水平也存在下降的空间，因此为应对短期资本的撤离，央行拥有较大的货币政策空间来对冲流动性的下降。总体来说，和美联储施行量化宽松政策时期相类似，中国资产价格的走势在“后量化宽松”时期仍将更多受到国内经济基本面的影响。

长期来看，我们认为，美联储逐步淡出量化宽松政策对中国的宏观经济将产生正面的促进作用，中国的经济结构转型将因此而拥有良好的国际环境。这主要是因为美联储逐步淡出量化宽松政策代表了美国宏观经济状况的改善。而中国作为全球最大的生产国，美国消费需求的上升将对中国的出口产生极大的促进作用。此外，“弱美元”时代的结束也将减轻人民币的升值压力，从而进一步推动中国出口的增加。因此，从长期来看，给定其他因素不变，美联储退出量化宽松政策将对中国的长期经济增长产生促进作用。

但是，正如我们所指出的，中国国内的结构性改革是中国未来长期经济发展状况的重要决定因素，中国宏观经济的稳定需要国内金融市场的改革相配合。利率的进一步市场化将是减轻资本误配置、降低宏观经济系统性风险的关键。

此外，随着全球经济状况的进一步好转，国际资本的风险偏好又会重新上升。国际投资者会因此再次增加其对包括中国在内的新兴市场经济体的资产配置比重，从而带来国际资本的回流。国际资本的流入会造成中国国内流动性的过度宽松，从而增加货币政策调控的难度，带来宏观经济的不稳定因素。届时，若利率和汇率改革没有进一步的推进，中国又会重新面对2008年次贷危机以后出现的流动性过剩，货币供应增加无法推动实体经济增长，却仅仅在金融体系内部空转的局面。而资产泡沫的再次膨胀将极大威胁中国未来长期的经济增长。

1.3 全球化新趋势与中国应对模式转型

根据世界银行的定义，全球化是指“由贸易、金融、人口以及思想的不断融合所带来国家之间的相互依存”。虽然全球化过程在19世纪就已经开始，但是在近50年时间里却发生了质的飞跃。仅就贸易额来看，全球货物与服务出口额占GDP的比重从1970年的13.82%上升到2012年的30.15%。而对外直接投资净流入占GDP的比重也从1970年的0.50%上升到2012年的2.09%(图1.15)。

推动全球化进程不断发展的主要动因在于运输、通信成本的下降和贸易壁垒的减弱(Frankel, 2000)。陆路运输成本从1890年到2000年下降87%，航空运输成本在1955年到2004年间下降92%。而国际通信在1949年到2007年间下降了63%(World Trade Report, 2008)。在技术进步以外，WTO所推动的全球经济和贸易自由化大大降低了关税壁垒。根据WTO秘书处的数据，发达国家的工业品平均关税从1940年的40%下降到乌拉圭回合后的3.8%。而中国关税总水平也从2001年的15.3%下降到2010年9.8%的低水平。

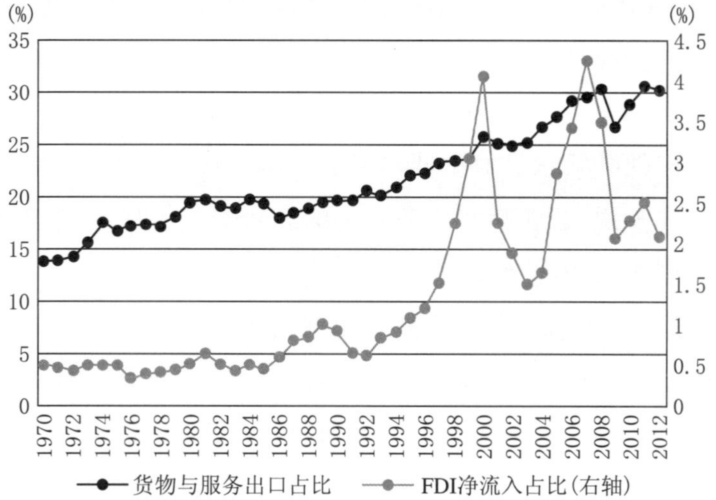

资料来源：世界银行WDI。

图1.15 全球货物与服务出口及外商直接投资净流入占GDP比重变化

在促进全球贸易总量上升的同时，全球化所带来最大的结构变化在于发达国家通过跨国公司所实现的全球产业链布局。由于老龄化带来国内要素禀赋的变化和产业竞争的加剧，跨国公司将目光投向海外。利用全球化所带来的要素自由流动，跨国公司在充分发挥各个国家和地区的比较优势的基础上实现自身的国际竞争力。全球产业链分工的形成逐渐导致生产碎片化，从1970年到2009年，全球增加值占贸易总额的比重下降了10%到15%(Johnson and Noguera, 2012)。跨国公司通过FDI、技术跨境转移和中间品贸易促进全球化的发展(Kleinert, 2001)。可以说，现阶段全球化的推进背后是跨国公司全球布局下的国际产业链分工的继续推进，并由此引致的全球货物、服务和投资流扩大。

因此，现阶段的全球化在总量上表现为全球贸易额和投资的上升，在结构上体现为跨国公司所形成的全球产业链布局。与此同时，下一阶段的全球化进程也对全球贸易制度安排提出了新的要求，全球范围要素的自由流动必须同更高程度的服务贸易自由化、投资自由化和市场自由准入规则相适应。

1.3.1 全球化新趋势要求全球贸易规则的重塑

现阶段WTO框架下的贸易谈判已很难满足全球化未来的发展趋势。一方面，关税壁垒在国际贸易中的地位日益削弱，而多哈回合谈判在农产品和非农产品准入方面步履维艰。另一方面，下一阶段全球化对服务贸易、投资以及市场规则等方面的安排在WTO多边框架下很难实现。未来符合全球化新趋势的全球贸易规则必须满足对全球布局的跨国公司和由其主导全球产业链的有效服务。具体来说，这包括对服务贸易的有效安排、对外投资的合理管理以及相关市场规则的恰当界定。

首先，服务贸易是未来全球贸易的主要发展方向，全球化有从“货物贸易的全球化”转向“非物质化的全球化”的趋势。全球服务业增加值占GDP的比重已经由1971年的54%上升到2010年的69.9%，而年平均增长率达到3%—4%的水平(图1.16)。就服务贸易来看，服务贸易占贸易总量的比重由1980年的17%上升到2000年的20%左右，而若以增加值衡量则从30%上升到43%(Subramanian and Kessler, 2013)。一方面，服务贸易依附于货物贸易，通过对制造业的联动服务带动自身发展。另一方面，服务贸易对全球产业链的整合协调形成有力促进。以货物贸易为基础的全球服务贸易增长将成为未来全球贸易的主要发展趋势。而服务贸易自身具有不同于货物贸易的重要特征。第一,非关税壁垒对服务贸易的阻碍远大于关税壁垒。对国外服务提供者的市场准入限制是服务贸易的最大障碍(Hoekman and Braga, 1997)。第二,由于服务提供在生产和消费上的同时性,服务贸易的主要方式不在于直接出口,而是通过对出口目的地的直接投资。第三,由于跨国公司的形成及其全球产业链布局,中间品贸易成为服务贸易的有效载体。绝大多数的服务通过全球产业链的中间品出口,以包含服务增加值的商品跨境流动方式出口国外(Grubel, 1997)。而服务贸易的这一系列新特性都对未来国际贸易体系中的非关税壁垒、对外投资和中间品出口等规则提出新的要求。

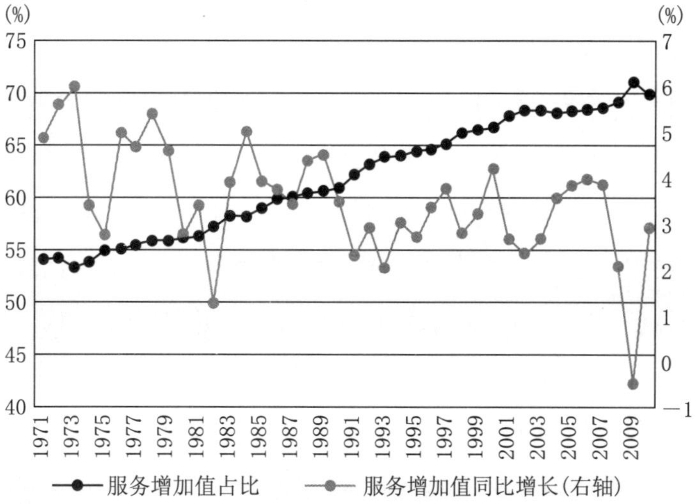

资料来源:WDI。

图 1.16 全球服务业增加值占 GDP 比重及其同比增长

其次,对外投资自由化程度很难满足跨国公司全球产业链布局的现实需求。全球产业链布局很重要的方面在于稳定可预期的中间产品贸易,而 FDI 则是创造生产中间环节供应商的理想途径。不仅如此,跨国公司只有通过对外直接投资的途径才可以在向发展中国家带去技术和工艺的同时,享受 FDI 流入国家要素禀赋的比较优势。跨国公司越多的国家对外投资规模往往也越高(Yang and Huang, 2011)。但当前全球贸易在外国投资领域仍然没有实现良好的规则协同,远远落后于关税壁垒的削减。2012 年全球对外国投资的限制和监管政策提高了25%(World Investment Report, 2013)。目前对外国投资的限制主要集中在三个方面,一是对投资领域的限制,并以此保护国内的战略行业安全和新兴产业发展;二是产业政策的实施,通过对外商直接投资的规制服务于本国产业发展;三是对跨国并购的审批,以严格的监管措施限制通过并购进入本国的外国公司。诸多外国投资领域的限制阻碍了跨国公司对全球产业链的有效布局,也同时损害了各国比较优势的有效发挥。

最后,与跨国公司全球产业链布局相关的市场规则没有清晰界定,主要包括知识产权保护、环境、劳工条件和国有企业行为等问题。具体来说,第一,发达国家跨国公司具有创新和科技优势,而有效的知识产权保护是其向发展中国家进行技术转移,进而实施产业链布局的关键基础(Krugman, 1979)。发展中国家往往缺乏有效的知识产权保护,进而导致及时有效的技术转移无法完成。第二,环境和劳工条件的不一致阻碍全球贸易的进一步发展。目前各国均具有不同的环境和劳工标准,现实的差异为非贸易壁垒产生创造了条件。而跨国公司全球布局需要较为一致的环境和劳工标准适应其产业链标准化生产的需要。第三,当前的贸易体系缺乏对国有企业的有效规制,这又涉及政府购买、政府补贴以及公平竞争等诸多内容。全球国有企业的销售总额在2010年占到全球GDP的5.7%,而总资产占到全球GDP的35.8%(Kowalski, et al., 2013)。不仅如此,庞大的国有企业主要集中在中国这样的发展中贸易大国(见表1.5)。而现存的贸易体系并没有对国有企业的国际贸易行为做出合理规制,政府干预下的国有企业行为可能会对全球化的未来发展造成巨大影响。

表1.5 国有企业规模占各国GNI的比重(%)

国 家	销售额	利润额	总资产	市场价值
法 国	7.90	0.40	23.00	7.10
德 国	0.10	0.00	0.30	0.20
日 本	0.50	0.00	0.80	0.80
美 国	2.70	−0.10	38.50	0.40
中 国	26.00	2.90	145.00	44.00
印 度	16.00	4.30	75.00	22.00
巴 西	12.00	1.70	51.00	18.00
俄罗斯	16.00	3.00	64.00	28.00

资料来源:"State-Owned Enterprises: Trade Effects and Policy Implications",其通过WDI、Orbis和Forbes数据计算得到。

因此，现存的贸易体系在服务贸易、外国投资和市场规制等方面等很难符合全球化条件下跨国公司进行全球产业链布局的要求。换句话说，由跨国公司主导的全球要素自由流动和各国比较优势的发挥需要重新为全球贸易制定规则，进而在全球化新趋势下促进全球一体化进程的发展。

1.3.2 区域主义为世界制定新的全球贸易大宪章

未来的贸易规则必须满足新一轮全球化趋势的要求，即为跨国公司的全球产业链布局提供便利。而原有的 WTO 框架在削减关税壁垒的同时却很难在服务贸易、投资准入和市场规则等方面为全球贸易贡献更大的突破。在近年以美国为代表的发达国家通过区域内部的多边或双边谈判，试图重新构建全球自由贸易秩序和规则。其中具有代表意义的是美国参与和主导的跨太平洋伙伴关系协议(TPP)和跨大西洋贸易与投资协议(TTIP)。

我们通过 TPP 和 TTIP 的比较就可以看出全球化新趋势下的这两大区域自由贸易协定对未来贸易自由化的重要意义(见表 1.6)。首先，从经济体量上来看，日本加入后的 TPP 国家经济体量已经达到全球经济总量的 40%。而美国和欧盟组成的 TTIP 经济体量可以达到全球经济总量的 45%。其次，TPP 和 TIPP 涵盖了几乎全球所有的发达国家和重要跨国公司。仅就美国来看，2013 年全球 500 强企业中的美国企业占到 132 家，这些巨大的跨国公司主导了全球的创新、产业链锻造和要素流动。再次，TPP 和 TTIP 的主要内容符合跨国公司全球产业链布局的需要。TPP 和 TTIP 都强调服务贸易便利化和投资规则规范，进而为跨国公司的全球布局扫清非关税贸易壁垒。与此同时，对知识产权保护和市场竞争规则的强调符合欧美跨国公司全球布局和盈利创新的需要。最后，TPP 和 TTIP 由于参与国家的不同对全球贸易领域各有侧重。欧洲和美国贸易以横向产业内贸易为主，强调工业品的差异化竞争。仅就美国来看，欧盟是美国仅次于加拿大的第二大出口目的地，2012 年美国对欧元区的出口总额达到 1 948.9 亿美元，而同期美国对中国和日本的出口分别只有 1 105.9 亿和 700.46 亿美元(图 1.17)。因此，美国同欧盟进行 TTIP 的谈判可以通过非关税贸易壁垒的削减有力促进本国的出口，这是极为重要的现实经济意义。与此同时，由于美国和欧盟企业处于全球产业链高端的位置，其对于服务贸易、投资准入以及知识产权等问题的强调也会通过未来全球自由贸易规则的制定服务于本国企业全球布局的需要，从而通过自由贸易规则的制定获得先机。而美国同跨太平洋地区国家所试图构建的 TPP 更加侧重于全球产业链的锻造。2012 年中国对美国出口额达到 4 444.69 亿美元，远大于欧元区对美国的 3 000.98 亿美元出口（图 1.18）。更为重要的是在跨太平洋地区存在完整的全球产业链，具体来说，先由美国为主的发达国家进行研发创新，再由日本、韩国等东亚国家进行中间品生产，进而在中国、越南等国家进行组装，最后进行贴牌包装销往世界各地。TPP 通过对服务贸易、投资准入以及原产地规则等问题的协议促进跨太平洋地区全球产业链的进一步锻造；通过对以美国为主的发达国家在全球产业链两端即创新研发和品牌营销等高附加值环节的有效促进，充分利用发展中国家在全球产业链中端的要素禀赋比较优势。

表 1.6　TPP 和 TTIP 的比较

	TPP	TTIP
地理位置	跨太平洋	跨大西洋
参与国家	美国、日本、加拿大、澳大利亚、新加坡、文莱、智利、新西兰、秘鲁、越南、马来西亚、墨西哥等	美国和欧盟
经济体量	全球经济总量的 40%	全球经济总量的 45%
主要内容	(1) 服务贸易：包括金融、电信等； (2) 投资规则； (3) 市场准入：包括非关税壁垒； (4) 原产地规则； (5) 市场规则：包括知识产权、市场竞争环境、环境与劳工、政府购买等内容	(1) 服务贸易的市场准入； (2) 强化投资规则； (3) 取消关税壁垒、降低非关税壁垒； (4) 强调市场规则的一致性； (5) 知识产权保护、国有企业问题等
侧重点	全球贸易新规则；全球产业链	全球贸易新规则；产业内贸易、经济增长

资料来源：根据 TPP 与 TTIP 相关政府公报整理。

伴随着全球化的新趋势，区域主义在全球范围内逐渐兴起。通过开展以 TPP、TTIP 为代表的区域自由贸易协定谈判，全球正在着手制定新的自由贸易大宪章。通过对未来全球服务贸易、跨国投资和市场规则等方面的有效促进，区域主义将极大促进跨国公司在全球范围的产业链布局，进而实现生产要素在全球范围内的有效配置和全球长期可持续的经济增长。

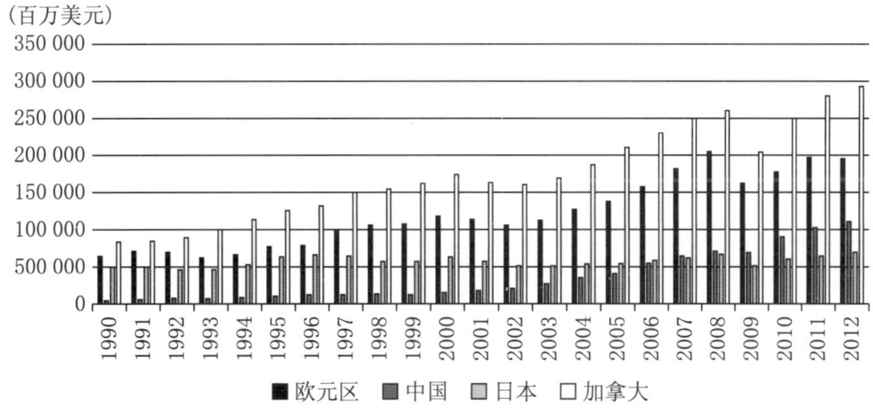

资料来源：IMF，CEIC 数据库。

图 1.17　美国对欧元区、日本、加拿大和中国的年度出口

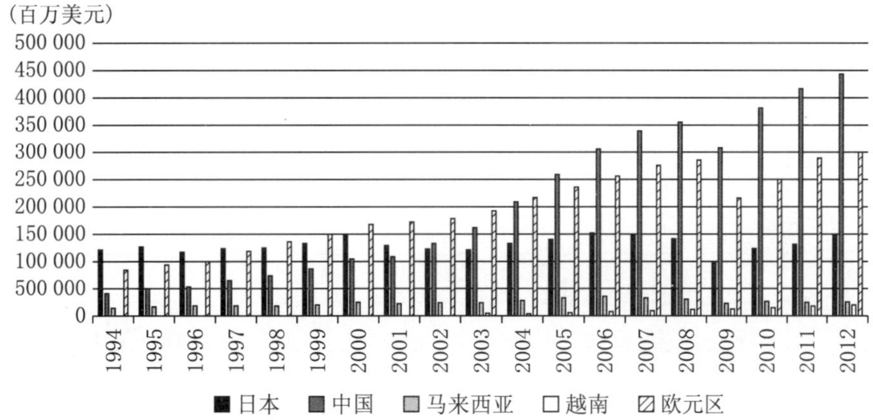

资料来源：IMF，CEIC 数据库。

图 1.18　日本、中国、马来西亚、越南和欧元区对美国的年度出口

1.3.3　全球化新趋势与上海自贸试验区建设

未来全球化的发展趋势是对服务贸易、跨国投资和市场规则日益重视。通过跨国公司全球产业链布局深化，全球要素禀赋的自由流动带来经济增长的持续动能。中国抓住了货物贸易全球化给自身发展创造的机遇，在加入 WTO 后产生持续的贸易顺差并由此成为拉动中国经济增长的重要推动力之一。2005 年货物与服务净流出对 GDP 的增长贡献率一度达到 22.2%。而在新一轮全球化浪潮中中国是否能够继续顺应全球化的新趋势，进而分享全球化的好处，仍然存在疑问。

目前中国在全球产业链中主要处于中端位置，两头在外，即在利用发达国家科研创新和复杂中间品投入的基础上进行组装制造，再利用国外的平台和营销销往其他地区。从贸易方式上来看，2000年以后主导中国出口增长的主要推动力量是加工贸易的持续上升。2000年1月加工贸易的出口总额只有92.45亿美元，而2007年1月这一数值就上升到438.48亿美元。从2000年到2007年间加工贸易出口额也一直超过一般贸易出口额，2004年2月达到最高的1.7倍(图1.19)。但一方面处于全球产业链中低端的现状导致中国产品出口的附加值极低，而未来逐渐老龄化的要素禀赋改变可能导致中国依靠低附加值出口的参与全球贸易模式不可持续。另一方面金融危机后加工贸易出口持续低迷，2013年10月加工贸易出口额只有一般贸易的80%。在欧美发达国家依靠廉价土地、金融和能源要素促进制造业回流的大背景下，中国在全球产业价值链中的位置很难实现出口对经济的持续拉动。

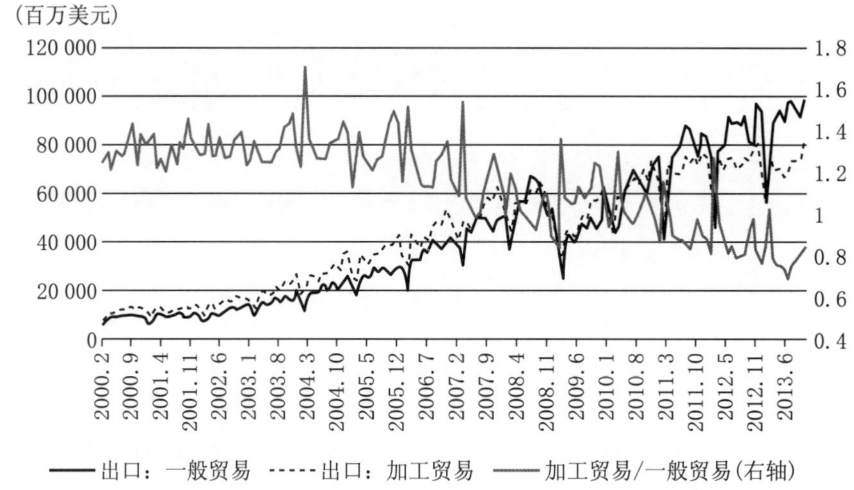

资料来源：海关总署，CEIC数据库。

图1.19 中国一般贸易和加工贸易出口的月度变化

与此同时，中国现有的制度安排和微观市场主体都很难同未来全球化下的服务贸易、跨境投资和市场规则相适应。具体来说，首先，中国对服务贸易的限制在全球属于较高水平。中国服务贸易总体限制指数达到36.6，远高于欧盟 26.1、日本 23.4 和美国 17.7 的水平。分行业来看,中国在金融、电信和专业服务方面都有较强的管制,而这些恰恰是在全球产业链上产业升级所需要的高端生产性服务业(图 1.20)。其次,中国在外商直接投资上存在较为严格的审批制度,对外商直接投资可以进入的产业部门有详细的限制。这些限制阻碍了全球产业链在中国的进一步发展和升级,也同时抑制了本国包括服务部门在内诸多行业的竞争效率提高。再次,大型国有企业主导中国对外投资,缺乏创新和效率。2011 年中国对外直接投资存量有 62.7%由国有企业完成,中国企业的对外投资集中在国有垄断的采矿行业,2011 年采矿业的对外投资是制造业的 2 倍。根据《中国企业 500 强发展报告》,在中国前 100 家跨国公司中,有 77 家国有企业,且主要分布在采矿业和建筑业。但中国最具创新精神的企业几乎都是民营企业,500 强企业中研发强度超过 5%以上的超过 50%是民营企业。最后,中国缺乏促进企业对外投资便利化的相应机制,事实上,中国经济体量同对外投资规模极不相称。2011 年中国 GDP 占世界比重达到 10.48%,而同期中国对外直接投资存量占世界比重只有 1.73%,流量比重也仅达到 4.05%(图 1.21)。

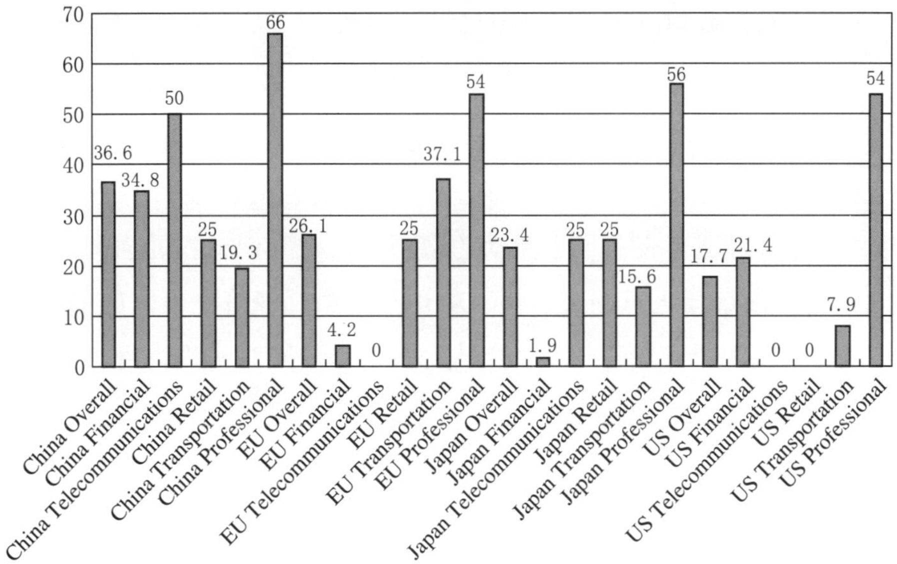

资料来源:世界银行服务贸易限制数据库(STRD)。

图 1.20　中国、欧盟、日本和美国的服务贸易限制

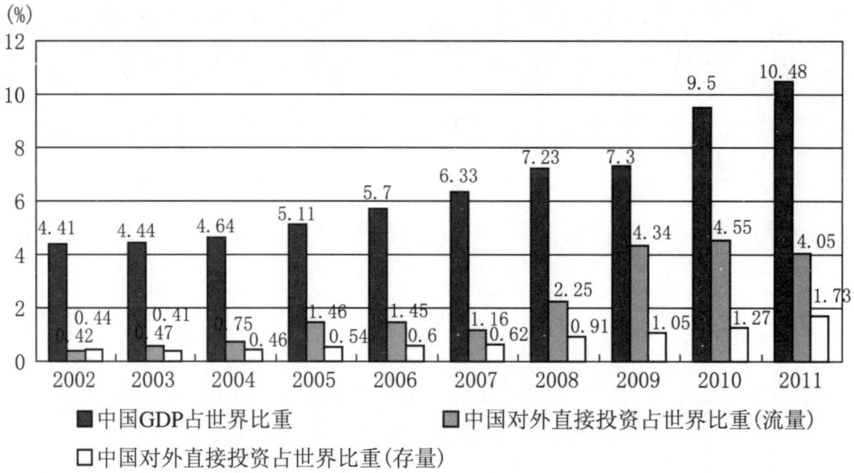

资料来源:中国对外直接投资统计公报。

图 1.21　中国 GDP 和对外直接投资占全球比重的年度变化

可以说中国未来经济发展同全球化新趋势的有效对接必须依赖相应的制度变革。因为一方面 TPP 未来对跨太平洋地区产业链的锻造可能会和中国老龄化社会带来要素禀赋改革一起对中国目前的加工贸易模式造成冲击,而另一方面中国目前的制度安排和微观经济主体都很难满足全球化下服务贸易、跨国投资和市场规则的一系列要求。

中国需要通过同全球化新趋势的有效对接,通过全球产业链上的升级实现自身要素禀赋改变下的持续经济增长。同时,全球化新趋势对市场规则的强调也同时符合中国自身未来改革的方向。区域主义下的 TPP 和 TTIP 所秉持的竞争规则、对国有企业市场活动的限制以及对知识产权的强调,实际上都可以通过对国内市场进行约束而促进中国自身微观经济主体效能的提高。通过对外开放倒逼国内改革,在对接全球化新趋势的同时实现自身的经济活力。

只有了解全球化新趋势同中国经济未来发展路径的内在关系,才可以深刻理解上海自贸试验区建设对整个中国经济转型的重要意义。上海自贸试验区建设通过一系列制度创新,既成为中国改革的"试验田",又作为同全球化新趋势及具体到同 TPP 对接的窗口。具体来看,首先,上海自贸试验区强调包括金融业在内的服务业开放,在金融、航运和专业服务等生产性服务业方面有较大程度的开放。因为服务业开放不仅可以通过竞争带来其自身效率的提高，而且有助于与之关联的制造业发展，最终促进长三角乃至整个中国在全球产业链中的角色转换。其次，上海自贸试验区同时强调投资领域开放，提出了“负面清单管理”和“准入前国民待遇”。一方面，投资领域开放是对全球产业链下跨国公司全球布局的有力呼应，通过给予生产要素流动的自由促进自身同世界经济的深度融合。另一方面，投资领域开放同样包括对国内企业走出去提供充分的支持。中国需要自己的跨国公司参与全球治理，并为中国未来的经济增长寻找资源和机会。而对国有企业垄断的破除在对接 TPP 的同时为民营企业的国内和海外壮大创造更为广阔的空间。再次，通过服务业发展和投资领域开放促进中国贸易模式发生转变，从专注于加工贸易的两头在外转向高附加值的中间品生产乃至研发创新。这一系列转变有赖于中国自身高端生产服务业发展和跨国投资所引致的全球产业链联系。最后，政府为微观经济主体活动提供高效服务，优化市场规则。政府对市场竞争的维护以及高质量的市场监管在未来的全球治理中日益重要，进而形成全球一体的经济秩序。

因此，未来的全球化表现为跨国公司在全球范围内的资源配置实现全球产业链的锻造和要素自由流动。全球化的新趋势要求服务贸易、跨国投资的自由化和良好的市场规则。为了实现同区域主义推动下的全球贸易秩序重构的有效对接和中国在全球产业链中地位的上升，中国需要一系列的制度变革，上海自贸试验区就成为这一系列制度变迁的“试验田”。进而通过服务贸易自由化，投资领域的开放和贸易模式转变，在健全市场规则的前提下为参与未来全球贸易新秩序构建打下良好基础。

1.4 党的十八届三中全会之后的对外发展模式展望

1.4.1 党的十八届三中全会对外开放发展目标

2013 年 11 月 12 日中国共产党第十八届中央委员会第三次全体会议在北京闭幕，这次会议对中国未来改革进行了全面战略部署，将对中国的发展产生深远的影响。在对外发展战略方面，党的十八届三中全会深刻指出中国经济将面临经济全球化的新形势，需要采用对内对外开放相互促进、引进来和走出去更好结合的方式，通过促进国际国内要素有序自由流动、资源高效配置、市场深度融合，来加快培育参与和引领国际经济合作竞争新优势，从而实现以开放促改革的发展目标。具体措施上，党的十八届三中全会提出放宽投资准入、加快自由贸易区建设、扩大内陆沿边开放的三大具体举措。

从党的十八届三中全会对外发展的表述可以看出，中国对外开放发展目标，肩负者两大任务，一是从经济层面来看，必须促进中国在新的全球化形式下，获得新的国际竞争优势；二是从政治层面看，需要通过进一步开放的方式，来促进国内改革的推进。而从其实现方式来看，这两大任务将采用市场化的手段来实现，通过促进要素的充分自由流动，由市场来发现和决定中国经济比较优势所在，并因此使中国经济获得新的发展动力，也使中国改革能够全面而系统地完成，最终实现中国经济与中国社会的现代化战略目标。

党的十八届三中全会对中国对外开放战略的部署将决定中国在经济全球化新形势下和新的发展阶段下的对外开放发展模式，由此深刻影响中国在世界经济体系中的地位、发展空间和对外交往的方式，使得中国对外开放发展模式出现新的时代特征。下面将就全球化发展趋势、中国发展现状与趋势以及新发展阶段下的中国对外开放模式进行具体展望，由此全面说明新形势下中国对外开放战略实施的背景、目标、路径与方式。

1.4.2 中国对外发展的全球化发展新背景

就如党的十八届三中全会所指出的，次贷危机之后，经济全球化出现了新的发展趋势和特点，全球各经济体都进入了再平衡过程，转型发展成为全球经济的发展主题。2007 年开始危机，中国经济外部发展环境因此发生了较大变化，而中国经济自身也正进入到了一个转型时期。所以从内外发展条件和阶段看，中国经济对外发展模式，需要根据全球化发展新背景来重新界定中国经济在世界经济体系中的地位，以推动中国经济升级与可持续发展。

从 20 世纪 80 年代开始的全球化进程，是在人口老龄化和市场竞争的压力下，以及技术进步带来的交易成本下降的推动下，由发达国家的跨国公司通过 FDI 带来的产业跨国大转移而展开的，推动了出口型国家如亚洲“四小龙”和中国等新兴经济体加入到全球化进程中，促使经济全球化不断得到深化。

这一轮的经济全球化是由生产过程全球化来决定的，而不是由产品交换来主导的，产业资本全球化是根本推动力量，而跨国公司是产业资本实现全球化产业链构建的主要载体，也自然地成为经济全球化的主要载体。世界贸易占GDP比重也从20世纪80年代初的20%不到，增长到2011年的32%左右，由此推动了贸易、资本和劳动等要素通过全球产业价值链的方式实现了全球优化配置。

所以就外部环境来说，发达国家跨国公司的产业资本仍旧将主导经济全球化的发展，产业资本主导时代还没有过去，而现有的收入分配方式仍旧会使得经济全球化的静态红利主要由发达国家所获得。对于中国来说，由于缺乏高等竞争要素优势，所以在目前阶段对外开放战略不应寻求全球化中的静态红利分配收益，应以追求全球化动态增长红利作为中国经济参与全球化的政策基本目标。

随着产业资本全球产业价值链构建的深化，依托于全球产业价值链基础上的全球服务贸易与包括金融资本在内的相关资本流动将会进一步得到快速发展，并将成为下一轮经济全球化深化的主要推动力。这意味着长期参与全球产业价值链的中国产业资本将拥有新的发展空间，在寻求全球化长期增长红利的目标下，积极地推动中国改革开放以来所积累的资本走出去，参与全球要素的再配置，以提升中国资本的利用效率。

再者以自由贸易区为代表的区域主义的兴起，使中国面临着自由贸易区区域性安排与WTO多边体制并存的多重框架的全球经济贸易的新的制度结构，中国如何判断这一制度安排的可能发展区域也成为中国对外开放策略的一个重要基础。就目前来看，美国的TPP和TTIP的推进并非是区域主义意识所主导的，而是为了更好地促进产品和要素自由流动，使全球的经济要素在更高水平上得到有效率的利用，这将促进全球化进一步深化发展。一旦这两个区域性协议谈判成功，将对现有的全球产业价值链布局产生深远影响，如果中国不能参与其中，将使中国要素比较优势发挥受到一定的局限；同时因为这两个区域协议规则代替未来多边协议规则，会使已有的WTO规则发生变化，使中国对外开放的整个环境受到较大冲击。因此中国必须关注这两个协议谈判的进展，条件一旦成熟就应参与其中。而随着WTO红利的逐渐消退，以及中国经济疲软和对外贸易的持续下行。中国也迫切需要推进新的国际贸易框架协议的达成，以重新确立在国际贸易体系中的地位，并以负责任大国的形象，参与、分享国际自由贸易的游戏规则的制定。

目前，中国还不具备条件参与到 TPP 和 TTIP 两个协议的谈判中，一方面中国要积极推动多边协议，另一方面中国应借助双边区域主义协议，充分利用中国经济现有的比较优势，来强化中国与其他国家间的比较优势差异，提升中国经济利用国外资源和市场的能力，拓展产品和资本走出去的空间，逐步地改善所面临的中国企业经营的国际环境。具体策略上来讲，中国与发达经济体的双边交往应注重在技术市场、高人力资本的劳动要素市场、产品市场与创新环境建设的发展，以此来获得全球化的动态增长红利；而与发展中国家的双边交往则应注重的是资源要素市场与产品市场的互惠，通过发掘与不同类国家间比较优势，使中国的要素等到更有效率的利用，由此分享全球化进程中的静态分配红利。

所以中国未来所面临的新外部发展环境，将是一个产品要素流动更为自由、竞争更为激烈的市场环境。在新的发展环境中，中国仍旧需要通过劳动要素、土地要素等经济要素与跨国公司资本与技术的结合，发挥自身要素的比较优势，推动经济要素配置效率提高，促进劳动生产效率提升，由此分享全球化红利对经济结构优化所带来的好处。这种结合将不再是限于中国国内，还包括全球的其他地方的全面结合，也就是中国要素要依托新的更高水平的全球化趋势进行全球性的资源再配置；更为重要的是，要利用更高水平的要素自由流动环境，推动中国跨国企业的成长，构建中国全球竞争力的微观基础，这是中国对外开放战略新的课题和最重要的目标。

1.4.3　中国经济发展面临新的环境与挑战

在短期来看，外需对于中国经济发展来说仍旧是非常重要的部分。在危机前的 2006 年中国出口占 GDP 的比重高达 36%，目前在危机的影响下，发达经济体的需求萎缩较大，在 2012 年出口占 GDP 的比重仍在 25%左右（见图 1.22），显示外部需求仍旧是中国经济发展不可忽视的一个重要部分。而从中国经济的增长来看，在次贷危机影响下，外部需求急速下滑，导致 2009 年 GDP

第一季度的增长率只有6.6%，尽管在“四万亿投资”的刺激下，经济增长曾一度快速上升，但目前仍旧处于一个低迷阶段，这表明目前中国经济的增长动力还不能缺失外需这一块，在短期中国对外发展仍旧要注意推动出口的增长。

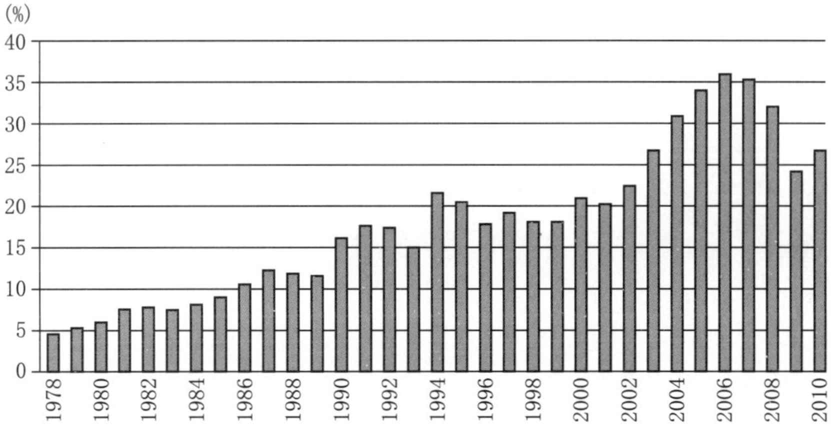

资料来源：中国统计局网站。

图1.22　中国出口占GDP比值

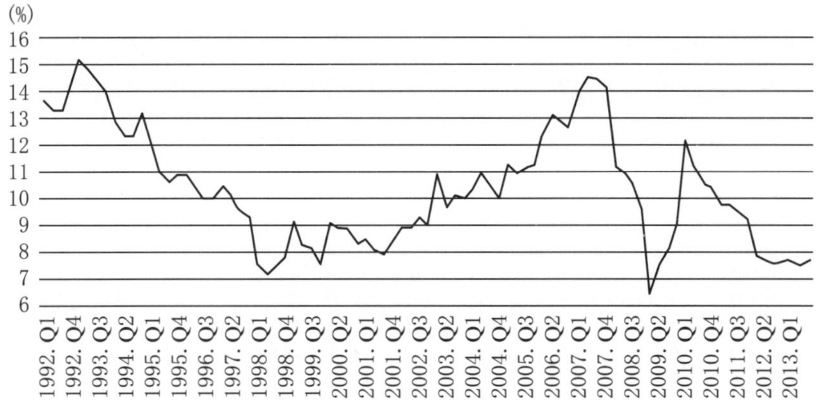

资料来源：中国统计局网站。

图1.23　中国季度GDP增长率

在中长期来看，政府职能与市场机制功能失衡使要素资源配置效率低下；劳动力市场不完善，人口流动存在诸多限制，且人口老龄化正引起人口红利衰竭；金融市场价格机制未能理顺，资本配置缺乏合适的价格信号使市场机制无法正常发挥作用，导致金融市场缺乏竞争力和活力，资本投资利用效率不足，而储蓄率也处于下降趋势中，令中国经济的未来投资能力受到限制；土地要素缺乏有效率的市场定价与利用，土地要素市场化程度不够，使土地资源的配置扭曲；可持续的创新主体与创新环境缺失，这些都使中国经济下一步的增长与转型面临着要素市场不完善和技术创新环境缺乏激励的挑战。

不过党的十八届三中全会对于这些系统性问题都进行了战略性部署，以政府和市场边界的界定为关节点，通过政府职能的转型，推动经济体制的全面市场化改革，并以经济领域的市场化改革，促成中国社会的现代化转变。这意味着中国内部的经济市场机制将能够对应于全球化更高水平的自由化发展趋势，使中国在未来参与全球化发展过程中，能够更容易地分享到全球化的静态分配收益和动态增长收益。

1.4.4 新发展阶段中国对外开放模式展望

在新发展阶段下，中国对外开放模式将发生重要转变，将从简单的被动接受全球化动态增长红利转变为主动寻找争取全球化动态增长红利，并且继续通过参与发达国家跨国公司全球产业链的生产过程获得全球化静态分配红利。这里最显著的变化就是，新的对外开放模式将积极推动中国资本全球性再配置，来获得全球化配置效率提升带来的静态分配红利，并通过中国跨国企业的全球产业价值链的构建来获得动态增长红利。因此，新发展阶段的中国对外开放模式最显著的特征是推动中国经济体参与全球化的主动性与积极性。

党的十八届三中全会后的中国对外开放模式的中短期目标是通过扩大开放的方式，促进内部改革，消除要素流动障碍和错误价格机制导致的扭曲配置，应优先进行金融市场的改革。而长期的目标是促进中国对外交往的微观主体能够逐渐适应新的全球化发展趋势，使中国跨国公司得以健壮成长，构建符合中国动态比较优势的全球产业价值链，使中国要素在分享全球化红利中获得足够的主动权和主导权，使符合中国经济可持续发展的全球化动态增长红利分享机制得以构建。

从具体实现路径与策略来看，中国对外开放仍应以融入目前发达国家所主导的全球产业价值链为主要目标。目前，在全球产业价值链上，中国企业主要从事的是低端的制造部分，对于附加值高的生产性服务业领域缺乏竞争力。劳动力要素优势正因工资的上升以及劳动力数量的衰竭而逐渐耗散。当下服务品质越来越决定了产品竞争力，因此，中国需借助制造领域的优势参与到服务贸易领域竞争以获得新的比较优势，从而在全球产业价值链中获得新的地位；而且只有通过参与到生产性服务领域的国际分工中，才能继续发挥和巩固中国企业在制造业方面的比较优势，才能使中国仍旧庞大的劳动力要素在全球化进程中得到充分有效利用。所以中国在全球产业价值链上的定位应该是继续巩固和发挥制造业的比较优势，并以此为基础参与到服务产业的国际分工中，而不是完全抛弃现有的制造业优势进行所谓的附加值升级。仅仅追求所谓附加值升级，将会因为制度缺陷和要素缺陷而缺乏可持续发展动力。

中国所具备的完善产业生产供应链优势、技能劳动数量庞大的优势以及中国国内市场庞大的优势，是中国目前继续参与全球产业价值链的最大优势，必须抓住这样的发展战略机会，并且充分利用这样的优势来参与服务贸易的发展。就短期而言，中国制造业的优势仍将在全球产业价值链中发挥主要作用，而这对于中国试图进入服务业国际分工领域以获得更高附加值来说是一个具有重要战略意义的现实优势，必须加以充分利用。

因此中国应继续利用产品生产的本土制造优势，强化在全球产业价值链中的中国制造优势，借助中国国内市场规模的优势，培育国内消费市场发展，由此发挥生产与消费的规模经济效应，重点培育生产性服务企业为参与全球产业价值链制造过程的生产企业服务，借鉴国际经验来培育与发展高端生产性服务产业发展的环境与制度，并通过实践来完善生产性服务产业的制度安排和环境需求，以解决服务业发展所普遍存在的信息不对称问题。通过这种开放的方式直接参与到服务业的国际分工中，将自然地培育出具备国际竞争力的中国高端生产性服务型企业，从而利用全球产业价值链的力量实现中国经济结构的升级，最终实现对外开放的发展目标。

所以，党的十八届三中全会后中国对外开放发展模式将更为积极主动，并应从产业链视角来推动中国对外开放目标的实现，金融领域的开放改革应该服务和服从于中国经济全球产业价值链的构建过程，而不是一个独立展开的领域。通过推动生产性服务业的发展来实现整个中国企业产业链全球竞争力的提升，并因此构建起符合中国经济可持续发展需求的全球化动态增长红利机制。

1.5 本章小结

在全球经济逐渐趋暖的背景下，中国经济将借助于上海自贸试验区及后续的自贸区建设来继续推动中国对外开放。首先，美联储逐步淡出的量化宽松政策对中国宏观经济将产生正面促进作用，中国资产价格的走势在“后量化宽松”时期仍将受到国内经济基本面的影响。其次，从国际层面来看，中国出口形势渐好，虽然2013年增速已从过去的20%下降到8%，但其占中国GDP的比重仍很大，表明出口在中国经济增长中的地位难以撼动，所以短期还是要依靠出口带动。再者，中国现有的制度安排不利于贸易转型、服务业全面开放等全球化的游戏规则，各方面管制都较多，而上海自贸试验区的建立将有助于对接TPP，从内核打造贸易升级、服务业升级，以及投资走出去。同时，党的十八届三中全会精神将使得中国的开放模式发生根本性的变化，即我国将以更积极主动的姿态来面对金融改革、贸易转型、参与全球价值链的国际分工，将借助于全球化配置效率的提升来实现从静态红利向动态红利的合理转变。综上，中国经济在全球经济中的地位将随着党和政府的切实改革方向而不断加强和深化，这将进一步地为中国参与到全球化的国际分工起助推作用。

2 中国经济潜在增长率：新动因与新趋势

中国GDP的增长率在2007年之后似乎突然回落，从之前20年近乎10%的高位一路滑落到不足8%。这一减速现象引发海内外经济学家对中国经济未来潜在增长率的猜测。中国未来10年的潜在增长率可以是之前20年平均增长速度的延伸吗？或者中国正在转入中低速增长的阶段？本章围绕经济潜在增长率的新动因与新趋势，作出理论思辨与政策分析。

2.1 对中国经济增长方式的重新思考

尽管中国在过去35年因为实现了持续的高速增长而一举成为世界上的第二大经济体，但它的增长方式20年来却一直遭受诟病。要求改变增长方式在经济学界的呼声甚高并很快演变成主流观点。这一观点早在1995年还成功地被写入了党的十四届五中全会的决议中。在此之后，该命题在中共有关经济领域的重大决议或历年的政府工作报告中均反复出现，党的十八届三中全会的决定也没有例外。

经济学家内部流行的关于转变经济增长方式的表述有多个版本，但大同小异。一种表述是，中国的增长方式应从投资驱动的增长转变为消费驱动的增长。而更流行的表述似乎是，中国经济的增长要从要素驱动的粗放增长转变为效率驱动的集约增长。尽管经济学家们对什么是效率驱动的增长心知肚明，但还是有经济学家干脆明确地把效率驱动的增长解释成全要素生产率（TFP）驱动的增长。

很容易发现，无论上述哪种表述，无论是从需求层还是从供给层看待经济增长的源泉，都一致性地认同中国经济过去的增长实在是过度依赖了投资或资本的扩张，而投资驱动的增长是非常不健康的模式。

之所以认为投资驱动的增长不健康，也许是受了早期经济学家对苏联的那种所谓粗放增长方式的批判与否定。苏联解体之后不久的1994年，保罗·克鲁格曼(Paul Krugman)又重拾粗放增长和集约增长的陈旧概念来批评东亚经济，特别是新加坡的增长方式，惹得一身麻烦，更引发人们对东亚与苏联增长模式的学术辩论。连杰弗里·萨克斯(Jeffery Sachs)也站出来批评克鲁格曼，认为苏联与东亚的增长模式岂能同日而语，东亚基于市场机制的投资分配要比苏联基于计划体制的投资分配有效率得多了。

事实上，也就在克鲁格曼发表该文之后不久，国内的一些经济学家也开始对照检讨和批评中国改革开放以来的增长方式，并把这种增长方式同样冠之以粗放型的增长。20年来，很少有人会怀疑上述批评的正当性，而中国经济需要将过去的粗放增长方式转变成未来的集约增长方式，更是成了共识。

但这一共识却充满困惑，因为要从现有的经验研究中推演出这一命题来，几乎是不可能的。

定义中国增长方式的困惑和困难不在于投资对增长的头等重要性，而在于全要素生产率(TFP)的超常增长事实。如果中国过去的增长真的可以用粗放的增长方式来定义，那我们该如何去评价上世纪80年代以来TFP年均4%的增长记录？如果4%的TFP增长率还不能证明是效率驱动的增长，那今天美国1%的TFP增长率为什么可以是？如果我们确信中国未来的TFP年均增长实际上只会缓慢下降而不可能高于过去的记录的话，那么我们期待中国未来的增长(最好)必须由效率驱动而不是投资驱动的含义又是什么呢？我把这个答案留到后面给出。

我们先来讨论一下改革开放以来中国TFP的增长情形。考虑到关于中国经济增长核算的研究相当丰富这一事实，这里仅引用两个较为流行的核算结果来说明TFP的增长记录。一个是曾供职于世界银行北京办事处的高路易(Louis Kuijis)的研究。他发现，1978年到1993年，中国的GDP年均增长9.7%，劳动生产率年均增长9.0%，其中TFP的增长是年均3.8%，资本—劳动比率年均增长3.1%。1993—2005年间，GDP年均增长9.5%，劳动生产率年均增长8.4%，其中TFP的增长是年均3.0%，资本—劳动比率年均增长5.3%。这是最为保守的核算结果。

另一项研究是帕金斯(Dwight Perkins)和罗斯基(Tom Rawski)为《伟大的中国经济转型》一书完成的。他们在对中国经济的增长进行核算前还特别基于之前的各种争议对数据系列进行了细致和系统的改善与矫正。基于这个改善后的数据而核算出来的结果是,在1978—2005年间中国的GDP年均增长9.5%,资本增长9.6%,为GDP增长贡献了44.7%,教育增强型的劳动力增长2.7%,占GDP增长的16.2%,而TFP每年增长3.8%,贡献了GDP增长的40.1%。这与高路易的研究是非常接近的,与用OECD提供的KLEMS数据库所做的核算结果也非常相似。

从这些核算结果来看,尽管资本的增长对GDP增长的贡献是第一位的,但TFP的增长却相当出色。这应该不是粗放增长方式可以解释的现象。以TFP年均增长3%—4%来说,这个记录是好于在经济实现高速增长时期的日本的。即使在东亚"四小龙"中TFP增长最佳的中国香港,在1960—1990年间,TFP的增长年均也仅为2.4%左右。而且就"四小龙"的TFP增长对GDP增长的贡献份额来说,各类研究文献大致给出的范围约在20%—30%之间,而即使根据世界银行或IMF和OECD在相关研究报告中的结论,中国的TFP增长对GDP增长的贡献份额也在35%—40%间。当然,苏联的记录就更差了,即便在最好的年份(1961—1965年),苏联的TFP增长对产出增长的贡献也只有10%左右。

也许有人会说,尽管中国的TFP增长贡献了GDP增长的40%,但这一贡献份额也还不够高,还不能算作效率驱动型的增长。要知道,中国的TFP年均增长3%—4%已是超常的增长记录了,比美国和发达经济体都要高出很多。这么高的TFP的增长率还只贡献了GDP增长的40%,那是因为GDP增长得更快,达到了接近10%的增长率。而GDP增长更快当然得益于资本扩张的贡献,毕竟投资机会之多对于一个新兴的市场经济而言是可以想象的。

在相当长的时间里,美国的TFP增长对GDP增长的贡献虽然可以高达80%甚至更高,但由于其GDP增长率很低,平均仅有2%—3%,所以其TFP的增长也不超过2%。现在美国的TFP增长率基本在1%左右,即使其贡献份额高达90%,也只推动GDP增长1%多一点。如果我们所谓的转变增长方式是指要把TFP对GDP增长的贡献份额从现在的40%提高到美国的80%,

那就意味着中国的 GDP 增长率要降到 5%以下(假设 TFP 年均依然能增长 3%—4%)。要知道这个数字低于中国 GDP 潜在增长率达 3 个百分点之多。

那有没有可能让中国经济在(比如)未来 10 年依然保持在 8%的潜在增长率的水平上,而同时又能让 TFP 的贡献达到美国的份额(80%)呢?如果是这样,那就意味着 TFP 要能实现年均 6.4%的增长率。在笔者看来,这是根本不可能的。实际上,中国在过去 30 年里 TFP 的增长超常(3%—4%)已是大大得益于改革开放以来经济结构的迅速变化和简单复制国外技术带来的快速的技术进步。从今往后的趋势是,无论是因结构变化而改善的要素生产率还是通过引入和复制国外技术的学习空间都是在缩小而不是扩大,所以,TFP 的改善在趋势上只会变得缓慢而不是相反。实际上,人均收入越高的国家,经济的结构越是稳定,TFP 的改善速度越慢,仅能依靠研发而驱动的技术进步每年最多也就 1%—2%,这也是其可维持的 GDP 潜在增长率大约为 2%—3%的根本原因。

所以,增长方式何来粗放或集约之分别?或许只有高增长与低增长的区别,抑或只有超常增长与正常增长的区别。一个落后的经济体要是能够实现超常的增长,那一定是因为在那里资本可以扩张的机会比发达的经济体多得多,一定是因为投资驱动而不是别的。投资机会的多寡与人均资本存量是成反比的。在这一点上,克鲁格曼的话说得对,这样的增长主要是靠汗水而不是靠灵感实现的,但这又有什么关系呢?

可是长期以来经济学家的一个教条看法却是,如果一个经济的增长主要由投资扩张来驱动,它就应该像苏联那样,其 TFP 就不能改善,只会恶化,它的这种增长方式就是粗放的,就会走向崩溃。但日本也好,东亚经济也罢,情况常常相反,资本扩张快的时期,也是 TFP 的改善记录较好的时候。中国的案例也不例外。这种情形之所以出现,那倒可能是因为 TFP 的改进事实上在改善着投资的回报率,从而反而诱导了资本更快的扩张。

虽然我们需要发展更深入的理论来解释资本扩张与 TFP 之间的长期关系,但起码中国、日本与东亚超常增长经济体各自的增长历史并不支持两者必然彼此消长的推论。

总之,在理解和解释中国和东亚经济增长模式方面,粗放与集约增长方式的两分法显然是误导了我们的注意力。需要回答的更有意义、也更重要的问题是：在所有经济上落后的国家里，为什么日本、东亚和中国能够大幅度地改善其 TFP 的水平？

2.2 增长收敛还是外部冲击：中国经济减速的理论思辨

与实际的增长速度多受短期需求因素的影响不同，一个经济的未来潜在增长率是由供给方面的因素决定的。因此，今天预判比如未来 10 年中国经济还能增长多快的问题，需要考虑供给方面的那些重要因素可能发生变化的方向与程度。就潜在增长率而言，没有经济学家可以明确回答未在 10—20 年中国的潜在增长率是 8%还是 6%的问题。但是，如果可以对影响潜在增长率的一些更重要因素的变化趋势有所把握，也许可以对未来潜在增长率的变动范围有所预判。

那些对中国经济未来增长前景比较悲观的经济学家会把 40 年前的日本经济作为一个参照（亚洲“四小龙”也在不同程度上曾经历增长明显减速的情形）。很多人深信，依照投资率、工业增加值率以及就业比重等指标，中国经济现在很像上世纪 70 年代初的日本，而日本正是在 1971 年终结了高速增长（8%—9%）阶段，进入低速（4%以下）增长至今。

本来，预判潜在增长率的基准理论应该是“收敛假说”。依照这一假说，随着一个经济体的人均资本存量或人均收入水平不断接近高收入国家，原有的追赶速度必然在某个时间段上开始下降。所以，一个后起的经济体在经历了较高的增长阶段之后，未来的增长率会趋于减速。这是增长率收敛的规律。这个规律意味着，影响潜在增长率变化的首要因素是人均收入的相对差距。按照购买力平价估计，日本 1973 年经济失速时的人均 GDP 大约是美国的 65%；即使是“四小龙”，在增长减速发生时，人均 GDP 平均也达到了日本的一半或更多。这与收敛假说的预测倒也基本符合。两年前，加州伯克利大学的三位经济学家（Barry Eichengreen, Donghyun Park 和 Kwanho Shin）公开了一个包含 40 个经济体的经验研究，他们发现，样本经济体 GDP 减速发生的最大概率出现在人均收入大约是美国的 60%（用 2005 年的国际价格校准）的时候，而且之后 GDP 增长率平均下降不超过 2 个百分点。

的确，按照收敛假说的预测，潜在增长率的下降应该是平稳的而不是急剧的。而日本和“四小龙”的情形却不是这样。比如，日本经济的增长速度在 1971 年开始急速下滑，降幅高达 50%以上。同样，虽好于日本，“四小龙”在上世纪 90 年代出现的经济增速回落也较为剧烈。所以给定“四小龙”与美国的人均收入的差距，它们在本世纪以来本来还是可以有更快的增长的。

可以猜测，这样的情形发生似有别的原因。表面上看，无论是日本还是“四小龙”，经济减速的发生都赶上了外部危机的出现。这种巧合让我们不得不怀疑外部的冲击对潜在增长率变化的直接影响。在 1985 年出版的《战后日本经济史》的中文版里，作者小林义雄特别增加一章“补记”讨论了 1971 年的尼克松冲击（日元汇率升值）和 1973 年的石油危机对日本经济“从高速增长转入低速增长”的影响。

如果小林义雄观察到的这个外部冲击对日本经济突然失速的影响是正确的，或许这个影响应该可以由日本经济 TFP 在这个时期的变化得到进一步证实。事实上，一些经济学家对日本经济的增长核算工作曾经发现，日本的 GDP 增长率急速下降时，它的 TFP 的确出现了负增长。这似乎显得有些匪夷所思，因为在日本维持 GDP 高速增长的时期，TFP 保持了较高的增长率并且为 GDP 增长几乎贡献了 40%。不过，很容易理解，TFP 的异常变化跟小林义雄所说的外部负面冲击应该有直接的关系。

一般来说，如果没有外部负面冲击，TFP 的超常增长也会逐渐回落，这可以是因为制度变革的正面冲击效果渐弱、资源错配得以矫正或者复制他人技术的空间变小的结果。但是如果没有外部危机造成的负面冲击，TFP 应不会出现异常的急速下降。日本也好，“四小龙”也好，它们各自未来的潜在增长率本来还可以更高些，向美国人均收入的收敛速度还可以更快些，而外部负面的冲击干扰了 TFP 的增长机制。从微观层面上说，突然的汇率冲击和油价上涨会使现存的企业难以调整技术和生产方式来适应新的成本条件，这是 TFP 迅速恶化的原因。

跟短期的外部需求冲击不同，成本冲击的影响当然是更持久的。与凯恩斯主义者应对需求冲击的主张不一样，熊彼特主义者也许会把成本冲击或

TFP 的恶化视为经济发展过程中的结构变化和产业升级的催化剂，它甚至有助于阻止低水平的长期均衡的出现。只是要做到这一点并不容易。在短期，成本冲击意味着一部分经济活动的“毁坏”，企业的关闭或者外迁，但是新的和更有效率的企业也有孕育和扩张的机会。这是熊彼特所说的“创造性毁坏”(creative destruction)的含义。具体到一个国家的情形，由于多种原因，包括利益集团的压力和政治上的原因，创造性毁坏或者更容易的进入与退出往往不那么容易发生。这一点可以帮助我们理解为什么外部成本冲击往往成为那些成功的新兴工业化经济高速增长阶段终结的转折点。

外部冲击也是理解中国 2007 年以来 GDP 减速的关键。2005 年之后人民币对美元小幅而持续的升值是中国经济面临的成本冲击的主要推手。这一冲击之后又被由 2008 年全球金融危机导致的外部需求冲击而加深。2007 年之后，中国经济以减速趋势被动地回应了外部的这些冲击，而且可以猜测过去 5 年 TFP 应该有更显著的减速。

毋庸置疑，中国的经济又处在关键路口了，政府面临严峻的考验，因为成本冲击和当前的经济减速为我们致力于推动结构改革提供了机会和动力，而如果错失良机，由 TFP 主导的潜在增长率将难以根本回升。新一轮结构改革的目的就是为实现经济结构的转型和升级创造条件，这是因为总体生产率的提升是抵御外部成本冲击的最根本的解决方案。而结构改革的核心是创造公平竞争的市场环境和规则，真正减少政府对经济的干预和过多的行政管制，打破行政的垄断和对低效率企业的保护，使得企业的进入和退出更容易发生。在此基础上，经济结构的转型和升级才有望转入轨道。

考虑到中国的人均收入还只有美国的 10%—20%(取决于估算方法)，而且中国内部各地区之间的收入差距还有待收敛，中国经济的增长潜力无疑还有待释放。那么，中国未来 10 年能否延续过去 20 年的增长趋势呢?

这当然要考虑要素投入本身的增长趋势，但更重要的是要预判 TFP 的增长前景。以要素投入的增长来说，未来 10—20 年，资本的增长是会缓慢减速的，这也符合收敛假说。另一方面，随着人口中劳动年龄人口的持续减少，劳动力的增长出现持续下降趋势是不争的事实。这符合中国的人口统计学的特征。劳动力未来 10—20 年的增长会接近于 0 甚至为负。因此，中国经济未来的潜在增长率主要取决于 TFP 的变化趋势。

很多年以前,哈佛大学的帕金斯教授和匹兹堡大学的罗斯基教授用增长核算的方法曾经匡算出一个简单的结论。在进行增长核算时,他们假定了不同的情形。如果未来 20 年(他们指的是 2005—2025 年)中国要保持 9%的 GDP 增长率,并且如果投资率保持在 25%—35%,那么,对应的 TFP 年平均增长率就要求维持在 4.8%和 4.3%之间。而如果仅保持 6%的 GDP 增长率,并且投资率也保持在 25%—35%,那么只要实现 TFP 平均每年增长率维持在 2.7%和 2.2%之间就可以达到。

考虑到 TFP 在过去 30 年的平均增长率为 4%,因此未来 10—20 年继续保持这一纪录的可能性也许并不大,但实现 TFP 年均 2%—3%的增长应该较为乐观。这一方面是因为在劳动生产率方面中国仍面临与发达国家间未收敛的可观空间,技术进步的前景容得乐观;另外一方面,考虑到中国在人均资本存量方面存在的地区差距和劳动力在第一产业过高的就业比重(约 35%),未来 10 年资本和劳动力的再分配将有持续改善配置效率的巨大可能。以此而论,在当前经济因为外部冲击而出现减速的关键时刻,启动新一轮结构改革并顺势推进人口的城市化,将是未来 10 年 TFP 得以维持年均 3%的增长趋势的重要机会。而如果那样的话,未来 10 年 GDP 的潜在增长率落在大约 7%—8%范围内就可以期待了。

2.3 中国全要素生产率减速的体制原因

可以肯定,减速在中国发生的原因不应归咎于收敛现象,而且主要也不是总需求方面的原因,因为不然的话,刺激总需求的政策不会引起通货膨胀;所以,主要原因还是在供给方面,外部冲击在一定程度上扮演了"催化剂"的角色,至于能否出现所谓的危机"清洗效应",更多地还取决于经济体内在的体制结构。

中国每年有巨大的固定资产投资,为什么过去五年经济在减速?只有一个原因可以解释,就是劳动生产率的增长率在下降。因为投入多了,而经济在减速,所以一定不是因为投入的原因,而是因为生产率下降了。

总量劳动生产率的变化是两部分的变化合成的：资本—劳动比（劳均资本）的变化和 TFP 的变化。这些年，资本劳动比在持续上升，所以，TFP 减速一定是主要原因。

这些年来，为什么总量的 TFP 出现减速？TFP 的增长一般由两个原因引起：第一，长期的技术进步；第二，要素的跨部门流动。其中，要素的跨部门流动受阻是这些年来中国的 TFP 减速的主要原因。

中国在过去 30 年当中，TFP 增长还是不错的，主要原因不是因为别的，是因为我们要素可以相对自由地从低生产率部门流向高生产率的部门。比如我们的农民，大量从农业部门出来了，出来了 3 亿多人，中国的农业投入是减少的，但是农业的生产率是提高的，农业的收成没有下降。中国过去 30 年作为一个发展中快速增长的经济，投入虽然在增加，但是在投入过程当中由于同样的投入水平，由于生产要素可以在不同生产力部门之间相对自由地流动，包括跨地区的、跨行业的流动，所以中国可以维持生产率相对比较快的增长。中国 TFP 比东亚“四小龙”TFP 对 GDP 的贡献都高。什么原因？不是因为中国的教育比它们做得好，不是因为中国的科技比它们发达，而是因为要素可以在行业地区之间相对自由地流动。这是一个非常重要的要素增长率的源泉。

为什么这些年来要素的跨部门流动受阻了呢？笔者个人的解释是：在 1999 年国有经济的战略性重组之后，国有部门和大企业逐步垄断了高生产率的行业，使得非公有部门和中小企业集中在竞争性行业。当竞争性行业的劳动工资在 2004 年开始持续上升之后，非国有企业和中小企业的赢利能力开始恶化；由于难以向高生产率行业流动和进入，结果竞争性行业的劳动生产率的增长难以为继，形成非常困难的局面。

所以，当前中国经济的减速不是长期现象，是 2004 年以来竞争性行业的工资持续上升带来的供给减速的结果。这个结果与 2000 年前后形成的供给过剩现象正好相反：那个时候，由于竞争性行业的工资下降，生产率提高迅速，中国出现了通货紧缩的现象。

今天的经济减速，总供给的下降是主要原因，刺激需求没有用，刺激需求通货膨胀会上去，供给没有实质性的变化。对大量的竞争性行业来讲，一方面，大量企业的成本在持续上升，这是它们是所不能控制的；另外一方面，向高生产率行业移动或者流动的障碍越来越高，它们进不去了。

原因在于，国有经济退出竞争性行业以后，大部分集中到了高附加值的垄断行业，财大气粗。竞争性行业越发达，利润越转移到上游，被国有企业垄断。国有企业进行“托拉斯化”的战略，不仅做主业还做辅业，不再留下任何非国有企业和中小企业可以进入的空间。从1999年国有企业和国有资本战略重组以后，这种格局就已经埋下了。经过过去十年的发展，非竞争性行业越来越挣钱，它的钱是竞争性行业的资金转移上来的，是垄断造成的。非竞争性行业之所以挣钱，是因为竞争性行业在亏钱。在这种情况下，要素在行业之间、在低生产率与高生产率行业之间的流动渠道基本没有了。

这就回答了为什么这么多年来，即使我们不断刺激需求，经济还在减速。为什么会产生通货膨胀？是怎么产生的？因为不断地刺激需求，货币投放越来越大，但实体经济不能吸纳，因为实体经济在萎缩。这些钱最后都进入了国有行业，被用于做房地产、做金融，所以资产泡沫就越来越严重。这一现象提醒我们，特别是2004年以后，大量的竞争性行业工资在持续上升的时候，又不能够很容易地在行业之间和地区之间进行跨行业的流动，生产率只能是减速，不可能增速。这是TFP减速导致经济减速的一个主要原因。

2.4 可改革的体制：中国经济长期增长的政策思路

如上所述，中国经济减速主要是竞争性行业的劳动生产率增长减速造成的现象，因此要纠正增长减速，就必须确保竞争性行业的生产率的可持续增长。要维护竞争性行业的生产率的可持续增长，就要求竞争性行业的非国有部门和中小企业能够实现跨行业的资本流动，将生产要素流向生产率更高的部门与行业，实现持续的结构性转型。为此，把治理减速的政策框架从总需求方面调整到总供给方面是非常必要的。

美国总统里根在上世纪80年代接管美国政府以后，美国通货膨胀严重，经济问题很严重，里根没有用总需求管理的政策，换了一个思路。这个政策后来被发现创造了美国的经济奇迹，所谓的“里根奇迹”，被总结为“供应学派”的革命，就是更多地把政策放在供给上。这一政策对我们有启发，“供应学派”的政策思路是值得我们的政策制定者现在关注和考虑的。

促进企业要素跨行业流动和生产率持续增长的政策框架是：放松政府对上游和高生产率行业的保护与管制；鼓励垄断行业的边界竞争和市场准入；实行大规模的企业减税和减负；放松对银行的管制，鼓励竞争；在上游和垄断性行业更多鼓励和发展混合所有制以及非政府控股的企业形式等。

中国经济过去30年的平均增长速度是9.3%，如果我们能很好解决阻碍生产要素（特别是民间资本）跨行业流动的结构性障碍，中国未来10年的GDP增长率应该可以保持在8%—9%的范围。这样推算是因为：第一，追赶空间巨大：即使在2020年中国超越美国成为世界最大的经济体，人均收入也还只有美国的1/4，还是中等收入的国家，仍有容纳经济赶超的巨大空间；第二，东亚经济的高速增长经验。

以2010年底的数字来看，中国的资本存量总值大约是93.3万亿元，相当于13.8万亿美元，而美国在2010年底的资本存量是44.7万亿美元，两者至少相差两倍。而按人均计算差距则更大。中国的人均资本存量大约1万美元，不到美国的10%，大约为韩国的25%。即使整体上中国进入了上中等收入的阶段，中国内部的地区之间依然有巨大的追赶空间。东部与中西部地区、沿海和内地的人均资本存量与人均收入差距非常大。以2009年的数据为例，沿海11个省市的人均GDP和人均资本存量比内陆20个省市几乎要高一倍，以目前的这种发展模式来推算，内地至少需要20年才有望收敛于沿海的水平。

中国经济的结构现代化尚需时日：笔者推算，经济结构变动推动中国的生产率增长的势头将持续至少20年。原因有两点。第一，农业的就业比重至今依然偏大，向制造业和服务业转移的空间依然巨大。以过去30年平均每年1%的速度来降低第一产业的就业比重，中国也需要20年才能使其就业结构的分配比重变得接近大多数中高收入国家的均值。第二，中国的城市化率2012年刚达到51%，未来要达到中高收入国家的平均水平，还需要提高20个百分点，这还需要20年。所以，中国经济进入长期的减速阶段应该尚需时日。

从经济发展的世界经验来看，改变体制的某些方面以适应已经变化的发展阶段的改革，成功例子并不多。撇开大多数经济转型国家的失败教训不谈，那些在经济发展中没有能够在新阶段上维持增长动力的国家，大多数也是因为体制改革的不成功。而在为数不多的高增长经济体中，东亚经济之所以能够成功迈入发达经济的行列，重要之处也应归因于其体制的可改革性。从经济发展的角度来说，有没有一个可改革的体制至关重要。

一个体制声称再优越，一旦不可改革，就不能为其长期的增长提供支持。印度、拉美如此，日本也是。可改革性比改革本身更重要，唯有体制的可改革性才能确保改革体制的成功。以印度为例，辛格政府过去这些年来充分认识到改革对印度经济增长的重要性，也出台了许多重要改革的思路与方案（包括试图建立经济特区以克服"最低工资法"的制约），但改革成效甚微，能改动的地方少之又少。印度的西方观察家们都知道，相对照东亚的体制，印度的体制有很多可圈可点的地方。可在印度的体制下，改革谈何容易。对经济持续的增长前景而言，印度体制的不可改革性是一个致命的弱点。

在东亚，正如前文所言，尽管日本曾取得了超常的经济奇迹，但由于其体制缺乏可改革性，最终还是陷入 40 年的超低速增长，难以扳回失去的国际竞争力。相反，韩国之所以能从过去的成功发展成今天更大的成功，特别是在遭遇 1998 年亚洲金融危机重创后还能成功站到国际技术的前沿，被国际学术界公认为是韩国能成功推进体制改革的结果。有意思的是，韩国在"汉江奇迹"后演变出来的体制常常被西方经济学家诟病不已，但这个体制却是可改革的，在一些关键的阶段上，可改革的体制表现出了巨大的韧性和灵活的优势。

在什么条件下一个体制是可改革的，而另一个体制则不可改革？在实证的政治经济学方面已有的研究暗示，利益集团的存在和游说势力的壮大，往往是政府不能出台正确经济政策和错失良机的根源。经济发展会导致社会中各种利益集团的兴起和利益的冲突，不管这个利益集团是大企业巨头还是弱势群体，最可怕的是其游说势力过于强大，足以影响乃至改变政府的长期政策。很难想象墨西哥政府的有关改革政策可以免受世界首富、墨西哥电信巨头的影响，俄罗斯也是如此。

一个可改革的体制需要政府的势力（或财富）大过任何一个利益集团，从而才有可能保持目标的长远和相对的中立。这是改革可以成功的条件。北京大学姚洋教授曾经提出，中国的经济转型和增长的成功在很大程度上是因为中国政府是"中性的"，不受任何一个利益集团的左右，不代表少数利益集团的利益，因此可以（在关键时刻）做出正确的政策选择。

中国经济正在步入新的发展阶段，改革体制中那些越来越不适应经济发展的部分（特别是涉及公共部门、收入分配、土地和户籍制度以及金融等领域）十分迫切。今天的局面与之前是否大有不同？即使数量上不超过2%的国有企业资产占了全部企业资产的40%，即使国有部门（特别是央企和金融部门）的权势日益增长，中国看上去依然没有变得更像俄罗斯或墨西哥。相反，这些财富的增长极有可能增强中国政府掌控局面和推进改革的能力，这是中国经济转型和发展成功的秘笈。

当下和未来20年，中国政府继续保持“中性”至关重要，在政治上要力图避免被利益集团绑架和俘获，换句话说，中国需要长期保持体制的可改革性，唯有如此，适应未来发展阶段升级的重大改革的成功方可期待。

2.5　本章小结

基于世界和中国经济全要素增长率变化的实证结果，反思中国转变经济增长方式的目标指向，指出现有经验研究并不支持所谓的从粗放型增长向集约型增长变迁的效率转型。中国过去30多年的增长事实表明，正是TFP的改进事实上在改善着投资的回报率，从而诱导资本更快的扩张。2007年金融危机以来，中国经济出现减速，其理由并非“增长收敛”假说所能解释，而是外部冲击下TFP减速引致的结果，但能否出现熊彼特主义所期许的结构变化和产业升级，关键还在于是否拥有一个可改革的体制。所以在这个意义上，可改革性比改革本身更重要，唯有体制的可改革性才能确保改革体制的成功。研究认为，目前中国TFP减速的主要原因是要素的跨部门流动受阻，因此，为了进一步“促进国际国内要素有序自由流动、资源高效配置、市场深度融合”，确保中国经济长期增长的改革思路，应致力于一个有助于促进要素跨行业流动和生产率持续增长的政策框架。

3 “求进”目标下的一个可信的货币政策取向

2013 年 10 月，国际货币基金组织在《世界经济展望》中提出了 2014 年全球经济增长的动力主要来自发达经济体，并预测了中国经济增长率为 7.3%。2013 年 12 月中央经济工作会议确定 2014 年 GDP 增长率为 7.5%的目标，似乎又给经济增长的预测投射了一个阴影。围绕中国经济增长率是多少的争论有日益激烈之势，在各种媒体和经济机构争吵不断的噪音中应当提出一个基于实证研究的看法，而不是依附于所谓的权威观点。让我们记住 2009—2013 年的 5 年间经济波动的特点和中国经济增长的内在规律性。很清楚，寻求一个稳定的宏观经济政策才能保持一个稳定的经济运行态势。相反，短期政策的频繁微调、预调是在加剧经济的波动，不会有稳定经济的效应。如果认为宣布一个过低的经济增长率就可以起到降低市场对经济增长预期的作用，那么这恰恰可能加重未来不确定性的市场疑虑。

上述两个预测是否过于悲观呢？2014 年的事实果真如此吗？

2014 年中国经济增长率的预期目标值将回到 8%水平上，与此相适应的应当是一个可信的稳健货币政策，就是广义货币供应量 M2 增长率在 15%，而不是广泛议论的 13%，后者是一个从紧的指标。2011—2013 年官方表述的稳健货币政策与实际的从紧货币政策显示了一个明显的冲突，它不应再是 2014 年的现象了。政策目标值与实际值的偏差越大，必然增加公众对这样的目标值的怀疑，也会使政策可信度的声誉下降甚至扫地。我们相信，走向繁荣的累积因素正在增加，会超过 2013 年底的预期。实践可以证明 2013 年下半年的经济复苏程度胜于上半年。经济复苏一旦越过转折点，加上出口需求的增加和居民消费结构升级的有力推动，有利于企业发展和资本投入的气氛将扩散到整个社会，使得“求进”的目标获得了一个超预期的经济增长效果。

3.1 用好全球经济复苏的发展机遇

2008 年 9 月美国金融危机爆发和主要经济体面临大衰退所采取的不同经济政策所导致的结果已经改变了世界经济的格局。这一改变的深层次根源是进入 21 世纪以来的全球生产体系的重大变动:制造业的生产环节向发展中国家转移,工业发达国家的出口比重急剧下降;最显著和最具有冲击性的是排浪般的中国工业化进程。2009 年,全球经济增长率为－0.8%,其中工业发达国家经济跌入冰窟:美国经济增长率与 2008 年相比是直线下落:－2.4%;欧元区和日本经济也是负增长。2010 年,在定量宽松货币政策的支持下,美国经济增长率上升至 2.3%,欧元区为 1.0%,日本为 1.9%。与此形成鲜明的对照是 2009 年和 2010 年的中国经济增长率分别达到了 9.2%和 10.4%,除了采取 4 万亿元的财政刺激计划和实行宽松货币政策的短期需求管理的扩大总需求效应外,更基本的因素是中国已经进入了一个高速工业化和城镇化的发展时期,是一场方兴未艾的工业化浪潮。2000 年,中国制造业增加值为 3 800 亿美元,是美国 1.54 万亿美元的 25%;2010 年,中国制造业增加值达到了 1.96 万亿美元,超过美国的 1.88 万亿美元,成为最大制造业产出的国家,并将继续保持制造业的增长势头。工业化,是改变全球经济格局的主导性力量。

3.1.1 预判全球经济复苏的乘数效应

对欧盟、美国和中国的经济总量做一个简单的比较。以现行汇率计算,2011 年的欧盟、美国和中国的 GDP 分别是 17.60 万亿美元、14.99 万亿美元和 7.32 万亿美元,中国尚难与前两大经济体相提并论;以购买力平价计算,欧盟、美国和中国分别是 16.36 万亿美元、14.99 万亿美元和 11.29 万亿美元,已经是旗鼓相当了。如果进一步考虑中国在 2012 年和 2013 年有更高的经济增长率和人民币汇率升值的美元折算效应,估计 2013 年的中国 GDP 可以达到 9.46 万亿美元,比 2011 年增长 29%;以购买力平价计算则可增加到 13.55 万亿美元。因此,今天的欧盟、美国和中国 GDP 的合计数已接近全球的 60%了,无可非议地成为 2014 年以后全球经济增长的主导力量。

粗略地观察，2011年和2012年，美国经济增长率分别是1.8%和2.8%，而欧元区增长率则分别是1.5%和－0.6%。临近岁末，国际货币基金组织对2014年美国和欧元区经济复苏的前景显得相当乐观。2013年上半年，伴随着失业率的缓慢下降以及私人住房消费支出的增加，美国经济正在稳步复苏之中。按季节调整后的环比折年率看，2013年第一季度美国经济增长1.1%，第二季度进一步提高到1.7%，预计2013年美国经济增长率为1.6%。美国2013年12月初公布的11月非农就业报告显示当月增加就业203 000人，同时失业率也降到7%，渐渐逼近美联储此前曾暗示过的“退出门槛线”。美联储在12月最后一次公开市场委员会上表示将在未来8次季度例会内结束“定量宽松”货币政策。这样，估计长达7年的定量宽松货币政策有可能在2015年底结束。有鉴于此，预测美国2014年的增长率可以达到2.6%。2013年上半年，欧元区经济经济增长依然乏力，第一季度经济增长萎缩1.1%。国际货币基金组织在2013年10月预测欧元区2013年增长率为－0.4%，并认为2014年的欧元区经济增长率将达到1.0%，告别负增长。

那么，上述的预测为2014年全球经济复苏前景注入了乐观情绪。美国和欧元区经济的稳步复苏应当成为促进中国经济增长的有利因素，而中国经济增长率的上升也将有利于美国和欧元区经济的复苏。三大经济体复苏的齐头并进必将产生一个乘数效应：既然2014年美国和欧元区经济增长率高于2013年，中国经济增长率也将高于2013年，一个新的全球经济复苏特征就完全不同于2009—2013年。

下述的判断是合适的：当前，我国发展仍处于可以大有作为的重要战略机遇期，具备经济持续健康发展的基础条件。①为什么中国会有一个更高的增长率？中国究竟处于一个什么样的发展机遇期？找准中国经济发展机遇就要明确发展阶段。根据经济增长的收敛理论，当贫穷地区的增长速度快于较富裕地区，而不管它们各自的特点如何，就发生了绝对的收敛；当一个国家或地区距离自己的稳定状态越远，经济增长越快时，则存在有条件的收敛。②2012年，欧盟的人均收入达到38 000美元，美国则接近5万美元，中国仅为6 100美元，中国人均收入是欧盟的1/6，美国的1/8。我们初步估计到2020年，中国

① 参见《中共中央政治局工作会议对2013年下半年经济工作的看法》，《文汇报》2013年7月31日。
② 参见菲利普·阿吉翁、彼得·霍依特：《内生增长理论》第一章，北京大学出版社2004年版。

人均收入将达到15 000美元，与美国人均75 000美元的比率缩小到1/5。说明这一时期仍然是中国经济能够保持高增长的重要因素。一旦中国人均收入与工业发达国家的差距缩小到1/2时，增长收敛的速度开始放慢，增长率将回落到6%以下了，增长的动力则越来越依靠自身的知识和技术积累，使得技术创新成为经济增长的最主要动力。中国距离这样的发展阶段还需要10年或20年，增长收敛理论已经告诉了这样一个规律：2014年的中国经济受美国和欧元区增长率上升的积极影响必然有一个比2013年更高的增长率。

3.1.2 放大出口景气的机遇

经济变量的运动具有惯性，扫视2009—2013年三大经济体的经济表现所得出的看法是：2014年美国和欧元区经济可能是一个缓慢的复苏，不会是一个跳跃式的上升。国际货币基金组织的预测似乎有粉饰之意；中国经济则会在2011—2013年从紧政策调整的基础上再次跨入一个新的增长周期，调低中国经济增长率也有唱空中国之嫌。不管怎么评价各种机构对经济增长率的预测，中国在2014年新一轮全球经济复苏的角力过程中，应当以赢得主动发展为宏观经济政策的原则来指引经济增长，将复苏的苗头转化为中国经济发展的强大动力。

中国经济正处于从发展中国家向工业发达国家的转变过程，表3.1列举了欧盟、美国和中国的产出、人均产出、进出口贸易、关税等基本数据。坦率地说，全球经济结构的深度调整能够从表3.1的数据中略窥斑豹。

表3.1　欧盟、美国与中国的经济力量对比(2011年)

指　标	欧　盟	美　国	中　国
人口(亿人)	5.02	3.12	13.44
GDP(现行汇率，万亿美元)	17.60	14.99	7.32
GDP(购买力平价，万亿美元)	16.46	14.99	11.29
贸易/GDP比率(%)	31.1	28.5	53.1
人均贸易量(美元)	10 400	13 300	2 410
人均GDP(美元)	36 000	48 500	5 400
出口贸易(万亿美元)	2.17	1.48	1.90
出口占全球份额(%)	15.08	8.09	10.38
进口贸易(万亿美元)	2.40	2.27	1.74
进口占全球份额(%)	25.65	13.76	4.26
简单平均进口关税(%)	5.3	3.5	9.6

第一，以贸易占 GDP 比率衡量开放度是一个流行的指标，在测定一国开放度方面发挥着最基本的作用。欧盟和美国的这一比率分别是 31.1%和 28.5%，难分伯仲；以现行汇率计算的中国这一比率是 53.1%，开放度就显得更高；如果以购买力平价计算，中国开放度比率下降为 32.2%，与欧盟和美国处于相似的水平。然而，人均贸易量的比较所显示的中国数据仅为 2 410 美元，是欧盟 10 400 美元的 1/4 和美国 13 300 美元的 1/5，继续提高进出口贸易量是加快中国经济与全球经济融合的有效途径。

在进出口贸易量与占全球的比重来看，中国的进口量似乎与出口量不相匹配，说明增加进口应当是经济结构调整的主要内容之一。表 3.1 中的最后一行是三大经济体的简单平均进口关税数据：中国是 9.6%，远高于欧盟的 5.3%和美国的 3.5%。1994 年以来的连续 20 年的贸易顺差隐含着中国可以、也应当逐步和适度地下调关税，并以此来促进"进口替代"工业的价格竞争力，最终使中国进口关税与工业发达国家处于相似的水平上。今后几年，通过资本品和中间投入品的进口增加，可以得到国内生产难以得到甚至不可能得到的技术结构，使中国制造业结构接近和达到工业发达国家的劳动生产率水平将是关税下调的基本战略考虑，2014 年应当迈出新的步伐。

第二，全球经济结构的深度调整可以用主要经济体的制造业占全球份额的变化反映出来。一方面，我们知道工业化程度一般可以由 GDP 中制造业的份额增加来度量，例如中国制造业占 GDP 的比率保持在 40%左右，而今天美国的这一比率大约在 14%左右。另一方面，各国制造业占全球的份额也体现了相对地位的变化，2000 年，"西方五国"①集团制造业增加值占全球的比例高达 58%，2010 年则下降为 41%，其中美国从 26.5%下降为 19%，日本从 17.4%下降为 10%，而中国占全球的比例已经达到了 20%以上了。

第三，新增 GDP 代表了一国对全球经济复苏的实际贡献。2010 年，全球经济总量为 52.53 万亿美元，比 2009 年的 59.16 万亿美元增长 5.68%，新增 3.36 万亿美元，其中中国新增产出达到了 8 646 亿美元，占全球新增产出的25.7%。②那么，

---

① "西方五国"指美国、日本、德国、法国和英国，2000 年，五国占全球人口的比例不到 10%，而国内生产总值则占全球的 60%左右。

② 数据来自世界银行：《世界发展指标》，中国财政经济出版社 2010 年版，第 10—12 页；2011 年版，第 20—22 页。

2014 年三大经济体可能增加的产出是多少呢？作一粗略的估算，2013 年的中国 GDP 为 9.4 万亿美元，2014 年将达到 10.6 万亿美元，新增 1.2 万亿美元。按照国际货币基金组织对美国经济增长率(2.6%)和欧元区经济增长率(1%)的预测数据，加上通货膨胀率，美国的新增产出数为8 000 亿美元，欧元区的新增产出不到 4 000 亿美元，合计为 1.2 万亿美元。由此看来，2014 年，美国和欧元区这两大经济体的新增产出合计数与中国的新增产出数是相似的。

第四，工业发达国家的经济复苏会对中国经济产生什么效应？一国出口增长的真正基础是制造业的发展水平和技术能力的提升率，它也决定了一国经济的长期增长率。2000 年，中国贸易出口占全球的比率是 3.92%，2010 年则上升到 10.64%，比美国(8.60%)和德国(8.54%)更高。所以，全球经济增长的天秤倾向一个高速工业化的中国：2000—2009 年期间，美国制造业增加值的年均增长率是 2.4%，欧盟增长率是 0.5%，中国则达到了 11.4%。工业化是高增长的代名词，一个快速增长的制造业本身就是出口能力增强的有力支撑。2013 年 12 月的中央经济工作会议强调"抓住机遇保持国内生产总值合理增长、推进经济结构调整"。一旦全球形成对中国出口商品的新的需求，国内经济增长的动力就会相应地调整，不应丢掉唾手可得的出口机会，还应迅速将其转变为工业生产能力再次扩展的良机。出口景气意味着商品从国内市场转移到国外市场，并为闲置的工业生产能力找到新的市场，使过去 10 年来一直受到批评的过剩产业赢得又一次的发展机遇。

正是不同的增长率改变了全球经济结构，使得大国的全球地位重排座次。2014 年，是全球经济深度调整的一个转折性年份，其标志性事件是由汇率计算的中国 GDP 将超过 10 万亿美元以上，并且进一步巩固全球贸易大国的地位。再进一步看，即使到 2020 年的中国人均收入达到 1.5 万美元时，人均收入还只是美国的 1/5，尚未完成经济增长的收敛任务，高速增长仍然是一个可期望的目标。那么，2014 年及紧随其后的若干年里，发挥中国的劳动力成本和其他生产要素的全球比较优势和竞争优势，使中国经济与全球经济的深度融合再上一个新的台阶。

3.2 "W"形复苏的货币因素再现

一个稳健的货币政策可以延续许多年，5 年、7 年甚至 10 年以上，为稳定的经济增长奠定了一个货币条件。所以,一个稳定的货币供给,可以提高经济增长的长期稳定性。我们应当从2009—2013年货币政策变动的特征中提炼新的经验和启示。

美国金融危机后的中国货币政策可以分为两个时期:2009—2010年实行了名为"适度宽松",实为"超级宽松"的货币政策;2011—2013年则是名为"稳健",实为"从紧"的货币政策。只有经过严厉的货币紧缩政策,才能为未来数年的经济稳定增长扫平价格频繁波动的障碍,才能使宏观经济进入一个新的稳定运行时期。

3.2.1 宏观经济波动的货币因素

2009—2010年,中国人民银行在应对全球经济衰退的情形下采取了最激进的货币政策和财政政策。当美国、欧元区等经济体深陷于需求下降和长期经济疲软的痛苦状况时,2009年上半年的中国经济同样是一个下降态势:2009年第一季度,中国GDP的季度增长率下跌为6.6%,第二季度为7.5%。然而,中国货币当局的货币超发引发了持续三年的通货膨胀预期,推动了投资和消费的非正常增长。正常年份的广义货币供应量M2增长率在15%左右,2009年和2010年的M2增长率分别是27.7%和19.6%,不仅绝对地偏离了"适度宽松"货币政策的初衷,而且迅速演化为整个社会的通货膨胀预期的助推剂和通货膨胀率不断上涨的真实原因。从根本上说,通货膨胀是一种货币现象。正是太多的货币刺激导致2009—2010年经济活动的极其令人振奋的价格暴涨,无论是钢材、石油、电解铝等大宗商品,还是不动产价格均在一个极为短暂的下跌之后,快速地进入上涨通道,似乎逆转了美国金融危机带来的悲观情绪,许多人为之欢呼雀跃,连多年滞销的低质楼盘都成了"日光盘",大宗商品交易商和房地产开发商沉浸和陶醉在滚滚而来的财富中。到2010年第一季度,GDP增长率达到了11.9%,当时被广泛誉为一次成功的"V"形反转。但是,一个非常规的货币冲击所产生的过度刺激只是一个短暂的经济繁荣,不可能持续地推动产出增长。过量货币发行的必然后果是金融市场的流动性从不足到充裕,再到泛滥。

几乎可以肯定,通货膨胀一定会导致资源的错误配置,降低经济效率。

2011 年后，一个高度从紧的宏观政策调整的风暴降临。

3.2.2 从紧政策的反复与弱化

过度繁荣的经济活动必然会有一次市场未预期的经济衰退。2011—2013 年则是一次矫枉过正的货币政策调整期（见表 3.2），2011 年的广义货币供应量 M2 的增长目标是 16%，实际上从 2010 年的 19.6%急跌至 13.6%；2012 年的增长目标是 14%，实则为 13.8%。根据 2013 年初确定的广义货币供应量 M2 增长率为 13%的目标值，以“稳健”之名是不恰当的。从全年的实际情况来看，2013 年上半年货币信贷增速下滑：第一季度广义货币供应量 M2 同比增长 15.7%，第二季度同比增长 14%；上半年的人民币贷款余额同比增长 14.2%，比上年同期下降 1.8 个百分点。总体上看，2013 年上半年的货币政策保持了一个从紧的姿态。

到了 2013 年下半年，货币政策有所调整。9 月末，广义货币供应量 M2 余额为 107.7 万亿元，同比增长 14.2%，比 6 月末高 0.2 个百分点，比上年末高 0.4 个百分点。9 月末，狭义货币供应量 M1 余额为 31.2 万亿元，同比增长 8.9%，比上年末高 2.4 个百分点。它显示银行体系流动性紧张状况有所缓解，是中央银行的货币政策取向进入一个新的经济周期的初步反映，是从紧货币政策的日渐弱化。

表 3.2 货币供应量同比增长率的比较（%）

	M2 目标值	M2 实际值	M1 实际值	M0 实际值
2008 年	14	17.8	9.1	12.7
2009 年	17	27.7	32.4	11.8
2010 年	17	19.7	21.2	16.7
2011 年	16	13.6	7.9	13.8
2012 年	14	13.8	6.5	7.7
2013 年	13			
2013 年 6 月		14.0	9.0	9.7
2013 年 9 月		14.2	8.9	5.7
2013 年 1—10 月		14.3	8.9	8.0

资料来源：《2013 年中国统计年鉴》，第 666 页；根据中国人民银行货币政策分析小组：《中国货币政策执行报告》2013 年第一季度、第二季度和第三季度的数据整理。

货币政策的频繁变动干扰了经济的周期性变化。经济周期理论指出，产出和就业的波动主要来自实际产出围绕潜在产出的波动。潜在产出被定义为一个国家在资源利用率最高时能达到的产出水平，产出的这种短期波动是由资本利用率的变化所决定的。在长期中，潜在产出的增长就是生产要素（资本和劳动）的可用量的增长，成为产出增长的一个重要决定因素。2011 年下半年和 2012 年上半年以来，编制潜在产出官方估计值的部门提出中国的潜在增长率在 7.2%—7.5%之间。我们的研究认为，如果没有明显的通货膨胀压力，7.5%的产出增长率是一个过低的数字，不能将 2012—2013 年的 GDP 季度增长率看成是一种常态化的增长率，它只是货币政策频繁干预的结果。紧随较低的 GDP 增长率之后必定是一个较高的 GDP 增长率（殷醒民，2011）。

表 3.3 列举了 2008—2013 年的 GDP 季度增长率。没有一个精确的公认方法来监控经济衰退或扩张。依据经济理论并深入研究中国经济运行的基本特征后我们就可以更加接近精确的判断。2009 年第一季度 GDP 增长率仅为 6.6%，是本轮经济周期的第一个波谷，第二个波谷可以暂时确定为 2012 年的第三季度，并延续至 2013 年的第二季度。波峰则是 2010 年的第一季度：11.9%。这一时期 GDP 的季度增长率经历一个起起伏伏的过程，与货币政策的频繁调整有着密切的关系。

表 3.3　2008—2013 年 GDP 的季度增长率（%）

季度	2008 年	2009 年	2010 年	2011 年	2012 年	2013 年
1		6.6	11.9	9.7	8.1	7.7
2		7.5	11.1	9.6	7.6	7.5
3	10.6	8.2	10.6	9.4	7.4	7.8
4	9.6	9.2	10.4	8.9	7.9	8.1
全年	9.6	8.9	10.8	9.2	7.8	7.9

注：2013 年第四季度是作者的估计值。
资料来源：中国人民银行和国家统计局网站。

按照商业周期理论的解释：波峰代表着一次扩张的结束，而波谷则代表着一次衰退的结束。扩张期只延续了 15 个月；衰退持续的时间大约为 30—40 个月；2012 年第四季度有一个短暂的经济增长率"反弹"，进入到 2013 年后增长率再次下行，或称之为狭长的波谷：7.5%上下的水平。在 2012—2013 年第二季度的整整6个季度期间，始终没有积极的信号能够消除市场的悲观情绪。2013年8月，厦门大学宏观经济研究中心(2013)的报告看法是：基于中国季度宏观经济模型的预测结果表明，2013年上半年，中国经济还将维持减速的态势，第三季度的增长率可能降至7.46%，第四季度将进一步下降至7.42%；全年GDP增速将下降至7.54%，比上年降低0.26个百分点。在此，从紧的货币政策扮演了主要的角色。

基于经济周期理论可以得出的意见是：2011—2013年的经济增长率低于潜在产出，是一次校正宽松货币政策的调整期。在经济萧条的年份，生产力低的企业退出市场，那么相应的平均生产力水平就提高了，伴随而来的是高效率的新企业进入市场，它们将以一种更有效的方式重构经济系统。

表3.3的增长率数据显示，2012年第二季度至2013年第三季度的连续6个季度的经济增长率均在7.5%周围，变成了"U"形的增长特征。2013年第四季度的增长率将回升到8%，开启一个新的经济增长周期，也就告别连续三年的紧缩货币政策。短期的需求管理只是权宜之计，一旦退出，稳定的货币政策才能带来稳定的经济增长，才能真正实现"求进"的政策目标。

3.3 实现"求进"目标的宏观经济条件

前述有关增长的收敛理论指出了一个重要事实，至少在2030年之前，中国经济有一个高的潜在增长率的轨迹。2011年初采取的从紧货币政策的根本目的是要抑制2011—2012年即将出现的通货膨胀，力图将通货膨胀预期控制在一个可以容忍的区间，并不表明宏观经济政策制定者放弃了经济增长目标，这就是"求进"政策的出台后已经连续三年成为中央经济工作会议对2014年经济工作的总基调。

2011年11月的中央经济工作会议指出：稳中求进是经济社会发展工作总基调。并解释了"稳中求进"的政策取向。"稳，就是要保持宏观经济基本稳定，保持经济平稳较快发展，保持物价总水平基本稳定，保持社会大局稳定"，"进，就是要继续抓住和用好我国发展的重要战略机遇期，在转变经济发展方式上取得新进展，在深化改革开放上取得新突破，在改善民生上取得新成效"。

在此后的两年中，“稳中求进”成为宏观经济政策调整的指导思想：2012 年 7 月 30 日的中共中央政治局工作会议上提出“坚持稳中求进的工作总基调，把稳增长放在更加重要的位置”；2012 年 12 月 16 日的中央经济工作会议上提出“稳中求进、开拓创新”。2013 年 12 月 13 日的中央经济工作会议提出 2014 年经济工作最核心的是“坚持稳中求进、改革创新”。

结合 2014 年的发展目标，“稳”的核心是价格稳定和经济增长率稳定；“进”的核心是实现增长收敛，即要缩小与工业发达国家劳动生产率的差距。“进”的客观条件是具备的，那么 7.5％的经济增长率就成为中国经济增长周期中的“底部”。经济增长是繁荣、衰退、萧条和复苏的一个周而复始过程，使得经济运行中的产出波动可以归于“经济周期”。

2008—2013 年的中国经济增长是一次典型的经济周期。第一，产出随时间在增长，2008 年 GDP 从 31.40 万亿元增加到 2012 年的 51.9 万亿元，名义增长率达到 65.29％，是一次相对快速的增长过程。第二，在这一过程中发生了 2009 年需求的突然下降和货币供应量的突然上升，两大冲击对宏观经济运行带来暂时性的波动。

这一次从衰退的波谷到波峰是 2009 年 1 月至 2010 年 3 月的 15 个月时间，是由“货币冲击”导致的未预期的需求引起的，成为产出和就业波动的主要根源。因此，对总需求的错误预测能够解释产出剧烈且代价高昂的波动的观点，彻底违背了经济主体最优化决策的假定。正如罗伯特·巴罗所表述的：“如果有关货币和总价格水平的信息对经济决策关系重大，人们就能花费较少的资源迅速了解到货币和价格的信息。”①

研究认为，2012 年第二季度至 2013 年第二季度的轻度衰退是通往产出更稳定增长和劳动生产率更高增长的路途中的一个休息点。表 3.4 是四大宏观经济指标的增长率，2013 年下半年呈现出极为稳健和喜人的态势。因此，2014 年，宏观经济政策的核心问题是：如何运用政策来消除经济的过度频繁波动，同时以一个可信的货币政策来稳定市场预期。宏观经济决策部门对经济运行态势的分析意见和对经济目标值的预测是试图引导市场对宏观经济政

---

① 转引自理查德·弗罗恩：《宏观经济学》，中国人民大学出版社 2011 年版，第 234 页。

策有一个相对准确的理解，最终的经济运行特征及年终目标值的实现与否要由经济规律本身来决定，也同经济主体怎样来把握政策取向与国内外经济变动的走势有密切关系。在某些情况下，宏观政策的目标表述似乎并不重要，如2010年12月至2013年12月中央经济工作会议均提出“实施积极财政政策和稳健货币政策”，其实际执行的政策是不一样的。

表3.4　宏观经济运行的基本态势

年　份	GDP增长（%）	就业增长（%）		CPI（%）	贸易平衡（亿美元）
		二产	三产		
2008	9.6	1.82	2.80	5.9	2 981
2009	9.2	2.56	3.07	－0.7	1 957
2010	10.4	3.61	1.84	3.3	1 815
2011	9.3	3.21	3.61	5.4	1 549
2012	7.7	3.09	1.50	2.6	2 311
2013（1—9月）	7.7			2.5	1 694

资料来源：《中国统计年鉴》各期；国家统计局网站。

总的来说，2008—2011年的GDP增长率和物价指数（CPI）都表现出一个剧烈波动的现象，GDP增长率是下降、上升、再下降；CPI上涨率是上升为5.9%，又下跌到－0.7%，再上涨至3.3%和5.4%。这两大经济指标的起落不定的波动不利于经济主体对经济前景的预期，也产生资源的错误配置。

首先，2012年的GDP增长率为7.8%。2013年前三个季度的GDP增长率分别是7.7%、7.5%和7.8%，第四季度增长率将上升到7.9%或8%，使2013年的全年经济增长率在7.8%水平上。2014年，中国GDP增长率必定呈现一个上行的态势。

其次，理解衰退代价的另一种思路是考察失去的工作岗位数，失业率通常会上升。中国就业结构正在发生变化，有三个明显的要点：(1)从农业社会向工业社会转变过程中，现代工业部门的劳动生产率较高，其相对较高的工资水平可以吸引传统农业部门劳动力转移，现代工业部门会创造更多的就业。作为整体，中国的工业化尚未完成，工业是吸收新增就业量的主要部门。2011—2012年的三年间，第二产业新增就业量为2 161万人，比第三产业新增的1 833万人更多。(2)随着工业化水平的提高，更高的工业劳动生产率可以创造出大量的物质财富，意味着更少的工业就业量，从而使得第三产业的就业增长率上升成为可能。尽管第三产业就业总量和每年新增就业量最终会超过第二产业，如2011年的第三产业新增就业量达到950万人，第二产业新增就业数是702万人，后者比前者要少增250万人。从就业结构来看，2011年的第三产业就业量超过了第一和第二产业，而其劳动生产率始终低于第二产业。(3)中国经济结构优化的重点是需要一个不断加快的工业资本深化和技术深化过程，只有更高的工业劳动生产率，才会创造更多的服务业就业量。如果将就业创造的重点误导为降低工业部门的劳动生产率而去追求更多服务业的就业岗位创造，不会达到预期的目标，并且将大大降低整个经济的劳动生产率，是一种不可取的政策。经济结构转变的理论和经验早就指出：第三产业相对价格的增加是吸引就业的重要原因（钱纳里等，1996）。统计数据显示，2011年和2012年新增就业数分别是1 652万人和1 105万人，2012年的新增就业比2011年少了500多万人，就业创造的效应明显下降了。采用就业增长数的最大优越性是可以克服物价上涨、下跌产生的产值增长率高低信息不准确的可能误导。2013年前三个季度，城镇新增就业数为1 066万人，已经接近2012年的全年数字了。现在是2013年的岁末，尽管国家统计局尚未公布2013年的新增就业数，但是我们相信新增就业数一定超过2012年，尤其是2013年第三季度后出现的新增就业数足以令人相信，中国经济增长所累积的积极因素已经变成看得见的就业率。

再者，以消费物价指数上涨率来看通货膨胀的压力，消费物价指数连续两年处于2.6%—2.8%之间。2013年前三个季度的物价指数同比上涨率为2.5%，只是9月、10月和11月的CPI上涨率分别为3.1%、3.2%和3.0%，全年的物价上涨率约为2.7%。当经济增长率放缓时，通货膨胀率也会随之下降。GDP缩减指数是按当年价格计算的GDP与按固定价格计算的GDP比率，也是物价水平变化的另一个指标。2012年，GDP缩减指数的变动率为1.8%，比上年低6.0个百分点。尽管2013年前三个季度的GDP缩减指数变动率为1.5%，比上半年回升0.4个百分点。由于缺少宽松货币供应量的支持，也在缺少输入性通货膨胀的国际条件下，2014年的物价不会出现大幅上涨。这就使得宏观经济政策的重点应聚焦于内外平衡的经济增长目标上。

第四，贸易平衡始终表现出顺差态势。2012年，进出口贸易总额达到38 667.6亿美元，其中出口增长7.9%，进口增长4.3%，贸易顺差为2 314.4亿美元，占当年GDP的2.10%。2013年1—10月进出口总额达到33 999.62亿美元，贸易顺差为2 004.6亿美元，预计全年贸易顺差在2 500亿美元以上，占当年GDP的2.5%上下。目前，普遍预测美国联储的零利率政策将会延续到2015年底，欧洲中央银行也将欧元区零利率政策保持数年。既然2014年的美国和欧元区经济的增长动力有所增强，其经济复苏必然产生新的私人需求，也就有利于全球出口市场的增长。毫无疑问，发达经济体的温和复苏会增加对中国出口商品的需求。2013年第四季度全球出口市场的积极信号已经在中国出口贸易增长率方面体现出来了。[①]2013年的出口增长率必定高于2012年的7.9%，2014年的出口增长率将延续2013年下半年的上升态势。此外，人民币对美元汇率的升值也不会从根本上改变中国的贸易平衡。2012年，人民币对美元汇率中间价为6.285 5，比上年末升值0.25%，人民币实际有效汇率升值2.22%。2013年第三季度，人民币对美元中间价为6.16左右，保持了对美元的升值态势。总体上看，2005年7月—2013年9月末，人民币对美元汇率累计升值25%，对欧元汇率累计升值20.68%，对日元汇率累计升值16.35%。中国出口贸易始终保持了连续顺差的基本特征，其中2009年和2010年的贸易顺差分别是1 957亿美元和1 815亿美元。中国贸易条件改善的原因是工业部门劳动生产率的不断提高。可以预期，一个市场化的改革措施应当有利于生产要素的更有效配置，市场活力迸发，就会提高整个社会的劳动生产率，出口竞争力也就不会削弱，而是增强。

当一个国家处于景气时，实际产出高于潜在产出；当经济处于衰退阶段，实际产出低于潜在产出。应当如何理解2014年中国宏观政策的取向？宏观经济政策的核心部分是推动经济增长，它使一国生活水平的持续提高成为可能。衰退是指实际产出低于潜在产出的时期。在一次典型的衰退中，产出下降到低于潜在增长水平的时间一般大约为两年。我们已经看到，2012年的经

① 参见Standard and Chartered Bank，“China—Growth in 2014：Do not Panic”，October，2013。

济增长率是 7.7%,2013 年的经济增长率在 7.8%,表明本轮经济周期的衰退逐渐接近尾声了。

2013 年 11 月中央政府再次明确了以全面深化体制改革来解放生产力,对 2014 年生产要素的更有效配置和劳动生产率提高有着极为积极的正面影响。

3.4 经济增长转向“内生”的新动力

2014 年,中国经济的内生增长动力是什么?[①] 大家关心的一个问题是:经济发展模式转变的方向是什么?市场化的体制改革能够带来什么样的红利呢?

3.4.1 内生增长的基本要点

经济增长理论的最基本定理是:为了保持长期内人均产出的增长率为正,必须有以新产品、新市场或新工艺为形式的技术知识方面的持续进步。罗伯特·索洛模型证明,如果不存在技术进步,那么边际报酬递减的效应最终使得经济增长停止。

根据新古典增长模型的加总生产函数:$Y = F(K)$,表明在给定资本存量、技术知识状态,以及一个资本、中间产品和消费品序列的条件下可以得到产出 Y。因此,如果忽略人口增长和技术变化,能够驱动增长的唯一力量是资本积累。只有当资本存量增加时,产出才会增长。但是,这一生产函数却是资本积累的报酬递减,在缺少发明新的资本使用方法条件下,资本的边际产出随资本存量增加而不断递减。由于资本是会损耗的,就需要将新增投资总量中的一部分用来弥补资本折旧。因而,就需要将更多储蓄用于投资,才会使资本存量持续上升。当资本稀缺时,资本就具有很大的生产力,相对于资本而言,

① 有关 2014 年经济增长的驱动力,2013 年 12 月 13 日的中央经济工作会议部署 2014 年工作任务涉及几个方面:一是着力激发市场活力,加快转方式调结构;二是要努力释放有效需求,充分发挥消费的基础性作用、投资的关键性作用、出口的支撑性作用,把拉动增长的消费、投资和出口这“三驾马车”掌控好(《文汇报》2013 年 12 月 14 日)。

国民收入会很高，人们的新增储蓄量增加，超过现有资本的折旧，资本存量就上升，从而使得国民收入也上升。正是由于边际报酬递减，国民收入的增长将不像资本存量的增长那么快。当资本存量很大时，新增储蓄将会等于资本存量中的折旧，到那一点，资本存量将停止增长，经济增长也就停止。在新古典增长模型中，资本积累的边际报酬递减对限制经济增长起到了关键作用。索洛—斯旺模型则阐明了技术进步能够不断抵消边际报酬递减对经济增长的抑制效应，说明外生的技术进步率将影响经济增长率。

技术内生化之前的经济增长理论，是把技术进步率，也就是唯一能够决定每个国家增长率的因素作为外生变量。经济学家的深入研究阐明了新的思想往往需要新类型的资本品来实施，从而将投资与技术进步联系起来，这就是著名的内生增长理论。

内生增长理论的要点是 AK 模型：$Y=AK$。Y 是产出；K 是资本；A 是知识，是一种创新能力，将随着资本的增长而自动同比例增长，这些因素的增长正好抵消了边际报酬递减的效果，从而使得产出能够与资本同比例增长。人们进行知识积累的活动过程也属于资本形成，技术知识本身也是一种资本品，它可以与其他要素一起来生产最终产品；它可以在较长时间内进行储存；它也可以通过研究与开发以及其他的知识创造性活动进行积累。知识表现为一种未物化的资本品，其中知识的存量取决于经济中的人均资本量。知识 A 的增长是投入连续增加的效果，K 是不同资本品的总指标，应当被广义地理解为包括人力资本和物质资本。有两个基本观点有强调的必要：一是 A 的增长直接来自资本 K 的增长，并不是凭空会产出新的知识，突出了投资的重要性，当然，这类投资是会带来经济回报的知识积累；二是 A 的报酬递增又直接决定了劳动力和资本的报酬递增率，其中积累人力资本的投资者会获得更大的报酬。

与物质资本一样，在给定其他投入相同的情况下，知识允许社会在未来能够生产更多，而不是更少。所以，当资源从生产消费品的领域转向生产知识时，就没有理由认为总产出水平或收入比这些资源用于生产物质资本时低。此外，越快的技术变化步伐会导致物质资本和人力资本的越快过时，因而需要一个更高的投资率。如果用人均收入来测定一国生产消费品和生产知识的差别时，更高的人均收入就会生产更多知识。2000 年，中国人均收入为 950 美元，2012 年则提高到 6 100 美元，创造知识和技术的能力取得了“奇迹”般的提升。未来几十年，中国人均收入会提高到 6 万美元，将是一次范围更广、更持久的知识和技术的创造浪潮。

新古典增长模型和内生增长模型使我们对经济增长过程有了更深度的理解，能够更加仔细地思考关于人均收入上升、劳动力质量提高、创新能力增强的知识和技术的经济学。

3.4.2　市场竞争的活力

一个经济体实现内生增长的微观基础是市场竞争，这是因为市场竞争迫使企业为了生存只得进行创新。熊彼特的创造性毁灭指明了竞争的工具是创新而非价格，企业面对新的竞争对手通过进入创新部门和增加对创新投入而获得了更高的利润。从这个角度看，更多的竞争导致更高的增长。2013 年 11 月的《中共中央关于全面深化体制改革的若干决定》的核心是引入市场竞争和提高市场竞争度，是中国提升经济增长活力的纲领性政策。

一国经济规模会影响长期增长。经济规模和市场竞争状况可以用企业数的变动加以说明。企业数目越多，它在经济中生产新技术知识的外部效应就会越大，从而经济的增长率就会越快。由于技术创新的不完全性，就允许企业能够从事旨在创造新知识的有意识的研究活动，并从那些进行成功的创新成果中得到垄断租金的补偿。随着经济的增长，更大的市场使得企业能够支付生产更大数量的中间投入所需要的固定成本，而这又会进一步提高劳动和资本的生产力，从而保持了经济增长。

已有的多数研究支持企业采用顺周期的技术开发战略(Barlevy, 2007; Aghion, et al., 2010)。那么，当中国经济从 2011—2013 年的衰退逐步转入 2014 年的复苏阶段后，可以预期“改革创新”的政治目标将鼓励更多企业在竞争性的市场上增加资本投入来铸造新的技术优势，基于技术创新的劳动生产率提高将成为一个普遍的现象，使经济增长质量会有一个明显的提升。

表 3.5 将 2008—2012 年制造业规模以上的企业数和劳动力数的变化反映出来，也列举了产值和利润的变动。

表 3.5 制造业规模以上企业的经济表现

	2008 年	2009 年	2010 年	2011 年	2012 年
企业数(个)	396 950	405 183	422 532	316 119	318 772
劳动力数(万人)	7 731.6	7 719.53	8 391.45	8 013.95	/
产值(万亿元)	44.14	47.92	60.96	73.40	80.56
利润(万亿元)	2.17	2.80	4.26	4.78	4.75

资料来源:《中国统计年鉴》各期。

第一,2008—2012 年制造业企业数目和新增企业数基本上反映了经济的周期性变动。2009 年和 2010 年间有一次明显的新企业进入市场浪潮,两年分别新增 8 233 个企业和 17 349 个企业。2011 年,制造业企业数减少 26.18%,退出市场的企业数有 106 413 个,从一个侧面显示了经济的衰退。2012 年,制造业新增企业数只有 2 653 个。

第二,2010 年,制造业的就业数比 2009 年增长 8.70%,净增加的就业数达到 671.92 万人;2011 年的制造业就业数比 2010 年减少 4.50%,净减少的就业数为 377.5 万人。尽管国家统计局在《中国统计年鉴 2013》中不再公布制造业就业数,我们从 2012 年制造业利润的绝对数下降中可以推断制造业的就业数可能仍然在下降。因此,2011—2013 年期间,制造业的就业数是不断下降的。

第三,由于采用现价的计算方法,制造业的名义产值增加包含了物价上涨的因素。2010 年制造业产值比 2009 年增长 27.21%,2011 年则比 2010 年增长 20.41%;而 2012 年的制造业产值(主营业务收入)为 80.56 万亿元,比 2011 年仅增长 9.75%;2013 年上半年也是一个低增长:10%以下。不同年份的产值增长率是经济繁荣与衰退的交替结果。2013 年下半年工业部门增长率进入了一个温和的增长期,预测 2013 年的工业产值为 103 万亿元以上,比 2012 年增长 10.83%。

第四,2009 年和 2010 年的制造业经历了一个利润的高增长时期,分别是 29.03%和 52.14%。2011 年的利润增长率仅为 12.21%;2012 年的制造业利润则是负增长:−0.06%。2013 年上半年的工业利润同比增长 11.1%,到 2013 年前三个季度的工业利润增长率上升为 13.5%,比上半年加快 2.4 个百分点，尽管只是一个略有改善的数字，工业经济复苏的曙光已经显露。

有关企业数量变化来反映市场竞争的进一步分析是必要的，企业进入市场和退出市场的数量和频率是市场竞争度的表现。在一个竞争日趋激烈的市场里，企业唯有通过投资于创新活动才能生存下来，竞争就变成了企业进行创新的激励。只有那些生产成本低于社会平均成本的企业才有利润，高于社会平均成本的企业不得不关门，其原有的资源将通过企业兼并的方式实行重组，从而使得社会资源的配置效率提高了。

要实现内生增长就必须从产业政策转向竞争政策，将使企业投入研究与开发的创新活动变成一种内生化的投资行为。企业之间的互相竞争和更大强度的竞争会鼓励企业去进行创新，并试图以显著的程度领先于它们的竞争对手，最终使得产业的生产力以更快的速度增长。日复一日，年复一年，经济结构进入到一个动态的升级过程。

3.4.3 总需求的部门驱动力差异

市场竞争正在变成一个随处可见的现象。经济结构转变的重点是需求、贸易和生产领域中的变化。制造业生产导向和制造业投资导向的国家，其经济结构转变很迅速，一旦其产业结构逐渐接近工业发达国家时，经济结构转变的速度就会放慢。

有关拉动增长的消费、投资和出口部门的支出比率及其不同增长率的平衡值是一个没有标准答案的问答题，不同国家有不同的数值，同一国家在不同经济发展阶段也有不同的数值。任何简单地套用经济学教科书和工业发达国家或发展中国家的现行数值均是一种教条主义。目前，流行的看法是：“以往依靠外需和地方政府主导投资增长模式面临转型，但新的强劲增长动力尚待形成。经济运行往往呈现脉冲式的小幅和反复波动特征。在近几年较大幅度加杠杆后，经济可能将在较长时期内经历一个降杠杆和去产能的过程。”①中国经济的事实果真如此吗？

一国究竟依靠什么来推动经济增长由其自身的规律决定，需求和贸易模

① 参见中国人民银行货币政策分析小组：《货币政策执行报告——2013年第3季度》，第49—50页。

式决定制造业的产出，而贸易模式反映了一国随资本密集度提高而出现的比较优势的变化。表 3.6 是 2008 年至 2013 年 9 月的消费支出、资本形成和净出口对经济增长的拉动作用，也是广为引用和讨论的三大需求，俗称“三驾马车”。2008—2010 年，资本形成对经济增长的贡献均超过了消费支出。2011—2012 年，消费支出对经济增长的贡献超过了资本形成，其原因是投资增长率的下降，而且实际的消费增长率也下降了，结果导致经济增长率和就业增长率的同时下降，经济进入衰退。因此，如果把三大需求的平衡看成是消费支出贡献率高于资本形成贡献率并作为经济结构转型的依据是不合适的，应该以就业创造率和劳动生产率作为合适的指标。那么，2013 年的三大需求对经济增长的拉动作用的特征是什么？

就消费支出而言，2013 年上半年，随着经济增长率的下降，城乡居民实际收入增速的大幅下滑从根本上抑制了居民消费需求扩张。上半年，消费品零售总额仅增长 12.7%，比上年同期下降 1.7 个百分点。有两大因素直接影响了消费的增长率：一是投资增长率下降导致新增就业数比上年更低，那么更少的就业增加量，更低的消费增长率；二是一个低的经济增长率，或许有一个低的劳动生产率增长率，因而会有一个低的劳动力收入增长率。

就资本形成而言，2013 年上半年，城镇固定资产投资累计增长 20.1%，比上年同期小幅下降 0.3 个百分点。分行业看，上半年制造业投资累计增速为 17.1%，比上年同期下降 7.4 个百分点，是近 10 年的最低增速。在制造业内部的投资结构方面，钢铁、有色金属、纺织等现阶段产能需求相对不足的行业投资增长率已经下降为一位数，而制药、机械、汽车制造等行业仍然保持两位数的投资增长率。总体上看，制造业投资增长率下降成为上半年经济减速的一个重要表现。进入 2013 年下半年，制造业的投资增长率开始有所上升。随着国内居民消费结构升级和工业发达国家的经济复苏，房地产业和制造业均会有一个较为快速的投资增长率。

关于 2014 年净出口对扩大总需求的作用尚未被充分估计。2005—2007 年，中国出口贸易经历了一个超高速增长，出口额从 2004 年的 5 933 亿美元出人意料地上升到 2007 年的 12 205 亿美元，增长 1 倍以上。这三年对 GDP 的拉动分别是 2.5、2.1 和 2.5 个百分点，创下了出口导向型经济增长的奇迹。

然而,在 2011 年和 2012 年期间,净出口对 GDP 增长的拉动则下降为负值:分别是－0.4 和－0.1。2013 年 1—6 月,随着工业发达国家经济的温和复苏,净出口对 GDP 的拉动由负变正,尽管只有 0.1,一小步还是胜于负增长,毕竟显示净出口增长可以提高 GDP 增长率,更多的出口就是经济增长的驱动力。预期 2014 年的中国出口贸易将会有一个超过 10%增长率的发展机遇。

表 3.6　2008 年至 2013 年 9 月的三大需求对 GDP 的拉动

	GDP	消费支出	资本形成	净出口
2008 年	9.6	4.2	4.5	0.9
2009 年	9.2	4.6	8.1	－3.5
2010 年	10.4	4.5	5.5	0.9
2011 年	9.3	5.3	4.4	－0.4
2012 年	7.7	4.2	3.6	－0.1
2013 年 1—6 月	7.6	3.4	4.1	0.1
2013 年 1—9 月	7.7	/	/	/

注:拉动指 GDP 与三大需求贡献率的乘积。
资料来源:《中国统计年鉴》各期。2013 年数据来自国家统计局网站。

国际货币基金组织在 2013 年 10 月《世界经济展望》中提出:"中国需要平衡经济增长,从投资转向消费,为实现更加平衡和可持续的国内和全球经济创造条件"。然而,中国的问题是特有的。2008—2010 年期间,资本形成的需求对 GDP 增长的拉动作用大于消费支出;2011 年和 2012 年,其拉动分别是 4.4 和 3.6,均低于同期的消费支出拉动的 5.3 和 4.2,却出现 GDP 增长率的大幅下降:2012 年的 GDP 增长率仅为 7.7%。讨论消费支出在经济增长中的基础性作用应当强调两点:一是当投资增长率下降后,尽管消费支出增长率高于投资增长率,如表 3.6 所示,这并非说明中国经济向消费驱动的增长模式转换,而只是减少投资的客观结果。如果一个经济体将所有收入均用于消费,既无投资,也无出口,那就是一个维持社会中全体居民生命的经济结构,是一个无经济增长的社会。采用这样的经济结构调整方式显然是失败的范例。

表 3.6 的经济分析意义是清楚的:资本形成率越高,经济增长率越高,消费支出增长率也是上升的。当然,过高的资本形成率会引发通货膨胀,此时就需要下调资本形成的增长率,伴随而来的是消费增长率也跟着下降,并最终使

GDP增长率下降。因此，在讨论扩大消费支出来形成新的消费增长点时要再次明确经济规律：当中国人均收入还仅仅是美国1/8或者1/5的条件下，是一个以工业化和城镇化为特征的投资驱动经济增长的发展阶段，资本形成是经济增长的最主要引擎，说明是资本形成率的高低决定了消费支出增长率的高低，而不是相反。早在20世纪20年代，英国经济学家凯恩斯说过："一个国家不是因为个人消费更少收入的负面行为而变得富裕，相反，它是因为个人更多地把储蓄用于资本设备的增加的正向行为而变得更富裕。"①时隔80多年，可以用这句话来说服那些主张消费驱动中国经济增长的决策者和经济学家。

一般来讲，资本支出可以带来的间接就业远远超过它可以带来的直接就业。所以，适当提高投资增长率是稳增长的唯一办法正在成为更多经济学家的共识。"短期内，国民经济支出结构中，投资仍将维持较高的占比，成为推动经济增长、保持经济运行在合理区间的主要动力。"②一个投资导向的经济增长政策可以促进就业。更多的投资，更多的就业，意味着有效购买力的提高，这刺激了商品贸易，也会使服务需求的车轮加速运动。毫无疑问，它们是繁荣的推动力量。

可是有一个值得注意的问题，中国宏观经济政策制定部门的政策倾向似乎停留在2012年的现象里，而未见2014年后的经济增长特征。"经济结构调整正在取得积极进展，消费率在连续十年下降后近两年有所回升，2012年达到49.2%，第三产业发展加快，2013年上半年服务业增速较上年同期加快0.5个百分点，第三产业增速高于第二产业近8个百分点。"③因此，政策制定部门需要注意增长的特征，不要让旧的判断来指导2014年的经济政策，因为2012年仅仅是一个经济衰退的年份，而经济复苏理应有不同的经济驱动力。

3.4.4 进入平稳增长通道

自2013年第二季度和第三季度以来，中央银行对中国经济增长潜力的

---

① 参见约翰·M.凯恩斯：《凯恩斯文集》下卷，改革出版社2000年版，第260页。

② 参见厦门大学宏观经济中心：《中国宏观经济预测与分析——2013年秋季报告》，2013年8月18日，第24页。

③ 参见中国人民银行货币政策分析小组：《中国货币政策执行报告》2013年第2季度，第49—50页。

信心有了明显的增强，在货币政策分析报告中的下一阶段的思路表述是：中国经济已经进入新的发展阶段，将逐步释放增长潜能和孕育新的增长引擎成为未来增长的主要动力。[①]但是，其预期的增长点是扩大家庭消费、新型城镇化和促进服务业发展，与一个实际的经济增长调整再次形成了一个严重的冲突。

上述的理论和经验研究已揭示了2014年增长重点是投资和出口。为了便于说明，我们将从三个方面来阐明2014年的增长动力。

第一，经济政策制定者应当再次思考中国人均收入从6 800美元向15 000美元转变的结构性变化特点。收入增加对国内总需求结构的综合影响可以简要地概括为两类主要变化：一是随着人均收入增长，食品需求的份额显著下降，预期未来十年城镇居民的恩格尔系数将从35%下降到25%；衣着类、日用消费品甚至信息产品的消费支出在收入中的比例也是下降的。二是由投资和耐用消费品需求的增加，导致了资本品、机械产品和社会基础设施的需求份额上升（钱纳里等，1996）。任何国家的经济结构调整是遵循规律的，收入水平越高，对汽车和社会基础设施的需求量越大，它们才是居民消费结构升级的推动部门。

一旦进入增长通道，投资仍然是中国经济增长的主要驱动力量。2013年3月5日的《政府工作报告》提出当年固定资产投资增长率为18%，而2013年10月底的增长率为20.2%。政府预测的较大偏差就是一个败笔，不应再出错了。政府确定2014年总的投资增速会有小幅度的放缓，只能达到17%，比2013年低3个百分点。2013年的实际数据已经告诉了这样一个事实：政府提出的投资增长率等经济指标是一个不准确的目标，它已经损害了政府的声誉。实际的投资增长率是由经济增长规律决定的。此外，房地产业的高投资增长率已经是一种常态了，它是经济结构转型的重要内容，根本原因是中国正向一个更高质量的城市发展水平转变，符合中央经济工作会议提出的居民消费结构升级的基本趋势。中原地产研究中心统计数据显示，2013年前11个月全国主要的40个城市，土地成交额高达14 707亿元，比2012年同期

---

① 参见中国人民银行货币政策分析小组：《中国货币政策执行报告》2013年第2季度，第49页；第3季度，第48页。

的 9 670 亿元上涨 52%，也大大超过了 2012 年的 10 674 亿元。那么，政府为什么一定要去抑制一个真正具有消费和投资结构升级的经济转型呢？尽管这一转型并不是政府所冀求的，却是人均收入增长所追求的经济结构演进的必然结果。

第二，有经济学家估计 2014 年中国外贸出口贡献率由 2013 年的负 0.1 转为正 0.1，多了 0.2 个百分点的加速力量。[①]众所周知，中国出口结构特点是制造业结构所决定的。由于中国区域之间工业化水平的差异，也就决定了中国制造业结构的多层次性和区域差异性，资本密集型、技术密集型和劳动密集型制造业均有巨大的获利空间。即使在中国整体制造业结构升级的基本趋势下，传统的劳动密集型制造业仍然处在一个稳定增长的阶段，在全球的竞争力不仅没有下降，反而上升了。2008 年，纺织、服装、皮革制品的工业产值为 3.67 万亿元，2012 年则增加到 6.80 万亿元，四年间增长85.29%。[②]2012 年，中国机电产品出口比上年增长 8.7%，服装、纺织、鞋类等七大类劳动密集型产品比上年增长 8.6%。2013 年前三个季度，机电产品出口同比增长 8%，纺织、服装、箱包等七大类劳动密集型产品出口同比增长10.3%。[③]所以，制造业的资本深化和技术深化并不构成否定劳动密集型制造业规模扩大和技术水平提高的可能性，更何况传统制造业的全球竞争力并没有丧失。可以预期，随着出口贸易量的快速增长，并且受国内需求增长乏力所导致的进口贸易的缓慢增长，贸易顺差将有可能进一步增加，贸易顺差/GDP 比率有可能再次突破 3%，从而引发更多的贸易争端和人民币汇率大幅升值的国际政治压力。如果采取人民币汇率加速升值的做法，可以避免过多的贸易顺差的积累，也避免美国要求人民币汇率升值的压力，但却会丧失为闲置产能找到市场、提升中国制成品的出口竞争力、创造更多就业和促进经济增长的又一个战略机遇。如果主动放弃这一次全球经济复苏所带来的出口增长机会，是自缚双手之举！

应当强调的是，牢牢把握扩大内需这一战略基点并不排斥全球市场对中

① 数据来自范剑平:《外贸恐成 2014 年唯一加速指标》,《21 世纪经济报道》2013 年 12 月 20 日第 6 版。

② 数据来自《中国统计年鉴》,2009 年第 488 页;2013 年第 474—475 页。

③ 数据来自中国人民银行货币政策分析小组:《中国货币政策执行报告》2013 年第 3 季度,第 37 页。

国制成品、哪怕是闲置产能的产品需求，恰恰是一次“化蛹为蝶”的发展机遇。既然资源可以转向生产率水平较高的出口部门，就会引起效率增加效应，那么，2014年的发展战略应当是通过增加劳动和资本的供给或通过更有效地使用资源来加速经济增长。体制改革、改革创新与投资增长、出口扩张应当是并行不悖的政策。

第三，所谓“平衡的”经济增长不是背离实际需求结构的一个虚幻影像。中国的经济增长有其自身的规律，去回应国际货币基金组织建议的发展模式来进行经济结构的调整肯定是南辕北辙。2014年之后的居民消费结构升级的基本特征仍然是增加汽车、住宅、地铁、道路等城市基础设施的旺盛需求，2013年7月后制造业部门的不同增长率已经提供了一个清晰的图像。中国经济结构正向更具有技术化的发展阶段转变，对资本投入的巨大需求已经成为一种常态，过去十年的证据表明资本积累和生产率增长是肩并肩现象，一个高生产率部门所需要的资本数远高于低生产率部门。下述的例证足以支持我们对2014年经济进入复苏通道的乐观期望。2013年后的钢材、铝材产量的增长是明显的，扭转了2011年以来的低增长局面。2013年8月、9月、10月的钢材产量增长率分别是15.6%、15.5%和12.3%；而铝材产量增长率除了年初的增长率是16.2%外均在20%以上。汽车产量在2011年和2012年的增长率分别只有0.83%和4.67%，轿车产量也分别只有1 012.67万辆和1 077.00万辆，汽车产量似乎裹足不前，低迷的微增长一直困扰着市场。新的增长迹象是2013年10月的月度增长率达到25.5%，这绝不是单个制造商增加产量，是绝大多数汽车制造商面对新的需求增长扩大产能以求得更大利润的结果，产品销售扩大与利润增加是同向运动的。当制造商如愿以偿地销售其产品后，必然用资本来添置新的机器设备，或者增加技术开发资金投入来设计新产品和提高原有产品质量。这些有利于消费升级产品的产能扩大的动机会增加对资本投入的需求。这些数据可以部分地解释2013年7月后的重工业增长率再次上升到10%以上，2014年将延续这样的增长格局。

上述的数据分析足以证明，中国经济已经进入了复苏之路。

3.5 一个可信的货币政策目标

货币政策的逆周期干预的根本目的是力图保持宏观经济运行的平稳性，而不是加剧波动，而对经济增长过程的暂时性冲击则造成了经济的短期波动。2008 年第四季度至 2009 年全年出口需求的突然下降和 2009 年前两个季度货币供应量的迅猛增加使得 2009 年至 2013 年中国宏观经济出现大幅度的波动。2009—2013 年宏观经济所面临的物价或高或低的特征经过连续三年的从紧货币政策的严厉调整终于告一段落。

过去数年，中央银行提出了“健全宏观审慎政策框架”的货币政策管理思路。2013 年 1 月对全年货币信贷政策目标是：“引导货币信贷及社会融资规模平稳适度增长。”①实际结果是大大出乎意料，社会融资规模是大幅度增长，银行信贷则是适度增长，略低于名义 GDP 增长。表 3.7 提供了 2008 年至 2013 年 9 月社会融资量中的各种融资比率。社会融资规模是指一定时期内实体经济从金融体系获得的资金总额，是增量概念。2002 年，社会融资规模总量为 20 112 亿元，其中人民币贷款为 18 475 亿元，占 91.86%，外币贷款折合为 713 亿元，占 3.96%，使得贷款合计比重达到 95.82%，反映了商业银行主导中国金融体系的长期传统。随着中央银行执行提高直接融资比率的政策，银行贷款占融资量的比率逐年下降。2008 年的人民币贷款和外币贷款仅占融资量的 73%，并且继续下降到 2013 年前三个季度的 53%。

表 3.7　社会融资量中的各种融资比率(2008 年至 2013 年第三季度)(%)

	人民币贷款	外币贷款	委托贷款	信托贷款	未贴现的银行承兑汇票	企业债券	股票融资
2008 年	70.26	2.79	6.11	4.50	1.52	7.91	4.76
2011 年	58.24	4.45	10.10	1.59	8.01	10.65	3.41
2012 年	52.05	5.81	8.14	8.18	6.66	14.28	1.59
2013 年 1—9 月	52.86	3.70	13.04	11.35	4.56	10.95	1.16

资料来源：中国人民银行货币政策分析小组：《中国货币政策执行报告》2013 年第 3 季度，第 6 页。

① 中国人民银行货币政策分析小组：《中国货币政策执行报告》2012 年第 1 季度，第 54 页。

2011年是中央银行实行"名为稳健、实为从紧"货币政策的第一个年头，在金融市场上就是一次较为严厉的紧缩：一是社会融资量下降8.5%；二是人民币贷款量减少6.0%。

2012年，社会融资量达到157 606亿元，比上年增长22.86%，其中人民币贷款比上年增长9.80%。社会融资量增长最快的是两大部门：信托贷款量达到12 888亿元，比上年增长6倍以上；企业债券融资量为22 498亿元，比上年增长64.72%。按照这样的社会融资量应当是一个流动性略显宽松的格局，而事实却不是。可能的解释是社会融资政策调整中的各种融资渠道在金融市场流动性上的角色有了巨大变化，例如委托贷款和信托贷款量剧增但并没有看到其流向制造业等实体经济部门，实际上表明金融市场的资源配置效率是下降的，是不尽如人意的。

2013年中央经济工作会议提出："要保持货币信贷及社会融资规模合理增长，改善和优化融资结构和信贷结构，提高直接融资比重。"2013年6月末，广义货币供应量M2余额为105.4万亿元，同比增长14.0%，M2增速已较4月末高点回落了2.1个百分点，其直接原因是存款同比少增。中央银行的解释是货币供应量回落符合宏观调控的预期和稳健货币政策的要求，也更趋近于年初确定的13%预期增长目标。[①]但是，信贷投放节奏的放慢直接影响了金融市场的流动性预期，6月末货币市场利率的短期波动呈现为"钱荒"，促使中央银行再次调整了货币信贷的政策来稳定市场利率。

总体上看，在现有的社会融资结构下，2013年前三个季度的资金流动性仍然是一个相对偏紧的阶段，只有委托贷款和信托贷款分别达到18 200亿元和15 841亿元，比上年末分别增长41.78%和22.91%，其余各项渠道的融资量均低于上年末。巨额的新增委托贷款和信托贷款是最大的影子银行，其绝大多数资金是游走于房地产投资和其他高利润的金融部门，使得社会融资政策的调整并没有取得提高资金利用效率的预期效应。有关金融市场流动性是否充裕的问题涉及货币池子里的"货币量"是多还是少的判断，目前确定的货币政策调整重点一是创造一个稳定的货币金融环境，推动结构调整和转型升

① 中国人民银行货币政策分析小组：《中国货币政策执行报告》2012年第2季度，第1页。

级；二是用好增量、盘活存量，更有力地支持结构调整，更好地服务于实体经济发展，引导和巩固经济稳中向好的走势。[①]在实践上，中国宏观调控思路尚未发生根本性变化，或处于从控制投资和社会融资量为主的政策体系向市场机制来配置金融资源的政策体系转变阶段中。中央政府的宏观调控的基本思路是"根据经济形势变化，适时适度进行预调和微调，稳中有为"。在中央银行货币政策分析的季度报告中均强调了"预调和微调"。这些"预调"、"微调"是有利于经济稳定增长还是加剧了经济的短期波动呢？尽管货币政策的预调和微调的目的是要稳定宏观经济波动，却缺少足够的信息来支撑一个准确的预判，2011—2013 年的货币政策目标与最终数值的偏差就是一个例证。这类预调的经济政策均属于短期的需求管理政策，其对宏观经济的稳定所起的实际作用并不一定能够达到中央银行想要的目标。

在开放经济条件下，中央银行试图把价格固定在想要的低水平上，货币政策必须不断地对经济过程进行短期干预，这样的做法会产生引起巨大的市场和就业波动的风险。如果中央银行确定未来 5 年的通货膨胀率将保持在一个相对低的水平，这就为低通货膨胀预期创造条件，中期的价格稳定将得到维持，并使短期价格水平围绕经济增长趋势线波动，并尽可能保持在 3%的窄幅之内。面对各种可能的外部冲击，或许会使价格水平偏离目标值，通过货币政策的干预，使价格水平围绕趋势线波动。罗伯特·卢卡斯(Lucas, 2003)提出"以过去 50 年里美国的表现为基准，美国从长期供给方面的政策中获得福利的潜力远远超过了从短期需求管理的进一步改进中获得福利的潜力"。战后美国货币总量和名义产出的稳定性是这些年里总产出和总消费稳定的主要原因。因此，中央银行可以借鉴美国的经验，明确一个与名义产出相适应的货币供应量增长率，提出明显过低的增长目标来影响市场预期的做法应该放弃，并尽可能减少预调和微调来稳定市场预期，宏观经济运行的稳定性一定会上升。

按照宏观经济学中的景气与衰退的解释：在一次典型的衰退中，产出下降到低于潜在水平的时间大约为两年。根据上述的分析，2012 年第二季度至 2013 年第三季度是 2008—2013 年经济周期的"衰退期"，其季度增长率均低

① 中国人民银行货币政策分析小组：《中国货币政策执行报告》2013 年第 3 季度，第 51 页。

于8%。产出的数据已经告诉我们，以季度GDP增长率来测算，2013年是一个温和增长的年份。本轮经济周期的衰退低谷已经过去了，接下来的数年是如何缓慢地促使经济增长率上升，而不应快速地促进经济增长。那么，怎样向真正稳健的货币政策转换呢？以货币供应量M2增长率为15%可以看成是稳健政策的标识，也是货币政策回归常态的关键。至于货币供应量M2的13%年均增长率可以归于“从紧”之列，这样的增长率目标完全受困于悲观的预期牢笼中。

2014年后，中国宏观经济政策的核心问题仍然是如何准确地运用货币信贷政策来消除经济波动，保持一个平稳增长的态势。

3.6 本章小结

在看到各种增长预测的混乱导致市场预期的混乱之后，下面对我们的研究观点和2014年应有的货币政策取向作一个总结。

第一，中央银行确定13%的广义货币供应量增长目标肯定不能与中国经济进入稳步复苏的要求相匹配，将美国和欧元区经济逐步复苏的外部环境作一个加总的考虑，就会改变2013年末确定的来年目标。任何一种有效的货币政策是视经济现状的变动和对未来经济趋势作准确把握后有所调整，而不是给经济复苏的火焰浇上一盆冷水。既然2013年末和2014年初的目标是悲观主义的产物，也就不能采用为了使市场相信政府目标的准确性而硬性地实行过于从紧的货币政策，这种刻舟求剑的宏观政策思路理应放弃。

中央银行和财政部应当联合起来，需要提振市场的信心，从而有助于企业和商业活动恢复正常的活力，提高利润水平。这样，中国经济的车轮会再次快速运转起来。

第二，2011—2013年连续三年的“稳中求进”政策并没有通过实际的货币政策体现出来，当然也找不到经济增长趋稳的实际指标。2014年，应该成为真正的、名副其实的“求进”之年，GDP增长率从2012年的7.8%、2013年的7.8%向8%的增长目标迈进，而增长率下降为7.8%以下就演变成“稳中有退”和“稳中无为”的糟糕局面了。

第三，2012—2013 年经济衰退带来的后果是制造业的就业减少，难道我们还希望看到 2014 年的就业减少吗？产能闲置的原因是总需求不足带来的，说明具有足够生产潜力的财富已被白白浪费。增加国内需求是利用闲置产能的优先政策，它同时会增加就业人数。如果听任产能闲置，甚至以一种强硬的行政手段去减少产能则会进一步增加失业人数。2014 年出口市场的超预期增长将给闲置的产能提供一个扩张的机会，要利用好这次全球经济复苏带来的创造就业和提高劳动生产率的发展机会。

第四，2013 年的社会零售商品销售总额增长率比投资增长率下降得更快，表明以消费驱动经济增长的体制是极其脆弱的。以消费驱动经济增长的观点得以在新闻媒体和政策界占有一席之地是因为迎合了有些国际机构的所谓评论和建议。笔者不赞同这样的观点，2013 年中国经济增长的实际情形更是否定了这样的观点。内生增长理论的核心要点不仅仅是“创新驱动”，而且恰恰是一个以投资驱动为基础的知识和技术积累的运动，然后才有创新驱动的可能性。没有这样两大要素的有机和完美结合，没有一个市场在资源配置中的决定性作用的体系支撑，所谓的创新驱动就是一种口号式的表述。在中国任何一个区域至今尚无能够称颂的、以技术创新为推动力量的劳动生产率的快速提升和人均收入的高增长。说到底，人均收入的不同增长率能够真正反映出投资和创新的实际成效。

展望 2014 年，中国经济增长率将又一次回到“8”字头，仍然是全球经济复苏的领头羊。中央银行所要采取的货币政策是告别“从紧”，转向真正稳健的政策，并为 2015 年的经济稳定增长创造一个良好的货币信贷环境。

4 贸易发展新格局与贸易监管改革

金融危机后，我国面临被排斥在美国主导的全球贸易新规则之外，对华贸易制裁日益密集的外贸形势中，对外贸易发展的内部环境也存在外商直接投资减少等诸多问题。严峻的对外贸易发展环境对我国的贸易格局改革产生了倒逼机制。党的十八届三中全会明确提出要构建开放型经济新体制，其中，"中国(上海)自由贸易试验区"是谋划贸易发展新格局的关键环节，也是与国际贸易规则接轨、真正融入全球开放贸易体系中最为直接、深入的经济区域。这类全新的"境内关外"的贸易特区，更加有助于贸易自由和便利化环境营造，同时也对贸易监管改革提出了新的要求。

4.1 中国贸易发展面临外部环境新挑战

自2012年以来，世界经济复苏明显减速，国际市场需求持续低迷，国内经济面临较大下行压力，我国的对外贸易发展面临外困内忧的不利格局。据海关统计，2012年，我国对外贸易进出口总体增速出现回落，进出口总值38 667.6亿美元，比上年增长6.2%，同比2011年进出口增速回落了16.3个百分点。2013年上半年我国外贸进出口总值仍旧总体增长缓慢，增速逐步回落。①

4.1.1 美国主导全球贸易新规则以钳制中国发展

在金融危机引发西方国家经济持续低迷，而亚洲地区经济快速发展，特别是东亚经济一体化的加速，WTO多哈回合贸易谈判一直停滞不前等多重国际经济、政治因素的诱发下，美国重启"重返亚洲"战略。2009年11月美国宣布全面参与"跨太平洋伙伴关系协议"(Trans-Pacific Partnership Agreement，简

① 数据来自刘建颖:《2013年上半年我国外贸形势回顾与展望》,《对外经贸》2013年第9期:4—6。

称 TPP)。2010 年 5 月奥巴马政府发布《美国国家安全战略报告》。2011 年 11 月,时任美国国务卿希拉里发表题为“美国的太平洋世纪”的演讲,表示:“在下一个十年,美国要锁定在外交、经济、战略和其他方面持续不断地增加在亚太地区的投入,并把它当作是美国治国理政的最重要任务之一。”①2013 年 3 月 1 日,奥巴马政府向国会提交《2013 年总统贸易政策议程》报告,将五年出口翻番计划、“跨太平洋伙伴关系协议(TPP)”和“跨大西洋贸易与投资协议(TTIP)”谈判列为工作重点。美国政府一系列的举措令其主导全球贸易新规则、重塑世界贸易新版图的勃勃野心昭然若揭。而这一切都直接将矛头指向中国,企图钳制中国贸易发展。

TPP 是由美国主导的高标准的地区一体化安排,是美国实施战略重心向亚太地区转移,全面介入亚太地区经济整合过程,重获其在亚太经济主导权的重要工具。2009 年以来,在美国的积极推动下 TPP 谈判进展迅速,成员国不断扩大。2011 年墨西哥、加拿大、日本表示准备加入 TPP 谈判。2012 年 6 月,墨西哥、加拿大获准加入 TPP 谈判,使 TPP 成员国扩大到 11 个。2013 年 3 月 15 日,日本宣布准备加入 TPP 谈判的决定,并于 7 月 23 日派代表团出席了在马来西亚亚庇举行的第 18 轮 TPP 谈判。作为 TPP 谈判的第 12 个成员,日本的加入使得 TPP 谈判成员的 GDP 规模占全球经济规模的四成,并占据了全球三分之一的贸易额。②至此,APEC 现有的 21 个成员③除中国、中国香港、印度尼西亚、韩国、巴布亚新几内亚、菲律宾、俄罗斯、中国台北和泰国外,其余 12 个成员已全部加入了 TPP。在日本加入 TPP 谈判后,一直和 TPP 保持距离的韩国政府在 2013 年 7 月态度发生转变,在是否参加 TPP 问题上犹豫不决的韩国终于在 2013 年 11 月底表明了参加谈判的意向,这成为韩国一直重视双边自由贸易协定(FTA)战略的转折点。④如果韩国也加入 TPP,则我国排名前 10 位的贸易伙伴基本上都加入了。

美国通过推动 TPP 的发展,希望规避 APEC 框架内无法改变被动的局面,重新实现其在亚洲地区的主导地位。由于中国一直被排除在 TPP 之外,

---

① http://www.state.gov/secretary/rm/2011/11/176999.htm.

② 日本加入 TPP 谈判,http://money.163.com/13/0725/03/94JML6P600253B0H.html。

③ APEC 现有 21 个成员,分别是澳大利亚、文莱、加拿大、智利、中国、中国香港、印度尼西亚、日本、韩国、马来西亚、墨西哥、新西兰、巴布亚新几内亚、秘鲁、菲律宾、俄罗斯、新加坡、中国台北、泰国、美国、越南。

④ 日经中文网:摇摆的韩国做出 TPP 决断,http://www.guancha.cn/RiJingXinWen/2013_12_05_190359.shtml。

外界普遍认为，TPP已成为美国遏制中国贸易发展的武器。根据2012年4月国际货币基金组织(IMF)公布的APEC成员经济统计数据，TPP初始缔约国(P4)的总人口为2 750万，还不到APEC总人口的1%，GDP总额为6 860亿美元，不及APEC成员GDP的1.8%，其经济规模和影响力十分有限。但随着美国、澳大利亚、加拿大等经济大国的加入，TPP国家(P11)的总人口规模达到6.582亿，占APEC的23.8%，经济总量达20.736万亿美元，在APEC中的比重从1.8%跃升至53.2%。目前P11在亚太地区的经济影响力非同寻常(刘欣，2013)。万璐(2011)运用全球贸易分析模型GTAP进行模拟分析，得出结论：(1)如果日本加入TPP并与美国进行自由贸易，美国GDP和福利等宏观经济指标的正向变化高于日本未加入时的情形，但会使美国的某些产业部门产生贸易逆差，尤其是交通运输方面。这有助于理解美国将美韩贸易协定置于首位，以及已在美韩汽车部门贸易谈判中取得巨大成功的事实。(2)从中国角度来看，美国、日本加入TPP贸易自由化都会对中国宏观经济产生负面影响，中国的GDP、福利、贸易条件等宏观经济指标会出现负向变化。日本加入后，中国的农林牧渔、加工食品、纺织品、交通运输部门都会产生贸易逆差。陆圣(2013)基于GTAP一般均衡(CGE)模型，就TPP对太平洋地区纺织品服装贸易流量的潜在影响进行了定量评估，结论是TPP的贸易创造效应将增加美国从TPP成员方(尤其是越南)的服装进口，TPP的贸易转移效应将减少美国从中国、北美自由贸易区和中美洲自由贸易区的服装进口，认为TPP的实施亦将引发太平洋地区现有纺织品服装贸易生产格局的重新洗牌。

美国在加快推动TPP谈判进程的同时，2013年6月与欧盟正式启动了TTIP谈判，计划两年内完成谈判内容，并签定建立美欧自由贸易协议。美欧约占世界GDP的一半，世界贸易额的1/3，这个协议如果达成，将成为史上最大的自由贸易协定。

未来几年，美国要双管齐下，以期在西太平洋以TPP为依托，在大西洋以TTIP为平台，最终将建成亚太自由贸易区(涵盖APEC所有成员)和美欧自由贸易区，为其保持世界经济霸主地位撑起两根支柱。无论TPP和TTIP何时达成，都将重构全球贸易版图，对世界贸易和中国产生深刻影响。目前美国主导的TPP和TTIP都是排斥中国的。一旦协议达成，中国在世界贸易体系规则的制定方面，可能会丧失话语权，导致中国虽然是世界第二大经济体，却被边缘化的局面。①

4.1.2 全球贸易保护主义抬头对华贸易摩擦升级

出口一直是我国拉动经济增长的三驾马车之一。我国自 2004 年开始出口依存度超过了 30%，达到 30.7%，2006 年冲顶到最高值 36.5%，此后虽然有所降低，但我国的外贸依存度依然长期在高位徘徊。随着我国出口规模的不断扩大，以及全球金融危机后发达国家经济的普遍低迷，新兴经济体国家与我国出口产品的近同质化问题，全球贸易保护主义悄然抬头，对华贸易摩擦逐渐增多。大量数据显示，我国长期以来都是全球遭受反倾销最多的国家，是反倾销的最大受害国。据 WTO 官方统计，从 WTO 成立后的 1995—2012 年，全球实施最终反倾销案共 4 230 起，其中中国遭遇反倾销案累计 916 起，占全球 21.7%，位列全球之首，是排在第 2 位韩国(306 起)的 2.99 倍，第 3 位美国(244 起)的 3.75 倍。其中，2008 年、2009 年对华倾销案分别达到 76 起、77 起，分别占全球的 35.7%、36.8%，为史上最高。到 2010 年虽然有所下降，但是自 2010 年起，全球对华反倾销案一直在稳步增长，如图 4.1 所示。

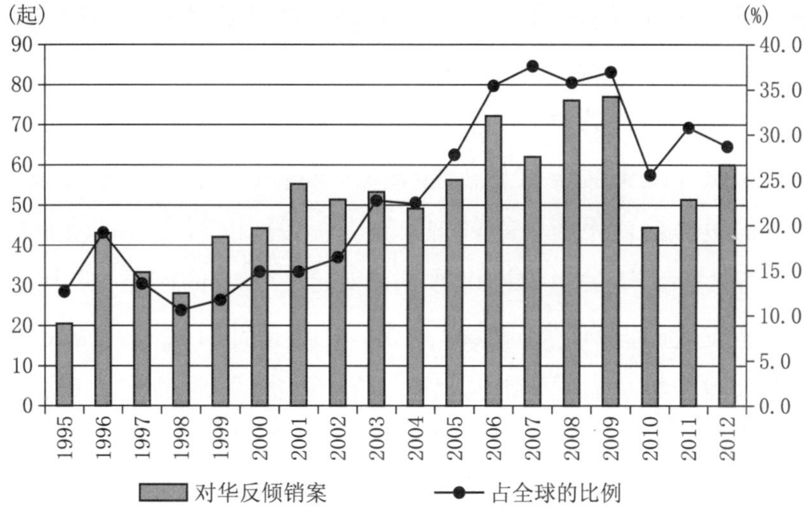

资料来源：WTO 网站。

图 4.1 1995—2012 年中国遭遇 WTO 成员经济体反倾销情况

① 参见《TPP 与 TTIP：美国意欲何为》，http://news.xinmin.cn/world/2013/04/28/19998704_2.html。

2012年，全球针对中国产品的反倾销和反补贴调查分别为60起和10起，居各国(地区)之首，针对中国产品的反倾销和反补贴调查数之和占同期全球反倾销和反补贴调查数之和的30.3%。而同期中国出口额只占世界出口总额的11.3%，二者比例极不相称，可见我国遭受的贸易保护主义壁垒非常严重。根据WTO的统计，我国已连续18年成为全球反倾销调查的最大受害者，连续7年成为全球反补贴案件的最大被诉方。①

根据WTO网站数据统计，1995—2012年全球对华反倾销案件数量居前10位的国家以美国、欧盟和新兴经济体国家为主。位居世界前3位的是印度、美国、欧盟，对华反倾销数量分别为154起、112起、111起，合计占全球反华倾销案41.2%。排名前5位国家的反华倾销案则占全球57%(见表4.1)。

表4.1　1995—2012年对华反倾销案件数位列前10的国家

	印度	美国	欧盟	阿根廷	巴西	土耳其	澳大利亚	南非	墨西哥	加拿大
对华反倾销(起)	154	112	111	89	62	61	37	36	34	30
占全球的比例(%)	16.6	12.1	12.0	9.6	6.7	6.6	4.0	3.9	3.7	3.2

据中国贸易救济信息网统计，2013年上半年对华发起反倾销调查的主要国家在发展中国家中不断扩大；电子产品新立案数同比大幅上升，闪存产品首次成为国外反倾销调查的对象；农产品首次成为国外反补贴调查的对象。我国主要的贸易伙伴欧美对华贸易依旧争端不断，并且手段不断升级。欧盟委员会最新一份贸易统计报告显示，2013年1—7月，欧盟发起的反倾销和反补贴调查以及征收惩罚性关税措施多数是针对产自中国的产品，其中，欧盟针对相关进口产品发起的“双反”调查案有4起，全部是针对中国产品，涉及无缝钢管和太阳能电池板组件；欧盟确定调查结果后实施征收特定关税的案件有7起，其中5起针对中国产品，涉及钢铁产品和厨房用具；欧盟确定征收临时关税的案件有4起，一段时间来备受关注的中欧太阳能电池板争端就在其中。②2013年以来，美国对华贸易保护措施已涉及不锈钢水槽、应用级风塔、钢丝产

① 数据来自裘红萍:《2012年全球贸易救济案件综述》,《中国贸易救济》2013年第8期。
② 参见《欧美反倾销:手段更趋隐蔽　领域更加高端》。

品、手机电子设备、冰冻温水虾等多类产品。其中一个值得关注的迹象是美国对华贸易保护的打击对象已从此前的劳动密集型产业扩展到新能源和高科技产业。此外，美国还以威胁"国家安全"为由，阻止中国产品进入美国市场或者中国企业赴美投资，试图利用知识产权和"国家安全"等非关税措施提高对华贸易壁垒。华为科技有限公司和中兴通讯股份有限公司在近年来已成为美国国际贸易委员会调查的重点，涉案产品包括带有可伸缩 USB 连接器的电子设备、电子成像设备及无线消费电子设备等。美国对华光伏电池双反案已于 2012 年 10 月作出肯定性终裁，反倾销税率为 18.32%—249.96%，反补贴税率为 14.78%—15.97%。中国在成长为世界贸易大国的过程中，已经成为全球遭受贸易救济措施打击面最广、打击最严重的国家。

4.1.3 2014 年全球经济形势依然不容乐观

根据 IMF 2013 年 10 月《世界经济展望》分析，世界经济已进入另一个转变过程：先进经济体的增长在逐步增强，同时，中国和越来越多的新兴市场经济体正从周期高峰下滑，下滑速度超过此前预期，面临着增长减缓和全球金融条件收紧的双重挑战。它们的增长率预计仍将高于先进经济体，但不及过去

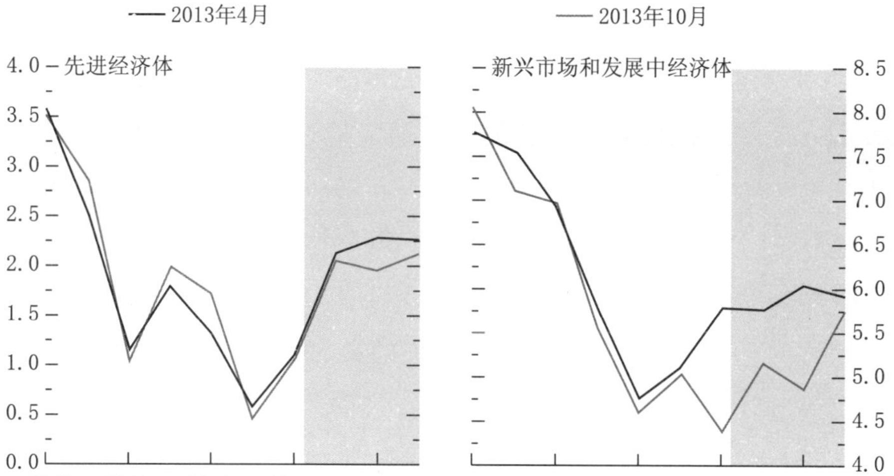

资料来源：2013 年 10 月 IMF《世界经济展望》。

图 4.2 GDP 增长（季度折年率百分比变化）

几年的高水平，这是由周期性和结构性原因共同作用所致。在 10 月《世界经济展望》里，IMF 修订了 4 月版对先进经济体、新兴市场和发展中经济体 GDP 增长预测，整体下调了这两大经济体在 2013 年下半年和 2014 年初的 GDP 增长率，但新兴市场和发展中经济体的下调幅度更大(图 4.2)。全球经济增长进入低速档位，经济活动的驱动因素不断变化，下行风险持续存在。

4.2 中国贸易发展囿于内部忧患新困局

改革开放 35 年来，我国对外贸易发展取得了令全球震惊的飞跃式发展，进出口贸易总额在世界排名不断提升。自 2009 年起，已经连续 4 年成为世界货物贸易第一出口大国和第二进口大国。但是，贸易大国并不等于贸易强国，我国出口商品在国际上的竞争力还较弱。随着中国经济告别高速增长期，增速逐渐放缓，2012 年中国 GDP 同比增长 7.8%，2013 年 GDP 增速预计将达 7.7%，2014 年约达 7.5%，[①]促进我国对外贸易发展的内部环境已显得非常困顿。

4.2.1 外商直接投资减少

外商直接投资(FDI)与东道国经济增长存在显著的正相关关系，对经济增长有明显的促进作用(Husain and Jun，1992；Balasubramanyam，1996；Marta，2003)。毛英、闫敏(2011)的实证研究通过 FDI 对出口贸易等传导变量影响系数求得 6 个传导变量对 GDP 影响的弹性系数，最终得到 FDI 通过各传导变量对 GDP 的影响程度大小，证明了 FDI 主要是通过带动进出口贸易来促进经济增长的。李坤望、王有鑫(2013)利用 1999—2007 年产品层面的贸易数据探讨了 FDI 促进出口产品质量升级的微观机制，结果发现，FDI 稳健地提高了我国出口产品质量。

改革开放以来我国对外贸易之所以能飞速发展，一跃而为世界贸易大国、世界第一出口国，FDI 的推动作用不可小觑。但近年来我国 FDI 流入情况不

① 2013 年、2014 年数据源自中国社科院 2013 年《经济蓝皮书》。

容乐观。联合国贸易和发展组织(UNTAD)发布的《2012年世界投资报告》指出,2011年中国FDI流入增速放缓且低于全球水平和发展中国家整体水平,当前世界经济的困难和不确定性为中国吸引外资带来很大挑战。该报告还显示,中国吸引FDI的结构开始向服务业倾斜,流入制造业的FDI在减缓,流入服务领域(房地产、贸易和商业服务等)的FDI在增加,并首次超过了制造业。同时,效率导向型的吸收外资在减少,劳动密集型的外资在向东南亚转移,因为东南亚低要素价格对外资的吸引力在上升(刘宏、李述晟,2013)。2012年中国FDI金额1 116.16亿美元,同比下降3.7%,是三年来首次下降(图4.3),其中制造业同比下降4.5%,超过服务业下降率2.6%;而新批设立外商投资企业24 925家,同比下降10.1%。

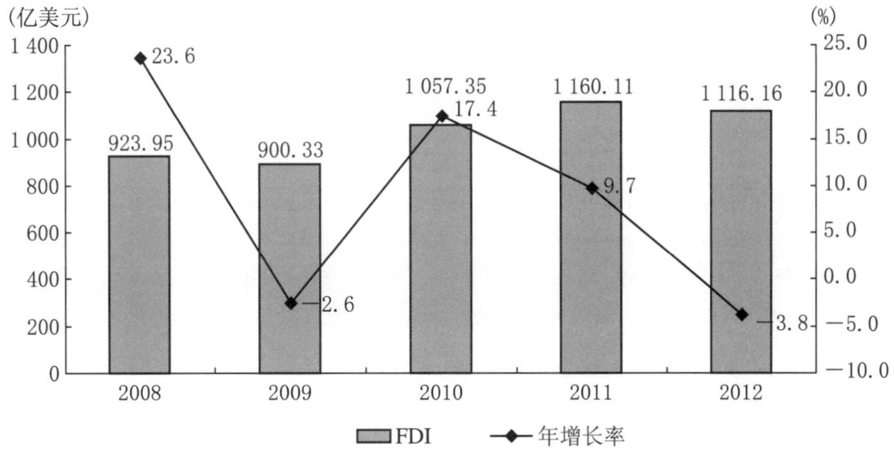

图4.3 2008—2012年外商对华直接投资

2013年1—10月,全国设立外商投资企业18 184家,同比下降9.18%;实际使用外资金额970.26亿美元,同比增长5.77%。1—10月,亚洲十国/地区(中国香港、中国澳门、中国台湾、日本、菲律宾、泰国、马来西亚、新加坡、印度尼西亚和韩国)对内地投资新设立企业14 713家,同比下降7.19%,实际投入外资金额836.3亿美元,同比增长7.18%。美国对华投资新设立企业905家,同比下降19.77%,实际投入外资金额30.39亿美元,同比增长12.41%。欧盟28国对华投资新设立企业1 216家,同比下降14.37%,实际投入外资金额64.02亿美元,同比增长22.26%。1—10月,对中国投资前十位国家/地区(以实际投入外资金额计)依次为:中国香港(634.6亿美元)、日本(64.63亿美元)、新加坡(52.35亿美元)、中国台湾(44.53亿美元)、美国(30.39亿美元)、韩国(26.01亿美元)、德国(19.13亿美元)、荷兰(11.83亿美元)、英国(8.68亿美元)和法国(6.92亿美元),前十位国家/地区实际投入外资金额占全国实际使用外资金额的92.66%,位居第一的中国香港占比高达65.41%。

与我国吸收FDI下降形成鲜明对照的是,越南获得的FDI增长非常迅速。《越南经济时报》2013年11月26日报道,越南计划与投资部称,2013年越南吸收FDI已逾200亿美元。其中,截至11月20日,全国新投资项目1 175个,合同金额137.79亿美元,同比增长73.3%。项目增资446个,增资金额70.36亿美元,同比增长26.9%。前11个月,外商主要投资越南18个领域,其中,加工制造业新增项目557个,合同金额160.78亿美元,占总投资额的77.2%。目前有54个国家和地区在越直接投资。其中,日本在越投资56.82亿美元,占越南外资总额的27.3%,位列第一;新加坡投资42.78亿美元,占20.6%,位列第二;韩国投资41.29亿美元,占19.8%,位列第三。①

外资的减少对中国已经形成的加工贸易体系造成了较大冲击。以常被视为中国加工贸易标本城市的东莞为例,金融危机对东莞对外贸易的冲击主要体现在加工贸易部分。2009年,东莞对美国、中国香港、欧盟、日本、中国台湾、东盟和韩国的加工贸易额分别同比下降了20%、12%、30%、14%、20%、19%和19%(石良平、周阳,2013)。

4.2.2 人口红利效应减退

Bloom和Williamson(1998)在研究东亚奇迹时首次提出了"人口红利"这一概念,他们运用多元回归计量方法对时序数据分析得出,1970—1995年间,东亚经济年均6.1%的高速增长中人口转变的因素贡献了25%—33%。Lee等(2000)在对日本、韩国、中国台湾、泰国等国家和地区进行研究时认为,在经济增长过程中,除了政府财政、出口导向、工业振兴等一系列因素之外,人口年龄结构转变也发挥了重要作用。钟水映和李魁(2009)通过对人口红利所带

① http://yzs.mofcom.gov.cn/article/zcfb/201311/20131100404953.shtml.

来的庞大劳动力数量作用于经济增长途径的分析，认为人口红利是东亚奇迹和中国经济快速发展的重要因素。

人口红利作为一种特殊的资源禀赋，是造就中国30多年经济增长奇迹的重要推动力量。但近年来，伴随着老龄化进程的加剧，中国劳动人口比例开始经历由上升到下降的过程。“用工荒”现象的不断出现以及劳动力工资水平的持续上涨，标志着中国人口红利资源已经开始进入衰减期（王伟同、张旭，2013）。由图4.4可见，自2002年以来，我国0—14岁少儿抚养比和65岁以上老抚养比呈现出明显的反向变化趋势，劳动人口所占比例被进一步挤压。国家统计局数据显示，2012年我国15—59岁劳动年龄人口93 727万人，比上年减少345万人，占总人口的比重为69.2%，比上年末下降0.60个百分点。从供给结构看，人口红利2015年将处于刘易斯拐点。

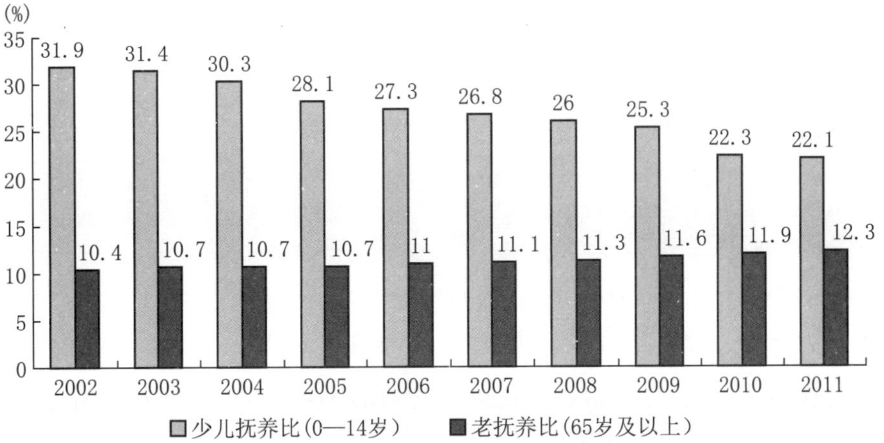

资料来源：国家统计局。

图4.4　2002—2011年我国人口抚养比

人口红利效应的减退也是导致中国劳动力成本上升的重要原因之一。中国劳动力成本近年来整体呈现较为明显的上涨趋势。据统计，2001—2010年全国城镇单位就业人员年平均工资从10 834元提高到36 539元，年均名义增速为14.6%。官方数据显示，2010年以来，在我国两大制造业中心珠三角和长三角，劳动力成本上涨了20%—25%，全国最低工资标准平均上调12%。在博鳌亚洲论坛2013年中小企业发展论坛上，与会专家认为，劳动力成本上涨已成趋势，部分制造业受此影响甚至陷入经营困局。

4.2.3 产能过剩困局蔓延

国际金融危机以来，我国产能过剩呈现出新的特点，表现为从潜在、阶段性过剩转变为实际和长期性过剩，从低端、局部性过剩转变为高端、全局性过剩，产能过剩问题非常严重(李晓华，2013)。

根据企业提供的材料，结合有关统计数据分析，当前钢铁、水泥、平板玻璃、电解铝 4 个行业都存在明显的甚至严重的产能过剩现象，特别是阶段性、结构性的产能过剩。2012 年，我国粗钢产能约为 9.5 亿吨，粗钢产量 7.2 亿吨，产能利用率为 75.8%；水泥产能约为 30.0 亿吨(其中新型干法水泥 28.5 亿吨)，产量 21.8 亿吨，产能利用率为 72.7%；平板玻璃产能约为 10.4 亿重箱，产量 7.1 亿重箱，产能利用率为 68.3%；电解铝产能约为 2 850 万吨，产量 1 988 万吨，产能利用率为 69.8%(中国企业联合会“去产能化”调研组，2013)。产能利用率明显低于国际通常水平。李晓华(2013)通过对比 2002—2011 年间 38 个两位数工业行业(不包括“其他采矿业”)的产出资本比，发现与 2002—2007 年数据比较，2008 年以后出现产能过剩的行业数量明显增加，产能过剩成为一种全局性的现象。

2011 年以来，不仅钢铁、水泥、平板玻璃、电解铝、煤化工等传统行业因产能过剩而处于全行业亏损，甚至几年前还被推崇为“新兴产业”的太阳能多晶硅和风电设备等行业，也陷入产能全面过剩的困境。2012 年底的中央经济工作会议指出，2012 年除了钢铁、水泥、平板玻璃、煤化工和造船等传统行业产能大量过剩外，氮肥、电石、氯碱、甲醇和塑料等一度热销的化工产品也因为产大于需而销售困难；铜、铝、铅锌冶炼等有色行业生产形势低迷，产能过剩问题凸显，甚至多晶硅、风电设备等新兴产业领域的产品也出现产能过剩，大型锻件也存在着产能过剩的隐忧。国际金融危机前产能显著过剩的主要是低端产品，而国际金融危机后高端产品也出现过剩，甚至出现同一产业内部高端产品卖不过低端产品的情况。

产能过剩造成行业利润大幅下滑，企业普遍经营困难。2012 年，中钢协所属的 80 家会员大型钢铁企业实现利润仅 15.8 亿元，同比下降 98.2%，亏损面为28.8%;水泥行业在很多地方价格出现倒挂,全行业实现利润657亿元,同比下降32.8%;平板玻璃行业实现利润仅为9.8亿元,同比下降66.6%;电解铝全行业长期处于负利运行状态,企业亏损面高达93%(陈剩勇、孙仕祺,2013)。

4.3 中国贸易谋求开放新格局

严峻的对外贸易发展环境对我国的贸易格局产生了倒逼机制。在当前经贸形势下,我国从全方位推进贸易开放和大力度调整优化贸易布局两方面,积极谋划贸易发展的新格局。

4.3.1 全方位推进对外贸易开放

改革开放后,中国积极加强与其他国家和地区的经贸往来,努力发展多边贸易体系和双边贸易体系,发展自贸区战略,全方位推进我国的对外贸易开放。

从1986年7月到2001年11月,历时15年4个月的加入世界贸易组织(WTO)的艰难谈判胜利完成,一个月后,中国正式成为WTO的成员国,在非关税壁垒、关税减让、贸易权等诸多领域做出了系列承诺,向WTO成员经济体敞开了贸易开放的大门,由此开始了我国多边贸易体系的发展之路。"入世"极大地促进了中国经济发展,也影响了全球经济结构和模式。12年来中国经济规模从世界第七位跃升为世界第二位,国内生产总值从1.3万亿美元增至超过8万亿美元。随着经济实力增强,贸易规模快速增长,中国也从一个多边贸易体制的坚定支持者、参与者逐渐成长为一个重要贡献者。

成功"入世"后,面对一个竞争日益激烈、区域经济集团会发挥更大优势的国际市场,我国开始谋求双边自由贸易体制的发展。这也是进入21世纪后新的区域经济一体化浪潮。因为,在贸易保护主义重新抬头的今天,WTO多边贸易体制的某些局促性使得许多国家热衷于签订双边自由贸易协定(FTA)以促进本国对外贸易的发展。FTA具有时间短、见效快、易操作、约束力强等特点，在促进当事双方自由贸易、经济技术合作、宏观经济政策协调乃至政治关系发展等方面要比WTO多边贸易体制更直接有效(康振华，2013)。目前，除中国—东盟自贸区、CEPA外，我国与智利、巴基斯坦、新西兰、新加坡、秘鲁、哥斯达黎加、冰岛、瑞士等国分别相继签订了自由贸易协定，以两国间的双边自贸协定为基点，推动双边贸易的全面发展。目前，我国已建成的双边自贸协议数量达到12个，正在积极谈判中的自贸协定有6个，已初步构建起横跨东西的周边自贸平台和辐射各洲的全球自贸网络。

多边贸易体制和双边自由贸易协议的建设很大程度上促进了我国贸易的对外开放发展。但是，我们必须清醒地认识到，这些多双边贸易体系的建立不足以为我国赢得获得参加美国主导的TPP和TTIP谈判的资格，中国必须有一些试验区进行改革的全方位试点，其中涉及金融外汇、投资管理、服务贸易、离岸贸易、国企定位、税收制度、海关监管、劳工标准、环境标准、企业与政府的关系等一系列问题，而这些问题都涉及对现行经济体制进行重大改革(石良平、周阳，2013)。为此，我国在一些地区进行了各方面多种尝试，如海南岛离岛免税政策的推出，义乌市国际贸易综合改革试点的全面启动，横琴、平潭的创新通关制度和选择性征税等特殊优惠政策的推行等。其中，最重大、最综合、最全方位的试点莫过于2013年9月29日中国(上海)自由贸易试验区的挂牌成立。作为我国第一个正式设立的自由贸易区，上海自贸试验区肩负着为全面深化改革和进一步扩大开放，实现制度创新，探索新途径、积累新经验的重任，它已经不再是一个区域性经济改革的范畴，正在变成一场新的制度改革的起点，将带动金融、税收、贸易、政府管理等一系列政策变革。上海自贸试验区的设立向全球释放了中国主动开放的强烈信号，为积极争取加入美国主导的全球贸易新规则谈判创造条件。在上海自贸试验区获批设立后，各地建设自贸区的激情高涨，目前天津、重庆、广东等地已在积极报送方案。按照国务院对上海自贸试验区三年后建成全国“可复制，可推广”的自贸区的要求，以及党的十八届三中全会提出的“放宽投资准入，加快自由贸易区建设，扩大内陆沿边开放”的精神，我国将把上海自贸试验区成功建设经验推广、复制到其他地区的自贸区，全面加快自贸区的建设步伐，积极主动地对接全球贸易新规则，为获得谈判资格并最终取得谈判胜利增加筹码，争取早日从一个国际贸易新规则的跟随者向参与者、制定者转变。

4.3.2 大力度调整优化贸易布局

长期以来，我国凭借廉价劳动力优势发展起来的加工贸易对进出口贸易乃至经济的整体增长都起到了积极的拉动作用。然而，国内劳动力成本持续上升和金融危机后国际市场不景气等因素制约了我国加工贸易的进一步发展，其比较优势正逐渐消失，加工贸易面临着转型升级的客观需要。自2007年以来，商务部和海关总署连续公布了三批中西部地区的加工贸易转移承接地，并出台了若干实施细则以积极推动加工贸易从东部沿海地区向中西部地区的转移。鼓励沿海地区发展高端产业、发展高增值环节和总部经济的同时，合理有序将劳动密集型传统产业、加工制造环节向中西部地区转移，加快中西部地区发展。随着富士康落户郑州、惠普加三个世界级的台湾电脑加工厂商落户重庆等东南部沿海地区加工贸易企业内迁，这种产业布局的调整带来了东中西部贸易格局的变化。近年来，中西部地区的贸易增长非常迅速，速率远超东南部沿海发达地区，已成为我国极具贸易活力的地区。同时，这种产业布局调整促进的贸易布局改变，也有利于未来化解我国制造业的过剩产能，并促进东南部沿海发达地区腾出空间来发展高技术含量、资金密集型产业，实现产业的转型升级。

如果从我国整个贸易布局来看，无论是东南部沿海地区的产业与贸易发展，还是加工贸易企业向中西部地区转移，这些都只是整体贸易系统里非常小的网点而已，相对分散，彼此缺少联系。而新丝绸之路经济带、21世纪海上丝绸之路和长江经济带的建设，将形成三道强有力的骨架支撑，将分散的网点串接起来，构成一个布局优化的贸易系统，形成全方位开放新格局：依托新丝绸之路经济带，通过亚欧大陆桥的陆上运输，推动我国向西开放，促进中国与中亚、南亚、西亚、东欧、西欧各国的合作交流；依托21世纪海上丝绸之路，同东盟国家加强发展好海洋合作伙伴关系，深化中国与东盟乃至整个亚太地区的海上合作与交流；依托长江经济带，做大上海、武汉、重庆三大航运中心，推进长江中上游腹地开发和“两头”开发开放，即上海及中巴（巴基斯坦）、中印缅经济走廊。目前，新丝绸之路的起点为浙江义乌，21世纪海上丝绸之路的起点为福建，长江经济带的起点为上海，三条重要贸易网络的骨架汇集于具有对外贸易开放程度最大的东部沿海发达地区，构织成一个贯穿东西的海陆空全方位对外开放的贸易网络系统。而上海自贸试验区是这个网络系统中一个至关重要的枢纽点。

4.4 上海自贸试验区建设需加强贸易监管改革

中国(上海)自由贸易试验区是我国在新时期谋划贸易发展非常关键的一招棋，是与国际贸易规则接轨、真正融入全球开放贸易体系中最为直接、深入的经济区域。“中国”二字将上海自贸试验区提高到国家战略地位，令其肩负着成为我国进一步深化改革和扩大贸易开放“试验田”的使命——要在三年后建成全国“可复制，可推广”的自贸区。上海市政府在“不要政策，要改革”的壮士情怀下，已于自贸试验区成立之时大力推出了准入前国民待遇、负面清单管理模式、“一线放开，二线安全高效管住”的海关监管模式等一系列改革措施。在 2013 年 12 月 14 日上海召开的传达中央经济工作和城镇化工作会议精神的会议上，韩正书记提出“特别是要按照中央部署有序推进上海自由贸易试验区建设，力争 2014 年拿出第一批可推广可复制的内容”，给 2014 年上海自贸试验区建设指定了明确的目标和改革方向。

从目前情况来看，第一批可推广可复制的内容除了精简负面清单之外，自贸试验区的贸易监管改革措施的细化亦应归列其中。因为，对自贸区的贸易监管改革是促进上海自贸试验区加强对外开放力度，构建贸易自由和便利化环境的关键所在，是推行其他改革措施的基础。为了促进自贸试验区货物进出自由，构建贸易便利化环境，海关总署研究制定了《海关总署关于支持和促进中国(上海)自由贸易试验区建设的若干措施》(以下简称“《若干措施》”)，从“先入区、后报关”模式；简化自贸区内货物流转手续；落实选择性征税政策；推动期货保税交割业务发展；促进保税商品展示平台建设；支持跨境电子商务试点六个方面提出改革措施，于自贸试验区挂牌成立时对外发布。由于研制时间紧，《若干措施》尚处于指导性的粗线条状态，一些贸易监管改革尚未具体推出明确、细化的措施细则。国务院公布的《中国(上海)自由贸易试验区总体方案》中第三条提到营造相应的监管和税收制度环境，特别强调推进实施“一线放开”和坚决实施“二线安全高效管住”。以下就针对当下比较紧迫、突出的“一线放开，二线安全高效管住，区内货物自由流动”监管改革创新措施，提出具体的细化完善建议，以利于形成可推广、可复制的全国范本。

4.4.1 一线放开：推行由企及物制，明确区内备案制企业标准，加强与国际海关的 AEO 互认

“先入区，后报关”是海关总署对“一线放开”①监管模式的创新。它允许自贸试验区内备案制试点企业②先凭进口舱单信息将货物提运入区，再在规定时限内（自运输工具进境 14 日内）向主管海关办理进境备案清单申报手续。该模式预计可以减少企业 60%左右通关时间，为企业创造便利化的通关环境。但是在贸易便利化的同时，贸易的安全性问题不容忽视。贸易便利与安全其实也是世界海关共同关注的问题。2005 年，世界海关组织（WCO）通过的以维护国际贸易安全与便利为目标的《全球贸易安全和便利标准框架》倡导守法便利并建立国际化的企业信用认证体系——AEO 制度。AEO 是“Authorized Economic Operator”的缩写，中文翻译为“经认证的营运商”，是指在国际贸易供应链中，经海关或其授权部门批准为符合世界海关组织或者具有同等效力的供应链安全标准的企业。经认证的营运商在向海关递交符合最低要求的信息以后，应当被授予享受简化、快速通关便利的权利，即将海关从对物的监管转移到对企业的监管上来，并且根据企业的信用程度、守法情况等进行差别化管理，令“诚信守法便利，失信违法惩戒”，促进全球贸易的便利化与安全化发展。

我国海关总署积极响应世界海关组织倡导的守法便利，于 2009 年在全国海关范围内启动了分类通关改革，并于 2010 年修订发布了《中华人民共和国海关企业分类管理办法》（海关总署令第 197 号），将中国海关签署的世界海关组织《全球贸易安全和便利标准框架》中的 AEO 制度转化为国内制度。分类通关改革实行的是“由企及物”的监管理念，通过将企业设置 AA、A、B、C、D

① “一线”是指国境线。自贸区属于境内关外，按规定货物可以自由进出一线。

② 截至 2013 年 12 月底，已有 47 家企业获得备案制试点企业资格。

五个管理类别，按照守法便利原则，对适用不同管理类别的企业，制订相应的差别管理措施，以实现将对货物的监管转移到对企业的监管上来，提高货物通关效率。

这种对企业进行分类差别化管理的海关监管模式非常适于自贸试验区的贸易便利化环境的要求，可以促进货物的自由安全有效流动。由于自贸试验区推进的速度非常快，区内备案制企业的分类管理标准尚未来得及最终确定，在此结合我国分类通关改革试点情况、海关对企业分类管理的标准、世界海关组织的 AEO 制度，提出如下建议。

首先，制定与国际 AEO 接轨的区内备案制企业标准。自贸试验区内备案制企业标准一定要强调与国际 AEO 接轨，即加强与国际海关 AEO 互认，这是自贸试验区向外开放的必然要求，是将我国的贸易特区融入全球一体化海关监管链的重要一步。目前，我国的企业分类管理制度在 AEO 认证资格、认证标准等方面与国际海关尚未达到互认的标准。正好可以在自贸试验区进行国际 AEO 互认试点改革，然后推广到全国范围。

其次，备案制企业标准可与海关现行的企业分类标准趋同，并略高于目前海关认定的 AA 类企业标准。我国海关的企业分类管理办法几经修订已经形成比较成熟的体系，可以为自贸试验区的备案制企业分类提供重要的借鉴，甚至在一定程度上可以考虑部分移植，以将自贸试验区和国内市场紧密联系起来，同时便于对二线的安全高效监管，也为区外企业日后入区经营创造便利。备案制企业标准的制定可参考目前首批试点的 6 家企业在经营、守法等方面的情况。在自贸试验区刚刚启动、试点的现阶段，备案制企业的标准制定务必严格，在注意与国际 AEO 制度接轨，加强贸易安全的认证①外，可按照略高于 AA 类企业的标准制定备案制企业标准②。譬如，对于进出口收发货人的准入门槛，2010 年修订的《海关企业分类管理办法》将标准降低为年进出口总值 50 万美元（与 A 类企业相同），而在前一个版本（2008 年对外公布的版本）中这一

① AEO 认证包括 3 种：通关手续简化的认证、贸易安全的认证和二者都具备的认证。只有含有贸易安全认证在内的后两种认证，才可与国际接轨。

② AA 类企业被认作为中国海关的“经认证的经营者”，必须经过中国海关实施的包括内控机制、贸易安全审查的验证稽查。

数值为 3 000 万美元。考虑到自贸试验区的特殊性，以及区内企业贸易量都非常大的情况，建议将备案制企业的准入门槛标准设定为 3 000 万美元（或根据自贸试验区内企业的进出口情况制定），高出现行 AA 类企业的准入标准。除准入门槛外，备案制企业设定标准还可以在企业遵守法律、行政法规、海关规章的情况，企业人员、财务、仓库料件等管理及贸易安全等情况，进出口报关差错率等方面酌情参考 AA 类企业标准。此外，在备案制企业之外还可以设定一类“准备案制企业”，类似于 A 类企业，其余的区内企业则全部归为“非备案制企业”。“准备案制企业”可以作为“备案制企业”的储备库，经过一定的观察期及良好的经营、执法表现，达到备案制企业标准后，即可申请为备案制企业。在通关便利上，准备案制企业能够享受一定的优惠便利措施，优于一般的非备案制企业。

再者，综合首批试点企业运作情况制定明确的管理细则，加强惩戒。区内首批 6 家备案制试点企业是最好的试验田。在实践先行、理论后来跟上的情况下，它们的实际运作情况以及在运作中暴露出来的管理方面的问题，都可以成为海关制定此类企业管理细则的重要依据。获得备案制认证的有效期设定为 2—3 年，在此期间企业需确保维持获得认证的有关标准，并在有效期结束前 3—6 个月，以书面形式向海关提出认证续期申请。需要注意的是，在给予备案制企业诚信守法便利的同时，也要加强对失信违法惩戒的管理。如果企业没有遵守或符合取得认证所需的准则，或者违反了由海关负责执行的法律法规中的罪行，海关将取消其资格。一经撤销资格，该企业会丧失其认可备案制企业资格及相关优惠，两年内或不可再申请备案制企业的认证。

4.4.2 二线安全高效管住：对货物实施分类监管，加强海关风险指标体系的建设

“二线”是指关境线，“安全高效管住”意指贸易便利与贸易安全的统一。即，对于从自贸区内进入国内一般地区的货物要给予通关便利，同时又要有效防范风险。

按照《若干措施》，在自贸试验区内落实选择性征税政策，即对设在自贸试验区内的企业生产、加工并经“二线”销往国内市场的货物，进口商可根据其对

应进口料件或实际状态中较低的税率选择缴纳进口关税，以利于区内产品进入国内市场。选择性征税本是对区内企业实行结构性减税的突破口，但也可能成为恶意倾销的保护伞。假如某进口部件的税率高，制成成品后的税率低，而进口部件本身疑似企图通过选择性征税的政策对我国关境内地区实施倾销，或者进口部件属于国家严格控制的进口商品，则通过选择性征税政策的庇护可以顺利地进入到非自贸区地区。另一方面，由于货物进出自贸试验区的来源地、目的地的差异性问题，以及货物在区内操作方式的不同，税收政策的差异性（有免税、保税、非保税等多种情形）等问题都会对货物监管带来一定的复杂性。为此，可以借鉴美国对外贸易区的货物分类管理方法，简化自贸试验区的货物监管模式，有效促进货物自由顺畅地流动，并防范利用选择性征税进行倾销的风险。

美国海关对进入对外贸易区[①]的货物执行分类管理，将对外贸易区内货物分为特权国外状态（privileged foreign status，缩写为 PF）、非特权国外状态（non-privileged foreign status，缩写为 NPF）、区域限制状态（zone-restricted status，缩写为 ZR）和国内状态（domestic status，缩写为 DS）四种，统称为"区域状态"（zone status）。货物的区域状态意味着法律地位，决定了货物在区域内和转运至关境内将进行怎样的处理，通常在货物的许可申请中进行选择，或者由区内货主选择。对于自贸试验区内货物的分类监管可以结合货物在区内的操作方式，一定程度上可借鉴美国的这种分类管理方法，而不是简单地采用免税、保税和非保税几种状态。因为，如果单纯依据税收的情况来对货物进行分类，涉及的货物情况复杂，而且很多时候这种税收的状态并不能固定下来，是会发生改变的。美国对外贸易区内货物的四种区域状态没有按照税收政策的情况来分类，但是从它的相关说明里还是可以找到各种分类与税收政策之间的关系。比如，特权国外状态（PF）货物对应的即是选择性征税政策，可以选择料件和成品进行从低征税，还可以通过 PF 发挥某种特殊部件料件的关税保护效应以反对倾销；非特权国外状态（NPF）货物则是按照货物的实际情况进行归类、估价、征税，即不适用选择性征税，等等。建议对自贸试验区货物分

① 美国的自由贸易区称作对外贸易区（Foreign Trade Zone）。

成加工型、物流仓储和展示型、中转型和自用型几种类型，即在沿袭海关特殊监管区域的货物分类保税加工和保税物流的基础上再加以拓展，更加明确其用途和入区目的。

1. 加工型

加工型是指货物将在区内参与生产制造并会改变其自身原来税则归类的货物。参与制造的部件、原材料可以来自境外，也可以来自境内一般地区和海关特殊监管区域。这种类型的区内货物可以分为免税加工型、保税加工型和非保税加工型三种。

一是免税加工型是指完全由境外入区的原材料和部件进行加工生产；部分从境内入区已办结出口征税业务并不能复进口的原材料和部件与境外入区的料件进行组合生产，产成品又全部出境销售的货物。在申请入区时由区内进口企业指定其类型，出入区完全免税。

二是保税加工型是指在区内加工生产的产成品进入海关特殊监管区域/场所，按照海关特殊监管区域的税收政策暂缓征税，而后依据该货物在海关特殊监管区域/场所储存或加工后的去向确定，再决定征税或免予征税。

三是非保税加工型是除免税加工型和保税加工型之外的以入区加工制造为目的的货物。这类货物在不存在恶意倾销的情形下进入二线一般地区实施选择性征税(选择料件和成品中更低的税率征税)。如果进口部件的税率高，制成成品后的税率低，而进口部件本身疑似企图通过选择性征税的政策对我国关境内地区实施倾销，或者进口部件属于国家严格控制的进口商品，则需指定按照进口部件征税，而不实施选择性征税政策。

2. 物流仓储和展示型

物流仓储和展示型货物不会改变税则归类编码，不存在选择性征税情形，此类货物将依据其最终的去向实施免税、保税或征税。其属性由区内进口商在申请进境时指定。如果以后要将其用于加工制造，则可以由区内使用者申请更改为加工型。

3. 中转过境型

中转过境型往往只在境内做极短暂的停留，经集拼作业或直接就转运出境，不涉及任何税收情形，是监管最简单的一类货物。

4. 区内企业自用型

对于留作区内企业自用的进口货物，按照《财政部海关总署国家税务总局关于中国(上海)自由贸易试验区有关进口税收政策的通知》(财关税[2013]75号)，“在现行政策框架下，对试验区内生产企业和生产性服务业企业进口所需的机器、设备等货物予以免税，但生活性服务业等企业进口的货物以及法律、行政法规和相关规定明确不予免税的货物除外”。

同时，还要加强海关风险指标体系的建设，防范借选择性征税实施恶意倾销的行为。首先，自贸区海关要通过统一的电子信息平台搜集进出自贸区的货物信息，尤其加强对于在自贸区内进行生产，然后通过二线进入国内地区的商品信息，分析最终产成品的税率，以及生产这些最终产成品所用零部件的税率，对它们进行大小的比较。同时，搜集所有相关零部件的进口量、价格等基本信息，搜集加工后成品进入关内的数量信息。然后，长期跟踪观察进口数量、内销品数量及价格的异动性，当达到设定的预警线后即给予警示，提醒防范这类产成品大量流入境内，防止恶意倾销行为的发生。

4.4.3 对可自行组织区内货物运输的企业采取资格认证制

目前，海关总署已批准4家企业作为自行组织区内货物运输的试点企业，未来还会进一步推开试点范围，扩大贸易便利化的受益面。由此，如何防范在不采用海关监管车辆运输，而是由企业自行组织运输情况下的海关风险，成为便利区内货物流转的关键症结所在。解决问题的核心就在于对这类企业资格的认定，通过对供应链上企业的业务模式、运作规模、守法情况、风险概况等因素的考虑、认证，有效遏制风险。在这方面，中国香港海关的“认可经济营运商计划”可以提供重要的参考。

中国香港海关为配合业界的不同需要，为参与海关—商界合作伙伴计划的公司提供了两个级别的认可经济营运商资格。海关评估公司在符合既定的准则方面(见表4.2)已达到的水平，并据此授予分级认证。公司首先根据这些既定的准则，对其内部政策和运作程序从海关规定的信用证明，备存良好的商业纪录管理系统，企业财务健全，场所安全及进出管制，人员安全，货物安全，货运工具的安全，业务伙伴的安全，保安教育及培训，资料交换、存取及保密性，危机管理及事故复原，评鉴、分析及改善共 12 个方面进行自我评估，然后向海关提供计划申请表、公司概况、自我评估问卷、供应链程序图①、有关场所的平面图供审核。海关人员收到申请文件后，将通过实地验证确定该公司的资格及级别。②

表 4.2　中国香港认可经济营运商评定准则

一般准则	第一级	第二级
海关规定的信用证明	√	√
备存良好的商业纪录管理系统	√	√
企业财务健全	√	√
保安及安全准则	**第一级**	**第二级**
场所安全及进出管制	√	√
人员安全	√	√
货物安全	√	√
货运工具的安全	√	√
业务伙伴的安全	√	√
保安教育及培训	√	√
资料交换、存取及保密性	√	√
危机管理及事故复原	—	√
评鉴、分析及改善	—	√

香港认可经济营运商的认证有效期为三年。假若获得认证的公司没有遵守或符合取得认可经济营运商认证所需的准则，没有纠正保安方面的漏洞，或者干犯了由海关负责执行的法例所订的罪行，则海关会暂时吊销其认可经济营运商资格，并暂停相关优惠。如果公司在遭暂时吊销资格后未能作出必要的纠正，或犯了由海关负责执行的法例所订的严重罪行，海关将会撤销其认可经济营运商资格。如一经撤销资格，该公司会丧失其认可经济营运商资格及相关优惠，两年内或不可再申请认可经济营运商的认证。

上海自贸试验区对于可以在区内不同海关特殊监管区域之间自行运输货物的企业资格的认定，可以借鉴香港认可经济营运商的分级制及其申请认证

① 申请公司应拟备供应链的程序图，介绍将托运货物由制造点、储存点、运输点运送到目的地的物流支持链，及货物因系统性移动而产生的连串活动，当中涵盖实际货物付运及处理文件的程序。

② http://www.customs.gov.hk/sc/trade_facilitation/aeo/index.html，香港认可经济营运商计划。

的自我评估表细则，从货物的供应链上加强对各方资格审查，并对获得资格认证的企业加强管理和惩戒，以实现货物在安全有效前提下的区内自由流转。考虑到企业资格认证的细则制定与推行尚有待时日，在其正式推出实施之前，可以采取委托给经海关认定资质并授权的第三方物流企业的方式，由该(类)企业负责承担区内企业的货物在不同海关特殊监管区域之间的流转。该物流企业必须在车辆的技术装备上、运输人员的管理上严格遵守海关的规定与要求，类似香港海关的多模式联运转运货物计划，通过电子关锁和GPS技术，让海关仍追踪了解电子关锁的状态和监控货车的行车路线，确保货物在区内流转的安全与可靠。这段时期可称为"过渡期"。随着企业资格认证制度的成熟与推出，即宣告过渡期结束，经海关认定的企业可以自行组织货物在区内的运输，也可以仍由获得海关授权的第三方物流企业进行运输，以降低企业的物流成本。

4.5 本章小结

自2012年以来，世界经济复苏明显减速，国际市场需求持续低迷，国内经济面临较大下行压力，我国的对外贸易发展面临外困内忧的不利格局：外部发展面临美国主导的全球贸易新规则的排斥、对华贸易摩擦升级和全球经济形势增长减缓的不利局面；内部环境又陷入FDI减少、人口红利效应逐渐减退和产能过剩蔓延的困局。

严峻的对外贸易发展环境对我国的贸易格局调整产生了倒逼机制。在当前经贸形势下，我国通过积极构建多边贸易体系，发展双边自由贸易协定，挂牌成立中国(上海)自由贸易试验区等措施全方位推进贸易开放，大力度调整优化贸易布局，推动产业转型升级，化解产能过剩，积极谋划贸易发展的新格局。

上海自贸试验区是我国在新时期谋划贸易发展非常关键的一招棋，是与国际贸易规则接轨、真正融入全球开放贸易体系中最为直接、深入的经济区域。对自贸试验区的贸易监管改革是促进上海自贸试验区加强对外开放力度，构建贸易自由和便利化环境的关键所在，是推行其他改革措施的基础。建议推行由企及物制，明确区内备案制企业标准，加强与国际海关的AEO互认，促进一线放开；对货物实施分类监管，加强海关风险指标体系的建设，实现二线安全高效管住；对可自行组织区内货物运输的企业参照香港海关的“认可经济营运商计划”，采取资格认证制，在加强风险防范的前提下实现区内货物的自由流动。未来，将进一步丰富完善贸易监管改革措施，并在全国推广、复制上海自贸试验区的成功建设经验，全面加快我国自贸区的建设步伐，积极主动地对接全球贸易新规则，争取早日从一个国际贸易新规则的跟随者向参与者、制定者转变，实现从贸易大国向贸易强国的飞跃。

5 中国(上海)自由贸易试验区建设中的金融开放红利

根据《中国(上海)自由贸易试验区总体方案》的要求，中国(上海)自由贸易试验区肩负着我国在新时期加快政府职能转变、积极探索管理模式创新、促进贸易和投资便利化，为全面深化改革和扩大开放探索新途径、积累新经验的重要使命，建成具有国际水准的投资贸易便利、货币兑换自由、监管高效便捷、法制环境规范的自由贸易试验区，为我国扩大开放和深化改革探索新思路和新途径。这一核心使命与党的十八届三中全会作出的《中共中央关于全面深化改革若干重大问题的决定》中关于完善金融市场体系的要求是一致的，例如，“扩大金融业对内对外开放”，“完善人民币汇率市场化形成机制，加快推进利率市场化”，“推动资本市场双向开放，有序提高跨境资本和金融交易可兑换程度，建立健全宏观审慎管理框架下的外债和资本流动管理体系，加快实现人民币资本项目可兑换”。显然，上海自贸试验区建设中的“深化金融领域的开放创新”任务是国家战略需求，是我国新一轮全面深化改革与扩大开放的战略部署。本章主要对上海自贸试验区建设中的金融开发红利进行分门别类的分析和判断。

5.1 人民币对内价格市场化改革红利

我国的经济体制改革是从农村经营体制改革开始的，但始于1979年3月的价格体制改革在整个经济体制改革中居于关键性地位，发挥了决定性作用。党的十二届三中全会作出的《中共中央关于经济体制改革的决定》中明确指出："价格体系的改革是整个经济体制改革成败的关键"[1]。20世纪80年代的价格体制的核心是商品价格的逐步放开，构建了与社会主义市场经济体制相适应的商品价格管理体制，减少了政府对商品市场的直接干预，充分发挥了商品市场在配置资源中的基础性作用。相对于商品价格体制改革进程，我国在资本要素价格市场化改革上相对滞后，要素市场化成为新一轮全面深化改革的重点。我国利率市场化改革是从1996年放开同业拆借利率开始的，遵循先贷款后存款、先长期后短期、先大额后小额的基本原则（如表5.1）。目前尚未完成的是存款利率上限的全面放开，也就是说，放开小额、活期和短期存款利率上限管制才是改革最终完成的标志。存款利率上限的全面放开需要完善利率定价机制、报价机制以及利率传导机制。利率市场化改革的最后一块堡垒也正在逐渐突破。例如，2013年12月《同业存单管理暂行办法》的公布进一步深化了利率市场化。利率市场化的关键在于市场利率定价机制的形成，发行同业存单则是对利率形成和利率传导机制的培育。同业存单可以在一级市场发行和二级市场交易，二级市场供求关系形成的短期交易价格能够反馈到一级市场以影响发行定价；不仅如此，同业存单交易还有助于降低流动性溢价和银行机会成本，减少资金流动的摩擦力。

当利率市场化改革进入全面放开存贷款上下限阶段时，改革的风险主要体现为利率水平在短期内可能快速上升。根据国际经验，利率市场化改革进入该阶段后，全面放开存贷款利率上下限一般会导致利率水平出现先上升后下降的现象。这种价格上涨现象在我国的商品价格体制改革过程中也出现过，20世纪80年代的商品价格的逐步放开导致了严重的通货膨胀。我国的利率市场化改革也出现利率上升的情形，这可从无风险基准利率从存款利率和国债利率转向理财产品收益率然后再回归到存款利率和国债利率的过程得

① 中国商品价格改革分为两个阶段。从1979年3月起到1983年12月为第一阶段，以有计划地调整主要消费品价格为主，包括提高粮、油料、生猪等18种主要农产品收购价格，以及肉类、蔬菜等8种主要副食品销售价格，全面调整纺织品价格，提高一部分重要原材料、燃料价格等。1984年以后第二阶段，以不同形式、不同程度放开生产性物资、农业副产品、工业消费品、日用杂品等价格为主，1984年1月1日开始机械产品试行按质论价、分等定价的新政策，生产资料价格实行"双轨制"，1985年大规模放开农业副产品价格，1986年8月开始放开自行车、黑白电视机、电冰箱等7种工业消费品价格，1986年11月开始放开包括日用杂品等24个大类749种小商品的价格，1987年7月开始放开百货、文化小商品价格等。1987年9月11日国务院颁布了《中华人民共和国价格管理条例》，规定企业在价格管理方面享有定价等权利。

表 5.1 中国利率市场化改革进程

时　　间	改　革　举　措
1995 年	《中国人民银行关于"九五"时期深化利率改革的方案》初步提出利率市场化改革的基本思路
1996 年 6 月	银行间同业拆借利率放开
1997 年 6 月	银行间债券市场正式启动，债券市场债券回购和现券交易利率放开
1998 年 3 月	贴现和转贴现利率放开
1998 年 10 月	金融机构对小企业的贷款利率浮动幅度由 10%扩大到 20%，农村信用社的贷款利率最高上浮幅度由 40%扩大到 50%
1998 年 9 月	政策性银行金融债券市场化发行利率放开
1999 年 10 月	国债发行开始采用市场招标形式，实现了银行间市场利率、国债和政策性金融债发行利率的市场化
1999 年 10 月	央行对保险公司大额定期存款实行协议利率，规定对保险公司 3 000 万元以上、5 年以上大额定期存款，实行保险公司与商业银行双方协商利率的办法
1999 年 3 月	允许县以下金融机构贷款利率最高可上浮 30%
2000 年 9 月	实行外汇利率管理体制改革，放开了外币贷款利率；300 万美元以上的大额外币存款利率由金融机构与客户协商确定
2002 年 3 月	扩大农村信用社利率改革试点范围，进一步扩大农村信用社利率浮动幅度；统一中外资金融机构外币利率管理政策
2004 年 10 月	贷款利率取消上限限制、进行下限管理；贷款允许下浮 10%；对存款利率取消下限管理，实现上限管理，上限为存款基准利率的 1.1 倍
2005 年 3 月	金融机构同业存款利率放开
2006 年 2 月	央行推出人民币利率互换交易试点
2007 年 8 月	央行决定在银行间外汇市场推出人民币外汇货币掉期交易
2012 年 6 月	将金融机构存款利率浮动区间的上限调整为基准利率的 1.1 倍，将金融机构贷款利率浮动区间的下限调整为基准利率的 0.8 倍
2012 年 7 月	贷款利率浮动区间下限从基准利率的 0.8 倍放宽至 0.7 倍
2013 年 7 月	取消金融机构贷款利率 0.7 倍的下限，由金融机构根据商业原则自主确定贷款利率水平
2013 年 12 月	央行公布《同业存单管理暂行办法》

以反映。在存贷款利率上下限管制的情况下，资金供求结构失衡，随着管制的解除，资本价格有上行压力，这是要素市场化的自然结果，随着价格机制对资本要素配置发挥基础性作用后，资金价格又会回调到均衡利率状态。

利率市场化改革是一个系统工程，在改革完成的国家都经历了一个较长的改革时期。例如，法国花了20年，美国、日本花了17年，印度、韩国花了16年，英国花了11年。尤其是在利率市场化改革的攻坚阶段，利率先上升后回调到均衡水平的调整时间也是改革风险的体现，这个调整时间取决于各国金融市场和改革政策的有效性。美国利率市场化改革历经1970—1986年，在改革的最关键时期即利率上限放开后，用了不到1年的时间就完成了利率压力的释放。日本利率市场化改革历经1978—1994年，日本的利率上限放开过程采取渐进式，完成利率压力的释放用了2年时间。[①]

存款利率的全面放开有个次序安排，前期的改革包括大额同业存单利率放开、存款保险制度建立，大额可转让定期存单利率市场化。对于第一步改革，2013年12月央行公布了《同业存单管理暂行办法》，开启了银行间市场同业定期存单利率市场化进程。对于第二步改革，处于大额同业存单利率放开与大额可转让定期存单利率市场化之间的存款保险制度的实施将使利差缩小，银行将倾向于高风险投资，经营风险和金融风险增加。存款保险制度一方面可以切断银行背后的政府隐性担保以推进银行体系改革，另一方面保障存款人利益。[②]早在1993年《国务院关于金融体制改革的决议》中就提出要建立存款保险制度，至今仍未推出，这可能与中国的银行结构有关，但这个改革可先在上海自贸试验区的金融机构先行先试，这将促使投资者更加审慎地选择存款对象，倒逼区内金融机构保持稳健的资产负债结构，有利于区内金融风险的监管和防范。对于第三步改革，上海自贸试验区在先行先试的基础上将会加快推动中国存款利率上限的全面放开。为贯彻党的十八届三中全会作出的《中共中央关于全面深化改革若干重大问题的决定》，落实国务院关于建设中国(上海)自由贸易试验区的战略部署，央行出台了《关于金融支持中国(上海)自由贸易试验区建设的意见》，其中不仅提出将区内符合条件的金融机构纳入优先发行大额可转让存单的机构范围，在区内实现大额可转让存单发行的先

---

① 这也有例外的情形，例如中国台湾地区在利率上限放开后，利率直接进入了下行通道。

② 目前国际上有三种存款保险制度类型：一是“付款箱型”，只负责赔付储户存款，不对银行实施监管；二是“风险最小化型”，除负责赔付外，还履行对银行重组及监管等功能；三是“中间型”，其功能介于前两者之间。从国际存款保险机构协会(IADI)的资料看，目前国际上实行“付款箱型”和“中间型”的国家占主导(超过60%)。

行先试，而且着力推进试验区利率市场化体系建设，完善区内居民自由贸易账户和非居民自由贸易账户本外币资金利率的市场化定价监测机制，在条件成熟时，放开区内一般账户小额外币存款利率上限。从国际实践经验看，从大额可转让定期存单利率市场化到外币存款利率上限放开再到存款利率全面开放是一个循序渐进的过程，日本历时 12 年，美国历经 10 年。因为该进程不仅涉及资金价格管制的放松，而且取决于金融市场发展程度以及诸如银行理财、货币基金等相关替代产品的种类和规模。

5.2 人民币对外价格市场化改革红利

人民币对外价格市场化就是人民币汇率形成机制的市场化。上海自贸试验区建设中“推进服务业扩大开放和外商投资管理体制改革”、“加快探索资本项目可兑换和金融服务业全面开放”，都离不开人民币对外价格的市场化改革以及深化外汇管理体制改革。党的十八届三中全会作出的《中共中央关于全面深化改革若干重大问题的决定》中也明确了“完善人民币汇率市场化形成机制”的改革使命。

根据蒙代尔和克鲁格曼的“不可能三角”理论（如图 5.1），一个国家在独立的货币政策、固定汇率制度以及资本的自由流动这三个目标中，只能选择其中的两个目标。[①]Obstfeld 等（2005）强调，从金本位到牙买加体系时期均显示出了“三元悖论”的有效性。就汇率制度而言，我国实行的是以市场供求为基础、参考篮子货币汇率变动、有管理的浮动汇率制度，但汇率制度浮动幅度还比较窄。就货币政策而言，作为一个独立的经济政治大国，中国追求货币政策的独立性是基本的要求，物价稳定、经济增长、就业增加和国际收支平衡目标的实现都取决于货币政策的独立性和有效性。就资本流动而言，中国作为世界贸易大国，在经济与金融全球化的世界经济格局中，放弃资本自由流动目标也是不现实的，况且上海自贸试验区的总体目标就是要建成具有国际水准的投资

① Frankel（1999）对该理论进行了拓展并认为，在“三角”中并不一定要完全放弃其中一角，而可以在两个目标的抉择中各放弃一半。例如，若要保持资本自由流动，可以货币政策的独立性以及汇率的稳定性各放弃一半，从而实现一半的汇率稳定和一半的货币政策独立性。

贸易便利、货币兑换自由、监管高效便捷、法制环境规范的新型开放区，为中国的深化改革探索新思路和新途径。基于此，在“三元悖论”中，我们只有采取美国模式，放弃固定(稳定)汇率这个目标，完善人民币汇率市场化形成机制，更加灵活的汇率制度有助于增强货币政策的有效性。

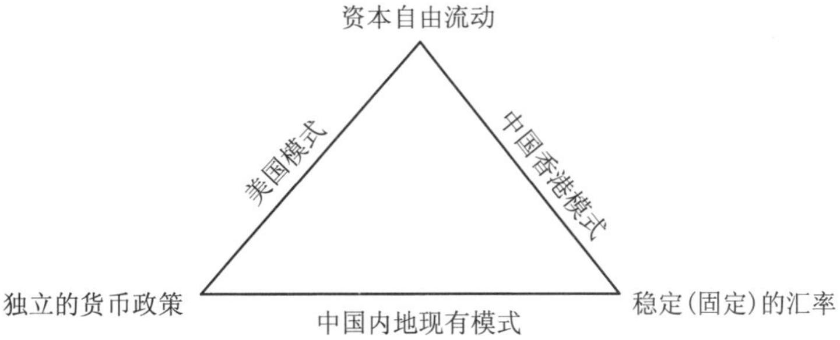

图 5.1 “不可能三角”与中国的选择

根据国际经验，汇率市场化一般是先于利率市场化完成。自 2005 年 7 月 21 日起我国启动人民币汇率制度改革，无论是汇率制度本身还是汇率的浮动区间，中间价形成机制和汇率管理方式上都有了较大的变化(如表 5.2)。

表 5.2 中国汇率制度及外汇管理制度改革进程

	1994—2005 年	2005—2007 年	2007—2008 年	2008—2012 年	2012 年 4 月
汇率制度	有管理的浮动汇率制度				
	钉住美元	参考一篮子货币			
浮动区间	单一汇价	中间价浮动 0.3%	中间价浮动 0.5%		中间价浮动 1%
外汇管理	强制结售汇		企业层面意愿结售汇		废止强制结售汇、扩大银行结售汇头寸

资料来源：中国银行(2013)。

自人民币汇率由单一钉住美元转变为参考一篮子货币，人民币汇率市场化的进程明显加快。人民币汇率市场化的改革路径也是循序渐进的：将人民币逐步升值到位，再放开人民币汇率，由市场供求决定，避免汇率骤然放开所导致的一次性大幅升值给国内经济带来过强震荡，同时逐步开放资本账户交易，最终实现人民币的完全自由兑换。汇率对经济的意义在于动态方面，对于不同的国家或一国的不同阶段，汇率的含义是不同的，无外乎三种情形：视为一种自由变量，作为一种政策工具，确定为一种稳定目标。当汇率是一种自由变量时，汇率的波动完全由市场决定，只要波动的幅度不是很大、不是趋势性的，人们对汇率的贬值或升值不会积极关注。当汇率作为政策工具或稳定目标时，汇率的一点小的波动都会引起市场和政府的过多关注。对于“汇改”以后的人民币而言，已改变了钉住单一美元的格局，再将汇率水平确定为一种稳定目标已不合时宜。当人民币汇率作为自由变量时，汇率水平是经济活动的一个内生性变量，由市场供求决定，这是基本的改革取向。人民币汇率虽然实行的是浮动汇率制度，但不是完全浮动，而是有管理的浮动，这是由我国目前的经济发展水平和金融市场状况决定的。因此，人民币汇率在坚持自由变量取向的基础上也兼顾政策工具的部分功能。只有人民币汇率形成机制是市场化的，汇率水平才会逐渐接近人民币均衡汇率，汇率作为货币政策的重要工具，其才能真正发挥调节国际收支促进内外均衡的作用。

人民币汇率市场化形成机制的改革重点是确定中间价与扩大浮动区间。自2006年1月起，中国人民银行授权中国外汇交易中心对外公布当日人民币汇率的中间价，中间价形成方式由收盘价指导模式转变为开盘询价模式。人民币汇率每日浮动区间也由0.3%逐步扩大至1%。虽然如此，现有的汇率定价机制仍难以反映外汇市场供求关系的变化，仍需进一步降低央行对中间价的干预程度，深化外汇管理改革。为此，央行《关于金融支持中国(上海)自由贸易试验区建设的意见》提出先行先试。一方面，放宽交易层面的审批管理。例如，简化直接投资外汇登记手续，将直接投资项下外汇登记及变更登记下放银行办理，加强事后监管；取消金融类租赁公司境外租赁等境外债权业务的逐笔审批，实行登记管理；取消区内机构向境外支付担保费的核准，区内机构直接到银行办理担保费购付汇手续。另一方面，简化外币资金池管理，完善结售汇管理。例如，扩大跨国公司总部外汇资金集中运营管理试点企业范围，支持银行开展面向境内客户的大宗商品衍生品的柜台交易。

围绕人民币汇率市场化形成机制的改革，上海自贸试验区的先行先试领域将日益扩大，主要朝着两个方面延伸：一是在市场层面上加快外汇衍生品市场发展。人民币汇率市场化将表现为汇率波动频繁，外汇持有者的避险需求强烈，外汇衍生品市场的发展具有内生性，从而促进人民币汇率的市场化水平。同时，人民币汇率变动富有弹性也有利于外汇衍生品市场深化（中国银行，2013）。二是在制度层面推进人民币区域化和国际化。现行的美元主导的国际金融体系存在先天性缺陷。主导世界的主要储备货币的运行，既没有合理反映国家间经济实力变化，又不能维护世界经济的稳定发展。中国要避免现行国际金融体系对本国发展带来的负面影响，人民币国际化是迫不得已的追求，或者说，人民币国际化是中国金融开放的核心利益追求。虽然，人民币成为国际储备货币是一个漫长的过程，但当前人民币国际化的意义在于战略布局，在于在追求和推进人民币国际地位的长期过程中推动国内金融制度的改革和金融市场的开放、改善经济结构、提高经济增长效率，并在此过程中创造稳定的国际货币环境。在人民币国际化过程中，中国如果能与亚洲各国实现各种有效的货币与金融合作，寻求创建区域内的汇率稳定机制和区域性货币，不仅将促进亚洲金融的发展，而且有利于世界金融的稳定。

5.3 人民币国际化与资本项目开放红利

上海自贸试验区建设需要置于全球经济金融治理、国际金融体系改革进程以及国际经贸竞争的环境下考量，而现有关于中国（上海）自由贸易试验区的研究更多的是在国内深化改革与经济转型发展的环境下考虑先行先试措施。

国际金融体系改革进展及趋势决定着中国（上海）自由贸易试验区建设的方向和政策选择。现行的国际金融体系不仅是全球经济失衡的重要原因，而且是过去 30 年间频繁发生众多金融危机的原因之一；在该体系的安排下，汇率调整很难解决储备货币发行国国际收支赤字和全球失衡问题，难以避免全球金融危机的发生和金融不稳定（Dooley et al., 2004; McKinnon, 2007; Mundell, 2007; Greenwald and Stiglitz, 2008；周小川，2009）。因此，缓解全球失衡、维持金融稳定需要改革现行的国际金融体系。学术界将目前的国际金融体系现状概括为美元依然主导、欧元面临挑战（没有统一的国债市场和财政政策）、多元化改革方向，并将现行国际货币体系改革的难点归结为国际储备货币的供应问题、国际收支不平衡的调节机制以及国际资本流动与全球治理等三个方面(巴曙松,2010;殷德生,2011)。关于国际金融体系改革的方向,目前形成了改良派和改革派两种思潮。改良派主张在现有美元主导的国际金融体系的基础上进行改进(Subacchi, 2010; Cooper, 2010)。改革派中形成了有两种思路,一是彻底改革国际金融体系,例如,有的主张以SDR替代美元成为国际储备货币(Williamson, 2010),有的主张引入超主权储备货币建立新的世界货币代替美元地位(Stiglitz, 2011)。这种思路总体来说过于理想,还处于构想阶段。二是倡导国际货币多元化改革。该思路以Eichengreen(2006)和Mundell(2007)为代表。Eichengreen(2006)认为,美国的双赤字不可持续,美元地位将下降,现行货币体系将逐步朝着国际货币多元化的方向演进,在可预见的未来,美元和欧元可能将分享国际储备货币的地位。Mundell(2007)提出,国际货币体系内国家有可能整合成若干货币区,只要有两个货币区的汇率保持稳定,就能"诱使"第三个货币区的货币加入这个"汇率稳定机制",从而实现全球金融的稳定。该思路日益得到广泛认可,国际货币体系朝着区域化、多元化方向发展,这符合国际金融体系的内在发展规律(殷德生,2011)。中国也是该思路的积极倡导者和推动者,构建包括人民币在内的多元化国际货币体系(夏斌,2011)。Jayakumar和Weiss(2011)强调,在未来的数十年中,包含美元、欧元、人民币的三极货币体系将会取代美元本位,现有美元与欧元两条腿支撑的国际货币体系并不稳定,中国经济实力的增强和日益全球化使人民币国际化具有内在需求。

国际金融体系不仅具备制度的核心内容(社会性规则)和基本功能(减少不确定性),而且还具备制度的本质特征(公共品)。纵观国际货币体系史,无论哪种国际货币体系,其正常运转都得依赖于国际合作。各行为主体之间的相互依赖和共同利益使得作为公共品的国际货币制度能够在"无政府"状态下达成合作与合理秩序。霸权衰落后的合作不仅是可能的,而且是各国的国内协调与国际协调权衡或决策的内生需求,并可通过国际机制的作用得到促进。现行国际金融体系改革的真正方向既取决于世界储备货币发行国之间的货币政策协调,又离不开世界储备货币发行国(尤其是美国)与奉行出口导向战略的新兴工业化国家的合作。国际货币制度合作的路径取向应是先区域性合作然后全球性合作。

国际公共产品理论日益融入地区主义的“阶段说”和功能主义的“外溢说”，这不仅为国际货币制度的区域合作提供了理论武器，而且为新进入国家参与国际金融体系改革提供了合法性。中国积极参与国际金融体系的改革，这不仅是因为中国经济实力的增强和开放程度的提升，而且是2008年美国金融危机所昭示的处于国际金融体系外围的中国在国际贸易、国际资本流动与外汇储备管理方面过于依赖美国而被动地面临巨大金融风险。为了从根本上规避这种源于不合理的国际金融体系的潜在风险，中国参与国际金融体系的改革与重建具有内生需求（殷德生，2011）。中国是一个国际公共产品提供方的后来者，无论是为了寻求多边世界还是作为利益相关方，一方面，应更多地在小型倡议、次领域安排、局部创新等国际公共产品上做贡献，其突破口在于推动区域货币金融合作以提高人民币的区域地位和国际化水平；另一方面，参与国际金融体系改革也是为推动中国国内的经济转型而引入国际力量。

人民币国际化依赖于资本市场开放度、市场深度和广度，前者取决于资本项目开放，后者意味着总体经济规模和贸易规模的进一步扩大、金融市场发达、金融产品丰富。也就是说，人民国际化是一个系统工程。自2009年启动跨境贸易下人民币结算试点以来，我国经常项目下跨境人民币结算规模显著扩大，目前已接近4万亿人民币，以人民币结算的货物贸易额占海关进出口总额的比例已超过10%，在国际金融交易中人民币成为了第九大货币。国际贸易结算是推动人民币的国际化的主要动力，而上海自贸试验区的金融开放又为人民币国际化注入新的动力。一方面，上海自贸试验区致力于服务业的对外开放，这不仅将促进国际贸易中人民币结算额的进一步增长，而且推动我国从货物贸易大国向服务贸易大国转变，提升贸易的综合竞争力，加快国内经济转型的进程。另一方面，上海自贸试验区将在人民币资本项目可兑换改革上实现突破，排除人民币国际化的制度性障碍，推进人民币从贸易结算货币向国际投资货币和国际储备货币发展。主要世界货币的国际化进程中都以资本项目的自由兑换为先决条件。在推进资本项目可兑换的同时，上海自贸试验区还相应地实施利率市场化、汇率市场化的全面改革，这将推动人民币国际化进入新的发展阶段。

在资本账户开放的改革中，有些国家因前提条件具备而在较短的时间内就完成了这项改革，也有些国家采取渐进式改革模式，资本账户开放经历了较长的历史时期。总体而言，OECD成员国采取激进式改革较为普遍，发展中国家采取渐进式改革较为普遍，发达国家如英国、德国、日本等也采取了渐进式的改革。显然，资本账户开放存在着门槛效应。伴随着资本账户的开放，金融体系的稳定性可能受到一定的投机冲击，如果没有合理的汇率制度与其匹配，就会影响该国的宏观政策有效性。因此，一国资本项目的开放并非是资本和金融账户项目下的所有子项目都不受限制的完全放开，已实现资本项目开放的国家也对跨境直接投资不动产和证券市场交易存在不同程度的限制，对于短期外债以及投机性头寸的监管也并未放松。显然，中国的资本账户开放是渐进式的，依据风险性按次序逐步放开（如表5.3）。上海自贸试验区就是一个先行先试的桥头堡，尤其是对于表5.3中风险性较大的开放项目。

表5.3　我国资本账户可兑换限制与开放路径选择

资本账户	可兑换限制明细表（单位：项）				开放路径选择	
	不可兑换	部分可兑换	基本可兑换	完全可兑换	风险性	开放阶段选择
资本和货币市场工具交易	2	10	4		货币市场工具风险大，债券类和股票类债券风险中	货币市场工具项目未来安排，债券类和股票类债券项目长期安排
衍生品及其他工具交易	2	2			监管难度大，风险大	未来安排
信贷工具交易		1	5		金融机构信贷风险大，商业信贷风险较低	金融机构信贷项目未来安排，商业信贷项目中期安排
直接投资及清盘		1	2		与真实投资需求相关，风险较低	短期安排
不动产交易		2	1		与真实经济需求相关，风险中	长期安排
个人资本交易		6	2		监管难度大，风险大	未来安排

注：中国资本账户可兑换情况是中国人民银行调查统计司课题组（2012）根据IMF《汇兑安排与汇兑限制》（2011年）的内容整理划分的。其中，部分可兑换是指存在严格准入限制或额度控制，基本可兑换是指有所限制，但限制较为宽松，经登记或核准即可完成兑换。

表中的短期安排为1—3年，中期安排为3—5年，长期安排为5—10年。

资料来源：中国人民银行调查统计司课题组（2012）。

中国人民银行《关于金融支持中国(上海)自由贸易试验区建设的意见》中明确了“稳步开放资本市场”的改革要求:区内金融机构和企业可按规定进入上海地区的证券和期货交易场所进行投资和交易,区内企业的境外母公司可按国家有关法规在境内资本市场发行人民币债券。根据市场需求,探索在区内开展国际金融资产交易。注册在试验区内的中外资企业、非银行金融机构以及其他经济组织可按规定从境外融入本外币资金,完善全口径外债的宏观审慎管理制度,采取有效措施切实防范外债风险,并可按规定基于真实的币种匹配及期限匹配管理需要在区内或境外开展风险对冲管理;试验区分账核算单元基于自身风险管理需要,可按规定参与国际金融市场衍生工具交易。

5.4 资本投融资便利化红利

资本投融资便利化是上海自贸试验区最基本的功能。引进外资、企业“走出去”、出口刺激等已不能简单地依靠政策优惠来推动,必须通过制度上的改革创新,提高投融资便利化和贸易便利化水平。

资本投融资的便利化首先离不开贸易便利化。为了提高贸易便利化水平,我国已经设立了110多个海关特殊监管区也就是保税区,但是在这些区域本质上还是“境内关内”,由保税区向自由贸易区的升级,也是从“境内关内”到“境内关外”的转变。自由贸易区比保税区具有更大的贸易自由度与投资便利性。“境内关外”意味着“一线放开、二线管住”,“一线”就是国境线,“二线”即自由贸易区区内与区外的边界线。对自由贸易区和境内区外货物实行智能化卡口以及电子信息联网管理模式,区内推进货物状态分类监管模式,允许区内企业在货物出区前自行选择时间申请检验。这些措施不仅提升了贸易便利化水平,而且提高了监管效率。

根据国际经验,离岸金融是投融资便利化的重要突破口。世界上主要国家的投融资便利化都是伴随着离岸金融市场的发展,东京离岸金融市场的建立推动了日元的国际化和投融资便利化,而且世界上的主要储备货币,美元、欧元、日元的外汇交易量大部分都是在离岸金融市场上产生的。离岸市场的交易主体是非居民,不受所在国的法规税制限制,不需要持有准备金,不受利率上限约束,也不受存款保险等的要求。离岸金融市场作为国际金融市场的重要组成部分,世界货币存量的50%—70%都是通过离岸金融市场周转的。我国人民币离岸银行业务已有20多年的试点经验(如表5.4),但获准开办离岸业务的银行仍以国际结算为主,主要是跨境人民币结算、外币结算、信用证业务、议付与海外保函等,离岸金融市场有待依托上海自贸试验区的先行先试而实现升级。上海自贸试验区内金融机构在"一线打通,二线隔离"原则下进行金融创新,建成内外分离型的离岸金融中心不仅是自由贸易区建设初期的国际经验,而且适合中国资本市场渐进式改革的实际。实验区离岸金融市场的发展有利于建立起以人民币计价结算的国际及跨境金融资产交易平台,贯通资金自由流动渠道,形成离岸人民币回流机制。

表5.4 人民币离岸业务发展历程

时　间	人民币离岸业务推进内容
1989年5月	招商银行获准在深圳开办离岸银行业务,其后深圳发展银行、广东发展银行及其深圳分行、工商银行和农业银行的深圳分行相继获得离岸银行业务牌照
1997年10月	中国人民银行出台《离岸银行业务管理办法》
1999年1月	为应对东南亚金融危机,维护本国金融体系的稳定,央行收回了离岸业务准办证
2002年6月	中国人民银行批准招商银行和深圳发展银行全面恢复离岸业务,同时对交通银行和上海浦东发展银行颁发离岸业务准办证
2003年11月	中国人民银行与香港金管局签署了《关于香港个人人民币业务发展的合作备忘录》,香港逐渐成为了人民币离岸金融中心
2004年1月	中国银联获准开办中国内地"银联"人民币卡在香港地区使用的业务
2005年1月	人民币银联卡在韩国、泰国、新加坡开通受理业务
2007年6月	《境内金融机构赴香港特别行政区发行人民币债券管理暂行办法》发布
2009年9月	财政部首次在香港发行60亿元人民币国债
2010年6月	跨境贸易人民币结算试点地区"扩容",由上海、广东的4个城市扩大至20个省区市
2010年8月	央行允许香港人民币业务清算行等相关境外机构进入内地银行间债券市场试点投资
2011年1月	央行发布《境外直接投资人民币结算试点管理办法》,凡获准开展境外直接投资的境内企业都可以人民币进行境外直接投资

金融支持上海自贸试验区便利跨境投资具体体现在三个方面:一是探索投融资汇兑便利化,进一步扩大试验区对外开放,支持企业走出去。二是扩大人民币跨境使用,使区内企业和个人更加灵活使用本币进行跨境交易。三是深化

外汇管理改革，进一步减少行政审批，逐步建立与之相适应的外汇管理体制。

在推进投融资汇兑便利化上，《关于金融支持中国（上海）自由贸易试验区建设的意见》中提出了促进企业跨境直接投资便利化的系列措施。例如，试验区跨境直接投资可直接向银行办理所涉及的跨境收付、兑换业务；为了便利个人跨境投资，区内就业并符合条件的个人可按规定开展包括证券投资在内的各类境外投资，个人在区内获得的合法所得可在完税后向外支付，区内就业并符合条件的境外个人可按规定在区内金融机构开立非居民个人境内投资专户，按规定开展包括证券投资在内的各类境内投资。

在扩大人民币跨境使用上，《关于金融支持中国（上海）自由贸易试验区建设的意见》中提出：上海地区银行业金融机构可直接办理经常项下、直接投资的跨境人民币结算业务；上海地区银行业金融机构可与区内支付机构合作，为跨境电子商务（货物贸易或服务贸易）提供人民币结算服务；试验区内金融机构和企业可从境外借用人民币资金；区内企业可开展集团内双向人民币资金池业务，为其境内外关联企业提供经常项下集中收付业务。

在深化外汇管理和外债管理改革上，试验区内将探索建立新的外汇管理体制和外债管理模式。例如，实现区内的企业进出口的外汇结算以及人民币与外币之间的兑换的便利化，提高资金的流转效率；允许区内企业可以更自由地在国际市场上进行融资，区内金融机构能够从事跨境融资业务，支持各类融资租赁公司在区内设立项目子公司并开展境内外租赁服务；支持股权托管交易机构在试验区内建立综合金融服务平台，在该平台注册的境内外公司可以自由地投资于国外证券市场；鼓励在试验区设立专业从事境外股权投资的项目公司，有条件的投资者可设立境外投资股权投资母基金。

在推进跨境投资便利化方面，上海自贸试验区除了进行以上三个具体领域的改革外，还需要将扩大开放与体制改革相结合，形成与国际投资、贸易通行规则相衔接的基本制度框架。一方面，扩大投资领域的开放，建立负面清单管理模式。根据《中国（上海）自由贸易试验区总体方案》，暂停或取消投资者资质要求、股比限制、经营范围限制等准入限制措施，使各类投资者拥有平等的市场准入条件。借鉴国际通行规则，对外商投资试行准入前国民待遇。对负面清单之外的领域，按照内外资一致的原则，将外商投资项目由核准制改为备案制。另一方面，构筑对外投资服务促进体系。改革境外投资管理方式，对境外投资开办企业实行以备案制为主的管理方式，对境外投资一般项目实行备案制，提高境外投资便利化程度。

5.5 宏观审慎管理框架下资本流动监管制度创新红利

资本的自由流动对经济增长影响的实证结果是不确定的，存在着明显的门槛效应，只有一国跨越了某个阈值，资本自由流动有利于经济增长。这意味着资本自由流动给经济增长带来了一定的风险。对资本流动进行宏观审慎管理的理论依据来自对过度借贷行为的研究（Bianchi，2011；Bianchi and Mendoza，2011）。Korinek(2011)将宏观审慎政策应用至对国际资本流入的管制中，将私人机构过度借贷导致的金融不稳定内部化，进而有效降低金融危机在新兴市场经济体的爆发。Jeanne(2012)、Jeanne 等(2012)对现有研究进行了总结，认为宏观审慎的资本管制应当遵循以下原则：管制应当针对资本流入而非资本流出，因为脆弱性是由过度的资本流入引起的；不同类型的资本流入带来的系统性风险不同，宏观审慎的资本管制应当区别对待；宏观审慎的资本管制应当是逆经济周期的。

盲目地开放资本账户、资本的完全自由流动会导致本国经济的不稳定甚至金融危机，尤其是在汇率形成机制不完善条件下，放松资本管制将招致更大投机资本冲击（张斌、徐奇渊，2012）。例如，1997—1998 年发生的亚洲金融危机就是资本账户开放带来的冲击。这个教训告诉人们，国内金融自由化和国内诸如有效的法制、合理的公司治理结构、严格的审慎监管等核心制度的完善，是资本自由流动的基本前提。若不具备这个基本条件，过快地开放资本账户只会由于金融自由化和监管水平的不足导致金融系统的不稳定。中国的资本管制在避免外来的激烈冲击、减少金融市场波动、维持汇率稳定、保持国内金融体系的稳定和发展方面发挥了重要作用（金荦、李子奈，2005；Ma and McCauley，2008）。但资本市场开放是中国金融改革的核心利益之一，1999 年以来资本管制强度指标显示，中国法律范式的资本管制力度基本呈现下降趋势（苟琴等，2012）。中国人民银行调查统计司课题组（2012）也提出，当前我国正处于资本账户开放战略机遇期，资本管制效力不断下降，并且资本账户开放的风险基本可控，加快资本账户开放的条件基本成熟。

上海自贸试验区要在实现资本自由流动上先行先试，其中一个关键就是如何有效监管资本流动。因为，一旦试验区内完全实现利率市场化、汇率市场化以及资本项目下的完全开放，将造成区内区外利差过高，热钱大量流入境内，使国内经济过热，而一旦热钱再大规模流出，金融系统将遭受巨大冲击。试验区在宏观审慎管理框架下主要采取以下两种方式对资本流动进行监管。

5.5.1 游资型的模式

该模式就只一线（国境线）逐步彻底放开，二线（与非试验区的连接线）高效管住，区内便利和自由。“一线放开”有两层含义：一是从贸易流角度看，境外的货物可以自由地、不受海关监管地自由进入自由贸易区，自由贸易区内的货物也可以自由地、不受海关监管地自由运出境外；二是从资金流角度看，资金流跟随贸易流的自由流动而实现资金双向自由流动。“二线管住”一方面要求货物从自由贸易区进入国内非自由贸易区或货物从国内非自由贸易区进入自由贸易区时海关依据本国海关法的规定进行监管并需要征税，另一方面要求资金按跨境原则管理。“区内自由流动”意味着区内货物可以进行任何形式的自由流动和交易，与此相对应，资金流动在区内也是自由的。

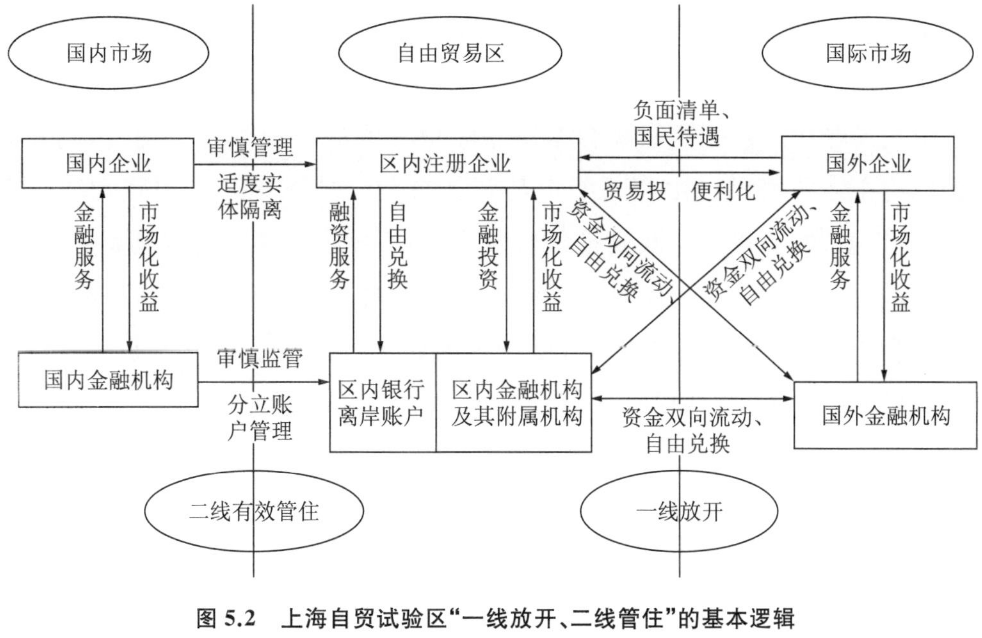

图 5.2 上海自贸试验区“一线放开、二线管住”的基本逻辑

在“一线放开”的过程中，金融监管应该根据不同领域的贸易自由化需求及其风险来操作，相关性越高且放开后风险越小的领域应最先放开，且应该放开流入后再放开流出，先放开对不动产的管制，然后再逐步放开股市和债市。在“二线管住”的过程中，核心问题是如何有效有度地控制区内区外之间的渗透，这涉及金融自由化的边界问题。现在采取的措施是按照审慎原则，使账户隔离和适度实体隔离，必要时采取临时性管制措施。在金融监管中，我们不仅需要建立一套有效的监控体系防止金融机构在进入自贸区后借离岸业务之名行在岸业务之实，而且要求监管机构对金融机构的事中、事后进行有效监管，尤其是风险识别、风险监测以及风险控制能力的提升。

5.5.2 分账户核算管理模式

上海自贸试验区在“一线放开、二线管住”原则下，通过银行分账经营、独立核算，服务对象涵盖区内居民和境外非居民，实质上在区内构建了一个涵盖离岸和在岸业务、本外币一体化、与国际金融市场高度接轨的金融环境。《关于金融支持中国(上海)自由贸易试验区建设的意见》中明确了分账户核算管理模式的基本内容：一是分立账户。试验区内的居民可通过设立本外币自由贸易账户实现分账核算管理，开展投融资创新业务，非居民可在试验区内银行开立本外币非居民自由贸易账户，按准入前国民待遇原则享受相关金融服务。二是账户划转。居民自由贸易账户与境外账户、境内区外的非居民账户、非居民自由贸易账户以及其他居民自由贸易账户之间的资金可自由划转，同一非金融机构主体的居民自由贸易账户与其他银行结算账户之间因经常项下业务、偿还贷款、实业投资以及其他符合规定的跨境交易需要可办理资金划转。三是分账户核算管理。居民自由贸易账户与境内区外的银行结算账户之间产生的资金流动视同跨境业务管理；建立区内居民自由贸易账户和非居民自由贸易账户人民币汇兑的监测机制。

分账户管理模式有利于“二线管住”过程中的资金流动监管。在内外分离型的业务处理中，离岸金融业务的开展一般都遵循“资金分开，账户分离，系统分离”原则。分账户核算管理模式要求实验区内所有企业、个人、金融机构的账户都被标识，与境内账号隔离，并通过该系统来实时监控账户内资金的流向。

同时，还可以运用税收政策，例如资本流动税，对“二线”的资本流动实施管理。

5.6 上海自贸试验区可复制可推广的制度溢出红利

上海自贸试验区的一个重要使命是建成全国“可复制、可推广”的自由贸易区，也就是说，试验区内的制度创新会产生溢出效应。这意味着试验区的建设不应该仅仅着重于产业的培育和单纯的招商引资，更重要的应该强调在投资管理、服务业开放、金融、航运、贸易等层面先行先试的制度创新上，而这些制度创新本身就是可复制可推广的。不仅如此，在上海自贸试验区建设中，不应只是探索地方政策的突破，而应是寻求可在全国推广复制的制度性建设。这实际上就是要求政府逐渐让权于市场，最大限度地发挥市场在资源配置中决定性作用。显然，上海自贸试验区的“可复制、可推广”意味着基本的制度安排和框架可推广到我国其他地区。党的十八届三中全会《中共中央关于全面深化改革若干重大问题的决定》中指出：建立中国（上海）自由贸易试验区是党中央在新形势下推进改革开放的重大举措，为全面深化改革和扩大开放探索新途径、积累新经验；在推进现有试点基础上，选择若干具备条件地方发展自由贸易园（港）区。上海自贸试验区可复制可推广的制度溢出具体表现包括：

5.6.1 政府行政管理体制改革成果的“可复制、可推广”

上海自贸试验区建设中需要按照国际化、法治化的要求，积极探索建立与国际高标准投资和贸易规则体系相适应的行政管理体系。在四个方面具有可复制性和可推广性：一是政府管理由注重事先审批转为注重事中、事后监管；二是创新政府管理方式，建立一口受理、综合审批和高效运作的服务模式，实现不同部门的协同管理机制，形成集中统一的市场监管综合执法体系；三是提高行政透明度，完善体现投资者参与、符合国际规则的信息公开机制；四是探索建立负面清单管理模式。之前我国对外资的管理一直采用的是《外商投资产业指导目录》模式（即正面清单模式），在这种管理模式下，外商投资企业的合同章程必须经过层层审批，效率低下，而且审批制度下容易滋生寻租行为。在负面清单管理模式下，一国在引进外资的过程中对某些与国民待遇不符的管理措施以清单形式公开列明,"法无禁止即可",这大大提高了外资进入的效率。

5.6.2 法制环境建设成果的"可复制、可推广"

按照《中国(上海)自由贸易试验区总体方案》的要求,为了加快形成符合试验区发展需要的高标准投资和贸易规则体系,法制建设明显加速,一方面,针对试点内容,可以按规定程序停止实施有关行政法规和国务院文件,各部门及时解决试验区服务业扩大开放、实施准入前国民待遇和负面清单管理模式等方面深化改革试点过程中的制度保障问题;另一方面,上海要通过地方立法,建立与试点要求相适应的试验区管理制度,尤其是监管和税收制度。通过管理制度创新,在监管模式、促进试验区内各类要素自由流动、以培育功能为导向完善税收政策、以维护国家安全和市场公平竞争为原则强化监管协作等领域的先行先试。

5.6.3 金融开放促进自由贸易区发展的经验"可复制、可推广"

上海的金融开放集中体现在上海国际金融中心的发展上,起码在以下两个方面有利于自贸试验区的建设。一是在投资开放领域的扩大上,金融开放不仅有利于完善体现投资者参与、符合国际规则的信息公开机制,实现各类投资主体的公平竞争,而且推动者培育贸易新型业态和功能,形成以技术、品牌、质量、服务为核心的外贸竞争新优势,加快提升我国在全球贸易价值链中的地位。二是在增强金融服务功能上,金融开放一方面刺激着跨国公司建立亚太地区总部,支持试验区内企业发展离岸业务,另一方面提升金融市场深度与广度。例如,对符合条件的民营资本和外资金融机构全面开放,支持在试验区内设立外资银行和中外合资银行;允许金融市场在试验区内建立面向国际的交易平台,鼓励金融市场产品创新;支持开展人民币跨境再保险业务,培育发展再保险市场。

5.6.4 金融市场体系建设与基础性金融制度创新成果的"可复制、可推广"

金融市场体系的建设与完善的目的是健全金融市场功能。市场功能的增强不仅依赖于国内不同金融市场的互动和相互连通以及国际金融市场的相互衔接和互动，而且取决于金融业务和产品的创新。金融市场功能的增强在很大程度上取决于金融工具在规避风险上的作用，而后者取决于金融工具的创新。殷德生(2013)将上海加强基础性金融制度创新路径归纳为三条：一是加快金融市场基础设施尤其是结算体系的建设。配合全国性支付清算体系建设，建立和完善金融市场登记、托管、交易和清算体系以及金融风险管理系统。二是打造金融核心企业、提升金融产业综合竞争力。在加快金融机构产权制度改革、促进金融机构股权的多元化、有效改善金融机构公司治理结构、建立和完善金融机构市场退出机制等方面率先取得突破。三是有序稳健地发展金融衍生品市场。根据衍生品市场发展次序，重点发展国债期货、利率掉期、人民币汇率远期与掉期、外汇衍生产品等新兴产品。

5.7 本章小结

金融开放是上海自贸试验区建设中的核心利益和价值，这种核心利益的实现取决于在风险可控前提下在试验区内对人民币资本项目可兑换、金融市场利率市场化、人民币跨境使用等方面创造条件进行先行先试，建立与自贸试验区相适应的外汇管理体制，实现贸易投资便利化和跨境融资自由化，推动人民币国际化和金融服务业对内对外全面开放。基于此，本章将上海自贸试验区建设中的金融开放红利分解为人民币对内价格市场化改革红利、人民币对外价格市场化改革红利、人民币国际化与资本项目开放红利、资本投融资便利化红利、宏观审慎管理框架下资本流动监管制度创新红利以及上海自贸试验区可复制可推广的制度溢出红利等六个方面。

在利率市场化方面，目前尚未完成的是存款利率上限的全面放开。对于这个最后一块改革堡垒，不仅需要完善利率定价机制、报价机制以及利率传导机制，而且有改革次序安排，即先是大额同业存单利率放开，然后是存款保险制度建立，最后是大额可转让定期存单利率市场化。这也正是上海自贸试验区在利率市场化改革上先行先试的重点。人民币汇率市场化形成机制的改革重点是确定中间价与扩大浮动区间。上海自贸试验区在该领域的先行先试集中在两个方面：一是在市场层面上加快外汇衍生品市场发展，二是在制度层面推进人民币区域化和国际化。无论是为了寻求多边世界还是作为利益相关方，中国应更多地在小型倡议、次领域安排、局部创新等国际公共产品上做贡献，其突破口在于提高人民币的区域地位和国际化水平。上海自贸试验区的金融开放为人民币国际化注入新的动力，一方面促进国际贸易中人民币结算额快速增长，另一方面推进人民币从贸易结算货币向国际投资货币和国际储备货币发展。资本投融资便利化是上海自贸试验区最基本的功能，其突破口在于发展离岸金融，以此实现投融资汇兑便利化和扩大人民币跨境使用。资本的自由流动对经济增长影响的实证结果是不确定的，存在着明显的门槛效应。上海自贸试验区要在实现资本自由流动上先行先试，其中一个关键就是如何有效监管资本流动。试验区在宏观审慎管理框架下主要采取游资型模式（“一线放开、二线有效管住”）和分账户核算管理模式对资本流动进行监管。最后，上海自贸试验区是要建成全国“可复制、可推广”的自由贸易区，也就是说，试验区内的制度创新会产生显著的溢出效应，其将具体表现在政府行政管理体制改革成果的“可复制、可推广”、法制环境建设成果的“可复制、可推广”、金融开放促进自由贸易区发展的经验“可复制、可推广”以及金融市场体系建设与基础性金融制度创新成果的“可复制、可推广”。

6 行政审批制度改革与经济增长新红利

党的十八届三中全会指出,“科学的宏观调控,有效的政府治理,是发挥社会主义市场经济体制优势的内在要求。必须切实转变政府职能”。2013年,国务院共三次决定取消和下放行政审批项目共计221项,以简政放权为核心的行政管理体制改革释放出的红利,对拉动中国经济回暖并加速转型升级起到了重要作用。本章以新制度经济学、行政管理学和治理理论为主要依据,系统梳理行政审批制度改革与经济增长的逻辑关系,并以此为分析框架,分析改革开放后中国行政审批改革的不同阶段特征及其对促进经济增长带来的新动力和新的红利。

6.1 党的十八大以来中国行政审批制度改革进程

当前,中国的改革正进入“深水区”,诸多深层次的矛盾和问题都与政府自身的改革交织在一起。政府在社会经济发展中如何定位自身的角色,如何深化自身的改革,是关系中国走向“好的市场经济”还是“坏的市场经济”的关键。政府转型离不开简政放权,转变政府职能的关键是行政审批制度改革。作为政府干预经济的前置手段,行政审批制度是国家行政机关依法审查相对人的申请,并决定是否准许行政相对人从事某种活动或者实施某种行为的各项具体制度的总称。行政审批是世界各国普遍采取的一种行政管理方式,是政府规制的重要手段。但是如果政府把过多的精力放在审批上,管了很多不该管、管不了、管不好的事情,过度干预微观经济,必然阻碍市场经济体制的健全和完善。同时,权力越是过分集中,留给权力“寻租”的空间就越大。有了行政许可,就有了权力寻租的空间,行政许可越多,权力寻租的空间就越大,也便有了腐败。通过减少审批事项,不仅减少了对经济的干预,还把权力关进了制度的

"笼子"。

新一届政府成立之初,国务院各部门的行政审批事项为 1 700 余项。李克强向社会承诺:本届政府至少要取消和下放其中的 1/3,即 567 项。党的十八大以来,我国持续推进行政审批制度改革,大幅取消和下放审批事项。2013 年,国务院共三次决定取消和下放行政审批项目共计 221 项,重点为经济领域投资、生产经营活动项目。本届政府开局之年已完成此项改革任务的 39%(见表 6.1、图 6.1)。以简政放权为核心的行政管理体制改革释放出的红利,对拉动中国经济回暖并加速转型升级起到了重要作用。在这一改革红利中,各级政府以减少行政审批为突破口,降低市场准入"门槛",为企业"减负松绑",激发出市场创造活力和发展内生动力。

表 6.1 2013 年国务院取消三批行政审批项目数

2013 年 4 月 24 日,国务院常务委员会决定取消、下放和调整 32 项行政审批事项,其中取消审批项目 4 项,下放管理层级行政审批项目 10 项,委托管理 5 项,转监管 3 项,合并减少 10 项
2013 年 5 月 6 日,国务院常务委员会再次决定取消和下放一批行政审批项目等事项,共计 117 项。其中,取消行政审批项目 71 项,下放管理层级行政审批项目 20 项,取消评比达标表彰项目 10 项,取消行政事业性收费项目 3 项;取消或下放管理层级的机关内部事项和涉密事项 13 项
2013 年 12 月 10 日,国务院决定第三次取消和下放 68 项行政审批项目(其中有 2 项属于保密项目,按规定另行通知)

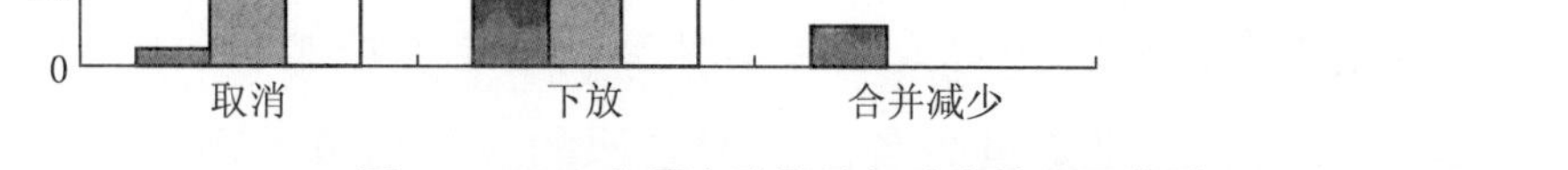

图 6.1 2013 年国务院取消行政审批项目类型

为了依法推进行政审批制度改革和政府职能转变,国务院对取消和下放行政审批项目涉及的法律、行政法规进行了清理,先后向全国人大常委会提请审议《文物保护法》等 12 部法律的修正案(草案)和《海洋环境保护法》等 7 部法律的修正案(草案),废止和修改部分行政法规的决定,对 41 部行政法规的部分条款作了修改。

同时，为了遏制行政审批边减边增、明减暗增的怪圈，巩固行政审批制度成果，国务院于2013年9月发布关于严格控制新设行政许可的通知，要求“今后起草法律草案、行政法规草案一般不新设行政许可；从保障企业和个人投资自主权、放宽市场准入、降低企业和个人的投资创业门槛等方面，明确了不得新设行政许可的16种具体情形，除法律、行政法规规定外，行政许可一律不得收费；确需新设的，必须严格遵守行政许可法的规定，严格设定标准”。①

在向市场充分放权的同时，政府的监管思路也在悄然改变，“宽进严管”“加强监督”，将工作重点转到提供公平竞争的市场环境上来。在推动注册资本登记制度改革方面，2013年10月，国务院常务会议审议通过注册资本登记制度改革方案，决定放宽注册资本登记条件，将公司注册资本实缴登记制改为认缴登记制，取消公司注册资本最低限额，放松市场主体的准入管制，以进一步优化营商环境，降低创业成本，激发社会投资活力和创造力。国务院及时向全国人大常委会提交了有关议案，对公司法有关条款进行修改。这些改革的配套性举措，目的在于让市场作用得到更好发挥，让政府管理更加到位，努力营造各类主体公平竞争的市场环境。

6.2 行政审批制度对经济增长的三重红利

在对行政审批制度领域的研究中，政治哲学中的政府理论、经济学中自由主义理论、干预主义理论、市场增进论、人力资本理论、社会学中的社会资本理论、管理学中的组织理论、治理理论以及制度经济学都已被运用，然而，从政府自身的角度出发，探索政府改革的发展规律，以及行政审批制度变革对经济增长的制度红利，对于当前中国的市场经济改革，特别是发挥市场在资源配置中的主要作用意义重大。已有的研究初步表明，行政审批制度改革可在四个方面发挥重要作用：有力促进了政府职能转变，进一步增强了市场配置资源的基础性作用；有力促进了依法行政，进一步规范了政府行为；有力促进了政府管

① 转引自王晓雁：《国务院法制办：减少行政审批项目激发市场创造活力》，《法制日报》2013年12月23日。

理创新，提高了行政效能；有力促进了反腐倡廉建设，进一步完善了政府系统预防和治理腐败的体制机制。以此为基础进一步分析，行政审批制度对经济增长可实现三重红利。

6.2.1 第一重红利：市场红利

道格拉斯·诺思把制度解释为一个社会“博弈的规则”，是一些人为设计的、型塑人们互动关系的约束。制度可分为正式制度和非正式制度。制度经济学认为，制度在经济发展中起到了基础性作用，是决定长期经济绩效的根本因素。但制度也是一把“双刃剑”，一些制度常常既包含了有利于提高生产能力的能力，也隐含着进入设置壁垒、鼓励垄断、限制和阻止信息低成本流动等潜在负面因素。好坏制度的衡量标准主要取悦于制度的效率与公平，诺思总结为：“有效率的制度可以通过作出安排和确立所有权以便造成一种激励，将个人的经济努力变成私人收益率与社会收益接近的活动，这样就能够激励人们去从事那些有利于经济增长的活动，诸如技术创新、资本积累等。制度在社会中作用的发挥是通过建立一个人们互动的稳定结构来减少不确定性。制度通过其对交换与生产成本的影响来影响经济绩效，与所用技术在一起，制度决定了构成总成本的交易费用和转形生产成本。”①因此，交易费用理论、产权理论、国家宪政理论和意识形态理论被看成是影响制度变迁及其经济增长的基石。

行政审批作为一种制度，同样具有“双向激励”。从正向激励看，行政审批制度改革是加快经济转型升级的重要手段。当前，中国经济正走向转型发展的关键时期，面对经济结构的深层次调整和转型升级的发展阵痛，以短期刺激性经济政策“供血”式的做法来保持经济高速增长已难以为继，甚至会引发更深的体制机制危机。主要原因在于，政府与市场、社会之间的职责边界不清晰，政府对微观经济活动干预过多，包括前置审批过多、市场准入门槛过高、行政性垄断过多等。“把错装在政府身上的手换成市场的手”，“通过行政审批制度改革，减少政府微观事务管理，该取消的取消、该下放的下放、该整合的整

① 引自道格拉斯·诺思、罗伯特·托马斯：《西方世界的兴起》，厉以宁、蔡磊译，华夏出版社2001年版。

合，同时规范审批行为，提高审批效率，有利于最大程度释放改革红利，加快推动我国经济转型升级”。[1]

6.2.2 第二重红利：政府红利

行政审批制度改革是创新政府管理方式、建设服务型政府的内在要求。从反向激励看，政府过多的行政审批不仅影响了市场效率，也带来了政府自身行政效率的低下，容易有腐败或者叫寻租行为，损害了政府的形象。不可否认，长期以来，行政审批领域“官本位”、“权力本位”的思想意思特别突出。一些政府部门在实施行政审批时，还不同程度存在流程繁琐、时限过长、收费偏高等问题，既不利于提高行政效能，又影响了政府形象。同时，一些政府部门长期习惯于以审批作为主要管理方式，“重审批、轻监管”的倾向较为普遍。一些市场主体在审批之前通常“精心包装”，甚至弄虚作假，一旦通过审批就“露出原形”，对公众利益造成损害。

通过行政审批制度的改革，政府的工作重心将从对社会经济事务的微观管理转向宏观调控。政府工作重心的转移，将会促进政府管理社会、经济方式向着法制政府和廉洁政府的方向转变，即从主要通过指令、计划方式直接介入资源配置转变到借助法律、经济手段对市场进行有效监管。同时，通过公开审批事项清单，主动接受社会监督，真正把权力关进制度的“笼子”。这样一来，行政审批制度的负面激励作用自然日益弱化，其对社会运行的阻碍作用自然就减轻了，政府行政效率的提高对经济发展产生出第二重制度红利。

此外，需要强调的是，成熟的市场经经济下的行政审批是针对公共产品而言的，政府在经济管制的范围上，对于涉及安全、自然资源开发、公共资源配置、公共服务等领域的有效管理也可以节约成本，提高效率。

6.2.3 第三重红利：社会红利

政府管理方式要由事前审批为主向事中、事后监管为主转变。取消、下放或转移行政审批事项，根本目的是为了建设职能科学、结构优化、廉洁高效、人

---

① 引自张纪南，《扎实推进行政审批制度改革　增强经济社会发展内生动力》，《中国机构改革与管理》2013 年 11 月。

民满意的服务型政府，但不等于可以削弱政府监管，相反要更加重视监管，加快创新和强化政府监管机制。省政府已经出台了审批事项调整后加强监管的意见，要求各部门针对每一项取消、下放、转移的事项，紧密结合社会信用体系和市场监管体系建设，逐一制定相应的具体监管办法，充分发挥各类社会主体的作用，着力构建行政管理、社会自治和公众参与相结合的综合监管体系，防止出现管理“真空”。在政府向社会组织转移职能过程中，我们突出强调加快培育发展社会组织，引导社会组织更多地参与社会服务和社会管理事务，按照积极稳妥、循序渐进的原则分类分步实施，确保相关事项“转得出、接得稳”。我们要更加注重发挥行业协会、商会等社会组织的作用，建立健全社会组织服务管理能力评估办法，引导社会组织建立健全规范运作、诚信执业、信息公开、公平竞争、奖励惩戒、自律保障机制。

一是进一步加快政府职能转变，形成政府与公民、社会组织的良性互动。切实发挥好政府在社会管理服务中的主导作用，办好主要由政府直接承担的事务。进一步推动完善维护群众权益机制，加强公共安全体系建设，加强突发事件应急管理职能，提高政府社会管理水平；强化促进就业、调节收入分配、社会保障、住房保障等职能，着力保障和改善民生；明确政府提供基本公共服务的范围和标准，整合提升政府公共服务能力，推进教育、医疗卫生、文化等基本公共服务均等化。认真梳理政府职能，研究提出需要进一步取消、下放、转移的事项，继续减少和规范行政审批事项。加快社会组织管理体制改革，促进社会组织依法规范健康发展。简化登记程序，实行民政部门直接登记、政府部门与社会组织脱钩，构建统一登记、各司其职、协调配合、分级负责、依法监管的社会组织管理体制。政府的事务性管理工作、适合通过市场和社会提供的公共服务，可以适当的方式交给社会组织、中介机构、社区等基层组织承担。充分发挥行业组织的行业管理、监督、约束和职业道德建设作用，把政府依法监管与行业自律结合起来。完善基层社会管理服务体系，明确基层政府承担的社会管理职责，防止把应该由自己管理的事务推给社区。推动社区自治组织“归位”，明确其所承担的民主管理、民主监督和自我教育、自我服务功能，推动社区居民群众依法民主管理社区公共事务，开展公益性自我服务和互助服务，引导各类社区社会组织、志愿者组织有序有效参与基层管理和服务，将城乡社区打造成基层社会管理服务平台。

6.3 中国行政审批制度改革的发展阶段

行政审批制度改革，是一项富有探索性的系统工程。1998 年开始，全国许多地方相继开展了行政审批制度改革。从 2001 年 10 月起，我国全面启动行政审批制度改革。十余年间，国务院十年来分六批共取消和调整了 2 497 项行政审批项目，占原有总数的 69.3%（表 6.2），各省（区、市）本级共取消调整审批项目 3.6 万余项，占原有审批项目总数近70%。①

6.3.1 第一阶段：中国行政审批制度改革的初始阶段

2001 年以后，中国的社会主义市场经济体制基本建立，市场机制开始发挥主要作用，在新的经济形式下，原有的行政审批管理方式与市场经济不相适应的矛盾日益突出，全面改革行政审批制度被提上了中央政府体制改革的议事日程。2001 年 9 月，国务院"审改办"正式成立，同年，中国正式加入世贸组织，这一阶段改革的主要特点是对行政审批制度改革积累理论研究和创新视角。

6.3.2 第二阶段：中国行政审批制度改革的规范阶段

2004 年 7 月 1 日实施的《行政许可法》是我国行政审批制走向制度化、规范化和法制化的重要标志。这一阶段，中国行政审批制度改革的速度和力度明显加快。截止到 2004 年 5 月，国务院分 3 次宣布取消行政审批项目 1 806 项，占总数的 50.5%。改变管理方式、交由行业自律管理 121 项，下放管理层级 46 项；提请全国人大常委会修改了 9 部法律，取消了 7 项行政审批项目，改变管理方式 2 项，下放管理层级 2 项。②

6.3.3 第三阶段：中国行政审批制度改革的深化阶段

2004 年后，中国的经济体制改革进一步深入。2007 年、2010 年和 2012

---

① 数据来自《经济学者回顾我国行政审批制度改革》，《人民日报》海外版，2012-06-29。

② 数据来自倪迅：《国务院各部门行政审批制度改革取得新成绩——2004 年行政审批制度改革工作情况综述》，《光明日报》2005 年 2 月 7 日。

年接连三次改革，着重从三方面进行了突破：一是废除、清理了大量不合理的行政审批项目；二是厘清了中央与地方之间的审批权限、不同政府部门之间的审批权限，防止滥设审批、重复审批；三是优化行政审批程序，提供便民、高效、透明的服务。

表 6.2 中国行政审批制度改革一览表

改革启动	2001 年 9 月，国务院成立行政审批改革工作领导小组，积极、稳妥地推进行政审批制度改革，改革工作全面启动
第一批	2002 年 10 月，取消 789 项行政审批项目
第二批	2003 年 2 月，取消 406 项行政审批项目，改变 82 项行政审批项目的管理方式
第三批	2004 年 5 月 19 日，取消和调整 495 项行政审批项目，其中取消 409 项；改变管理方式 39 项，下放 47 项 在取消和调整的行政审批项目中有 25 项属于涉密事项，按规定另行通知 2004 年 7 月 1 日，以中华人民共和国主席令第七号颁布出台了《中华人民共和国行政审批法》
第四批	2007 年 10 月 9 日，取消和调整 186 项行政审批项目。其中取消 128 项，下放 29 项，改变管理方式 8 项，合并 21 项 另有 7 项拟取消或者调整的行政审批项目是由有关法律设立的，国务院将依照法定程序提请全国人大常委会审议修订相关法律规定
第五批	2010 年 7 月 4 日，取消和下放行政审批项目 184 项，其中取消 113 项，下放 71 项
第六批	2012 年 8 月 22 日，取消和调整 314 项部门行政审批项目，其中取消 184 项，下放 117 项，合并 13 项

6.4 中国经济发展与行政审批制度改革的双向激励

一般认为，行政审批制度是计划经济的产物。然而，张康之(2003)等学者的质疑颇具逻辑："计划经济下，政府主要是通过行政命令和行政指导的方式参与经济活动和实现社会管制，很难说计划经济条件下有着一整套行政审批制度。"因此，中国的行政审批制度改革，正是中国从计划经济向市场经济转轨过程中出现的特定制度安排。而伴随着这一过程，政府、市场、社会发展的宏观制度环境、中观区域环境与微观企业环境不断调整变化，并对中国经济发展起到了促进作用。

6.4.1 中国行政审批制度改革的第一步：解放市场

从 1982 年到 2002 年，中国行政改革的基本出发点是适应市场经济的发展需要，转变政府职能，减少政府对市场的不当干预，改革的中心任务是解放和培育市场，解放和发展生产力。为此，各级政府撤销了机械、纺织、化工、煤炭、电子等专业经济管理部门，增强了宏观调控、社会保障和环境保护职能，行政效率也有较大提高。

中国行政改革第一阶段的改革成绩，可通过图 6.2 表示。其中，G 代表政府，M 代表市场。在行政改革之前，政府组织吞噬了市场组织和社会组织，各种经济和社会组织的运行都呈现出行政化特征。因应经济体制改革而启动的行政体制改革，迅速启动并解放了市场机制。在改革之初，市场机制（商品经济）只是政府调控经济的一种治理工具，到 90 年代，它已经成为经济管理的基本制度选择。总结起来，中国行政改革在第一阶段的标志性成就在于，它瓦解了由政府这一驾马车驱动国家发展的单中心治理局面，开启了由政府与市场两驾马车联合驱动的双中心治理格局。

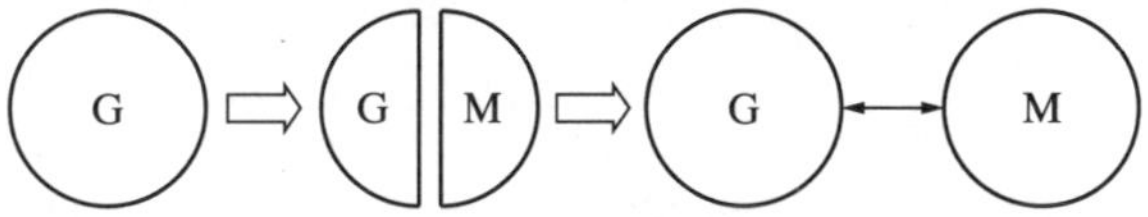

图 6.2　中国行政审批制度改革第一步：解放市场

6.4.2　中国行政审批制度改革的第二步：重塑政府

通过第一阶段的行政改革措施，中国成功建立并逐步完善了市场经济体制。但行政管理体制仍存在着一些弊端和问题，如官员腐败现象严重，公共服务收费引发民生问题，部门利益掣肘政府治理创新等。2003 年 8 月，全国人大常委会制定了《行政许可法》，自 2004 年 7 月 1 日起施行。该法规范了行政审批行为，明确了行政权力的边界。根据该法，凡是公民、法人和其他组织能够自主决定或自律管理的，市场纠正机制能够有效调节的，可以不设立行政许可。对于必须设立行政许可的事项，要依法实行规范化管理。进一步规范行政行为，实现良好的政府治理。

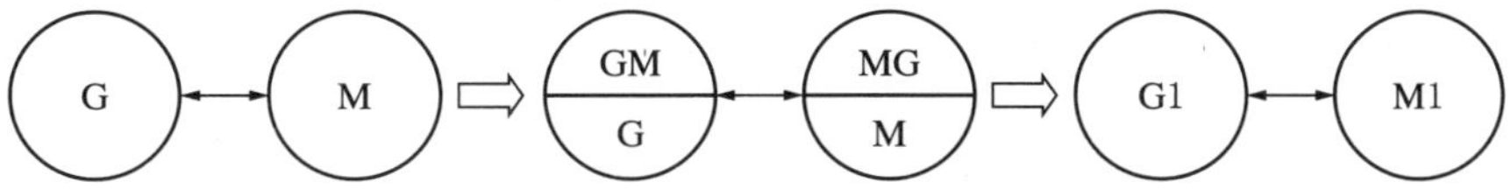

图 6.3　中国行政审批制度的第二步改革：重塑政府

6.4.3 中国行政审批制度改革的第三步改革:国家治理

由于受传统的"一体化"社会的长期影响,政府在公共事务中形成了包揽一切的惯性思维和制度沿革。对于社会自我服务、自我发展的空间,同样需要政府主动让渡的。但是两者的路径依赖在于,政府是否可以信任社会,是否承认社会的合法性和效率;同样社会是否可以独立有效,可以在内部实现利益均衡。中国行政审批制度改革使政府有可能"掌舵"并不"划桨",强化社会的自我管理和自我服务。同时体现了政府"引导"并不"干预"的原则,保障社会系统的自组织运行,依靠社会内部各利益集团充分博弈降低行政成本。市场经济运行下的利益格局深刻调整,逐步汇结成众多、复杂且力量对比不一的利益团体或者利益集团,这些利益集团会抱着某些共同目标,努力去影响公共政策。利用利益集团之间的冲突与合作,达到社会领域的充分博弈和利益均衡,对政府不仅是有利的,而且是节约成本的。

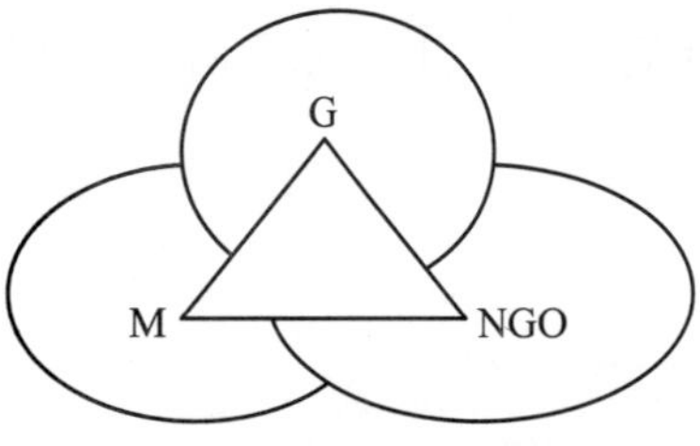

图 6.4 中国行政审批制度的第三步改革:国家治理

6.5 中国(上海)自由贸易试验区建设与行政审批制度改革新红利

上海处于中国经济社会发展的前沿,具有较为发达的城市政府特征,具有较为成熟的成熟管理经验和较高的管理水平,具有较高的国际化水平,市场经济体制较为健全,社会组织水平相对较高,因此上海在市政管理和公共行政方面思想较为先进,较能接受国外新公共管理和全球治理变革的新思潮。2013年9月29日,中国(上海)自由贸易试验区正式启动运作,首批36家中外企业获颁证照,入驻试验区。从中央的高调宣布,到上海紧锣密鼓筹备,和各地此起彼伏跟进,上海自贸试验区建设被认为是推动区域经济增长、促进城市发展的又一巨大红利。外界普遍认为,建设上海自贸试验区有利于培育我国面向全球的竞争新优势,打造中国经济"升级版",而各地政府争相申报的背后,恐怕也还是期待改革试验区能够带来多少优惠政策？实现多少洼地效应？然而，与以往的改革实验区发展模式不同，上海自贸试验区从一开始便摒弃了利用“经济飞地”谋求“政策红利”的做法，坚定地立足于“小政府”与“法治化”方向，通过以行政审批制度改革为核心突破口，采取负面清单的做法，为城市经济发展带来了新的制度“红利”，也为新时期全面实现国家经济转型带来了“可复制、可推广”的制度改革曙光。

6.5.1 浦东新区综合配套改革的前期经验

浦东综合配套改革中的行政审批制度的标准化改革为自贸试验区改革提供了前期经验。2005 年 6 月 21 日，对浦东是一个具有里程碑式的日子。国务院常务会议正式批准浦东在全国率先进行综合配套改革试点，这是继上世纪 80 年代成立深圳等 4 个特区以及 90 年代浦东开发开放之后，中国的改革开放在进入 WTO 之后迎来的开放新阶段，意味着中国接轨国际惯例的步伐开始加快，更意味着社会主义市场经济体制发展的深层次和新阶段。

浦东综合配套试验区改革，是一场以新发展需求为导向的制度改革。新世纪以来，一方面浦东前期开发中的土地、电力、商务成本要素成本开始上升，稀缺性增加；另一方面，随着全国各地先后进入制度创新、体制创新新阶段，浦东前期先发的制度优势也已经不再明显。在这种情况下，浦东“二次创业”成为进一步发展的新动力机制。

国务院此次给予浦东的是一种在制度创新方面先行先试的优先权，而不涉及任何财政上的补贴和让渡。通俗地说，就是没有优惠政策。优惠政策拿过来就可以用，就可以产生直接经济效益。但先行先试更多的是赋予浦东开拓创新、深化改革的一种责任。就是使浦东进一步转变发展模式，从政策创新为主走向制度创新为主、从硬实力竞争提升到软实力竞争。

2008 年到 2012 年间，在上海市委、市政府的领导下，围绕“创新驱动、转型发展”战略，聚焦“基本建成全国行政效率最高、行政透明度最高、行政收费最少的行政区之一”目标，上海在浦东综合配套改革试验区先行先试的基础上，在全国率先提出行政审批标准化管理，把浦东的有效经验积极复制推广到全市，取得了不少成果。

所谓标准化，是指“在经济、技术、科学及管理等社会实践中，对重复性事物和概念通过制定、发布和实施标准，达到统一，以获得最佳秩序和社会效益的活动过程。标准化过程是一个制定标准，贯彻标准和监督实施标准且不断循环、螺旋式上升的运动过程。统一、协调、简化和选优是标准化理论最基本的原理”(吴学军，2010)。行政审批标准化管理，主要是通过标准化管理的刚性效应，约束行政审批自由裁量权，解决制度在执行环节变形走样的弊端。特别是针对审批环节标准不统一、运作不透明等容易导致腐败现象发生的情况，对行政审批的办理和监管过程进行科学分解和合理配置，对流程进行改造和优化，用信息化方式控制进程的行政审批管理过程。

上海在全国率先试点行政审批标准化管理。对内制定行政审批业务手册，建立标准化审批流程，解决办事人员随意审批和审批自由裁量权问题；对外则发布办事指南，将办事具体条件、要求，一次性明确告知办事企业和人员。试点期间，上海制定并颁布了行政审批业务手册和办事指南两个地方标准，组织9家试点单位全面完成第一批98项行政审批标准化示范试点工作，同时在市发改委、市教委、市司法局、市环保局、市水务局、市卫生局等6家单位，确定56项行政审批，启动了行政审批标准化第二批示范试点工作。组织协调市政府部门制定完成业务手册200余项，办事指南300余项。

6.5.2 上海自贸试验区的负面清单改革

2013年上海自贸试验区建设成为国家经济发展中的重要议题。自贸区建设的绩效和经济有关，但核心在政府，作为一种国家战略，在未来一定会产生重要影响。在《中国(上海)自由贸易试验区总体方案》列出的9项主要任务和措施中，“探索建立负面清单管理模式”排名仅在“深化行政管理体制改革”、“扩大服务业开放”之后，位列第三。《总体方案》提出：“探索建立负面清单管理模式。借鉴国际通行规则，对外商投资试行准入前国民待遇，研究制订试验区外商投资与国民待遇等不符的负面清单，改革外商投资管理模式。对负面清单之外的领域，按照内外资一致的原则，将外商投资项目由核准制改为备案制(国务院规定对国内投资项目保留核准的除外)，由上海市负责办理；将外商投资企业合同章程审批改为由上海市负责备案管理，备案后按国家有关规定办理相关手续;工商登记与商事登记制度改革相衔接,逐步优化登记流程;完善国家安全审查制度,在试验区内试点开展涉及外资的国家安全审查,构建安全高效的开放型经济体系。在总结试点经验的基础上,逐步形成与国际接轨的外商投资管理制度。"

所谓负面清单,相当于投资领域的"黑名单",列明了企业不能投资的领域和产业。与负面清单相对应的是,正面清单,即列明了企业可以做什么领域的投资。学术上的说法是,凡是针对外资的与国民待遇、最惠国待遇不符的管理措施,或业绩要求、高管要求等方面的管理限制措施,均以清单方式列明。"负面清单"的管理模式使得政府职能部门不再轻易推出鼓励支持类投资目录,一些想利用政策红利来发展的产业不一定具有市场自生能力,而且政府的过度干预最终往往带来产能过剩,负面清单更加依靠市场机制,放松政府监管。同时,负面清单还能打破垄断,激发市场主体活力。

6.5.3 上海自贸试验区创造区域经济发展新红利

从理论上来讲,自贸区建设应把贸易创造放在第一位,但自贸区的经济行为又于国内政治经济体制具有密切联系。特别是对于发展中国家而言,任何自贸区的选择都是一把双刃剑,将对国内政治经济环境产生重要影响。特别是不同于传统自由贸易区(FTA)由多国合作伙伴一起商议,在国际协议基础上按多国共同制定的规则执行,上海自贸试验区是在一国之内的特定区域内自行设定游戏规则,因此其制度创新对国内改革的拉动效应更快更直接。正如李克强在视察上海自贸试验区建设时指出的,上海要用开放扩大内需,用开放形成倒逼机制,用开放促进新一轮改革。李克强对上海自贸试验区建设的明确定位,从一开始就意味着"改革"将成为贯穿试验区建设的主线,也意味着中国改革试验区建设范式的转型升级。正如《新华每日电讯》评论指出,"上海自贸区的诞生,标志着改革开放的深度与广度提升到崭新的水平"。在国务院的期许中,上海自贸区正被寄予厚望,成为撬动中国新一轮改革开放的支点。

纵观中国改革开放的历史,"以开放倒逼改革"一直是推动中国政治经济体制改革的重要路径。不论是上世纪 80 年代早期的经济特区,到本世纪开始的各种综合改革配套试验区，不同改革试验区在中国改革开放的不同时期，均承担着改革"先锋"和示范"引领"的重任。1981年，以"深圳经济特区"为代表的中国第一轮"特区"建设，可谓中国改革实验区的"1.0"版。当时特区最主要的特色就是把中央赋予的在经济体制改革和对外开放中的特殊政策和灵活措施用地方性经济法规形式规范起来，克服长期计划经济体制下的思想和制度障碍，通过各种优惠经济政策吸引国内外各种资金和人才，在短时间内实现了经济的快速发展。"经济特区"极大地推动了中国经济发展和对外开放进程，成为中国经济从计划体制向市场经济转轨过程中的重要"推手"，也由此形成了试验区改革"优惠政策"驱动的特定发展范式。

随着中国经济和社会现代化进程的加速，早期经济特区得以快速发展的社会、经济等条件发生了重大改变，中国的改革也亟待走向深入。2010年前后，中央推出了以上海浦东综合改革试验区等为代表的第二轮"新区"改革，成为中国改革试验区的"2.0"版。与原有的"经济开发区"、"经济特区"不同，国家综合配套改革试验区涉及了社会经济生活的方方面面的改革。虽然，这一时期的改革内容逐渐系统和配套，但是，谋求"政策优惠"的推进路径始终没有改变，各个地区竞相向中央申请各种"试验区"，多多少少都是为了各种优惠政策。

时至今日，中国经济总量已经成为世界第二。上海自贸试验区作为自贸区改革的"3.0"版，成为推进中国新一轮改革的排头兵。随着中国经济继续向高新科技方向发展，原有以劳动力密集型为主的生产方式面临着重大变革，中国经济升级已无法通过经济领域的改革来完成，要解决深层次经济问题，就要确立新的思维，大幅放活市场，通过转变政府职能向市场和社会放权，激发市场和社会的活力，无疑是一条有持久效力的发展之路。因此，与前两轮试验区推进路径不同，全国人大常委会首次把以调整行政审批为改革的主要内容，通过减少行政部门的权力来实现经济增长。就此而言，上海自贸试验区进行的改革，实际上是本届政府一直主张的行政体制改革的延续，而从某方面来说，对行政体制的改革又是上海自贸试验区的"归宿"，自贸试验区建设中的改革红利为根，以行政审批制度改革为突破口，实现政府行政体制改革是关键。

6.6 对持续深化行政审批制度改革的深度思考

6.6.1 行政审批制度改革的有效经验

一是依法创新。管理创新既需要突破成规，打破原有体制和旧有框架的束缚，但同时这种突破和创新必须遵循法律的约束和规制、需求法律的支持，其创新成果也需要法律化、制度化行政审批制度改革已有得的创新经验表明，政府审批制度改革坚持以行政许可法为核心，相关法律法规规章为配套的行政审批法规制度体系基本建立，这种做法确保了政府制度创新的合理性。

二是有序创新。政府管理创新必须与秩序诉求结合起来，创新不能带来管理的混乱、风险的扩散和公共服务水平的下降，创新本身也有一个有序的流程和内在的规律。十多年来，行政审批改革领导机构坚持从实际出发，把取消调整审批项目同促进政府部门有效履行职能结合起来，坚持统筹兼顾和科学论证，积极探索和推广集中审批、并联审批、网上审批等有效做法，不断完善行政审批制度。随着行政审批改革逐步走向深入，原有的一些简单问题和惯性做法得到了解决，相关的改革会越来越触及部门核心利益，涉及政策间的系统性。

三是协同创新。行政审批是政府管理经济社会事务的重要职能和手段，必须把行政审批改革置于我国的行政体制改革的进程中加以分析，要优化行政职能的机构设置，健全审批权责体系，改进权力运行制约机制，切实增强审批工作格局的整体性、系统性和协调性，应主动对接，提前服务，相互协同，服务全局。地方政府管理创新必须集思广益，协调政府内部关系包括央地关系及政府各部门间关系、政府与市场、社会以及专业组织间关系，聚合各方面创新需求、动力与智慧，方可能取得成功、减少成本。

四是自觉创新。面对创新的压力和不断变化的行政环境，一个具有积极、主动的创新精神的政府（主体）才是政府管理方式持续创新的最终关键。这些精神是深入推进当前中国政府管理体制创新的宝贵精神财富。

6.6.2 行政审批制度改革需处理好五大关系

世界银行《2030 年的中国》报告指出："中国有潜力到 2030 年成为现代、

和谐、有创造力的高收入社会，但这并不会轻而易举地成为现实。”世界银行开出了六个相关处方，其中第一条就是深刻调整政府职能及政府与市场、民营部门的关系，以推进结构性改革强化市场经济基础：“重新界定政府职能，改革和重组国有企业与国有银行，发展民营部门，促进竞争，深化土地、劳动力与金融市场改革。”

行政审批制度改革是伴随着我国经济体制改革如何适应上层建筑发展的重要领域，是政府行政方式如何适应经济发展实际需求的自身变革，也是深入推进行政管理体制改革的重点领域。中国的行政审批制度改革核心在于重塑政府治理理念，转变资源配置方式，让市场在市场配置中发挥主导作用，同时优化政府的管理职能。近在过去十多年间，国务院分六批共取消和调整 2 497 项行政审批项目，占原有总数的近 70%。不过总体来看，行政审批制度改革至今仍然滞后于经济社会发展的需要，仍然存在不少问题。从党的十八届三中全会以来中国经济发展的新形势看，对行政审批制度的改革还需处理好五大关系：

首先，行政审批制度改革与加快政府职能转变的关系。要全面正确履行政府职能，把该由政府管理的事项切实管好，把不该由政府管理的事项转移出去，进一步深化行政审批制度改革，继续简政放权。在政府与市场、政府与社会、政府与公民关系的合理定位中切实转变政府职能，真正解决所谓政府“越位、错位、失位”问题。

其次，行政审批制度改革与深入推进政府机构改革的关系。按照精简统一效能的原则和决策权、执行权、监督权既相互制约又相互协调的要求，紧紧围绕职能转变和理顺职责关系，进一步优化政府组织结构，规范机构设置和层级设置。稳步推进大部门制改革，健全部门职责体系；严格控制机构编制，减少领导职数，降低行政成本；优化行政层级和行政区划设置，提高行政效率。

再者，行政审批制度改革与相关配套改革的关系。切实提升政府提供公共服务的能力与水平。积极推进政府社会管理体制创新，继续推进事业单位分类改革，加快社会组织的培育和成长，构建政府与社会合作共治的社会管理格局；创新行政管理方式，提高政府公信力和执行力；加快建设法治政府，严格依法行政；加强透明政府建设，依法有序地推进政府信息公开和行政权力公开。

第四，行政审批制度改革与经济规制过程的关系。在审批权运行透明化的前提下，要加强对行政审批权运行的监督，一方面强化立法机关监督、行政机关内部监督、司法机关监督以及社会力量监督等传统监督方式，另一方面也要开辟新型的监督途径。比如建立健全网络监督机制，通过微博、博客等网络平台进行网络舆论监督。

第五，行政审批制度改革与经济绩效的关系。政策评估是政策运行过程这一有机链条中的重要一环，对于改进政策制定系统，克服政策运行中的弊端和障碍，提高政策水平具有深远的意义。特别就地方政府职能部门而言，建立行政审批制度改革的绩效考评制度有重要意义。“对行政审批改革和事项进行绩效管理，就是要增强各审批机关及其工作人员工作的压力和动力，建立完善配套的责任管理体系和工作运行机制，不断增强考评的针对性、可比性、合理性、准确性和可操作性，使审批工作章法严谨，条理清楚，行为规范，让考核的人知道怎么考，被考核的人知道怎么做，并且富有鞭策落后和激励先进的作用。此外，要在责任追究上下功夫，加大对影响审批效能案件和投诉的查处力度，对违反审批管理制度的人和事，要坚决追究责任和进行处理，对绩效不高，问题较多的部门要进行问责谈话，限期提出整改举措并平度其效果，增强绩效管理效用。”①

6.7 本章小结

虽然从表面上看，行政审批制度改革只是减少在经济领域的干预，但其实它是以一种制度重构的方式，在制约政府的权力、提高政府公共服务效率、建立公信力，对经济和社会发展起到正向推动作用。目前，国家治理变革中的中国社会对中国各级政府提出越来越明确的内在要求：提高公共治理的水平以及公共政策的制定能力与贯彻能力是这种要求的核心；同时，中国政府所被要求承担其不同于其他国家政府的独特角色：它应当是中国社会全面进步的一

① 引自张定安：《行政审批制度改革攻坚期的问题分析与突破策略》，《中国行政管理》2012年第9期。

个恰到好处的促动力量。它必须能够促进经济、社会发展与民主进步，但不能试图成为“发动机”的角色。它必须保持对社会变化的敏锐反应、规范自身行为，并通过自身建设以增强效率和能力，这种与社会系统之间时刻保持有效沟通与回应，其行政行为受到来自政党与公众、法律与制度刚性约束，同时具备高效率和高能力，既促动社会变革同时亦为社会变革所塑造的政府形式，我们称之为“柔性政府”。从与社会成长的关系来说，柔性政府的基本逻辑是“服务型政府”建设以及围绕服务型政府转向而形成的一系列相互关联的目标：责任政府、法治政府、廉洁政府、效能政府等等。因而，柔性政府意味着公共治理形态的深刻变革，与当前中国正在进行的社会管理创新具有直接关联，是社会管理创新的主导力量、促进力量和规范力量，在某种意义上决定着社会管理创新的成败和中国行政改革自身的成效。

7 土地制度改革红利与农村可持续发展

党的十八届三中全会站在新的历史起点上，提出了全面深化改革的战略部署，确定了深化以农村土地制度为核心的新一轮农村体制变革，进一步改革和完善农村集体经营性建设用地制度、农村土地承包制度、农村宅基地制度，真正使广大农民平等参与现代化进程、共同分享现代化成果。这是一项惠及我国最广大的农村家庭、促进农业发展、实现农村全面建成小康社会的关键性和划时代的顶层设计，必将对我国农村可持续发展产生新的更大的制度红利。本章对新时期我国土地制度改革与农村可持续发展方面的问题进行分析和研究。

7.1 土地制度改革的历史绩效与新的使命

中国的经济改革从农村开始，农村改革则起始于农地制度改革，即实行以土地所有权与承包权两权分离为基础的农村家庭联产承包责任制。到 1984 年底，家庭联产承包责任制基本覆盖全国农村，并形成了巨大的改革红利和制度优势。时至今日，我国农村全面实行家庭联产承包责任制已经 30 年，30 年来，家庭联产承包责任制极大调动了农民积极性，极大解放了农业生产力，极大推进了农村社会的进步和发展，实现了农村增效、农业增产和农民增收的全面发展。1984—2011 年，农业总产值按可比价格年平均增长 5.78%，1984—2012 年农业增加值年平均增长 4.31%；最重要的粮食产量由 1984 年的 40 731 万吨增加到 2012 年的 58 957 万吨，年均递增 1.33%，使我国在总人口增加了 29.75%的情况下，人均粮食产量由 390 公斤上升为 435 公斤，增加了 11.54%；粮食单产由 3 607.2 公斤/公顷上升为 5 299 公斤/公顷，增加了 46.86%（见图 7.1）；最核心的农村居民家庭人均年纯收入由 1984 年的 355 元增加到2012年7 917元，呈现持续增长趋势，年均递增11.73%。30年来中国农村的发展与农地制度的成功改革密不可分，充分体现和享有了家庭联产承包责任制的制度红利。

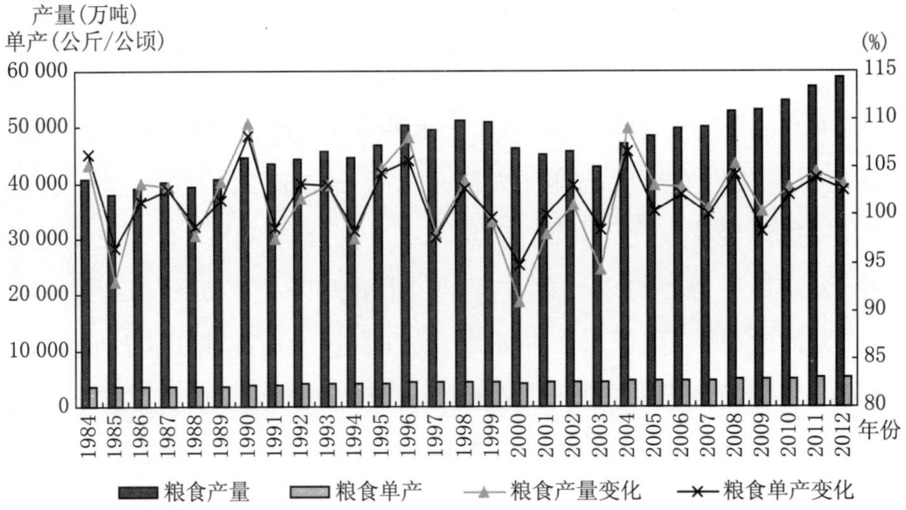

资料来源：国家统计局。

图7.1　1984—2012年中国粮食总产和单产

但另一方面，长期以来的城乡二元结构和城乡发展差异，使得我国农业基础依然薄弱，劳动生产率依然偏低，农业经营效益依然不高，农业发展面临着新的矛盾、新的障碍和新的困难，特别是小农经营方式没有重大改变，在根本上制约着农民的积极性，制约着农业长期、稳定和健康发展，制约着农村向现代化的根本转变。从国民经济结构看，1984—2012年，第一产业增加值占GDP的比重由32.13%下降为10.09%，增长的相对空间愈益有限；第一产业对GDP的贡献率由1991年的7.1%下降为2011年的4.6%；从城乡收入结构看，1984—2011年，农村居民家庭人均纯收入指数由249.5上升为1 063.2(1978年=100)，上升了3.26倍，但城镇居民家庭人均可支配收入指数由157.7上升为1 046.3，上升了5.59倍。农村居民家庭人均年纯收入相当于城镇居民家庭人均年可支配收入的比重，由1984年的54.49%下降为2012年的32.23%，收入差距呈现扩大趋势。从比较劳动生产率看，以1985年为100，2010年三次产业劳动生产率指数上升为2 915.8，但第一产业劳动生产率仅上升为 1 761.2，第一产业比较劳动生产率由 0.46 下降为 0.28(见图 7.2)。

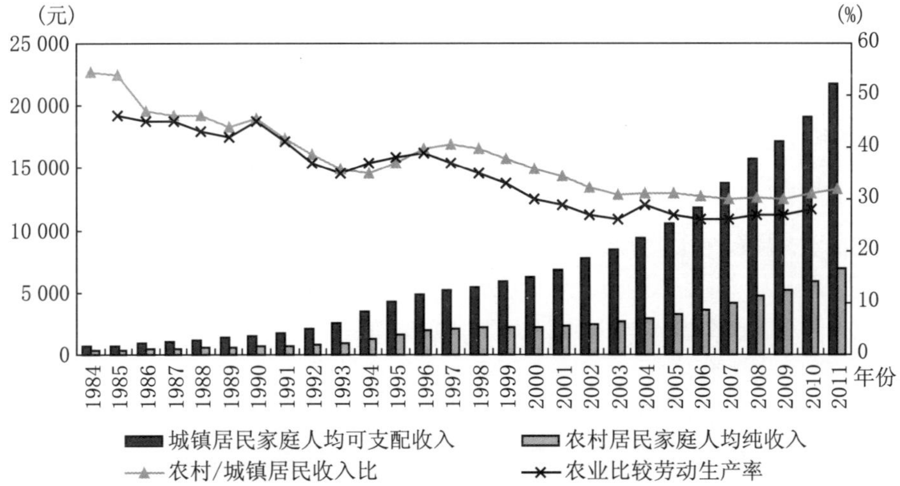

资料来源：国家统计局。

图 7.2　1984—2011 年中国农村和城镇居民家庭人均收入变化

现代经济增长结构并不根本改变农业的基础产业定位，农业始终关系粮食安全和国家安全；现代区域发展格局并不根本改变农村的基本空间地位，2011 年，我国城区面积为 17.36 万平方公里，大部分的经济建设用地是在农村地区；现代人口城镇集聚同样不能改变农村重要的人口吸纳功能，2012 年乡村人口仍然占全国人口的 47.4%。2013 年中央农村工作会议指出，中国要强，农业必须强；中国要美，农村必须美；中国要富，农民必须富。农业基础稳固，农村和谐稳定，农民安居乐业，整个大局就有保障，各项工作都会比较主动。因此，在稳定和完善农村基本经营制度基础上，必须进一步改革和完善农村土地制度，或者说农村土地制度第二次改革已经势在必行。通过深化农村土地制度改革，可以进一步释放农村土地制度红利，营造农村发展的活力、农业增长的动力和农民增收的潜力，打造农业长期可持续增长的源泉和基础。

7.2　城乡二元结构下农村土地制度发育迟缓

我国长期以来形成的城乡二元结构，在制度层面把城镇居民和农村居民从身份上分为两个截然不同的社会群体，把工业和农业分为两个不同的区域经济，公共资源配置和基本公共服务向城镇、城镇居民和工业倾斜，农村和农业得到的公共资源和农民享有的基本公共服务明显滞后于城镇和城镇居民，农民不能平等参与现代化进程、不能共同分享现代化成果。城乡二元结构体现在土地制度上，也就形成了城乡土地二元结构，在这种城乡土地二元结构下，农村土地制度存在着明显的缺陷，严重影响了城乡一体化发展，影响了农村发展、农业增效、农民增收。

7.2.1 农村集体经营性建设用地的制度瓶颈

农村集体经营性建设用地是农村集体建设用地的重要组成部分之一。农村集体建设用地指农民集体所有、用于建设建筑物和构筑物的土地。按照我国《土地管理法》第43条，对农村集体建设用地分为四类：第一类是乡镇集体企业用地，主要是以盈利为目的的经营性用地；第二类是农民宅基地，主要用于农民自住的住宅用地；第三类是乡（镇）村公共设施建设用地；第四类是公益事业建设用地。因此，农村集体经营性建设用地主要属于第一类的概念范围，以盈利为目的、农村集体经济组织经营或管理的经营性用地，与其他三类土地比较，农村集体经营性建设用地具有资本化和商品化的特性。按经营行为划分，可以分为两种，一种是农村集体经济组织自主开发经营的土地，直接获得开发建设和产业发展的经营收益；一种是通过农村经营性建设用地的流转行为，即出让、转让、出租、抵押、土地作价入股等土地流转，获得土地交易性经营收入。按经营开发时序划分，又可以分为两种，一种是已经开发经营的土地称为存量土地，一种是已经办理土地转用手续但未开发经营的土地称为增量土地。

我国人多地少，为保障13亿人口粮食安全农业耕地和基本的公共服务设施用地，能够用于经济发展的土地非常有限，这就决定了农村经营性建设用地是发展非农经济，保障中国经济持续、高质、有效发展的稀缺性生产要素，也是中国推进城镇化和城乡一体化发展的重要空间资源。20世纪80年代改革开放前，土地严格受国家管控，农村集体经营性建设用地由国家划拨；90年代改革开放后15年，我国国有土地使用权先行开放，可以进行转让交易，吸引各类生产要素参与经济发展，但农村经营性建设用地使用权仍然被禁止交易；21世纪初以来，我国经济腾飞已从沿海向内陆延伸，农村集体经营性建设用地市场需求日益迫切，各地纷纷开启了农村集体经营性建设用地流转的试点和改革。现行农村集体经营性建设用地的制度缺陷表现在以下三个方面。

首先，农村集体经营性建设用地产权问题，表现在经营性建设用地权属不清、法律滞后于改革实践。一是农村集体土地权属不明晰，农民财产权利得不到有效保护。长期以来，我国法律规定，土地归国家所有，农村经营性建设用地使用权属于农村集体所有，但集体中的每个农民并没有在集体土地上有法律保护的确权，事实上造成集体土地权属不明晰，给农民带来至少三种不利后果：第一，产权主体不明确，农民在集体经济组织中缺位。随着城乡经济的不断发展，农村产业结构调整以及乡镇企业改制、改组等经济活动日趋频繁，代表农民集体土地经营权的农村集体经济组织的功能正在发生变化，一方面乡镇政府代行经营土地，将农村集体经营性建设用地通过国家征地，进入市场，获得土地财政收益，另一方面将存量农村经营性建设用地通过股权作价，以土地出租、合资、合作经营等形式，获取土地经营收入。而这一切土地经营行为只代表政府利益和企业利益，实质上已不代表农民利益，农民主体地位缺失或虚位，对农村集体经营性建设用地的占有、使用，基本无知情权、参与权和收益分配权，农民土地财产权得不到有效保障。第二，内部组织结构不完善，“内部人”控制农民资产。由于集体土地权属不明晰，土地流转和使用没有农民集体参与的法律“规定动作”和组织规范程序，加上在城镇化发展中，部分乡镇撤并，乡镇集体经济组织和村集体经济组织已名存实亡，实际操作中，一些村干部以村集体名义控制了农村集体经营性建设用地，将本应属于农民所有的资产通过各种隐蔽手段的利益交换占为己有，严重侵犯了农民权益。第三，土地收益分配不公，农民利益受损。由于农村集体经营性建设用地在所有权、使用权、转让权、收益权等产权关系不明确，国家在农村集体经营性建设用地的土地征收和收益分配方面明显向城市和企业倾斜，农民征地补偿只按现行价值，而不考虑未来土地开发的增值，农民不但无法从高速工业化、城市化进程中分享土地收益，反而因失地、失业、失乡，成为这一进程的受损者，导致农民矛盾激化。二是法律滞后于改革实践，农村集体经营性建设用地合法流转受制约。

土地作为商品生产和经济发展的资源要素，必须具备商品流通的基本属性，即经营权、转让权和用益物权。随着城乡经济一体化发展的深化，农村集体经营性建设用地商品化、资本化和土地价值显性化在市场流动中的作用越来越大，原来的土地法规越来越不适应现代生产力的发展。为此，广东、安徽、重庆等相关省市相继开展了农村集体经营性建设用地流转的试点，并根据国务院关于深化改革严格土地管理的决定，结合各地实际探索的经验和发展需求，制定了以农村集体经营性建设用地流转为主的农村土地流转的规范性文件，指导农村土地有序流转。[①]各地文件都承认和允许农村集体经营性建设用地“使用权出让、出租、转让、转租和抵押”，但客观与现行法律存在矛盾。根据我国《土地管理法》第 43 条规定，“任何单位和个人进行建设，需要使用土地的，必须依法申请使用国有土地”。第 63 条规定，“农民集体所有的土地的使用权不得出让、转让或者出租用于非农业建设”。显然各地的实践超出了法律的界限，而 2004 年 10 月 28 日国务院颁布的《关于深化改革严格土地管理的决定》中所提出的“在符合规划的前提下，村庄、集镇、建制镇中的农民集体所有建设用地的使用权可以依法流转”与法律也有差异。依法治国是我国的基本国策，如果法律不能在源头上界定农村经营性建设用地能否流转、流转主体、流转权限、流转范围以及流转各方的权利、义务、责任，各种土地流转改革的规制和措施都将因缺乏法律依据而得不到社会认可。现实情况是早在 1999 年至 2002 年期间，国土资源部就在安徽芜湖、江苏苏州、浙江湖州、广东顺德等地开展了农村集体建设用地流转试点，但由于遇到法律冲突和土地改革政策不配套，这些早期集体建设用地流转的试点无法继续和推广。但各地“土改”呼声强烈，自发性的实践试点风起云涌，势不可挡，无论是经济发展的内在动力，还是城镇化推进的外在驱动，农村集体经营性建设用地流转都被推到改革的焦点上。现在不是讨论流转与否的问题，而是关注土地流转改革的合法、有序、平等、公权等深化问题，如何在法治层面上释放农村经营性建设用地的生产力问题。

其次，农村集体经营性建设用地制度问题，即国有、集体二元土地制度不合理，农村集体经营性建设用地市场价值和利益被剥夺。土地制度与法律制

① 参见《广东省集体建设用地使用权流转管理办法》（广东省人民政府 2005 年第 100 号令），《安徽省集体建设用地有偿使用和使用权流转试行办法》（皖政[2002]60 号）。

度密不可分，由于我国《土地法》规定，农村土地不能流转，所以我国土地制度就把能进入土地市场流转的土地限定为国有土地，农村集体经营性建设用地只能被政府征收为国有土地才能入市交易，人为造成国有、集体二元土地权利不平等，这种不平等带来一系列连锁后果：第一，同地不同市，农村集体经营性建设用地被排斥在公开统一的土地交易市场之外，土地公权被剥夺，伴随着土地利益的冲动，相当部分的集体经营性建设用地不愿被政府低价征收，而是流入无法律规制的隐性市场，交易双方既无法律约束也无法律保障，交易各方的权益风险极大，扰乱了正常的土地市场秩序，甚至影响国家和地区的土地规划布局，农民权益更是无从谈起。第二，同地不同价，被国家征用的农村集体经营性建设用地的价格是按各类补偿成本价确定，而纳入国有土地后，同一块土地按市场竞标价确定，二者之间的“剪刀差”巨大，一方面，农村经营性建设用地市场价格被扭曲，资产价值被屏蔽，另一方面，土地转性的翻牌效应，直接导致地方政府陷入“土地财政”而不能“自拔”。据统计，2012 年全国土地出让金收入为 2.69 万亿元，土地出让金占地方财政总收入的 31%。地方政府并且不断以各种公共利益名义扩大土地征收范围，土地资源被过度消耗，影响经济社会的可持续发展。第三，同地不同利，农村集体经营性建设用地被征收，农民不仅失去了大部分土地交易收益，而且也被买断了土地发展权，无法分享改革开放飞速发展的经济成果。

再者，农村集体经营性建设用地资源配置问题。一是农村集体经营性建设用地资源利用率低，城市土地增长率大于人口增长率。由于土地流转的城乡差异和土地剪刀差利益的政府垄断、土地财政的制度性安排偏好，城镇化内涵被扭曲为大规模的圈地运动和造城运动，新城的产业空心化和人口空心化问题愈演愈烈，成为城镇化的顽疾。据统计，全国城市建成区面积由 1981 年的 7 438 平方公里增加到 2008 年的 36 295 平方公里，2012 年更是突破 10 万平方公里，年平均拓展速度为 6.3%，远高于同期城镇人口的年增长速度 4.21%，表明城市土地增长率大于人口增长率，城镇化土地利用率呈下降趋势。城乡土地二元结构，正在使城镇化偏离发展目标的轨迹。二是新增农村集体经营性建设用地市场化配置不完善，威胁耕地保有和生态环境。我国城镇化新增土地 95%以上来自农村集体土地，如果按以往的城镇化发展轨迹，很有可能冲破耕地红线。据预测，根据中国城镇化率2020年突破60%的发展目标，城镇人口达到约7.5亿人，比2012年底的城镇人口净增1.4亿人。按人均100平方米为新增城镇人口提供用地，需要新增1.4万平方公里城镇面积，则城镇用地从2012年的愈10万平方公里，增加到11.4万平方公里，大大突破国土资源部土地利用总体规划中规定的10.65万平方公里的控制目标。这意味着18亿亩的农业耕地红线可能被侵占，将关系到我国粮食安全和生态危机。三是存量农村集体经营性建设用地闲置严重，投入产出效益不高。随着我国劳动力及各种生产要素成本的不断上升，产业转型升级的竞争已进入大洗牌时代，技术水平和劳动生产率低的乡镇企业，基本被淘汰出局，留下大量厂房被闲置。2003年，国务院办公厅下发了清理整顿各类开发区加强建设用地管理的通知，经过一年整顿，国土资源部统计数据显示，全国开发区核减数量占开发区总数的70.1%，压缩规划面积占总规划面积的64.5%，县级以下开发区全部撤销。

事实表明，农村集体经营性建设用地不能直接进入市场化配置，就不可能有真正意义的农村土地利用高效率和高效益，这是城镇化推进和农村发展必须解决的核心问题。

7.2.2 农村土地承包制度的问题与缺陷

承包地就是指在实行家庭联产承包责任制时，在不改变土地集体所有的条件下承包给农户经营的耕地。在承包经营责任制下，农户对承包地享有占有、使用、收益及流转的权利，但不具有担保及抵押的权利。这样的承包地制度安排存在着以下缺陷：

一是承包地权能不完整。我国农村土地属于集体所有，农民通过承包经营获得的是土地的使用权或者经营权。按现行法律规定，土地承包经营权属于用益物权，农民享有的承包地权能包括占有、使用、收益以及承包经营权转包、出租、互换、转让或其他流转方式。但是，由于我国《物权法》规定，耕地、宅基地等集体所有的土地使用权不能抵押、担保，因而使得农民拥有的土地承包经营权的用益物权权能不完整、不充分。由于农村承包地权能不完整，农民土地财产权益得不到保护，农民不能完全脱离与土地的联系。虽然随着我国工业化和城镇化深入发展，大量农民已转移到非农产业和城镇就业，这部分农民虽仍具有农民身份但已不再从事或不主要从事农业，虽仍是集体土地的承包主体，但已不再是或不主要是集体土地的经营主体，在土地没有确权、农村土地产权交易市场不完善的情况下，农民对土地流转仍有担忧，进而影响了土地流转及土地利用效率。

二是承包地无法资本化，影响了农民的财产性收入。城乡分割的土地市场导致了要素流动非均衡性，承包经营权无法进行盘活和实现资本化。这既与城乡一体化市场配置相矛盾，也使农民的土地财产权益无法得到保障，农民的财产性收入少，城乡收入差距扩大。根据统计资料计算，2012 年农民人均纯收入只相当于城镇居民人均可支配收入的 32.2%，从动态看，1980—2012 年，农民人均纯收入年均增长 6.90%，城镇居民人均可支配收入年均增长 7.12%，农民人均收入年均增速比城镇居民平均每年慢 0.22 个百分点；农民人均纯收入和城镇居民人均可支配收入的相对差距（农民人均纯收入为 1）由 2.5∶1 扩大到 3.1∶1，扩大 24%；绝对差额由 286.3 元扩大到 16 647.4 元，扩大近 60 倍。从农民收入构成看，家庭经营性收入、工资性收入、转移性收入、财产性收入四个部分中，财产性收入所占比重很低。2002 年，我国农村居民家庭人均财产性纯收入为 50.5 元，占农村居民人均总纯收入的 2.0%；2011 年农村居民家庭人均财产性纯收入虽然增加到 227.6 元，但比重仅上升为 3.3%。因此，赋予农民更多财产权利，推动农民财产权利在经济上有效充分实现，可以有效增加农民财产性收入，使财产性收入成为农民增收的新的增长点，从而有效拉动农民收入持续较快增长，逐步缩小城乡居民收入差距，推进城乡一体化发展。

三是承包地分散小规模经营难以使农业成为有吸引力的产业。在目前土地细碎的小规模分散经营情况下，一方面，农民靠土地种植不能实现充分就业，不能获得体面的收入，为了增加收入，必然要兼业，导致农业出现兼业化、副业化，造成农业的粗放经营，反过来又影响农业的产出，农民的收入更难以提高；另一方面，这种小规模经营影响了农业科技的应用和农业机械化的实现，影响现代农业的发展。第二次农业普查结果显示，全国从事农作物种植业的农户户均土地规模不足 10 亩，不少农户的土地还分散为几个小块，90%左右的农户养肉牛数量在2头以下，93%左右的农户养猪数量在10头以下，80%左右的农户养羊数量在10只以下。这种小规模分散经营难以实现农业现代化。发展规模经营和现代农业，是我国农业改革发展的重要方向。邓小平在20世纪90年代初就提出中国社会主义农业的改革和发展，从长远的观点看，要有两个飞跃。第一个飞跃是废除人民公社，实行家庭联产承包为主的责任制，第二个飞跃是适应科学种田和生产社会化的需要，发展适度规模经营，发展集体经济。而目前这种分散的小规模经营难以实现农业的第二次飞跃。

7.2.3 农村宅基地制度的特殊性与矛盾

农村宅基地是指农村地区用于建造农民住宅，以及庭院、畜禽舍、仓库等附属生活设施的用地。根据国土资源部《关于进一步完善农村宅基地管理制度切实维护农民权益的通知》的规范界定，“宅基地是指农民依法取得的用于建造住宅及其生活附属设施的集体建设用地”。宅基地制度主要是指宅基地的产权制度和管理制度。

我国农村宅基地制度的特殊属性在于：一是两权分离，根据我国《宪法》和《土地管理法》，宅基地属于农民集体所有，农民依法对宅基地享有使用权，[①]但宅基地上的房屋属于农民个人所有。二是一户一宅，我国《土地管理法》规定农村村民一户只能拥有一处宅基地，并且面积不得超过省、自治区、直辖市规定的标准，村民出卖、出租住房后，再申请宅基地的，不予批准。[②]对一户违法占有两处宅基地的，核实后应收回一处。但由于房地产继承等原因形成的多处住宅（包括宅基地），原则上不作处理，村民可以出卖多余的住宅，也可以维护原状，但不得翻建，房屋损坏后多余的宅基地应当依法收回。三是无偿使用，农村村民建设住宅需要使用宅基地的，向本集体经济组织提出申请并公布，无异议的报经乡（镇）审核后，报县（市）审批，一般情况下无偿使用土地，带有社会保障性质。但2010年国土资源部《关于进一步完善农村宅基地管理

---

① 《中华人民共和国宪法》（2004年修正）第一章第十条、《中华人民共和国土地管理法》（2004年修正）第二章第八条。

② 《中华人民共和国土地管理法》（2004年修正）第五章第六十二条。

制度切实维护农民权益的通知》也提出，经济条件较好、土地资源供求矛盾突出的地方，允许村自治组织对新申请宅基地的住户开展宅基地有偿使用试点。四是限定使用。根据我国相关法规及政策文件，宅基地属于不得抵押财产，属于非经营性建设用地，严禁买卖、出租和转让，不得用于商品住宅开发，严禁城镇居民购置农村宅基地或建造住宅，严禁购买农民住宅或小产权房，单位和个人不得非法租用、占用农民集体土地搞房地产开发。

20世纪90年代中后期以来，随着我国经济的高速发展，非农化和城镇化进程的快速推进，宅基地的供需关系也发生了明显转变，宅基地制度中的一些矛盾与问题日渐凸显，主要体现在：

一是宅基地与农民住房之间的产权制度和管理制度矛盾。根据我国相关法律法规，宅基地属于农民集体所有，不可抵押、担保和买卖，但农民对宅基地上的合法房屋享有所有权，作为私有财产可以在村集体成员之间出租、买卖。由于农民住宅是建造于宅基地之上，与宅基地不可分割，当房屋出售后，宅基地的使用权也已经随之发生了转移，形成“地随房走”的使用权流转。宅基地上的住房作为个人财产，其城镇户籍子女拥有继承权，但是继承后并不在农村地区居住生活，房屋闲置或再利用没有相关配套政策。房与地关系不可分离，现行法律法规中宅基地与农民住宅在产权制度和管理制度上的矛盾，造成宅基地实际权属和管理上的矛盾与混乱。

二是宅基地闲置浪费与用益物权权能无法充分实现之间的矛盾。2007年我国《物权法》提出用益物权是对他人所有的不动产或者动产，依法享有占有、使用和收益的权利，并首次将宅基地的使用权确定为用益物权。但是在宅基地使用权中仅提出宅基地使用权人依法对集体所有的土地享有占有和使用的权利，有权依法利用该土地建造住宅及其附属设施，但并未明确宅基地的收益权，也没有相关法规或配套政策出台，因此宅基地的实际用益物权权能并不完整。随着我国城镇化的快速发展，大规模的农村人口涌向城市，根据第六次人口普查数据，约存在2.6亿人户分离的常住人口，由此造成一方面农村地区出现空心村，宅基地和农民住宅闲置、浪费，虽然我国宅基地面积及使用情况没有统计数据，但许多调研报告显示，宅基地空心化情况已经非常普遍；另一方面在一些外来人口集聚度高的大城市郊区，对价格较低的农民住宅租赁需求旺盛。由于现行法规政策对宅基地抵押和转让等的限制，实际上也制约了农民住房价值的发挥，宅基地和房屋作为农民最重要的财产之一，在农民申请贷款、增加收益等方面的价值不能充分体现，现行宅基地制度已经无法适应实际发展需要。根据国务院发展研究中心农村经济研究部 2006 年对 4 个省市 4 个区县 1 000 多户农民的调查，3/4 以上的受访者表示农民住房可以买卖，1/3 以上主张宅基地可以买卖。中国人民大学对北京、甘肃等 6 个省市 12 个地区的一项调查表明(谭峻等，2013)，经济越发达的地区，农民对宅基地制度改革的意愿越强烈。

三是隐性流转普遍造成市场和管理的混乱。受旺盛的市场需求、利益驱动及城镇建设用地紧张等多种因素影响，宅基地成为地方政府、企业、城乡居民等多种利益群体关注的一个焦点，宅基地隐性流转已经从大都市郊区、经济发达地区蔓延到中西部地区。包括 20 世纪 90 年代中后期开始出现的利用农村集体土地开发建设“小产权房”，城镇居民到乡村购置宅基地建房，部分农村干部和居民非法多占宅基地建房或出租，一些地方政府越权或违规批建宅基地等多种问题屡禁不止，市场机制在农村宅基地及农民住房流转中发挥了重要的作用，法律法规约束功能及合理性受到挑战，同时隐形流转也引发了各种产权纠纷，由于缺乏法律法规依据，出现问题时权益难以得到有效保障，并造成宅基地流转市场和管理上的混乱。

7.3 新一轮农村土地制度改革的新突破与新红利

党的十八届三中全会纲领性文件《中共中央关于全面深化改革若干重大问题的决定》以深化农村土地制度改革为核心，对农村经营性建设用地、农村承包地、农户宅基地提出了一系列突破性的改革内容，直接关乎广大农民利益，更事关农业和农村发展的根本，其中许多重要阐述是第一次提出，明确回答了长期以来在理论界和实际部门一直广泛争议的问题。例如集体资产权属问题，承包经营权和农民住房财产权抵押、担保、继承和转让问题，合作社信用合作问题，工商资本下农村问题等，提出了解决重大问题的明确方向、具体思路和操作办法，体现了改革的力度和广度，彰显了巨大的改革勇气和破解难题的决心。新一轮农村土地制度改革，必将以改革红利和公平的市场机制激活农村土地，从而为破解“三农”问题找到突破口。

7.3.1 农村集体经营性建设用地改革

新一轮农村土地制度改革的最大亮点是农村集体经营性建设用地制度改革，其突破性改革体现在三个第一次：即在党的十七届三中全会提出“逐步建立城乡统一的建设用地市场”的基础上，第一次更直接表明“建立城乡统一的建设用地市场”；第一次明确“在符合规划和用途管制前提下，允许农村集体经营性建设用地出让、租赁、入股，实行与国有土地同等入市、同权同价”；第一次提出“缩小征地范围，规范征地程序，完善对被征地农民合理、规范、多元保障机制。扩大国有土地有偿使用范围，减少非公益性用地划拨。建立兼顾国家、集体、个人的土地增值收益分配机制，合理提高个人收益”。这些突破性的改革，蕴含了丰富的改革内涵，必将产生巨大的制度红利。

其一，通过冲破已有城乡二元土地制度的束缚，改革城乡土地权利不平等、市场不平等、利益不平等的状况，在规划和用途管制下，允许农村集体经营性建设用地依法流转，与国有土地平等进入建设用地市场，“实行与国有土地同等入市、同权同价”，平等使用土地生产要素，公开、公平、公正参与市场竞争，形成两种土地所有制权利平等、市场统一，利益共享、符合城乡一体化发展的“生产关系同生产力、上层建筑同经济基础相适应”的现代土地管理制度，为农村集体经营性建设用地开启了市场化的大门。

其二，通过依法保护农村集体所有制土地产权，破除农村集体经营性建设用地流转瓶颈，明确了农村经营性建设用地作为经济要素的商品化、资本化属性，通过土地财产权利流转、入股、抵押、担保等权能，实现农村集体土地权利的市场功能和经济价值。在保护农村集体土地产权基础上，极大地释放了农村集体经营性建设用地的生产力，激发了农村集体经济组织的活力和创造力。

其三，通过农村集体经营性建设用地确权，保障了农民土地财产权。土地是农民的命根子，是农民生存权、发展权的根源。农村集体经营性建设用地制度改革的首要目的，就是保障农民更多的财产权利。通过健全农村经营性建设用地归属清晰、权责明确、保护严格、利益共享的现代产权制度，落实农民集体土地所有者权益，赋予农民对其集体土地流转的知情权、决策权、处置权，根本上解决长期以来农民对农村集体经营土地所有既缺乏法人地位、又缺乏成员资格界定，农民主体地位不突出、农民财产权利无法保障，集体经济组织发展弱化、农民集体经济利益虚化的状况，为农村经营性建设用地合法流转奠定条件和基础。

其四，通过农村集体经营性建设用地公开流转，保障农民土地收益分配权。建立农村产权流转交易市场，推动农村产权流转交易公开、公正、规范运行，完善土地租赁、转让、抵押二级市场，实际上是通过完善的土地市场交易机制，扫除农村土地流转壁垒，开放农村集体经营性建设用地直接入市，建立统一土地市场下的地价体系，显化土地增值收益，保障农民土地收益分配权，实现农民的财产性溢价收入，把封闭在农村小农生产上的土地，纳入工业化、城市化和现代文明建设的大潮中，让农民分享改革开放和经济发展的红利。

其五，通过集体经营性建设用地有偿征收，保障农民合理的土地补偿权。缩小征地范围，规范征地程序，完善对被征地农民合理、规范、多元保障机制；扩大国有土地有偿使用范围，减少非公益性用地划拨；建立兼顾国家、集体、个人的土地增值收益分配机制，合理提高个人收益，都是意在限制国家无偿征收农民集体土地，还地与民，还利与民。扩大农村集体土地有偿征收，不仅给予农民生活、就业和社会保障的补偿，而且通过建立土地增值收益的利益分配机制，调整不合理的利益分配格局，提高农民个人土地增值收益，全面落实和保障失地农民的土地补偿权，让农民真正分享土地改革红利。

7.3.2 农村农户承包地改革

农村土地承包经营权的改革实践较早，虽然在保持农村土地集体所有性质不变的前提下，农村土地承包经营权改革的空间相对较小，但是党的十八届三中全会在政策上也有三个突破，体现在三个“第一次”，即保障农民承包经营权方面，在坚持农民对承包地具有占有、使用、收益、流转权利的基础上；第一次明确赋予农民承包经营权的抵押、担保权能；第一次明确允许农民以承包经营权入股发展农业产业化经营；第一次明确鼓励承包经营权向农业企业流转，从而赋予了农民土地经营承包权更完整、更充分、更自主的经济权能，为促进经营承包地流转、实现农业资源优化配置奠定了政策基础。

我国有18亿亩耕地，2012年全国实行家庭承包经营的耕地面积为13.11亿亩，已流转的面积已经达到2.78亿亩。承包地是农业生产的基本资源，同样是农户的重要资产性资源，因此承包地的流转、入股或抵押、担保将极大地激活这一耕地资源，其释放的制度红利将为农民增收、农业增效、农村发展带来深远的影响。

首先，通过赋予农民对承包地完整的权能，给予了农民充分运用承包权的发展权利，维护和保障了广大农民长期利益与根本利益。农地承包权的实质不仅是简单的财产权或利益享有权，对于作为生产者的农民来说，更是发展自主权。例如，农业是一个需要资金预投入的产业，资金是农户生产经营的重要难题，但长期以来，承包权抵押和担保权能在法律和政策上都存在缺失，使得农户无法有效利用承包权缓解资金的瓶颈，无法更好地拓展农业生产；又如，农业生产的效益更多体现在通过农产品加工、包装和销售的价值增值上，但农户缺乏足够的资金参与农产品价值链活动，直接制约了农户经营的效益提高。通过对承包权更完整、更充分、更明确的赋权，使得农户的承包权能够成为获得资金的权利和转化为资本的可能，大大拓展了农户的经营能力、经营活动、经营功能和经营范围，将从根本上增强农民的发展能力和动力，使广大农民直接享有更多财产的权利，更可以通过财产的经济功能实现长远的发展和利益。

其次，在农民承包经营权制度改革中，更充分体现市场的决定性作用。党的十八届三中全会最重大的突破，是明确建设统一开放、竞争有序的市场体系，使市场在资源配置中起决定性作用。市场化的改革导向同样在农村土地制度的改革中得到显著体现，即农民承包地权利的赋予和价值的实现，被充分建立在市场机制的基础上。例如，明确提出建立农村产权流转交易市场，推动农村产权流转交易公开、公正、规范运行；提出鼓励承包经营权在公开市场上流转，打破了目前主要以政府主导和局限在集体经济内部为主要方式的流转；以及通过经营权流转、抵押、担保等权能，实现财产权利的市场功能和经济价值。这些举措体现了在新一轮的土地制度改革中，更加注重农民的主体地位，更加注重公开、公正、公平和透明。充分发挥市场机制在保障、调节和增加农民财产权利中的作用，促进土地资源在竞争性、公平性、公开性基础上更优化配置。

再者，在农民承包经营权制度改革中，更充分体现了效率的导向和用意。鼓励承包经营权在公开市场上向专业大户、家庭农场、农民合作社、农业企业流转，发展多种形式规模经营，为农村土地流转提出了明确的方向和要求，为实现农业的第二次飞跃奠定了基础。一方面，承包经营权向专业大户、家庭农场、农民合作社、农业企业流转，有利于培育新型农业经营主体，解决将来谁来种地的问题。随着农村劳动力的流动、非农化和城镇化，农业生产人员老龄化、女性化的问题日益严重，“将来谁来种地”已成为我国农业可持续增长和农业现代化建设的一个重大问题，成为影响我国农业产业安全的一个突出问题。据第二次农业普查，全国农业从业人员中，51—60 岁占 21.3%，60 岁以上占 11.2%，即农业从业人员近 1/3 已超过 50 岁。动态看，我国农业劳动力老龄化发展很快。与第一次农业普查相比，第二次普查时 50 岁以上农业从业人员比重上升了 14.4 个百分点，平均每年上升 1.44 个百分点。按此趋势，到 2016 年第三次农业普查时，农业从业人员中 50 岁以上比重将超过50%。①对照联合国有关机构的标准，劳动年龄人口中 45 岁及以上劳动力为老年劳动力，老年劳动力占比超过 15%时为老年型劳动力结构，我国农业劳动力年龄结构已明显处于老年型，培育新型农业经营主体十分迫切。专业大户、家庭农场、农民合作社、农业企业是新型农业经营主体的主要形式。因此，承包经营权向这些经营主体流转，有利于推动我国新型农业经营主体快速成长。

另一方面，承包经营权的流转，是发展规模经营和现代农业的需要，是提高农业效益的需要。实践证明，小规模分散经营难以提高农业的效益，难以实现农业现代化，实际上，承包经营权流转已普遍产生，据农业部统计，截至 2012 年 12 月底，全国农村土地流转面积达 2.7 亿亩，已占家庭承包耕地面积的 21.5%。顺应这种趋势，规范承包经营权的流转，有利于规模经营和现代农业的发展；而规模经营是提高农业效益的重要途径。农业部的调查表明，从我国资源禀赋和当前工农就业收益看，一年两熟地区户均耕种 50—60 亩、一年一熟地区户均耕种 100—120 亩，就有规模效益，农业就具有吸引力。上海市

---

① 参见冯海发：《为全面解决“三农”问题夯实基础——对十八届三中全会〈决定〉有关农村改革几个重大问题的理解》，《农民日报》2013 年 11 月 18 日。

松江区探索和推进的规模在100—150亩的粮食家庭农场，其年收入达9.52万元，高于松江农村居民家庭收入50%以上，高于上海全市农村居民家庭收入约90%。上海松江家庭农场的实践证明了这一点。

7.3.3 农户宅基地制度改革

宅基地及其住宅是关系农户生活的基本权利，是直接影响农户资产状况的基本因素。改革完善农村宅基地制度，将在根本上保障农户的宅基地用益物权，赋予农民更多财产权力和资产性收入。

第一，农户对宅基地的财产收益权。虽然我国2007年的《物权法》明确将宅基地使用权列入用益物权，但在宅基地使用权中仅提出占有和使用，并未明确收益权；党的十七届三中全会《中共中央关于推进农村改革发展若干重大问题的决定》提出依法保障农户宅基地用益物权，但却是放在"健全严格规范的农村土地管理制度"内容下表述，主要是从管理的角度提出的，侧重的是规范和保障。而党的十八届三中全会《中共中央关于全面深化改革若干重大问题的决定》则是在"赋予农民更多财产权利"战略部署中提出保障农户的宅基地用益物权，强调的是宅基地在保障和增加农民财产收入中的权能，指明了宅基地制度改革完善的方向，是对形成完整宅基地用益物权的新部署。

第二，农户对住房的资产权及其增值权。根据我国相关法律法规，宅基地不得抵押、担保、出租、转让等。虽然农民住宅可以在集体成员之间租赁、买卖，对于宅基地上的农民住房并没有规定不得抵押，按照《物权法》私人对其合法房屋享有所有权，房屋抵押应属有效，但由于国家法律法规对宅基地的限制规定、宅基地与农民住房的不可分割性，农民住宅的实际抵押流转受到明显制约，住宅作为农民家庭最重要的财产，在保障和增加农民收入中的财产权能和作用不能有效发挥。党的十八届三中全会首次明确提"选择若干试点，慎重稳妥推进农民住房财产权抵押、担保、转让，探索农民增加财产性收入渠道"，虽然有"试点"和"慎重稳妥推进"的前提，但却是对赋予农民更多财产权利以及农民住房抵押的重要突破，有利于保障和推动农民住房财产权在农民申请贷款、获得更多财产权利、增加财产性收入渠道中的作用。明确农民对宅基地之上的住房财产依法应当享有占有、使用和收益权利，将有利于实现农民住房财产的经济功能，以及通过可流动性实现农民住房财产的经济价值，实质性地发挥农民住房财产在促进生产经营和增加农民财产性收入中的重大作用。

总之，新一轮农村土地制度改革方向已经明确，但在改革实践中，还存在着不少难点，只有在充分认识这些难点的基础上，寻找破解这些难点的对策，才能在实践中推进，并最终实现农村的可持续发展。

7.4 深化农村集体经营性建设土地制度建设

7.4.1 规范农村集体经营性建设用地流转

由于经济社会发展不平衡，目前各地在探索农村集体经营性建设用地流转模式各有差异，如安徽芜湖的“自经营模式”，镇政府自行供应、自行开发农村经营性建设用地的非市场交易的土地流转。海南“集体股份模式”，以村为单位，实行农民土地股份制，由集体经济组织统一开发经营，通过建筑物或厂房转让、租赁获取收益，并按农民股份分配收益。重庆的“地票模式”，将验收合格的农村建设用地指标打包整合，构成不同规模的地票，进而面向社会公开交易。浙江杭州、宁波的“土地换股权”模式，在农村土地流转和村办企业建设的过程中，农民可以将土地承包权作为资产入股，并享受分红。上海的“征地留用地”模式，即集体经济在转让集体经营性建设用地时，通过留用一部分建设用地进行开发经营，增加集体经济财产和农民财产性收入。在这些探索的基础上，应当同时加强规范化进程。

一是完善法律和制度，为农村集体经营性建设用地合法流转奠定基础。在法律方面，修改现有《物权法》、《担保法》、《土地管理法》、《城市房地产管理法》等相关法律条款，废除农村集体建设用地使用权流转的禁令，承认并允许农村集体土地在符合国家相关制度下合法流转，并从保护农民土地财产权的角度出发，增加和调整集体建设用地使用权的权利主体、土地流转的条件和法律程序、收益分享、权利与义务、责任与风险等法律条款。制度层面，在总结相关省市农村经营性建设用地流转试点的经验基础上，尽快出台国家层面的农村集体经营性建设用地流转的管理办法，指导各省市制定农村经营性建设用地流转的管理办法和实施细则。办法应包含农村经营性建设用地流转条件、范围、审批制度;土地权属管理制度;土地有偿转让的市场交易制度、土地收益分配制度、监督检查制度等核心内容,严格规范农村经营性建设用地流转。

二是统一土地流转市场,加强流转价格管理。为防范土地流转中产生侵犯集体资产和农民权益的行为,可以将农村集体经营性建设用地流转纳入各省市国有土地交易市场,根据市场需求和实际交易价格,动态发布交易价格,并按交易价格制定和随时调整政府指导价或基准价,对经营性建设用地使用权流转的交易价格、流转量、用地目的等方面的合理性进行审查,对于价格投机或者交易明显损害集体成员利益的,或者用地目的有损公共利益或造成宏观经济秩序不利影响的集体建设用地使用权流转不予批准。通过价格管理和出让方式的管理加以防范。

7.4.2 完善农村集体经营性建设用地收益的分配和补偿

农村经营性建设用地直接入市流转,将发生重大的利益格局变化。如何分配土地增值收益,建立政府、集体组织、农民利益平衡协调机制,将影响土地改革的成败。

一是通过税收制度明确政府对土地增值收益的分配权益。由于国家不能像国有土地转让那样直接获得农村集体经营性建设用地使用权转让收益,但又必须承担大量的公共设施建设支出。建议以土地增值税替代土地出让金,将土地增值税扩大到农村集体经营性建设用地使用权转让、出租等收益范围,并涵盖土地一级市场和二级市场。土地增值税税率应当参照国有土地增值税征收标准,对土地转让和租赁设定不同的税率。

二是监督农村集体组织土地增值收益的使用范围,保障农民生存和发展权益。集体经济或者乡镇政府对农村经营性建设用地使用权转让收入应纳入集体资产专款专用。用途范围仅限于本集体经济组织成员的养老、医疗、失业等社会保障安排;本地土地开发整理、城镇基础设施建设和公共服务设施建设,不得挪作他用。确保农民获得生存和发展保障。另外,资金使用要按财政、民政、劳动保障部门的审核、备案,并向社会公开,接受集体组织成员监督。

三是探索失地农民安置补偿路径，拓展农民变市民的发展空间。目前国家征地补偿基本依据是“按照被征收土地的原用途给予补偿”，现行主要方法有“年产值倍数法”和“征地区片法”。这种做法只体现了土地作为劳动生产资料价值的一面，不利于农民财产保护，建议应该按照被征土地“未来发展”的预期收益来测算被征地农民应分配利益，提高农民合理补偿水平。同时进一步探索农民长效增收机制，包括土地换股权、“征地留用地”等以“集体建设用地使用权交换企业经营权”的新路径。

7.4.3 完善农村集体经济组织体制

在深化农村集体经营性建设用地制度改革的同时，必须同步推进农村集体组织制度变革，建立集体经济和农民的长效增收机制，切实保障集体经济和农民集体财产权。

一是按照现代产权制度，加快改造集体经济组织形式。根据产权明晰的要求，将传统、单一的集体经济组织改造成为多种产权形式或多种功能形态的新型集体经济组织，如现代公司制、现代合作社制，甚至现代社会企业。解决农村集体经济责任主体缺位和监管主体缺位的问题，同时，进行功能分类，如区分农业性或非农性、经营性或服务性、营利性或非营利性、封闭性或开放性，依性质给予经济政策或社会政策的扶持。在用现代产权制度改革集体经济组织的基础上，量化集体经济资产，做实集体经济股权。其中核心是界定农龄、量化股份，变农户制为股东制，变实物资产为资本资产，明晰农民集体财产权。

二是改革农村集体经营性建设用地使用制度，做实集体经济平台，建立集体经济权益增长机制。在征收农村集体土地时，核定一定比例的土地指标，留给被征地的农村集体经济组织，用于发展非农经营开发，以长期保留农村集体经济组织和农民在土地上的发展权和财产权，确保被征地农民生活水平不降低、长远生计有保障，使被征地农民的收入真正随着城市化的进程“水涨船高”。例如上海农村的“征地留用地”试点，即集体经济在转让集体经营性建设用地时，通过留用一部分建设用地进行开发经营，有效增加集体经济财产和农民财产性收入。

7.5　加快确权基础之上的土地制度设计创新

7.5.1　再造家庭联产承包责任制的“升级版”

一是发展多种形式的承包经营权流转制度，适应不同地区经济发展水平和资源禀赋的差异。目前，我国许多地区已通过土地集体流转、土地入股、土地信托等对承包经营权流转进行了尝试，如上海等地的家庭农场、浙江等地的“土地换股权”、安徽等地的“土地流转信托”和重庆的“地票”等。应当通过试点和推广的办法，尽快形成规范的指导意见和监管办法，既根据各地特点，鼓励多种承包经营权流转模式并存，又确保真正按农民自愿原则实现承包经营权流转，使农民能共享土地增值收益。

二是设立承包经营权受让的资格规定，确保承包地真正用于农业发展。党的十八届三中全会明确赋予农民承包地流转权利，特别是鼓励和引导工商资本到农村发展适合企业化经营的现代种养业，这是一项重大的政策改变。但在实践中，必须避免工商资本进入可能带来的假农业、真开发的问题，形成新的“圈地运动”。可以参照国际经验，从一开始就对受让土地承包经营权的主体资格予以明确的立法或行政规定，既放开和鼓励不同经济主体积极参与农业经营，又严格限制非农业经营者或非在业农业经营者受让农地承包经营权。

三是建立“可保障的农地收益抵押权制度”，实现承包经营权的抵押权能。党的十八届三中全会关于农民承包经营权的重大突破，是赋予抵押、担保权能，但由于农业经营和承包经营权的特殊性，这也将是落实的难点，为此，建议设立“可保障的农地收益抵押权制度”，即以农地可预见的收入作为贷款的抵押，从商业金融机构获得农地经营必需的贷款。考虑到农业经营的风险，可以相应配套建立发达国家已经形成的“收入保险制度”。收入保险制度根据费率保障农户所经营农地常年收入的一定比例，商业金融机构按农户有保障收入的一定比例给予贷款，从而避免金融风险。“农业收入保险制度”通过市场方式建立，政府对商业保险公司的农业收入保险给予补贴、再保险或允许配套开设盈利性高的保险品种，以降低保险公司的经营成本和风险；同时，政府对农民的保费给予补贴，降低农民的负担。

7.5.2 推进农民宅基地改革的试点与规范

自21世纪初以来，尤其是近年来，已有一些地区根据经济社会发展形势变化和发展需要，积极探索宅基地制度改革试点，主要模式有以下五方面。

第一，农民房屋抵押试点。2001年8月浙江省湖州市政府印发《湖州市区农村农民房屋抵押登记办法(试行)》(湖政办发[2001]98号)(以下简称《办法》)，在全国最早开展农村房屋抵押试点。该《办法》提出，农民因调整农业产业结构，发展农业产业化经营、发展个体私营经济而向农村信用社及开展农村信贷业务的商业银行申请贷款时，可以在农村的合法房屋设定抵押担保，贷款数额为抵押房屋价值的70%以下，并对抵押房屋的条件、需提交的材料、程序要求等做了规定。2006年浙江温州乐清市农村合作银行试点推出农房抵押贷款业务，农民可以凭房产证和宅基地使用权办理贷款，贷款额度是该房屋市场评估价的60%—80%。近年浙江其他地市、湖南、广东、重庆、成都等一些省市区也陆续开展了农民房屋抵押试点。

第二，农村宅基地换城镇住房试点。较早源起于2006年国土部将山东、天津、江苏、湖北、四川列为第一批城乡建设用地增减挂钩试点，鼓励农民上楼，置换出的宅基地进行复垦。此后试点范围不断扩大，目前许多地区开展了多种形式的农村宅基地换城镇住房试点。例如，浙江省嘉兴市2008年开始探索宅基地和承包地分开，搬迁与土地流转分开；在依法自愿的基础上，以土地承包经营权换股、换租、换保障，以宅基地换钱、换房、换地方的"两分两换"农村土地改革模式。

第三，一定范围放宽农村宅基地流转试点。广东省东莞市2009年被国土资源部确定为农村土地产权制度改革与建设的试点，其中宅基地制度改革的重点是针对历史原因造成的农村宅基地面积超标、一户多宅、改变用途、非本村村民使用等遗留问题探索分类解决的办法。改革的具体内容中，包括实施农村宅基地在全市范围内转让的试点探索。2013年9月《广东省农村宅基地管理办法》公开征求意见，该意见提出"符合相关条件的农村集体经济组织成员，报乡镇人民政府或街道办事处同意，可以购买本镇区域范围内农村集体经济组织成员的房屋，并取得相应的宅基地使用权"。

第四，宅基地入市试点。一种是重庆“地票”模式。在城乡建设用地增减挂钩试点中，近郊和远郊区县之间土地级差地租差异显著，拆迁成本悬殊导致增减挂钩财务平衡困难。为此，重庆市成立农村土地交易所，对复垦验收合格的农村宅基地等集体建设用地指标，以“地票”的形式上市挂牌拍卖，在全市范围内跨区县、统一按照拍卖价格流转。“地票”收益10%用于缴纳交易服务费，90%返还区县，主要用于农民补偿、土地复垦和集体经济组织收益。第二种是海南省对农民宅基地进行整理，整理后多余的宅基地在尊重农民意愿的基础上，由集体经济组织以招标的方式招商入股发展商业和旅游服务业。[①]第三种是安徽省2013年11月发布《关于深化农村综合改革示范试点工作的指导意见》（皖政[2013]69号），决定在全省20个县（区）开展农村综合改革示范试点。其中提出探索土地流转的新机制，提高农民在土地增值收益中的分配比例，依托国有建设用地交易市场，建立统一的城乡土地交易市场，农村集体建设用地、宅基地等土地的转让、出租、入股、抵押将逐步纳入统一市场，并对主要工作进行了任务分解。其中一些区县已经开始试点包括宅基地在内的农村土地流转信托、地票交易等新制度。

第五，宅基地退出补偿试点。在城乡建设用地增减挂钩、探索宅基地管理新机制等政策的引导下，一些地区启动宅基地退出及补偿试点。2010年重庆市出台《重庆市户籍制度改革农村土地退出与利用办法（试行）》，对全市行政区内自愿退出农村合法农民住房、宅基地、承包地转为城镇居民的农村居民，按照统筹规划、依法自愿、合理补偿、统一管理、用途管制等原则，提出了农村土地及附属物退出、补偿、利用的试行办法规定。河北、陕西等一些地区也相继出台了关于宅基地等农村土地退出的政策文件，启动农村宅基地退出及安置补偿的试点探索。

近年来各地区根据统筹城乡发展、新型城镇化和地区经济社会发展需要，对改革完善农村宅基地制度进行了积极探索，对节约和盘活农村闲置浪费的宅基地资源、统筹城乡建设用地资源、提高宅基地及农民住房收益等方面起到

---

① 2010年国土资源部《关于进一步完善农村宅基地管理制度切实维护农民权益的通知》提出探索宅基地管理的新机制，严控总量盘活存量；因地制宜地推进“空心村”治理和旧村改造，对村庄内现有各类建设用地进行调整置换的，在留足村民必需的居住用地（宅基地）前提下，其他土地可依法用于发展二、三产业，但不得用于商品住宅开发。

了明显成效。但是，在此过程中，地方政府往往是最大受益者，而对农民的补偿、收益分配及长效保障明显不足，一些问题处理不当将引发严重的社会风险。因此，必须加快改革完善我国农村宅基地制度。

一是加快修正完善宅基地法律法规。根据党的十八届三中全会改革完善农村宅基地制度的主要精神，对主要法律法规进行修正，在关键条款上明确坚持不变的内容，修改完善存在矛盾或漏洞的内容，在国家层面建立统一完善的法律法规体系。例如，在《土地管理法》、《物权法》、《担保法》等重要法律中，明确农村"地"与"房"的关系，即宅基地使用权和住房财产权的关系，明确宅基地使用权是否可以流转，农民住房财产权抵押、担保、转让后是按照"地随房走"的政策，宅基地使用权随之转移，还是仅仅是宅基地上住房的抵押、担保和转让；明确宅基地用益物权包括占有、使用和收益的权利。加快研究制定全国农村宅基地管理的专项法律。目前我国农村宅基地立法存在滞后性，缺少国家层面的法律规范。虽然国土资源部发布了《关于加强农村宅基地管理的意见》等专项政策文件，但属于部门意见，法律效力弱，而地方层面出台的宅基地管理办法、管理条例等在一些关键问题上的规定差异较大，政策完善度和执行力度等存在较多问题。因此当前亟待加快研究制定全国农村宅基地管理法，使农村宅基地的权属、使用、流转和管理中的关键问题进一步明晰，增强法律约束、保障和规范效应。包括进一步明确农村宅基地的所有权、使用权，宅基地使用权或农民住房财产权流转的条件、范围、用途管制、收益分配，农民退出宅基地后的长效保障机制等关键内容，在广泛深入调查研究的基础上，提出国家的总体要求、指导方向与保障政策，引导和约束地方对宅基地和农民住房的流转紧紧围绕统筹城乡发展、保障农民财产权力、增加农民收入渠道等而展开，防止变相圈地和剥夺农民权益。

二是加快农村宅基地普查和确权颁证。2008 年《国土资源部关于进一步加快宅基地使用权登记发证工作的通知》提出力争在 2009 年底前，基本完成全国宅基地使用权登记发证工作；2011 年国土资源部、财政部、农业部等部委联合发布《关于加快推进农村集体土地确权登记发证工作的通知》，提出切实加快农村集体土地确权登记发证工作，其中包括宅基地使用权的确权登记和发证；2013 年中央 1 号文件提出用 5 年时间基本完成农村土地承包经营权确权登记颁证工作，加快包括农村宅基地在内的农村集体土地所有权和建设用地使用权地籍调查，尽快完成确权登记颁证工作。目前各地农村宅基地的清查、确权和颁证进度不同，有些省区已经基本完成，有些省区还在试点推进阶段。为了全面厘清全国农村宅基地情况，进一步明晰农民对宅基地和住宅的产权，建议全国有条件的省区全面开展农村宅基地情况普查，建立健全农村宅基地的地籍档案，查清权属、界址和面积，绘制现状图等图件资料。在对宅基地使用权登记发证的同时，对宅基地上的住房进行登记，颁发房产证。有条件的地区建立农村宅基地动态监测管理信息系统。通过确权颁证提高农户住房在抵押、担保和转让中的决策权和收益权，依法保障宅基地使用权人的合法权益。

三是有效引导地方政府慎重稳妥地开展农村宅基地制度改革试点。宅基地是具有社会保障功能的特殊用地，农民住房也是大多数农民家庭最重要的财产，可能是农民家庭几十年甚至一生的积蓄才能新建或翻建一座房屋，宅基地及农民住房的抵押、担保和转让，不仅是经济问题，更是社会问题。因此，改革完善农村宅基地制度，首先需要完善国家层面的顶层设计，从全国一盘棋的角度明确试点的总体思路、基本原则等宏观战略部署，避免试点在方向上出现误区，防止出现与改革初衷相反的极端情况。在此基础上，从地区层面选择具有代表性的不同类型区，如城市化发展水平和经济发展水平的高、中、低区域，慎重稳妥地推进改革试点。以试点的形式推进宅基地制度改革，一方面更利于各项改革探索可以慎重稳妥地推进，减少改革的社会风险和摩擦成本，在此基础上探索全国可推广的经验模式。另一方面我国区域差异较大，传统农区农民住房转让需求较少，抵押、担保等需求相对较多；而在经济发达地区和起飞发展区，城乡建设用地增减挂钩、农民住房租住等需求旺盛，宅基地和农民住房闲置问题比较普遍，通过试点有利于因地制宜地建立科学有效的具体改革实施方案。

四是加快新一轮村庄规划编制修编和宅基地整理。由于缺少村庄规划或规划不合理，农村地区宅基地布局不合理、散乱、闲置、浪费等情况比较普遍。通过科学编制或修编村庄发展规划，可以优化调整农村地区生产、生活等主要功能区的土地利用结构和空间布局，对现状宅基地资源进行有效整理归并，对中长期的宅基地需求进行合理预测，节约、集约、有效利用农村宅基地资源。2010年国土资源部《关于进一步完善农村宅基地管理制度切实维护农民权益的通知》提出，在村庄内现有各类建设用地调整置换时留足村民必需的居住用地的前提下，其他土地可依法用于发展二、三产业，但不得用于商品住宅开发。按照党的十八届三中全会提出的在符合规划和用途管制前提下，允许农村集体经营性建设用地出让、租赁、入股，实行与国有土地同等入市、同权同价。通过对现状宅基地资源的有效整理、合理规划，对未来发展用地的科学预测，对于整理出的宅基地资源，在留足中长期住宅用地需求的情况下，将多余的宅基地资源转为集体经营性建设用地，在符合规划和用途管制的前提下，探索与国有土地同等入市，出让、租赁、入股，因地制宜地发展新型村庄产业。从而可以盘活农村存量建设用地资源，提高农村地区土地资源的利用效率，培育农村地区的造血机制，增强农村地区发展活力，培育强村富民的内生可持续发展动力。

7.6 本章小结

中国经济的发展得益于农村改革，也得益于农村生产要素的巨大贡献。以家庭联产承包责任制为核心的农村土地制度改革红利在 30 多年的发展中已得到了充分的释放。目前，这种改革红利客观上趋于弱化，农村的发展面临新的瓶颈和难题，农村的可持续发展需要注入新的动力和活力，需要有新的土地制度改革来延续和拓展 30 年来的农村改革红利。党的十八届三中全会提出的农村土地制度改革的政策措施，正是激活土地这一农村最大的资产，再一次释放新的改革红利的重大制度设计。

新一轮的农村土地制度改革，范围将更广泛，不仅包括农户承包地，更涉及农户宅基地和农村集体经营性建设用地变革，是对农村土地制度的一次系统性改革；内容将更复杂，包括确权、放权、让权和还权等一系列权能的变革，是对农户和农村的一次综合性赋权；影响将更深刻，不仅是农村土地制度的改革，更是涉及城市用地制度的变革，是对建立新型城乡关系的一次制度性探索；意义将更深远，不仅是着眼问题导向，更是着眼发展导向、市场导向、制度导向的长远变革，是对广大农民平等参与现代化进程、共同分享现代化成果的一次长期性安排，因此，必然产生农村新的改革活力、发展动力，真正实现农业发展的第二次飞跃，实现中国农村的可持续发展。

8 互联网金融发展趋势与金融发展格局新变化

党的十八届三中全会指出，要“完善金融市场体系，发展普惠金融，鼓励金融创新，丰富金融市场层次和产品”。互联网金融在实现金融包容和服务创新方面，具有独特的发展前景与战略意义。2013 年中国互联网金融发展方兴未艾，各界评论褒贬不一。然而值得肯定的是，互联网金融在我国正在成为一种新兴业态，由此引发金融市场的“鲶鱼效应”和“普惠金融”理念正在倒逼金融体制改革和金融服务创新，进而成为影响未来金融发展格局的重要变量。在未来，互联网金融将逐步转入“分类监管、有序竞争”的发展阶段，成为传统金融的有益补充，但其成长道路仍充满着风险与不确定性。本章结合党的十八届三中全会的金融创新要求，主要对我国网络金融的发展现状、经营模式、存在问题等进行全面深化的分析，并提出若干发展策略与建议。

8.1 互联网金融的理论模式解析

大数据时代，金融与互联网产业的跨界融合与业态创新，拉开了互联网金融发展的序幕。作为一种新型金融模式，互联网金融基于互联网技术，特别是移动支付、社交网络、搜索引擎和云计算等前沿技术，改造了金融业务的服务内容与业务流程，改变了金融服务的地域限制，成为继以商业银行等金融中介为代表的间接融资和以证券市场为代表的直接融资之后的第三种金融业态。

8.1.1 互联网金融是一种新业态

在信息化浪潮的席卷下，互联网与金融之间的产业融合呈现两大发展趋势。一方面金融“触电”，形成电子银行、手机银行与网上金融超市等金融互联网业态；另一方面电商“淘金”，互联网企业特别是电商进军第三方支付平台，涉足金融产品交易与平台金融等互联网金融业态。其实，无论是金融互联网还是互联网金融，都是互联网企业和金融企业之间的跨界合作与业态创新，实质是依托互联网技术及自身的运营模式，丰富与拓展金融服务内涵，两者殊途同归。区别在于跨界的主体不同，互联网金融侧重于互联网企业向金融业的渗透，而金融互联网则更多地强调传统金融业利用互联网技术提升金融服务水平。

应当看到，金融互联网在中国并非新鲜事物，网上银行在中国的发展已达十余年。随着手机银行的兴起，金融互联网已经成为商业银行最大的交易渠道，现阶段以微信银行①和网上金融超市为代表的新型金融互联网业态，符合传统金融服务升级的演进方向。目前，对传统金融机构影响和冲击比较大的当属互联网金融，即原本一些与金融业相对独立的产业开始逐步向传统金融机构未有覆盖的领域渗透，从而引发对什么是互联网金融以及互联网金融对传统金融冲击与影响的反思。

谢平和邹传伟(2012)认为，互联网金融是一种新的金融模式，其特点是依托互联网技术，特别是移动支付、社交网络、搜索引擎和云计算等，是继商业银行等金融中介为代表的间接融资、证券市场为代表的直接融资之后，出现的第三种融资途径。巴曙松(2012)指出，互联网金融是金融业与信息产业特别是电子商务之间互动与融合的产物，金融企业借力互联网平台，可以拓展客户规模、精准客户匹配、提升资源适配、提高风控能力、降低运营成本；同时，互联网企业借助与金融企业的合作，可以大大增强跨领域经营的能力和机会。

我们认为，可以从三个层面理解互联网金融服务创新的主要内涵：第一个层面是最广义的互联网金融，包括前面提到的金融互联网和互联网金融，但凡借助互联网开展金融交易或提供金融服务的都应归于此类。第二个层面是在

① 2013年7月2日，招商银行宣布升级微信平台，推出首家“微信银行”，服务范围从单一信用卡服务拓展为集借记卡、信用卡业务为一体的全客群综合服务平台，可以实现转账汇款、手机充值、预约办理等一系列服务。2013年7月28日，中国工商银行正式推出微信银行服务。微信用户只需登录工行网站，用手机扫描二维码，或者通过微信平台关注“中国工商银行电子银行”公众账号，即可使用工行的微信服务银行。

最广义的互联网金融中扣除传统金融机构（比如银行）已经实现的互联网业务。在这个层面上，也包含传统金融机构正在或即将涉足的线上金融服务，比如微信银行、手机银行等，其中关注中小客户的理财需求和融资需求是传统金融利用互联网开展服务创新的重要内容。第三个层面是指传统的非金融类从业机构，在取得相应资质的前提下，将自身的业务向金融业延伸，成为金融产业链的一部分，即狭义的互联网金融。现阶段，互联网金融的服务创新，应侧重于第二或第三个层面的理解。尤其是关注在大数据时代，金融与互联网产业的跨界融合与业态创新。

8.1.2 互联网金融的信息处理方式

互联网金融关注"长尾市场"的需求信息。传统市场理论把注意力集中于大企业和主要需求者。然而，随着互联网和数字技术的发展，一些原本受到地域限制而被忽视的中小用户的需求信息被集结起来，形成服务经济时代利润的重要来源，这就是"长尾理论"所要表达的深刻涵义。长尾规模足以同主要市场规模相比拟，在这种情况下，企业就需要特别关注中小用户的需求，包括"最后一公里"对提升服务品质的关键作用。"长尾现象"是服务经济有别于制造经济最显著的特征所在，互联网金融正是由隐藏在长尾中的一系列潜在的支付需求、投资需求和融资需求催生所致。

互联网金融把私人信息公开化、分散信息集中化。互联网金融有着与直接金融和间接金融截然不同的信息处理方式，它既不像专业的信用评估公司或投资银行的研究小组那样区分贷款者资质，又不同于银监会等相关职能部门定期披露企业信用信息，而是基于社会网络、搜索引擎和云计算三者之间的动态协作：社会网络负责产生和传播信息，搜索引擎负责建构、排序及索引信息以缓解信息冗余问题，云计算负责为处理海量信息提供解决方案。互联网金融的信息处理方式，通过交易价格产生连续时间的动态违约概率序列，揭示金融产品的风险定价，从而把对贷款者风险评估的成本降至最低（Xie and Zhou，2012）。这种信息处理方式与CDS的市场机制十分类似。

长尾理论和互联网金融独有的信息处理方式，彰显出互联网金融的现实意义在于：一是强大的信息处理能力可以降低交易信息的不对称程度，节省交易成本，提高交易效率。二是互联网技术取代了专业化的金融知识，降低了金融参与门槛，为全社会增添了一种更加民主化的资金融通渠道，而不是少数专业精英控制的金融垄断，从而有助于实现金融发展的"普惠效应"(extensive marginal effect)。三是与传统金融部门形成业务竞争态势，倒逼传统金融部门改善服务质量、创新金融产品、优化资源配置，使虚拟经济更合乎实体经济发展的需要。此外，互联网金融还可被用来解决中小企业融资难问题，并促进民间金融的阳光化与规范化，但由于这是跨业经营，互联网金融业对现有的分业金融监管模式也提出了重大挑战。

8.1.3 互联网金融的资源配置方式

互联网金融的信息处理方式决定了其配置资源的特点：储蓄者和融资者通过互联网直接发布并匹配资金供需信息，达成市场交易，而不需要经过银行、券商或交易所等金融中介，降低了交易成本和信息不对称程度。在这种资源配置方式下，交易双方依托网络实施信息更加充分透明的竞价行为(比如拍卖)，因此是富有效率且机会公平的。但是在另一方面，特别是在互联网金融发展初期，社会网络在公开和传播信息的过程中的信息甄别与监督能力有限，同时风险管理与行业监管手段又相对滞后于实际发展需要，因而尽管互联网有助于降低交易成本和信息不对称程度；但当融资规模较大且存在难以消除的市场风险与信用风险时，银行等传统金融中介在这方面仍具有不可替代的信息处理优势与信用担保功能，可以通过再保险等手段转嫁风险。所以从这个意义上讲，互联网金融在相当长的一段发展时期内，将成为传统金融的一种补充形式，而不可能完全替代传统金融的资源配置功能。

从本质上讲，信息技术和金融的本源都是数字，两者具有天然结合的基础。互联网和智能手机的普及引致了无网点银行服务的兴起(CGAP, 2008)，在一定程度上推动了信息技术与金融的深度结合，一些实证研究(何光辉、杨咸月，2011；范正，2012；谢平，2012)关注到手机银行等信息产业的基础设施终端在互联网金融发展中的重要性，网络覆盖率、手机渗透率等重要指标不断提升，为互联网金融服务创新开辟了广阔的市场空间。所以互联网金融的资源配置方式，是在信息化背景下利用信息技术改变金融排斥，进而优化资源配置和促进经济增长的具体表现。

同时，借助于大数据等现在信息处理手段，互联网金融的演进也在构筑不同于传统金融“自上而下”的信用体系，即不再沿袭以往从国家到银行再到国有企业的信用链，而是形成一种新的“自下而上”的信用评级与违约风险评估机制。这套评估机制由于是从浩瀚且分散的市场中采集而得的，因而更有助于发挥市场在资源配置中的决定性作用。为此，互联网金融不仅仅是一种新的金融业态，更是一种新的市场机制，具有效率导向和自我完善与纠偏的功能。当然，能否做到基于大数据的全样本分析，仍值得关注和研究。

8.2 中国互联网金融的业态模式及其发展趋势

目前，随着中小微企业融资需求的扩张、创业者数量的增加以及国民财富积累到一定阶段个人理财需求的提升等现实经济发展的需要，中国互联网金融在结算支付、资金借贷、创业集资、虚拟货币和投资理财等多个领域有所涉猎，各类市场主体百舸争流，互联网金融发展正逢其时。

8.2.1 中国互联网金融发展充满机遇

中国互联网金融的发展机遇主要来自宏观面、技术面和市场面。首先，中国经济在高速增长 30 多年后进入经济结构调整的重要战略机遇期，关键在于加快转变经济发展方式，摆脱原来粗放式的增长路径，提高经济发展的效益和投入产出效率，这就对金融市场的资源配置功能提出了更高的要求。

其次，信息化浪潮席卷全球，中国社会已经或正在被信息化工具所包围。来自中国互联网络信息中心的数据显示，截至 2013 年 6 月，我国网民规模达 5.91亿人，较 2012 年底增加 2 656 万人，互联网普及率为 44.1%，增加 2 个百分点；手机网民规模达 4.64 亿人，增加 4 379 万人，网民中使用手机上网的人群占比（渗透率）达 78.5%，上升 4 个百分点。[①]与此同时，互联网对实体经济和虚拟经济的渗透力正在不断加强，仅阿里巴巴、腾讯、百度、京东、网易等公司合计

---

① 数据来自中国互联网络信息中心：《中国互联网络发展状况统计报告（第 32 次）》，2013 年 7 月。

的总市值就达1.4万亿元人民币，约占沪深两市上市公司总市值的5%①。可见，互联网金融在中国发展具有良好的信息化基础设施。

再者，中国人均GDP超过5400美元，部分东部沿海地区和城市的人均GDP超过1万美元，大量的“长尾市场”正在觉醒迸发出海量的市场需求，成为互联网金融发展的动力源泉。例如，中小微企业融资需求的扩张、创业者数量的增加以及国民财富积累到一定阶段个人理财需求的提升等，一定程度上成为推动市场格局变迁的重要力量，由于体制因素的制约等，传统银行体系并不能完全满足这些迸发的需求，这给基于服务创新的互联网金融提供了千载难逢的历史机遇。

8.2.2 中国互联网金融的两类主流模式

目前，中国互联网金融发展的主流模式主要有，处于正规运作期的互联网支付和亟待行业整合的P2P贷款，这两类模式在国内发展速度最快。除此之外，还有诸如众筹融资、电商小贷、虚拟货币和金融网销等业务模式都处于发展的萌芽期或期望膨胀期(见表8.1)，同时也出现了一些互联网金融企业从事两种或两种以上互联网金融业务的复合模式。

表8.1 中国互联网金融发展的主要模式

主要模式	行业特点	所处时期	代表企业/产品
互联网支付	银行和第三方机构为商户和消费者提供支付结算服务	正规运作期	支付宝、快钱
P2P贷款	投资人通过有资质的中介机构，将资金带给其他有借款需求的人	行业整合期	拍拍贷、人人贷、搜搜贷、红岭创投
众筹融资	搭建网络平台，由项目发起人发布需求，向网友募集项目资金	萌芽期	大家投
电商小贷	利用平台积累的企业数据，完成小额贷款需求的信用审核与放贷	期望膨胀期	阿里小贷
虚拟货币	以比特币为代表的非实体货币	期望膨胀期	比特币
金融网销	基金、券商等金融或理财产品的销售平台	期望膨胀期	余额宝、百度百发、普兰金融

① 数据来自王国斌：《互联网时代的投资》，《上海国资》2013年第8期，第33页。

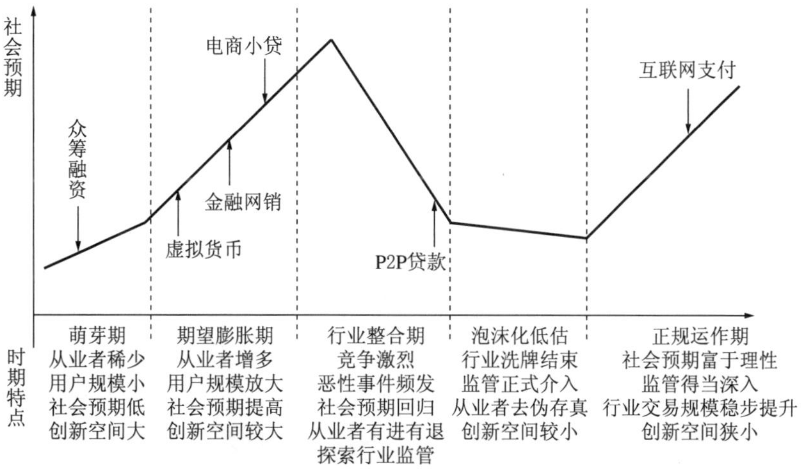

图 8.1　中国互联网金融发展主要模式所处阶段分析

1. 互联网支付

互联网支付系指银行和第三方支付机构通过互联网为 B2B、B2C、C2C 之间办理在线货币支付、资金清算和查询统计等业务。从支付方式看，互联网支付可以分为网上银行支付和第三方支付平台支付，前者严格意义上属于金融互联网的组成部分。而从支付手段看，随着移动通信设备的发展，智能手机的渗透率已超过正规金融机构的网点或自助设备，引发移动支付业务的全球扩张，这是对传统支付业务（如信用卡、银行汇款）的补充和替代。

图 8.2　互联网支付、网上银行支付、第三方支付和移动支付的联系

社会消费水平持续增长，是带动互联网支付行业发展的重要原因。2012 年，中国居民社会消费品零售总额达 21 万亿元，同比增长 14.3%；其中，银行卡消费总额 8.1 万亿元，同比增长 28.9%，渗透率达 43.5%①。艾瑞咨询的统

① 数据来自国家统计局、中国人民银行历年支付体系研究报告。这里统计的银行卡消费金额不包含房地产、大宗批发等交易类型。

计数据显示，2012年中国第三方支付互联网支付业务交易规模达3.66万亿元，同比增长66%（见图8.3），占第三方支付市场交易总额（12.9万亿元）的28.3%（见图8.4），市场集中度CR5超过90%（见图8.5）。

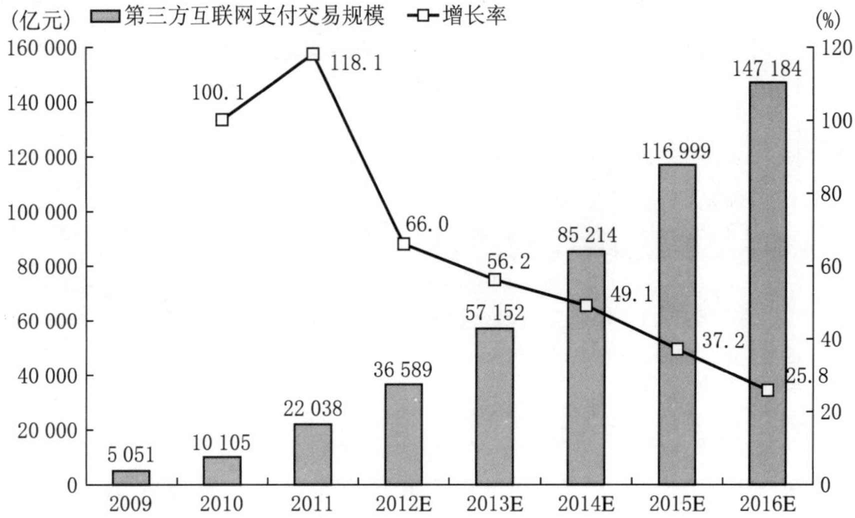

注："E"表示为预测数据。
资料来源：艾瑞咨询：《中国第三方支付行业发展研究报告（2012—2013）》。

图8.3　2009—2016年中国第三方互联网支付市场交易规模

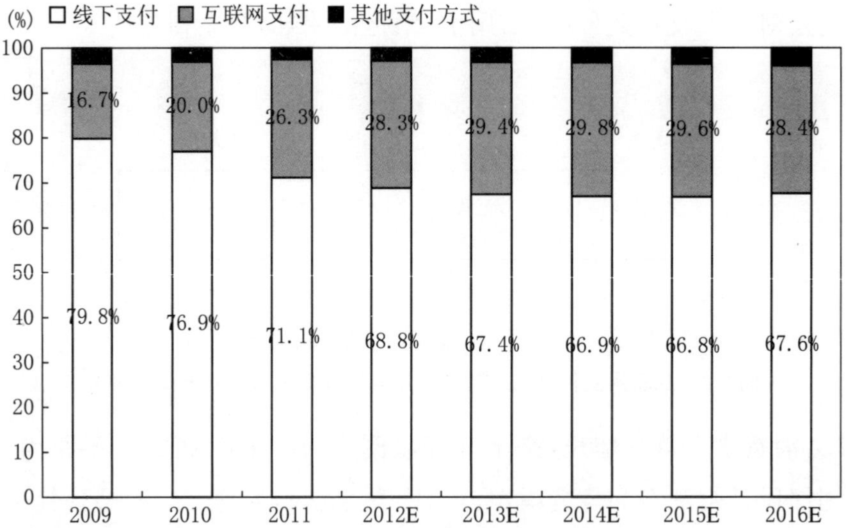

注："E"表示为预测数据，其他支付方式包括电话支付、预付费卡等。
资料来源：艾瑞咨询：《中国第三方支付行业发展研究报告（2012—2013）》。

图8.4　2009—2016年中国第三方支付市场交易结构

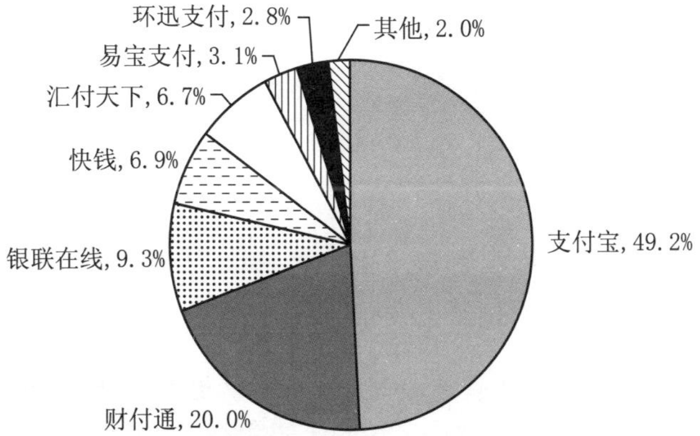

资料来源：艾瑞咨询：《中国第三方支付行业发展研究报告(2012—2013)》。

图 8.5　2012 年中国第三方互联网支付市场竞争格局

国内大部分第三方支付企业在 2009 年前后开始进入移动支付市场，到 2013 年第二季度，中国第三方移动支付市场交易规模已达 1 064.1 亿元，环比增长 64.7%。这一增长速度同 Goldman Sachs(2012)就 2014 年之前中国移动支付业务复合年均增长 62%的判断基本一致。移动支付分为近场支付和远程支付两种，由于目前商业标准制定与营运模式等问题，近场支付在中国发展非常缓慢，而远程支付开展得如火如荼。以支付宝为代表的远程移动互联网支付在移动支付整体占比高达 80.1%，交易规模达 852.4 亿元，环比增长 90.7%；短信支付占比仅为 17.4%，交易规模有所压缩；而备受期待的近场支付(NFC)占比仅为 2.5%。此外，从第三方移动支付的市场份额看，支付宝以 60.7%位居第一位，联动优势、中国移动分别以 11.6%、4.8%分列第二位、第三位；在移动互联网支付细分市场中，支付宝以 75%的市场份额遥遥领先，财付通和中国银联则分别以 5.8%和 5.4%分列第二位、第三位①。

从发展趋势看，互联网支付的行业优势，不仅在于支付的便捷，而且更重要的是第三方支付企业(如支付宝)掌握着海量的消费者数据，以及集结起来的可再利用的资金或余款。这为第三方支付企业向金融业渗透开辟了道路，并促使互联网金融逐步向行业纵深发展。目前，国内主流第三方支付巨头，如汇付天下、通联支付、银联电子、易宝支付、支付宝、财付通和快钱等，都已悉数

① 数据来自吴宇寰：《从移动市场支付交易规模单季破千亿，支付宝份额进一步扩大》，《都市商报》2013 年 8 月 7 日，http://tech.hexun.com/2013-08-09/156963668.html。

获得基金第三方支付牌照。例如，支付宝联手天弘基金开设余额宝，2013 年 6 月余额宝诞生，到 9 月规模已达到 556.53 亿元，11 月 14 日突破 1 000 亿元，注册用户超过 3 000 万。2013 年 11 月 11 日，余额宝首次参与“双十一”促销活动，就创造了 1 679 万笔高达 61.25 亿元的有史以来基金最大单日赎回纪录，相当于当日沪深两市交易笔数之和（694.63 万笔，WIND 数据）的 2.4 倍。余额宝在短短半年时间里，冲击国内基金业重新洗牌，让名不见经传的天弘基金一跃跻身第一方阵。余额宝模式成为相关互联网金融企业纷纷效仿的模板，一些互联网支付企业还尝试向 G2C 电子政务、行政教育支付体系，以及旅游退税等领域延伸。

2. P2P 贷款

P2P（peer to peer）贷款系指利用互联网直接实现个人资金的小额借贷。国内 P2P 贷款是在利率市场化尚未充分实现的条件下开展的，这一点与发达国家有着本质不同，在一定程度上可以把国内 P2P 贷款看做民间市场力量对固定存款利率的挑战。据统计，截至 2012 年，中国 P2P 贷款平台的放贷规模已达到 228.6 亿元，同比增长 271.4%，预计未来两年内仍将保持高速增长（见图 8.6）。

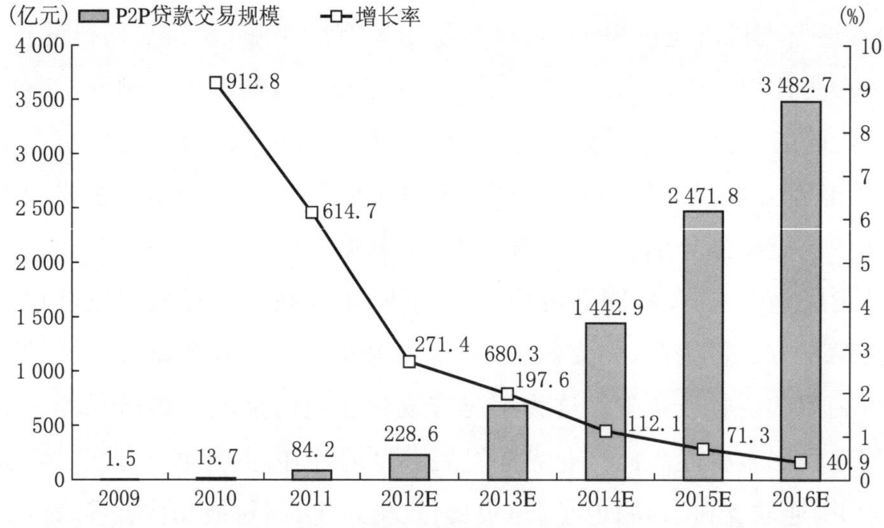

资料来源：艾瑞咨询：《互联网创新金融模式研究》，2013 年 7 月。

图 8.6　2009—2016 年中国 P2P 贷款交易规模

在企业数量方面，艾瑞咨询的数据显示，2012 年中国 P2P 贷款企业近 300 家，同比增长 38.3%[①]。研究认为，尽管每年新成立的 P2P 贷款企业数量激增，但濒临破产和倒闭的企业也不在少数，整个行业处于低门槛的"野蛮生长"状态，进入和退出市场的企业数量都处于高位，行业的系统性风险较大。在未来，P2P 贷款的发展趋势将受两大因素影响：一是全行业重新洗牌，擅于商业模式创新的企业重新划定势力范围，而运作不佳和资金流断裂的企业（如采用"资金池"的企业）将面临淘汰，因此新进企业将更为谨慎；二是强化行业监管，通过发放牌照提高 P2P 贷款的从业准入标准。这两个方面或将终结 P2P 贷款行业的"野蛮生长"，使其尽快驶入正规运作期。

从业态特征看，国内 P2P 贷款平台在展业过程中凸显两个基本特征。一是较多借出人对较少借入人。以红岭创投为例，2012 年 9 月单月的借出人数为 2 948 人，借入人数为 760 人，加权成交量为 7.9 亿元（期限折算为 1 个月），平均借款期限为 4.5 个月，年化利率为 11.14%（见表 8.2）。另一个基本特征是平均贷款利率高，显著高于银行的借贷利率。最高的搜搜贷竟然达到了 31.83%，最低的红岭创投也有 11.14%，不同的网络借贷平台之间利差如此之高，实际上也意味着 P2P 贷款可能蕴含着较高的信用风险。

表 8.2　2012 年 9 月各主要 P2P 贷款平台成交人数及平均贷款利率统计

P2P 名称	借出人数	借入人数	平均借贷利率
红岭创投	2 948	760	11.14%
人人贷	3 445	540	11.85%
e 速贷	769	184	18.41%
365 易贷	1 260	344	22.28%
搜搜贷	514	54	31.83%
温州贷	1 339	271	N.A.

资料来源：《2013 年上海经济发展报告》，社会科学文献出版社，2014 年即将出版。

① 关于 P2P 贷款企业数量的预测未能获得一致或相近结果，主要原因是统计口径不同以及各研究报告对互联网金融发展环境变化的预期差异较大。例如，艾瑞咨询的研究报告指出，预计 2013 年全国 P2P 贷款企业数量约为 346 家，到 2016 年也不过增加到 410 家。而网贷之家的预测则要更乐观一些，2013 年大约有 800 家 P2P 贷款平台，有不超过 50 万 P2P 投资者。

8.3 中国互联网金融的企业案例及其特征分析

2011年以来，以普兰、快钱、拍拍贷、陆金所等为代表的各类互联网金融新型业态相继出现，呈潮涌之势，成为关注互联网金融发展的又一重要视角。梳理和盘点互联网金融企业的发展成果，比较不同互联网金融企业业态创新的异同，有助于由点及面地反映中国互联网金融服务创新的基本特征，对进一步贯彻落实党的十八大关于深化金融体制改革、尊重市场主体的首创精神和健全现代金融体系，具有重要的现实价值与前瞻意义。

8.3.1 中国互联网金融企业百舸争流

1. 快钱

上海快钱信息服务有限公司(简称“快钱”)成立于2004年，总部位于上海浦东新区，从一家不到20人的互联网电子商务小型企业，发展成为员工数逾千人，年交易资金处理能力超过1.2万亿元(2011年)的第三方支付的领军企业。快钱公司致力于帮助企业打造专业高效的流动资金管理解决方案，主要体现在以下三个层面。

第一个层面是线上跨行支付。与银联的POSE机为解决线下的跨行支付提供解决方案相类似，快钱应线上的跨行支付难题而出现。但快钱与银联又有着本质上的区别，主要体现在信息与资金流动的处理过程，而不仅仅是从线下转移到线上。具体而言，银联在遇到跨行支付交易时，只是将交易信息在每日结算时发送给央行的清算部门，由清算部门清算轧差。而快钱则建有第三方支付资金池，并在主要银行都开设账户，用两个同行交易来取代跨行交易。这样，信息流、资金流和商流捆绑在一起，有效地提升交易效率。

第二个层面是加快企业资金流转速度。快钱的核心优势在于“快”，跨行支付方案不仅解决了异地、跨行等支付难题，而且还为企业依托信息技术，加快资金到账与流转，特别是为企业的应收账款管理提供了途径。与此同时，快钱也在与企业的合作中不断探索新的产品和服务方向。2007年下半年起，快钱发现企业在实施电子商务的过程中，行销的方式日趋复杂化，既有直接面向客户的线上行销，又有传统门店或代理渠道，而且希望能够实现资金回收的统一管理。为此，快钱果断推出线下业务，将单纯的网上支付服务扩展到电子支付服务，帮助企业减少现金交易，提高资金管理效率。2011 年，快钱提出“为企业加速”的新战略，迅速发展成为全国支付行业首家集成线上和线下解决方案的综合支付模式，在国内外同类支付企业中处于领先地位。

第三个层面是为企业提供基于大数据的专业化金融服务。快钱在与企业的合作中，掌握了海量的电子化交易数据，以及价值链上生成的关联数据。通过分析这些信息，有助于识别企业的运行状态与面临的风险，进而对企业的市场价值做出准确判断，并通过电子化交易平台降低企业的融资成本，这是原先以质押品为主要手段的商业银行贷款模式所无法比拟的。因此，快钱在多年的业务拓展中，依托信息优势，构建银企关系的纽带与桥梁：一方面把客户的需求收集、打包起来，为分销商、中小企业等“小、散、急、频”的资金需求提供融资平台；另一方面将客户的信息批量地提供给商业银行，促成供应链融资业务。

目前，公司在北京、广州、深圳等地设有分公司，在天津设有金融服务公司，并在南京设立了全国首家创新型金融服务研发中心，有超过 139 万家商业合作伙伴。快钱的流动资金解决方案不仅广泛应用于商旅、保险、电子商务、物流等现代化服务产业，也渗透到制造、医药、服装等传统领域；合作伙伴覆盖东方航空、南方航空、平安集团、中国人寿、京东商城、当当网、宅急送、百度、新浪、李宁、联想、戴尔、神州数码等各行业内的领军企业。

2. 拍拍贷

上海拍拍贷金融信息服务有限公司（简称“拍拍贷”）成立于 2007 年 6 月，总部位于上海浦东，是中国第一家 P2P（个人对个人）纯信用无担保网络借贷平台，同时也是第一家由工商部门特批，获得“金融信息服务”资质，得到政府认可的互联网金融平台。

拍拍贷定位于一种透明阳光的民间借贷，是对现有银行体系的有效补充。众所周知，传统意义上的民间借贷基于地缘联系与血缘关系，手续简便、方式灵活，具有正规金融不可比拟的竞争优势，但却处于金融监管的真空地带，疏于有效监督。拍拍贷运用先进理念和信息技术构建起安全、高效、诚信、透明的互联网金融平台，规范个人借贷行为，使借入者改善生产生活，借出者增加投资渠道。因此，弥补了民间借贷的天然缺陷，一定程度上适应了中小投资者和农村偏远地区的融资需求，增强了民营经济的自我调节能力，是对正规金融的有益补充。

拍拍贷无担保借贷模式的独特之处，具体表现在以下六个方面：一是贷款对象一般为小额无抵押借贷者，覆盖的是中低收入阶层，形成与正规金融的错位竞争。二是借助网络和社区化的力量，强调人人参与，从而有效降低了审查成本和借贷风险。三是平台本身一般不参与借款，做的是信息匹配、工具支持和服务等功能。四是依托互联网，实现了信息的透明化。五是与传统民间借贷的一大不同是借款人的借款利率是自己设定的，同时网站设定法定最高利率限制，有效避免了高利贷的发生。六是主要面向中低收入及创业人群，具有相当大的公益性和社会效益，解决了大部分从事小额贷款的非政府组织（NGO）普遍存在的成本高、不易追踪等难题。

与拍拍贷联系最为紧密的是淘宝。因为对于银行而言，淘宝卖家所需资金少、周转频率高，不符合银行借贷的要求，但这一“长尾市场”却引起了拍拍贷的关注。2012年年中，拍拍贷正式携手淘宝网展开合作，成为淘宝系列活动首席合作伙伴。这是国内P2P和电商行业有史以来的首度合作，标志着互联网金融和电商结合的发展趋势。目前，拍拍贷注册用户已达160万户，约6万用户成功获得贷款，累计成交金额接近4亿元，其中淘宝商家占到了总数的15％左右①。与此同时，拍拍贷还关注到网购买家的资金需求，推出“网购达人标”，并与支付宝实行实名关联认证及申请，续写着“蚁贷”的神话。

3. 陆金所

上海陆家嘴国际金融资产交易市场股份有限公司（简称“陆金所”）是中国平安保险（集团）股份有限公司旗下成员，成立于2011年9月，注册资金4.2亿元人民币。公司的经营团队由金融管理和电子商务等业界一流的国际专业人士组成，拥有行业领先的风险管控能力与先进、安全的互联网平台。

2012年3月，陆金所推出第一项业务——“稳盈—安e贷”。这是一项个

① 数据来自杨珍莹：《“蚂蚁借贷”可以走更远》，《浦东开发》2013年第8期。

人借贷类投融资中介服务，与拍拍贷、你我贷等平台类似，也是通过平台连接出资者和借款者，撮合并完成交易（见图 8.7）。

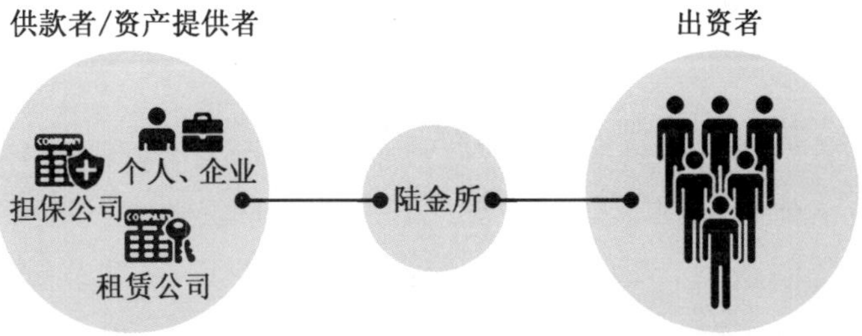

图 8.7　陆金所的业务模式

首先，从风险控制的手段看，陆金所推出了与其他网络借贷平台不同的管理方案设计。一是“稳盈—安 e 贷”采用的是“1 对 1”模式，即一笔投资仅针对一笔借款，借款人同时只能借贷一笔，而不是多人凑钱投资一个项目的模式。二是投资人收回借款及利息只能通过“每月等额本息”的方式，有利于降低风险，投资人也可及时回收资金进行再利用。三是采取小额短期融资模式，单一债权一般在 1 万—15 万元，期限为 1—3 年。四是采用全额担保模式，由平安公司旗下担保公司进行担保。

其次，从陆金所的借款人看，目前主要是以个人为主，但未来的重点会向小额贷款公司、担保公司等非银行金融机构转移。一些小微企业主，如菜农、小商品销售者等，借款的目的在于创业与自主经营，由于这些人借贷金额不大，抑或是没有信用卡，他们不可能成为正规金融机构服务的对象，但陆金所的交易机制却可以关注和包容到这个“长尾市场”的资金需求。所以在这个意义上，互联网金融又是一种包容性金融。

再者，从陆金所的出资者，即投资客户看，主要是拥有 3 万—50 万元资产的目标人群。陆金所的优势在于，7%—9%的投资回报率略高于银行理财产品，但投资门槛又相对较低。

2012 年 12 月，陆金所在“稳盈—安 e 贷”的基础上，又推出债权转让服务，允许投资“稳盈—安 e 贷”90 天以上者，可以提出申请转让。至此，陆金所基本实现了互联网金融服务的两重功能拓展。第一重功能，即为 P2P 模式的“稳盈—安 e 贷”，满足小规模短期资金借贷需求；第二重功能是二级市场交易功能，当投资者急需用钱时，可以将自己剩余的资产出售给其他投资人，提高了投资者的资金流动性。目前，陆金所正在致力于第三重功能的实现，力图通过大数据、云计算等新技术，为众多小额贷款公司、担保公司提供评级服务。

4. 普兰金融

上海普兰金融服务有限公司（简称“普兰金融”）成立于 2012 年 5 月，总部位于上海浦东张江高科技园区，注册资本 1 亿元，是国内首家具有“票据中介”业务资质的民营创新型金融服务公司，也是全国唯一提供票据经纪的信息平台。普兰金融通过全国网络有效对接票据供需双方，开创独特的票据经纪商业模式，拓展直转和转转票据交易模式，以其规范和专业的金融服务，为中小企业和中小银行提供咨询、经纪、信息、培训、软件等相关技术支持，成为浦东新区金融改革先行先试的试点单位之一。

普兰金融的前身是上海普兰投资有限公司（以下简称“普兰投资”），成立于 2002 年，经过 4 个“三年计划”的发展，逐渐形成了以票据经纪（为签约企业提供即时的不同区域、不同银行及不同票种的贴现利率）为核心的业务产品，赢得了企业和银行的信任，成为一家正在高速成长的创新型金融服务公司（见表 8.3）。

表 8.3　上海普兰投资（普兰金融）4 个“三年计划”的发展沿革

计划名称	时间跨度	时期特征	主　要　内　容
“一三”计划	2002—2004 年	创业起步期	货币工具咨询及技术服务，通过担保公司和典当公司直接参与为中小企业提供短期资金融通
“二三”计划	2005—2007 年	调整整顿期	清理因对中小企业直接融资而形成的不良资产，同时也在寻找如何建立服务中小企业和中小银行的货币经纪模式
“三三”计划	2008—2010 年	规范发展期	建立了以票据经纪带动其他经纪的货币经纪模式
“四三”计划	2011—2013 年	提高转型期	预计将完成向货币经纪人转型，并建立起自己的货币经纪电子交易信息系统

资料来源：根据中国社会科学院金融研究所课题组提供的资料以及作者调研纪要整理而成。

截至 2012 年，普兰金融拥有员工已接近 900 人，核心团队成员 635 人，上海总部 208 人，全国各网点 427 人。其中硕士及以上学历 69 人，海外归国人员 24 人，本科以上学历员工占比为 93.9%。普兰金融在全国范围内 30 个城市设有分支机构，有 8 家分公司和 28 个办事处，服务企业客户 1.2 万家，银行客户 2 000 多家（包括五大国有银行在内），其中 80％以上是中小银行，95％以上是中小企业；撮合票据交易量逾 6 万亿元，较 2011 年增长 50％，其中有 5 万亿元票据在上海交易；2010—2012 年累计上缴税收逾 8 000 万元[①]。作为一家民营准货币经纪企业，普兰金融在推动上海迈向国际金融中心的道路上，增添了一个票据的“场外市场”，其特殊性和标志意义被中国社科院金融研究所称为“普兰现象”。

总之，中国互联网金融大潮初起，互联网金融企业屹立潮头，尤其是一些民营资本，不受体制束缚，本着市场的首创精神投身改革实践，先行先试，在业务模式、交易总量、风险控制等方面创造出多个“第一”（见表 8.4）。

表 8.4　互联网金融代表性企业的业务模式与展业特色

企　业	主营业务模式				风控与展业特色
	互联网支付	P2P		金融网销（第三方金融产品销售平台）	
		有担保	无担保		
快　钱	√				后台大数据、专业化的金融信息处理
拍拍贷			√		资金借贷平台等六大展业原则
陆金所		√			“1 对 1”模式；每月等额本息
普兰金融				√	票据经纪；综合信息服务

8.3.2　互联网金融与创新转型新动力

互联网金融对正规金融形成了从观念更新到业务替代的一系列冲击，其创新方向更加符合信用经济、平台经济、网络经济与体验经济的内在要求，成为推动中国经济结构升级的新红利与新动力。

1. 互联网金融是一种信用经济

信用是市场运行的支点，也是互联网金融赖以生存的根基。无论是互联网支付、P2P 模式还是众筹融资、电商小贷、金融网销，互联网金融业务各参与方的信用程度，共同决定着行业的健康与否，任何一方都不可能独善其身。从政府层面看，关键是建立标准和从业规范；在企业层面，主要体现在商业信誉、

① 数据来自上海普兰金融服务有限公司网站，http://www.purang.com/index/index.aspx。

社会责任与信息安全等方面。例如，2010 年 6 月，央行正式对外公布《非金融机构支付服务管理办法》对国内第三方支付行业实施正式监管，从 2011 年 5 月至今，央行共发布了七批《支付业务许可证》名单，250 家企业榜上有名。为了规范市场秩序，未能获得许可证的运营商自 2011 年 9 月起便不得从事支付业务。浦东新区的快钱同支付宝、银联商务、财付通等一起成为首度获批的企业，这为快钱迅速赢得市场地位争取了有利条件。随着互联网支付向行业纵深发展，第三方支付的资金沉淀吸引着企业向价值链的上下游拓展。2012 年 5 月，快钱又同支付宝和财付通一起，获得了基金第三方支付牌照，可向基金公司和投资者提供基金第三方支付结算服务。快钱在展业的过程中，以安全合规为前提，积极推进各类创新型金融服务的发展与应用，并担任中国支付清算协会常务理事，为企业发展赢得了市场信任。再如，普兰金融自成立以来一直秉承着三大宗旨：高度社会责任感的公司、治理结构完善的公众公司，以及行业领先的创新型公司。普兰的社会责任，具体体现在其 2007 年提出的“反包装，反返利，清洁票据市场”口号，用经纪行为引导票据市场规范交易、减少灰色交易，普兰金融用实际行动赢得了市场的认可与尊重。

2. 互联网金融是一种平台经济

基于平台发展模式(策略)与竞争机制的新经济形态。互联网金融的参与主体，即金融产品的需求方、供给方、互联网金融企业，以及相关的金融智库恰好构成平台经济的四大要件，同时互联网金融也拥有平台经济最显著的特征：即双边市场效应和价格杠杆效应。具体而言，大量相异且相容、处于市场不同位置的客户群体的网络规模与金融产品消费行为，构成互联网金融重要的平台参数，互联网金融企业可以通过对双边市场的价格设定，比如向资金需求方征收少量费用甚至不收费，就会导致更多数量的资金需求方涌入互联网金融企业提供的资金交易平台，进而提升平台企业对资金供给方的定价谈判力，向供给方征收高价；或者反过来，向资金供给方询低价而向资金需求方征高价，由此形成价格杠杆。因此，在平台经济视角下，普兰金融的行业领先，不仅体现在服务创新与内部运营再造上，更重要的是构建了面向中小银行与中小企业的票据经纪电商平台(见图 8.8)。普兰金融的价格策略是，对中小企业不收费，而对中小银行收取一定费用(Ps)，依托货币市场上的贴现票据这类虚拟产品，为客户发布大量基于互联网的可供决策使用的信息，如普兰指数等。类似的情形也发生在拍拍贷。作为平台企业，拍拍贷本身不参加资金的借贷，更多是致力于信息匹配、工具支持等配套服务功能的实现。

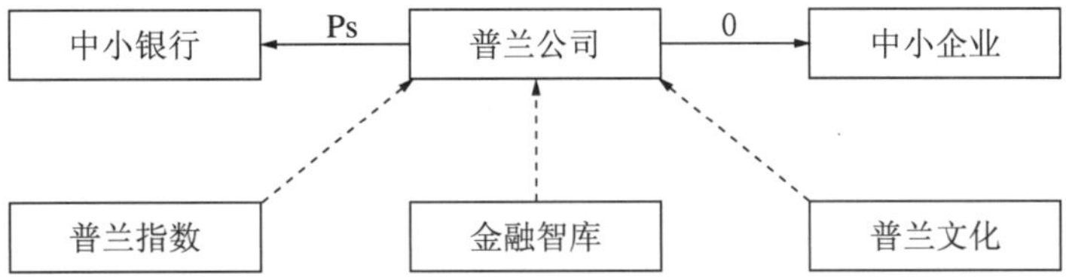

图 8.8　普兰金融的平台经济特征

3. 互联网金融是一种网络经济

作为网络经济的具体实现形式，互联网金融对于完善要素市场体系具有六个方面的重要作用。一是价格发现功能，采用集中报价机制和互联网技术，以卖出价定买入价，撮合交易形成，降低交易成本。二是交易模式创新，是原生品与衍生品市场的有机结合，以现货交易为主的短期市场与以期货交易为主的远期交易市场的有机结合。三是范围经济优势，更有利于在同一平台上有不同产品的关联交易。四是消除资金风险，引入第三方资金监管，减少金融市场上的款券不对付问题。五是减少人为干扰，交易由数据交换完成，避免因经纪人和中介带走客户而引发的销售危机。六是信息发布指引，平台企业位于信息高地，通过一揽子指数科学引导互联网金融业的可持续发展。

4. 互联网金融是一种体验经济

互联网金融强调产品的需求方与供给方的共同参与和信息共享。体验包括两重含义：第一重含义是指互联网技术集成了专业化的金融知识，降低了金融介入的门槛，大众化金融活动借助互联网实现“自金融”模式，金融体系呈现出去网点化、业态规模化的低成本竞争趋势。第二重含义是指互联网“以客户为中心”的潜在需求发现与业务综合办理提供可能。互联网金融模糊了供求双方的边界，客户在递交需求时形成的大量账户信息，为互联网金融企业进一步分析“长尾市场”的消费行为提供了依据，通过综合账户集成客户金融资产，满足客户的理财、投资、消费、支付等一站式金融业务办理需求；并在此基础上，实现业务集成、业务协同、资源共享、客户共享、数据集中处理等。

8.4 互联网金融模式的美国经验与中美比较

作为互联网金融业的先驱国，美国一直致力于通过科技创新引领互联网金融服务创新方向。早在20世纪90年代，美国1/4以上的经济增长都归功于信息技术，亚马逊、eBay、雅虎和谷歌等大型互联网企业蓬勃兴起。与此同时，美国互联网在高速发展的过程中也逐渐向金融领域渗透，涌现出大量互联网金融企业。以互联网为载体的P2P贷款、众筹融资、供应链金融和理财社区等多种形态各异的金融服务，深刻地改变着美国金融服务的产业版图。

8.4.1 美国互联网金融业态创新模式

1. P2P贷款

作为美国P2P网贷模式的领军企业，Lending Club成立于2007年，在全球金融危机之后崛起。这是一家为美国用户打造的私人在线借贷平台，通过技术平台和信用风险评估让投资者和借款者直接在网上借贷。

Lending Club成交额快速增长的主要原因在于风险管控，尤其重视对用户信用记录和交易流程的控制。首先，不采用P2P平台通行的一对一竞标方式，而是在对不同用户进行信用等级评定之后，由网站规定相对应的固定利率和固定期限。

其次，运用丰富的数据来评估信用。除了美国信用统计局的基础数据外，借款人还要回答为什么借贷、希望的额度、教育背景和职业等基本情况。Lending Club通过获得客户的IP地址、邮箱、电话号码和住址等信息分析相关信用和欺诈风险。大数据的发展使得分析工作趋于自动化。Lending Club对符合要求的贷款申请，根据借款者的FICO信用评分、贷款金额、过去6个月借款次数、信用记录长度、账户数量、循环信用证使用率和贷款期限等进行内部信用评级，分成A到G共7个等级，每个等级又细分成5档。不同信用评级对应从6%到25%不等的贷款利率，而且信用评级越低，贷款利率越高。每份贷款称为一个票据，需提供贷款金额、待认购金额、期限、评级、利率、用途以及借款者就业、收入、信用历史等信息，置于网站上供投资者选择。并规定单个票据，投资者的最小认购金额是25美元，有助于分散风险。

再者，为投资者提供了构建贷款组合的工具，比如投资者说明自己的收益目标、投资金额和拟认购贷款数目，Lending Club会推荐一个贷款组合；在贷款存续过程中，从借款者处收取贷款本息转交给投资者，并处理可能的延付或违约情况。

Lending Club的盈利模式主要是：从借款人那里获得4.5%的佣金，从投资人那里收取1%的费用，而Lending Club的开支仅相当于银行业的一半。目前，公司客户遍布美国43个州，占据美国P2P借贷市场业务量79%的份额。2012财年获得收入3 500万美元，2013年10月，公司的成交额增至2.23亿美元；自2007年成立以来共促成28.5亿美元在线贷款，投资者获得回报2.55亿美元①。2013年借贷俱乐部公司被评为“福布斯美国最具潜力企业榜”第12名，未来有IPO上市计划。

2. 众筹融资

众筹模式系指集中民众资金、能力和渠道，为小企业或个人进行某项活动等提供必要的资金援助，这是近年来美国最热的创业方向之一。2012年4月，美国政府通过JOBS法案(Jumpstart Our Business Startups Act)，允许小企业通过众筹融资获得股权资本②，使得众筹融资替代部分传统证券业务成为可能。到2012年底，美国的众筹融资网站已达700多家，成为美国互联网金融崛起的革命性力量。

2009年4月成立的Kickstarter公司是美国众筹融资模式的代表。该公司通过网上平台为设计、音乐、电影、游戏等领域的创意项目融资，截至2013年11月，已为5.1万个项目筹资8.6亿美元，共吸引510万名投资者③。投资回报以项目产品为主，如音乐CD、电影海报、游戏中人物的冠名权、与设计师的见面机会等。对每个项目，第一批投资者多为项目负责人的朋友、粉丝和熟人，投资者还可以通过社交网站推荐项目。

3. 供应链融资

供应链融资系指将供应链上的核心企业及其相关的上下游配套企业视作一

①③ 数据来自张伟：《互联网金融的先驱国美国：形态各异　羽翼未丰》，《经济日报》2013年11月19日。

② 资料来自谢平：《迎接互联网金融模式的机遇和挑战》，《21世纪经济报道》2012年9月3日。

个整体，根据供应链中企业的交易关系与行业特点制定基于货权及现金流控制的整体金融解决方案的一种融资模式。供应链融资解决了上下游企业融资难、担保难的问题，而且通过打通上下游融资瓶颈，还可以降低供应链条融资成本，提高核心企业及配套企业的竞争力。目前，美国供应链融资业态尚处于起步阶段。

2012年，亚马逊推出基于亚马逊平台的供应链融资项目 Amazon Lending，由亚马逊旗下资本服务公司（Amazon Capital Services）处理贷款业务；Paypal也于2013年4月在英国测试推出针对ebay等平台商家的融资服务。这两家的共同竞争对手是跨平台的在线商家融资服务的创业公司 Kabbage。Kabbage通过向获得贷款的商家收取费用创收，具体费用视贷款期限（最长6个月）和偿还风险而定，费率为2%—7%不等。Kabbage目前支持来自 eBay、亚马逊、雅虎、Etsy、Shopify、Magento等平台的网上商家。

与亚马逊、Paypal不同的是，Kabbage的商家信用数据并不单纯来源于交易平台，而是企业Facebook上的客户互动数据、地理信息分享数据、物流数据，或者是通过eBay、Amazon或者Esty的转化数据。搜狐资讯的统计数据表明，Kabbage已获得累计5 600万美元的融资，截至2012年，借出约7 000万美元的贷款。

4. 投资理财平台

独立于银行系统的专业投资理财平台，是美国互联网金融的又一特色。其中具有代表性的一家免费个人理财网站是Mint，其注册用户超过1 000万。2007年9月Mint上线，2010年10月被著名的会计软件公司Intuit收购。Mint拥有多项创新性功能：首先它可以通过授权把用户的多个账户信息（如支票、储蓄、投资和退休金等）全部与Mint的账户连接起来，自动更新用户的财务信息；其次，它能够自动把各种收支信息划归入不同的类别（如餐饮、娱乐、购物等）。这两项功能结合起来，用户相当于拥有了个人财务中心。更重要的是，利用数据统计功能，Mint帮助用户分析各项开支的比重、制订个性化的省钱方案和理财计划。

8.4.2 中美互联网金融服务创新比较

迄今为止，美国互联网金融发展幻化出形式各异的多种业态与模式，尽管一些业态出现时间不长，但在风险控制、资本运作、筹融资能力和业态创新等方面可圈可点，基本可以认定美国互联网金融正在步入相对平稳的发展阶段，同时也不乏由市场力量驱动产生的业务推陈出新。

从美国互联网金融的发展经验中可以发现，互联网金融并没有对传统金融产生颠覆性影响；相反，业态创新丰富和发展了金融业，提高了融资杠杆效率，使得互联网金融与传统金融形成相互促进的发展态势，而不是互相替代。此外，美国互联网金融的规模也没有出现中国般井喷态势，这不仅与其所处发展阶段特有的金融市场条件有关，同时也与美国经济的产业结构、社会保障、法规监管和个人隐私等非金融因素的中美差异息息相关(见表 8.5)。

1. 金融环境差异

中美互联网金融发展的差异肇始于两国金融环境的差异。从金融环境的初始状态看，中国属于银行主导型，而美国属于市场主导型。由此决定了中国金融市场的流动性是以银行为核心向外辐射的，信用等级高地在银行，外部信息难以渗透。而美国金融市场的流动性则发生在资金借贷与实际使用过程之中，信用评估来自于资金的实际流动情况，市场会根据资金的流动方向做出敏锐反应。在此两种截然不同的体制下，金融机构的市场影响力也存在迥异，中国银行的政策调整势必会波及、干预和冲击到互联网金融市场的培育与壮大，而在美国，很难想象单一金融机构特别是银行能有如此巨大的影响力。此外，中国互联网金融企业的风控技术相对匮乏，目前主要采用的是跨期平滑，缺点是容易出现资金流断裂；而美国互联网金融企业的风控技术相对丰富且成熟，常见的有基于违约概率的动态信用评级制度和跨行业投资等。

2. 产业结构差异

美国经济的四大支柱产业：军事、科技、金融、教育，均衡发展，多足鼎立，平分秋色。政府大体上放手让市场去调节资源，因此四大行业在市场动态调整下，形成相对稳定、平衡的结构。

然而，中国国内却存在着产业和行业发展的不平衡。互联网企业近几年的高速发展让市场已经走向成熟，内部竞争激烈，渴求新的利润增长点。反观国内的金融银行业，虽然也是在政府长期政策保护下，但因为金融领域改革步伐缓慢，国内金融业不仅没有借机发展壮大，反而更加依靠政策垄断，造成资源配置不当，服务种类匮乏，服务品质不高，成为利润率超高的行业。这种资源错配的局面引发了中国互联网金融的爆发式发展需求。

3. 社会保障差异

美国有相对比较完善的社保、医疗、养老和教育制度，大多数美国人民花钱无后顾之忧，民众普遍没有储蓄投资习惯。而且大部分政府支持的退休养老教育的投资计划都由机构操作，造成美国的资本市场上投资主体以机构为主。

然而在中国，社会保障体制尚不够完善，消费者都要自己存钱，为养老、儿女教育、医疗等做准备。因此具有较高的储蓄动机和庞大的可投资个人资产，个人成为投资市场上的主力。如何满足普通老百姓的投资需求，在中国具有更加广阔的市场和更迫切需要，互联网金融以满足草根的投资需要发展起来。

4. 个人财产和隐私保护差异

美国遵循个人财产和隐私神圣不可侵犯。只要涉及这两方面的业务，都有多重法律法规和监管部门来保护投资者，这样造就互联网涉猎金融领域门槛高、投入大。

相对而言，中国国内对投资的保护比较弱，对隐私的保护就更少。而关于互联网金融这方面的法律法规较为欠缺，这样一方面有助于降低企业进入互联网金融的发展门槛，鼓励金融产品创新；另一方面也使得良莠不齐的企业能轻而易举地进入，造成盲目过度竞争，加大市场风险，甚至产生金融欺诈。

表 8.5　中美互联网金融发展环境比较

差异比较方面		中　国	美　国
金融因素	市场初始状态	银行主导型	市场主导型
	市场流动性	以银行为核心向外辐射	按资金流网状流动
	市场信息敏感性	以银行内部信息为主外部信息难以渗透	随着资金流网状传播
	市场影响力	银行政策波及、干预和冲击互联网金融市场	单一机构难以影响市场
	主要风控技术	跨期平滑	信用评级制度跨行业投资等
非金融因素	产业结构环境	产业结构畸形，金融与房地产业快速膨胀	军事、科技、金融、教育均衡发展
	社会政策环境	医疗、养老和教育等社会保障体制尚不够完善	社会保障体制相对比较完善
	信息安全环境	隐私保护程度较弱	隐私保护程度较强

8.5 中国互联网金融发展瓶颈与政策建议

从中长期看，互联网金融掀起的“鲶鱼效应”，对于改善银行服务质量和创新金融产品具有一定的触动作用。然而在实际展业过程中，短期内银行体系时刻面临竞争压力，特别是在非金融机构的小额存贷、支付清算以及理财业务等领域，互联网金融与传统金融的争夺日趋白热化。正规金融利用体制优势挤占互联网金融的事例屡有发生，核心问题在于：互联网金融发展的最大阻力来自传统金融规制部门对金融业态创新缺乏充分认识和有效的监管手段，脱胎于旧金融体制下的互联网金融，成为推进新一轮金融体制改革的“催化剂”。

8.5.1 中国规制互联网金融的主要政策

从现有政策供给看，主要是从加强准入审核与提高行业标准两个方面，规范第三方互联网支付和 P2P 贷款企业的经营行为。

一是对从事移动支付的互联网金融企业颁发第三方支付牌照，进行从业资质认证。2010 年 6 月，央行公布《非金融机构支付服务管理办法》。根据规定，非金融机构提供支付服务需要按规定取得《支付业务许可证》，有效期为 5 年，成为支付机构，未取得的企业则不得继续从事支付业务。截至 2013 年，中央银行共发布七批第三方支付牌照，累计 250 家企业（见表 8.6）。

表 8.6 央行第一至第七批《支付业务许可证》授予情况

批　次	时　　间	企业数	代表性企业
第一批	2011 年 5 月 3 日	27	支付宝、快钱等
第二批	2011 年 8 月 31 日	13	上海银联、联动优势等
第三批	2011 年 12 月 31 日	60	中国移动（微博）、中国电信（微博）、中国联通（微博）等
第四批	2012 年 6 月 27 日	96	杉德支付等
第五批	2012 年 7 月 20 日	1	青岛白达通
第六批	2013 年 1 月 8 日	26	北京亚科技术等
第七批	2013 年 7 月 6 日	27	新浪支付科技、百付宝科技等

二是出台进一步规范 P2P 互联网金融企业展业的行业标准。例如，2013 年 12 月 18 日，上海市网络信贷服务企业联盟发布《网络信贷行业标准》，成为国内网贷行业协会出台的第一部行业标准。该标准规定，联盟内公司不得以任何方式挪用出借人资金，必须建立自有资金与出借人资金隔离制度，不得以期限错配方式设立资金池，由此控制 P2P 借贷的行业风险。

8.5.2 中国互联网金融发展的约束与瓶颈

政府在规制创新业态时，往往出现双重效应，可能直接触发新模式和新规则的创立，但也可能由于信息不对称，以及决策部门多头管理需要相互协调内耗大量的行政成本，导致不能对新型业态做出准确的业态分类和精细化管理。目前，制约中国互联网金融发展最主要的问题，就是市场竞争引发体制内的金融企业通过保护性政策限制和挤压体制外的互联网金融机构展业。传统金融在大呼“狼来了”和“互联网金融威胁论”的同时，利用体制优势，在宣传舆论造势上，夸大互联网金融存在的信用风险，从而达到压制互联网金融服务创新的目的。国际经验表明，互联网金融与传统金融之间并非一种“非此即彼”的替代关系，而是丰富金融生态环境的互补与共生力量，关键在于政策形成能否着力于培育信息化、国际化和法制化的营商环境。

其次，金融监管手段显然滞后于现实发展需要。中国的金融监管体系是按照主体来进行监管的。比如银行由银监会来监管，保险由保监会监管，互联网金融服务主体的边界具有模糊性，其业务模式也不确定，这就给监管带来难度。2013 年下半年，由于立法和监管不力，P2P 行业进入“多事之秋”，先后有湖北“天力贷”、浙江“非诚勿贷”等多家 P2P 出现挤兑或难以兑付事件；一些看似运营良好的 P2P 平台也时有坏账发生。[①]数据显示自 2013 年 10 月以来，已经有超过 72 家 P2P 平台倒闭或者跑路，涉及金额 12 亿元左右。[②]门槛低一方面提高了互联网金融的参与度，另一方面也是促进互联网金融风险高筑的重要原因。

---

① 参见李晔：《P2P 理财：火爆背后存隐忧》，《解放日报》2013 年 10 月 20 日。

② 数据来自：《来势汹汹遭质疑，2014 互联网金融靠谱不？》，《人民日报（海外版）》2014 年 1 月 3 日，转引自新华网，http://news.xinhuanet.com/tech/2014-01/03/c_125949488.htm。

此外，互联网金融的展业障碍还体现在其他一些方面，诸如基础设施等硬件发展相对滞后、互联网金融所依托的带宽与大数据环境尚未形成、与各层面的数据接口还不通畅、缺乏针对互联网金融企业的回单管理和税收管理具体办法，以及金融人才特别是互联网金融所需要的复合型创业人才比较匮乏等。

8.5.3 中国互联网金融发展政策建议

中国互联网金融在展业过程中暴露出来的诸多问题，正是金融体制改革所要解决的难题。加快推进中国金融体制改革，为互联网金融业态创新提供国际化法制化的营商环境，是中国经济再度释放改革红利实现“中国梦”的关键环节。

1. 打造适宜的营商环境

简政放权，加快转变政府职能，减少项目行政审批。在促进和丰富互联网金融业态创新方面，工商和税务等职能部门要率先转变工作理念，树立为企业发展服务的观念。在确保国家信息安全的前提下，鼓励创业兴业行为，提高对商业模式创新和业务拓展方面的容忍度。

2. 推进利率市场化改革

发达国家互联网金融机构与中国互联网金融机构发展最大的区别，在于中国尚未实现利率市场化，推进利率市场化化改革，特别是放开存款利率上限，既是中国主动加快开放进程，利用开放倒逼改革，借助互联网金融提高资本利用效率的重要举措，同时也有助于规范互联网金融展业，形成健康有序的市场发展环境。

3. 革除各种金融垄断形式

根据 WTO 协议关于金融开放的有关规定，境外相关组织机构已瞄准国内市场开展移动支付及转接业务，这意味着在进一步开放市场的同时，应当着力培育公平竞争的市场规则。为此，建议由中国人民银行牵头，调研各类移动支付组织的发展情况与政策需求，制定符合市场化需求的行业发展规划，制定鼓励自由竞争的政策导向，减少因体制摩擦而出台的临时性、冲击性的政策，打破金融服务的行业垄断，为国内互联网金融创造规模化发展的环境与机会，以应对国际竞争。

4. 强化互联网金融分类监管

一是建议在“创新发展，市场选择；联合监管，各守一段”的监管原则下，逐步深化和细化研究无缝联合监管方案；明确银监会、央行、工商等监管机构在P2P贷款平台的职责边界，发挥银监会和央行的监督功能，健全相关法律法规，建立起对P2P网络贷款平台经营的日常监督管理机制。二是建议实行分类监管，对于发展比较成熟、问题比较突出的业务，要加强监管；对新业态成长初期，建议采用“负面清单”的管理模式(即“非法集资”、“非法吸收公众存款”两条红线不能碰)，只明确列出不可从事的业务范围，未在清单所列范围的行为都应被许可，符合鼓励市场自我发展不断创新的思维模式。

5. 加快信息基础设施建设

以互联网金融产业链的视角检视信息基础设施建设情况，促进通信、大数据、数据库管理、云计算、软件开发、互联网维修、互联网终端设备等关联产业。逐步向第三方支付机构开放第二代中国现代化支付系统、征信系统、网上银行跨行支付系统、公民身份联网核查系统等支付清算业务相关系统，完善数据库的对接，向互联网金融机构开放银行间的同业拆借市场、票据市场、债券市场、外汇市场等，形成具有金融信息处理与备份功能的数据中心，确保金融信息安全与私人交易信息得到严格保护。

6. 完善第三方支付凭证管理

税务主管部门应针对互联网金融机构展业过程中遇到的税收管理问题，赋予符合一定要求和规范的支付凭证以报税做账功能，鼓励企业在流通环节使用互联网金融机构提供的金融产品与服务。

总之，要进一步发挥互联网金融在中国经济升级过程中的驱动作用，有赖于深化改革，通过简政放权，塑造公平的竞争环境，充分发挥互联网金融在资源配置、价格发现、信息对称、降低成本等方面的功能与优势，合理解决互联网金融发展过程中遇到的各类问题，培育助推中国经济创新转型的互联网金融企业。

8.6 本章小结

大数据时代，信息产业与金融业互相渗透，互联网金融蓬勃兴起，以独特的信息处理方式和资源配置模式，成为继以商业银行等金融中介为代表的间接融资和以证券市场为代表的直接融资之后出现的第三种金融业态。本章通过对互联网金融理论模式及其与传统金融之间关系的探讨，分析中国互联网金融的展业环境，围绕中国互联网金融发展的主流业态及其演化趋势，比较中美互联网金融代表性企业成长的市场环境与政策环境差异，剖析中国互联网金融发展的约束与瓶颈，提出推进中国互联网金融发展的政策建议。

研究认为，首先，在相当长的一段发展时期内，互联网金融与传统金融将共生并存，两者各存优势，共同丰富金融生态环境。现阶段，互联网金融以其独特的信息处理方式和资源配置方式成为传统金融的一种补充，无论是交易规模还是信用管理水平，互联网金融和传统金融的竞争均不在同一层面。

其次，中国改革开放 30 多年来，为互联网金融兴业提供了坚实的宏观基础、技术基础与市场基础，互联网支付与 P2P 贷款率先成为中国互联网金融的两种主流业态模式。

再者，国际金融危机以来，中国互联网金融企业的实业经历丰富了信用经济、平台经济、网络经济与体验经济的内涵，成为推动中国经济结构升级的新红利与新动力。

第四，作为互联网金融业的先驱国，美国一直致力于通过科技创新引领互联网金融服务创新方向。中美互联网金融企业的发展环境比较表明，差异主要源自两国金融制度和金融市场的特点，以及产业结构、社会保障、法规监管和个人隐私等非金融因素。

第五，中国互联网金融发展面临的主要问题是，市场竞争引发体制内的金融企业通过保护性政策限制和挤压体制外的互联网金融机构展业。深化金融体制必须从构建公平竞争的营商环境入手，革除各种形式的金融垄断，加快利率市场化进程，鼓励互联网金融业态创新；同时，强化互联网金融分类监管，加快信息基础设施建设，完善第三方支付凭证管理等。

9 扩大中等收入群体与构建合理有序的收入分配新格局

党的十八届三中全会指出，要“形成合理有序的收入分配格局”，特别强调“增加低收入者收入，扩大中等收入者比重，努力缩小城乡、区域、行业收入分配差距，逐步形成橄榄型分配格局”。这表明，扩大中等收入群体比重，对于改善收入分配格局，促进中国经济长期增长具有重要的战略和现实意义。但是，要有效扩大中等收入群体，首先就需要弄清中等收入群体的意义、特点及其内涵，同时需要进一步从理论和实证角度，客观分析哪些人属于中等收入群体，亦或中等收入群体的收入上下限是多少的问题，这样才有可能寻找有针对性的对策和措施去扩大中等收入群体。本章从构建合理收入分配格局的总体要求出发，重点研究并解决如下问题：扩大中等收入群体对构建合理有序的收入分配格局，改善整个收入分配有何意义？在中国，哪些人属于中等收入群体？东、中、西部地区的中等收入上下限是多少？未来哪些人最有可能挤进中等收入群体？他们的收入有何特征？如何采取切实有效的措施扩大中等收入群体占比？这些问题对于促进未来中国经济持续增长具有重要的战略意义。

9.1 中等收入群体与合理有序收入分配新格局：理论阐释

9.1.1 中等收入群体的定义及特点

从名称上来看，中等收入是一个相对的概念，中等收入比高收入低，又比低收入高。中等收入群体顾名思义是指能获得中等收入的那部分人，在收入上属于中等阶层，既不特别富有，也不是仅能维持生活最低要求的人。

一个人的收入水平是界定其是否属于中等收入群体最重要的依据，因为收入是居民从事经济生活的前提，收入水平的高低在一定程度上决定了人们的生活方式、消费倾向、受教育程度、贷款信用以及积累财富的能力，甚至可以影响人们的思想观念，这有点类似于马克思“经济基础决定上层建筑”的理论。我们可以通过以下方面看到收入水平对人们生活的巨大影响：高收入者生活较奢侈，而低收入者生活较节俭；高收入者消费倾向低，而低收入者消费倾向高；高收入者往往会对其自身及子女的教育进行巨额投资并能获得较好的受教育机会，而低收入者甚至可能因为收入限制而放弃本已拥有的受教育机会；以个人收入水平为条件的消费信贷规模能使高收入者获得大额贷款，而低收入者只能获得小额贷款甚至无法获得贷款；高收入者可以投资于一些价格高昂的房地产、证券等资产，如果经济形势好则可能获得较大收益，而低收入者根本没有多大能力去购买资产，因此也就丧失通过资产的保值和增值来获利的机会；高收入者通过将自己和家人从为赚取生活资料而奔波劳碌的情境中解脱出来，可以通过出国深造、旅游、休闲娱乐等增长见识，思想上比较开放，而低收入者因忙于维持生计无暇拓宽眼界，所以往往比较保守。

9.1.2 中产阶层在发达国家的经验

从世界上各个国家的发展经验来看，当社会发展的一定阶段以后，中等收入群体的生活比较富裕，生活水平也相对稳定。相比中等收入群体，西方学者们较多地研究的是中产阶层。当然，中等收入群体不等于中产阶层。一般来说，中等收入群体不必区分居民在教育程度、资产规模、职业种类、价值观念、社会地位等方面的差别。20 世纪初，Pannekoek(1909)就指出了中产阶层(middle class)的定义：“中产阶层是处于社会中最高和最低阶层之间的一个阶层。在中产阶层之上的是大资本家，在它下面的是无产阶层，即雇佣劳动者阶级。它构成了具有中等收入的社会集团”。Edwards(1943)、Mills(1951)以职业为标准来划分中产阶层并列出美国中产阶层的职业构成；North 和 Hatt(1947)通过对职业声望的实证研究并采用主观和客观的多个指标构成的一个指标体系来综合判定中产阶层；Centers(1949)以被访者凭自己的主观认识来判断自己或某人是否属于中产阶层；Duncan(1961)以教育地位、收入地位和职业地位来划分中产阶层；Warner(1963)运用公众声誉法来探测美国的扬基城的社会各阶层结构；Bourdieu(1979)、Rosenbaum(1999)以恩格尔系数作为居民消费水平的标准来从消费方面划分中产阶层；美国国情普查局于1982年起对美国的中产阶层家庭作出明确的经济收入界定。

许多发达国家或地区通过一系列政策来壮大中产阶层。比如日本在通过20世纪60年代的"国民所得倍增计划"所实现的强劲经济增长的基础上，实现了让所有国民都加入国民健康保险的"全民皆保险"，实施了保障人们养老金的《国民年金法》，再加上早已实施的学校教学质量均等的免费义务教育，在二三十年间就培养出来了颇具规模的中产阶层。日本的富人需缴纳高额所得税和遗产税，很多日本人都自认为是中间阶层，整个社会的收入差距不大。韩国、新加坡、中国香港、中国台湾等地区也通过做好社会保障、逐步提高劳动报酬、扶持中小企业等方式在20多年里培育出较大规模的中产阶层。北欧国家挪威的贫富差距也较小，中产阶层规模庞大。挪威非常注重收入均等，个人所得税率较高，对企业高管的薪酬水平实行严格控制，并对农民提供高额的农业生产补贴，使农民和市民的收入相差不大。美国在20世纪二战后至60年代末，经历了历史上经济发展的黄金时期，20年间的高利润率与低失业率并存，较合理的分配及稳定的劳资协商关系促成了庞大的中产阶层。但近年来美国的中产阶层却呈现出萎缩迹象。"2011年只有51%的美国成年人属于中产阶层，远低于1971年61%的比例。"(蓝建中等，2012)美国的中产阶层家庭普遍认为，金融过度创新、过低的资本利得税、上市公司丰厚的股权激励、倾向于富有阶层的税收政策、强势利益集团对社会财富分配的绝对话语权等影响了中产阶层的发展。约瑟夫·斯蒂格利茨在2012年出版的著作《不平等的代价》中指出，2009年美国的基尼系数已经上升至0.47，美国的政治体制已被强势经济集团绑架，税收政策有利于富人，导致美国经济增速下滑、社会动荡、中产阶层规模萎缩。

9.1.3 扩大中等收入群体：构建合理有序收入分配格局的核心

党的十八届三中全会对于未来收入分配改革做出了重要部署，明确指出，"形成合理有序的收入分配格局"，分别从以下几个方面进行相应阐述和规定：首先是从初次分配角度，指出要"着重保护劳动所得，努力实现劳动报酬增长和劳动生产率提高同步，提高劳动报酬在初次分配中的比重。健全工资决定和正常增长机制，完善最低工资和工资支付保障制度，完善企业工资集体协商制度。改革机关事业单位工资和津贴补贴制度，完善艰苦边远地区津贴增长机制。健全资本、知识、技术、管理等由要素市场决定的报酬机制。扩展投资和租赁服务等途径，优化上市公司投资者回报机制，保护投资者尤其是中小投资者合法权益，多渠道增加居民财产性收入”。其次，从再分配角度提出，“完善以税收、社会保障、转移支付为主要手段的再分配调节机制，加大税收调节力度。建立公共资源出让收益合理共享机制。完善慈善捐助减免税制度，支持慈善事业发挥扶贫济困积极作用”。第三，从完善分配秩序和收入分配调控政策角度提出要进一步扩大中等收入群体比重，即“规范收入分配秩序，完善收入分配调控体制机制和政策体系，建立个人收入和财产信息系统，保护合法收入，调节过高收入，清理规范隐性收入，取缔非法收入，增加低收入者收入，扩大中等收入者比重，努力缩小城乡、区域、行业收入分配差距，逐步形成橄榄型分配格局”。

我们认为，从中国经济发展的当下情势以及未来中国经济创新驱动和转型发展的客观需要来看，构建合理有序的收入分配格局不仅对促进转型发展、加快市场化改革具有十分重要的战略意义，而且对实现中国经济可持续增长，实现社会公平正义以及社会和谐稳定显得非常迫切。具体而言，所谓形成合理有序的收入分配格局，我们认为就是要形成如下六个方面具体的收入分配格局：一是市场化机制和效率导向的初次分配格局；二是政府调节和公平正义的再分配格局；三是一体化发展导向的城乡收入分配格局；四是规范化透明化导向的收入分配秩序格局；五是科学高效导向的分配管理格局；六是激励化导向的分配制度格局。

根据党的十八届三中全会精神，未来中国收入分配改革目标更具有指向性和清晰度，即跳出长期以来简单把收入分配改革等同于缩小收入差距问题，等同于初次分配与再分配、公平与效率等孰优孰劣的简单判断与争论，而是要明确指出要通过体制机制创新，厘清政府与市场权力在收入分配领域内的边界，逐步形成合理有序的收入分配格局，让发展成果更多、更公平地惠及全体人民。其中，“合理”是指改变目前不合理的分配格局，赋予包括劳动、资本、土地、知识、技术、管理等在内的各类生产要素，平等参与分配和讨价还价的权利，以激发各种要素活力竞相迸发；而“有序”则更加强调分配过程的规范化和机制化，建立符合社会主义初级阶段和社会主义市场经济条件下的公平正义的分配价值，让一切创造社会财富的源泉充分涌流。

我们认为，扩大中等收入群体，形成橄榄型收入分配格局，是构建合理有序收入分配新格局的关键内容和重要标志。这一点，可以从如下的分析中进一步看出。

9.2 中等收入群体与合理有序收入分配新格局：内在机理与路径

较大的中等收入群体规模可以通过很多渠道来改善整个收入分配，主要是扩大内需、产业结构和产品升级、维持社会稳定、优化收入分配结构，同时也可有效地避免中国陷入“中等收入陷阱”。扩大中等收入群体影响经济的可持续发展、收入分配新格局的内在机理如图 9.1 所示。

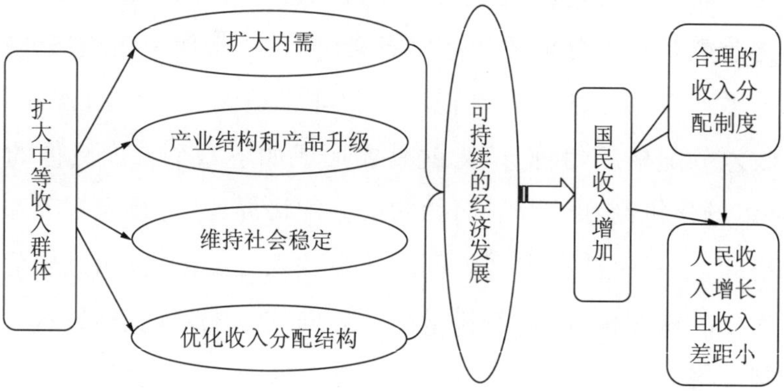

图 9.1　扩大中等收入群体对收入分配的改善机理

9.2.1　中等收入群体与扩大内需

众所周知，投资、消费和净出口是经济的三驾马车，消费能有效地刺激经济增长，合理的消费能够带动产业结构调整和产品的不断升级。一个社会有较大的中等收入群体，按照凯恩斯的消费函数，消费需求受收入和边际消费倾向的影响。一般来说，居民的收入越高，边际消费倾向越小，收入越低则边际消费倾向越大。因此,高收入者只是将少数收入用于消费,而低收入者的实际消费能力较差,难以增加对消费品的有效需求,唯有中等收入者在边际消费倾向居中的同时又具有一定的消费能力,所以有利于拉动消费。由于中等收入者具有一定的消费能力,所以可能会购买汽车、奢侈品等,也有一定的闲暇时间来进行一些娱乐活动,这些都有利于刺激消费。另外,随着金融的发展,信用卡被中等收入者广泛使用,银行也欢迎中等收入者申请和使用信用卡,有些中等收入者还会通过消费信贷来购买一些大额商品,这有利于消费信贷的发展并能进一步刺激消费。

较大的中等收入群体比重还可以起到延长产品成长期和成熟期的作用,更能有效地扩大一国的内需。按照凯恩斯的消费函数,消费需求受收入和边际消费倾向的影响。因此,高收入者只是将少数收入用于消费,而低收入者的实际消费能力较差,难以增加对消费品的有效需求,唯有中等收入者在边际消费倾向居中的同时又具有一定的消费能力,所以有利于拉动消费。随着金融的发展,有些中等收入者还会通过消费信贷来购买一些大额商品,这有利于消费信贷的发展并能进一步刺激消费。

对于弗农(Vernon, 1966)"S"形的产品生命周期,较大的中等收入群体规模可以起到延长产品成长期和成熟期的作用。弗农以美国为例对企业跨国经营的动因进行了分析,并提出了国际产品周期理论,认为美国在经济发达、技术先进、人均收入高的同时劳动力成本也很高,这决定了美国企业在本国进行创新而在其他国家或地区进行生产。但究竟何时在国内生产、何时出口以及何时在国外生产取决于产品所在的周期。弗农的理论将产品周期划分为四个阶段:投入期、成长期、成熟期和衰退期,产品在市场上的销售量与时间的关系呈现出如图 9.2 的发展规律。

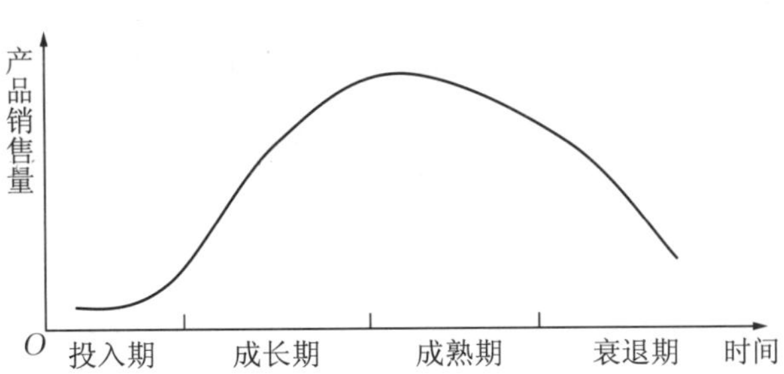

图 9.2 "S"形的产品生命周期

图 9.2 说明，当一种产品进入市场后，它的销售量和利润都会随时间的逐步推移而改变，并呈现出一个由少到多、由多到少的 S 形过程，与人的生命一样，经历诞生、成长、成熟、衰亡四个阶段，故也称之为产品的生命周期现象。具体来说，在产品的投入期，由于生产技术还刚应用不久，难以大批量生产该产品，所以生产成本高，售价也较高，加之消费者对产品并不了解，需要相关的厂商和销售商对产品进行宣传，这时只会有少数追求新奇产品的消费者购买，所以销售量很低，企业可能只能获得微薄的利润甚至亏损。在产品的成长期，厂商为扩大产品销售量会对产品进行推广，使得消费者对产品更加了解，从而销售量开始上升，企业利润增加，新增加的利润可以被用来完善产品的生产技术，并进行大批量生产，规模经济就能促使生产成本逐步降低，产品销售量也就迅速上升，企业的利润就迅速增加；这时有实力的竞争者看到生产该产品有利可图，就会开始从事该产品的生产，从而使同类产品的市场供给量增加，价格就逐步下降，企业利润的增长速度就开始减缓，最后达到产品生命周期中利润的最高点。在产品的成熟期，市场需求趋于饱和，消费者逐渐减少，销售量就从增加转变成下降，市场竞争也进一步加剧，产品的售价更低，企业利润率下降很多。在产品的衰退期，随科学技术的发展和更新，新产品开始出现，前卫的消费者开始追逐新产品，所以原有产品的消费者迅速减少，市场出现供过于求，产品的销售量和利润就迅速下降，甚至最终完全没有需求存在，产品就在市场上销声匿迹了。

对于 S 形的产品生命周期，较大的中等收入群体规模可以起到延长产品成长期和成熟期的作用。高收入者有消费投入期的新产品的能力，使得产品的生产可以获得一定盈利并继续发展。当产品进入批量生产的成长期和成熟期时，适当的产品价格将吸引中等收入者购买产品，从而使得产品得以进行巨量生产，大幅降低生产成本，增加消费者的效用，所以产品的成长期和成熟期正是中等收入者发挥重大的产品消费推动作用的时机。如果一个社会两极分化，高收入者和低收入者比重很高，产品的投入期就会较长，企业因能获得一些来自高收入者消费所出现的利润，所以不需要积极扩大生产以降低成本，市场上也缺乏相应的中等收入的消费者来购买大量的产品，所以产品可能无法进入成长期，产品的售价就难以降低，低收入者就会始终没有能力消费该产品，从而减少了整个社会的消费者效用。如果一个社会实施的是平均分配，由于缺少高收入者，新产品的研发和上市就会受到严重阻碍，即使得以顺利度过产品的投入期，一旦步入价格降低的成长期，广大享受平均分配待遇的消费者能消费得起时，就会出现严重的供不应求现象，企业会积极进行扩大再生产并降低成本，但等每个需要的消费者都抢购到该产品后，市场需求就会在极短的时间内消失；而由于产品生产是需要时间的，企业在无法合理预料未来的销量时就直接形成大量产品的积压，严重损害了企业的利益，甚至破产。所以相比其他的收入结构，中等收入群体较大的橄榄形收入分配结构能更适合 S形的产品生命周期，更能有效地扩大一国的内需。

9.2.2 中等收入群体与社会稳定

有很多学者认同扩大中等收入群体有利于社会稳定，这主要是由中产阶层是社会“稳定器”的理论衍生出来的。当中产阶层人数较多时低收入者就比较少，这样的社会结构是比较稳定的，因为中产阶层对社会主导价值观较强的认同感能使之起到缓解社会对立和社会矛盾的作用。而中产阶层人数较少时低收入者的比例就较高，由于低收入者的社会认同感较弱、反社会情绪较强，整个社会就处于不稳定状态。另外，人数较少的中产阶层会失去中间阶层的缓冲作用，使得高收入者和低收入者之间容易直接发生矛盾和冲突。

古代西方的亚里士多德就认为“唯有以中产阶层为基础才能组成最好的政体。中产阶层比其他任何阶级都较为稳定”。①马克思则是从反面来论述中产阶层的社会稳定作用的②：“中间等级的瓦解、中间等级的大多数落入到无产者队伍中来，造成了社会的两极化，这是导致资本主义的重大社会冲突、社会动荡和社会革命的前提条件之一”。邓小平也认为“中国要摆脱贫困，实现四个现代化，最关键的问题就是需要稳定”③，所以我国应重视中等收入群体的发展。

国内关于中产阶层的社会“稳定器”作用，存在着争论。马德勇(1999)认为理性的中产阶层提倡多元化和民主以保卫他们的权利，公民意识较浓；徐振斌(2002)认为橄榄形的收入分布亦即中等收入者占比较大，有利于社会稳

① 引自亚里士多德:《伦理学》，商务印书馆 2003 年版，第 206 页。
② 引自《马克思恩格斯选集》(第 1 卷)，人民出版社 1972 年版，第 259、261—226 页。
③ 引自《邓小平文选》(第三卷)，人民出版社 1993 年版，第 384 页。

定，所以应逐步缩小贫富差距，避免甚至消除两极分化；温静(2003)认为中产阶层面对社会冲突或政治问题往往能比较温和地对待并试图找到理性的解决方法，极端言行较少；李春玲(2008)描述了中产阶层的收入和消费特征，并重点分析了中产阶层的社会政治态度，认为中产阶层是经济改革和经济增长的极大受益者，仍希望维持社会的稳定和支持渐近的改革策略。

但也有学者认为只有适当比重的中产阶层才能实现社会“稳定器”的作用，有些学者甚至反对中产阶层是社会“稳定器”这种主张。安然(2006)认为中产阶层的规模应与现实的生产力发展水平和技术条件相适应，不能过大或过小。如果中产阶层规模过大，就会造成发展的危机，从福利国家中产阶层过度膨胀、整个社会过度依赖财富的再分配上可以看出这一点。后来西方福利国家为提高生产效率、减轻财政压力进行了一些改革并导致中产阶级萎缩，引起了一些社会动荡，有些国家甚至支付了沉重的代价。张翼(2008)从统计分析中得出了中产阶层并不必然是“稳定器”的结论，并认为中产阶层可能存在对社会稳定的一些消极功能，且“会严重影响未来的时局”，所以需要采取必要的措施加以应对。胡联合(2009)认为各国的中产阶层对社会稳定的影响是多元的、可变的，既能起到积极的维护作用，也能起消极的破坏作用，政府的引导非常关键。

9.2.3 中等收入群体与产业结构和产品升级

大规模的中等收入群体有利于降低一国居民在衣、食等一般生存消费在总消费中的比重，增加住、行方面以及教育、通信、旅游、娱乐、体育等的消费，还有利于实现可持续性消费，使得整个社会的消费结构更加合理，进而推动产业结构升级。可持续消费是可持续发展战略的一个重要组成部分，是指“提供服务以及相关的产品以满足人类的基本需求，提高生活质量，同时使自然资源和有毒材料的使用量最少，从而不危及后代的需求”①，以“5R”——节约能源(reduce)、环保选购(revaluate)、产品重复使用(reuse)、垃圾分类和回收再用(recycle)、救助物种(rescue)②为核心，是一种符合人的身心健康和全面发展要

① 参见 Elements for policies for sustainable consumption, UNEP, Nairobi, Symposium: Sustainable Production and Consumption Pattern, Oslo, Norway, 1994。

② 参见国家发改委地区司与外经所课题组:《世界可持续消费的最新动态》,《经济研究参考》2004 年第 8 期。

求、促进社会经济发展、追求人与自然和谐进步的消费观念、消费方式、消费结构和消费行为(龚建国等,2004)。低收入者的消费往往是为了解决温饱等问题,如果低收入者占多数,则整个社会的生产就会是一种高消耗、高污染、低效益的粗放型生产方式,难以对资源进行合理开发和有效利用,当低收入者的收入非常低时还会造成对森林、耕地、湖泊、草原等自然资源的过度利用,乱砍滥伐和滥垦滥牧现象较多,生态环境遭到严重破坏。中等收入者由于受过良好教育,对未来比较有自信,所以更追求生活的品质,偏好质量较高的日用消费品,主张可持续性消费,并注重对资源的有效利用和对生态环境的保护。由于时尚的中等收入者是整个社会消费理念的引领者,能对其他消费者的消费行为产生一定的示范作用,所以中等收入者进行可持续性消费能推动全社会可持续消费的迅速发展。

由于产业结构在很大程度上受消费结构的影响,所以中等收入群体的壮大在有利于扩大内需的同时,有助于推动我国产业结构的升级,服务业比重会趋于扩大,人们对高端服务的消费量将上升。同时,中等收入群体所喜爱的质量和档次较高的商品能有效刺激产品和技术的更新换代,推动企业从事更多新产品和新技术的研发和生产,也带动整个国家创新能力的提升。

9.2.4 中等收入群体与优化收入分配结构

扩大中等收入群体非常有利于突破现有的利益关系格局,藏富于民,为逐步走向“橄榄形”的收入分配结构打下基础。另外,扩大中等收入群体可以让“城乡居民人均收入翻番”的目标真正成为对整个社会有利的收入倍增计划,有效地缩小居民收入分配差距,加快实现共同富裕的步伐。

9.3 中国中等收入群体:内涵界定与实证分析

9.3.1 中国中等收入群体的界定

2002年党的十六大报告中就提出了“扩大中等收入者比重”的战略举措,自此,关心中等收入的学者就越来越多,但目前尚未形成对中等收入的一致的界定。中等收入者是国内的提法。刘秉泉(2003)认为中等收入者的实质就是中产阶层,既有较高的收入又有一定资产。林弘(2003)认为国外一般将中等收入者称为中产阶层或中等阶层,国内学者大都使用“中产阶层”、“中等收入阶层”来表述。但有更多学者将中国的中等收入者与中产阶层分离开来,并对中等收入者进行界定。常兴华(2003)认为中等收入者是在一定时期内收入和生活水准都能稳定保持在中等或相对平均水平的居民。他强调中等收入者已达到一定的生活水平且收入具有稳定性,他通过预测在未来某年的人均年收入来作为现阶段中等收入的划分标准,并把人均年收入 15 000 元左右定义为中等收入者的收入标准下限,认为“如果基尼系数保持一个较为合理的区间,高收入者与中等收入者的收入差距应在 2.5 倍左右”。狄煌(2003)认为以指向准确、方法简便、概括性强的家庭人均收入水平作为确定中等收入者的唯一标准是比较合理的,家庭人均收入在 10 000—40 000 元即为中国的中等收入者。苏海南(2003)强调中等收入水平具有相对性,不是一个绝对数而是一个收入水平区间,且不同地区和不同时期的中等收入水平是不同的。国家发改委宏观经济研究院课题组(2005)认为“中等收入是个中位数的概念,不是指对现有收入的简单的算术平均水平平均数”,并认为中等收入是一个动态概念,会随着经济发展而提高。国家统计局城调总队课题组(2005)认为家庭年收入 6 万—50 万元是界定我国城市中等收入群体的家庭收入(家庭平均人口为三人)的标准。顾纪瑞(2005)对国内外关于中国中等收入者的定义和测算方法进行了综述,认为以绝对收入水平定义中等收入群体有利有弊,利是能较准确地测算中等收入者的人数和所占比重、实际可操作性强且能进行国际比较;弊是由于地区差距和城乡差距的存在,中等收入统一的上下限标准很难客观确定、主观性很强。陶冶(2006)认为中等收入是指社会成员的收入水平处于中等水平,中等水平是个有上限和下限的区间,而不是一个指标值,并认为由于中国各地区的经济和社会发展水平之间存在一定差距,在中等收入水平这一问题上不能划一而论,各地区应用科学而又常年可操作的办法来确定当地的中等收入群体比重,可以利用全距、中值等数据来确定中等收入上下限。广东省统计局城调队提出了界定中等收入群体的“恩格尔系数法”,即认为食品消费占消费支出的比重界于小康与富裕群体之间的人就是中等收入者。还有一些研究使用的是将多个标准任取其一或者同时限定多个标准的方法来确定中等收入者,如四川省城调队(2004)将中等收入者的标准定位为家庭年均收入、家庭金融资产和财产、家庭拥有私家车和月收入的"三者居其一法"，但是这三条标准间不协调，且对家庭财产的估价在实际操作中难免产生估值是否正确的问题；江苏省统计局(2004)则使用不低于3 000元的月收入与不高于30%的恩格尔系数来共同确定中等收入者。

笔者比较赞同狄煌和苏海南对中等收入者的定义和界定，认为一定的收入水平是划分中等收入群体的唯一标准，只要城乡居民的收入水平达到一定标准就是中等收入者。另外，就目前的国内形势和人们的价值观来看，以收入水平为主要依据来界定中等收入群体更符合中国现阶段的实际情况。笔者认为，在有数据支撑时，不能简单地以收入均值上下浮动一个范围来进行中等收入者的界定，而应该用更科学的方法进行具体界定。

参考陶冶(2006)的做法，笔者也根据当年最高收入户、最低收入户水平以及全距[①]来确定中等收入的上下限，具体做法如下：

$$中等收入的上限 = 中值 + 全距/6$$
$$中等收入的下限 = 中值 - 全距/6$$

其中：

$$全距 = 当年的最高收入水平 - 当年最低收入水平$$
$$中值 = (当年最高收入水平 + 当年最低收入水平) \div 2$$

用图9.3表示如下：

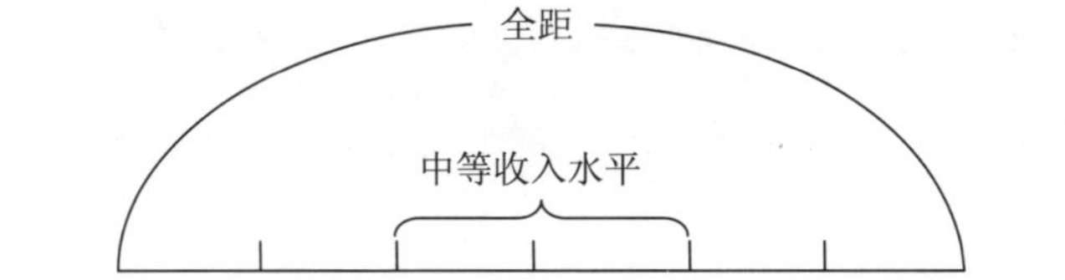

图9.3　中等收入界定示意图

这种做法的科学性在于，因为这是取当年的居民收入分布整体中居于中间水平的那一部分居民作为中等收入者，符合"中等"的意义。

① 全距也称为极差，即最大值与最小值之间的差距，可以反映出总体的差异范围。

9.3.2 中国各省中等收入群体的实证与测算

笔者查阅了各省的统计年鉴，将提供最低收入户、较低收入户、中等偏下户、中等收入户、中等偏上户、较高收入户、最高收入户的 23 个省、自治区或直辖市的 2012 年七等份城镇居民可支配收入均值数据按上述界定法进行界定。笔者最终得到了如表 9.1 的结果。

表 9.1 各省城镇居民的中等收入上下限(元)

	最低收入户(10%)	较低收入户(10%)	中等偏下户(20%)	中等收入户(20%)	中等偏上户(20%)	较高收入户(10%)	最高收入户(10%)	全距	中值	中等收入下限	中等收入上限
天 津	10 258	14 789	18 684	23 982	31 331	40 000	62 209	51 950	36 233	27 575	44 892
河 北	6 445	9 862	13 116	17 158	21 762	27 717	43 008	36 563	24 726	18 632	30 820
内蒙古	7 369	11 049	15 160	20 097	26 704	35 384	59 509	52 139	33 439	24 749	42 129
辽 宁	6 503	9 784	13 144	17 357	22 772	30 283	53 949	47 445	30 226	22 318	38 133
吉 林	5 736	9 120	12 401	16 590	22 128	29 693	48 681	42 945	27 209	20 051	34 366
黑龙江	5 205	8 081	10 994	14 394	18 763	24 739	46 327	41 122	25 766	18 913	32 620
江 苏	8 497	12 644	16 856	22 479	30 386	41 272	67 126	58 629	37 812	28 040	47 583
浙 江	8 997	14 922	20 171	26 936	35 587	48 069	77 981	68 984	43 489	31 992	54 986
安 徽	7 484	10 903	14 127	17 966	23 619	30 810	47 321	39 837	27 402	20 763	34 042
福 建	8 798	12 638	16 549	22 202	29 820	39 684	68 237	59 439	38 518	28 611	48 424
江 西	6 882	9 918	12 624	16 362	20 875	27 288	42 996	36 114	24 939	18 920	30 958
河 南	7 021	10 344	13 403	17 306	22 243	28 490	45 940	38 919	26 480	19 994	32 967
湖 北	6 353	9 610	12 589	16 676	21 747	28 077	43 624	37 271	24 989	18 777	31 201
广 东	8 175	12 044	16 621	23 519	33 223	45 733	71 267	63 091	39 721	29 206	50 236
广 西	6 241	9 493	12 565	16 800	21 774	28 777	44 035	37 794	25 138	18 839	31 437
海 南	5 617	9 006	12 455	16 914	22 847	30 567	55 140	49 523	30 378	22 125	38 632
重 庆	9 008	12 276	15 285	18 896	23 249	29 691	45 518	36 510	27 263	21 178	33 348
贵 州	4 825	7 870	11 098	15 575	20 742	28 043	41 524	36 700	23 175	17 058	29 291
西 藏	4 019	6 677	10 856	15 765	22 446	31 039	43 992	39 973	24 006	17 343	30 668
甘 肃	5 360	7 752	10 608	14 568	19 536	24 564	34 353	28 993	19 856	15 024	24 688
青 海	2 751	6 046	9 336	14 584	21 629	32 365	47 512	44 762	25 131	17 671	32 592
宁 夏	4 545	8 533	12 119	17 081	22 835	29 858	41 809	37 265	23 177	16 966	29 388
新 疆	4 708	8 223	11 529	15 712	20 843	26 612	37 846	33 138	21 277	15 754	26 800

资料来源:各省 2012 年统计年鉴。

从表 9.1 可知，中等收入上限最高的是浙江，达 54 986 元；中等收入下限最低的是甘肃，仅为 15 024 元，各省之间存在较大的差异。

笔者将天津、河北、辽宁、江苏、浙江、福建、广东、广西这 8 省归入东部地区，内蒙古、吉林、黑龙江、安徽、江西、河南、湖北、海南8省归入中部地区，剩余的重庆、贵州、西藏、甘肃、宁夏、青海、新疆7省归入西部地区。最终得到的计算结果如9.2所示。

表9.2　东、中、西部地区中等收入上下限均值及中位数（元）

指标		最低收入户	较低收入户	中等偏下户	中等收入户	中等偏上户	较高收入户	最高收入户
东部	可支配收入均值	7 989	12 022	15 963	21 304	28 332	37 692	60 976
	人口加权均值	7 807	11 797	15 832	21 349	28 651	38 441	61 831
	全国倍率均值	8 605	12 967	17 635	24 091	33 061	45 182	74 826
中部	可支配收入均值	6 458	9 754	12 969	17 038	22 366	29 381	48 692
	人口加权均值	6 667	9 943	13 056	17 011	22 164	28 882	46 854
	全国倍率均值	7 349	10 928	14 543	19 196	25 575	33 947	56 701
西部	可支配收入均值	5 031	8 197	11 547	16 026	21 611	28 882	41 793
	人口加权均值	5 750	8 845	12 005	16 196	21 279	27 825	40 692
	全国倍率均值	6 337	9 723	13 372	18 275	24 554	32 705	49 244

指标		全距	中值	中等收入下限	中等收入上限	中等收入下限中位数	中等收入上限中位数
东部	可支配收入均值	52 987	34 483	25 652	43 314		
	人口加权均值	54 025	34 819	25 815	43 823	27 808	46 238
	全国倍率均值	66 222	41 716	30 679	52 752		
中部	可支配收入均值	42 234	27 575	20 536	34 614		
	人口加权均值	40 187	26 761	20 063	33 458	20 023	33 505
	全国倍率均值	49 352	32 025	23 800	40 250		
西部	可支配收入均值	36 763	23 412	17 285	29 539		
	人口加权均值	34 943	23 221	17 397	29 045	17 058	29 291
	全国倍率均值	42 907	27 791	20 640	34 942		

注：(1) 表中东、中、西部各省或直辖市的低收入户、中低收入户、中等收入户、中高收入户以及高收入户的调查户数、可支配收入数据来自各省市2012年的统计年鉴。

(2) 人口加权均值是以各省市年鉴上的年末人口数占东、中、西部地区总人口的比例作为权重，对各省市的可支配收入进行加权运算后所得的均值。

(3) 全国倍率是年鉴上公布的全国可支配收入均值与笔者计算所得的全国人口加权均值的商。从最低收入户到最高收入户，这一倍率分别为1.102、1.099、1.114、1.128、1.154、1.175、1.210。

(4) 全国倍率均值是各项人口加权均值与其相应的全国倍率的乘积。

从表 9.2 可知，按照可支配收入均值法所计算得出的中等收入上下限，东部地区为 25 652—43 314 元，中部地区为 20 536—34 614 元，西部地区为17 285—29 539 元；按照人口加权均值法所计算得出的中等收入上下限，东部地区为 25 815—43 823 元，中部地区为 20 063—33 458 元，西部地区为17 397—29 045 元；按照全国倍率均值法所计算得出的中等收入上下限，东部地区为 30 679—52 752 元，中部地区为 23 800—40 250 元，西部地区为 20 640—34 942 元；按照中位数法所计算得出的中等收入上下限，东部地区为 27 808—46 238 元，中部地区为 20 023—33 505 元，西部地区为 17 058—29 291 元。东、中、西部地区的中等收入上下限呈逐级递减趋势，差异较大。

9.3.3 上海中等收入群体的实证与测算

由于北京、上海、广州这些大城市的收入较高，居民收入情况与其他地区有所不同，其中等收入群体的收入值可能会与其他地区的收入值差异较大，故笔者专门对上海的中等收入群体收入值进行了界定和估算。由于《上海统计年鉴 2012》中仅公布了收入五等份分组的城镇居民的人均可支配收入，笔者要想采用上述中等收入界定法，需要推测上海的最低（或最高）10%的人均可支配收入数值。笔者在此使用以下三种方法进行推测。

1. 原始值倍数推测法

原始值倍数推测是笔者根据各省市 2011 年统计年鉴中有最低 10%收入组和最高 10%收入组的城镇居民可支配收入数据（即收入七分组，共 23 个省），取最低 10%收入组与较低收入组的倍数均值 0.64 倍来推测上海的最低收入；计算最高 10%收入组与较高收入组的倍数，取最高者黑龙江省的 1.87 倍来推测上海的最高收入。

2. 中等收入上下限倍数推测法

对统计年鉴上公布的 27 个省的 2011 年城镇居民收入均值数据这是笔者根据收入七分组和五等分组所算得的各省的中等收入上下限进行倍数计算，取最高的倍数黑龙江省的 1.16 和 1.26 倍来推测上海的中等收入上下限。

3. 王小鲁灰色收入推测法

按照王小鲁（2012）的观点，由于大部分高收入者有隐瞒真实收入的动机，所以关于高收入者的统计数据并不真实可靠，需要进行推测。在王小鲁的收入调查样本中，2005 年城镇最高收入组的人均可支配收入为 97 127 元，统计局样本的这一收入为 28 773 元，两者的倍数约为 3.376 倍，笔者在此沿用这一倍数对上海的最高收入组的收入进行推测；而王小鲁的收入调查样本的最低收入组与统计局样本差异很小，故笔者将对最低收入组的收入依然沿用通过原值倍数推测出的最低收入户收入值。

最终笔者得到的推测结果如表 9.3 所示。

表 9.3　2011 年上海城镇居民中等收入群体的人均可支配收入区间(元)

指　　标	最低收入户(10%)推测值	低收入户	中低收入户	中等收入户	中高收入户	高收入户	最高收入户(10%)推测值
调查户数(户)		200	200	200	200	200	
可支配收入		17 206	24 824	31 414	40 771	70 067	
原始值倍数推测	11 090						131 212
王小鲁灰色收入推测	11 090						236 546
指　　标	全　距	中　值	人均中等收入下限	人均中等收入上限	家庭中等收入下限	家庭中等收入上限	
原始值倍数推测	120 123	71 151	51 131	91 171	138 052	246 163	
中等收入上下限倍数推测			40 475	66 047	109 284	178 326	
王小鲁灰色收入推测	225 457	123 818	86 242	161 394	232 853	435 764	
均　　值			59 283	106 204	160 063	286 751	

注：表中上海的低收入户、中低收入户、中等收入户、中高收入户以及高收入户的调查户数、可支配收入数据来自《上海统计年鉴 2012》。家庭中等收入的上下限按人均中等收入的上下限乘以《上海统计年鉴 2012》公布的 2011 年平均每户 2.7 人所得。

由于以上三种推测值存在差异，又各有其道理，只取其一可能有失偏颇，综合起来，笔者认为可取三种推测值的均值来作为上海中等收入群体的可支配收入上下限，即约 6 万—10 万元。从《上海统计年鉴 2012》中公布的相关数据来看，比如 2011 年上海的人均 GDP 已达 82 560 元，从业人员的平均工资为 52 655 元，城市居民家庭人均消费支出为 25 102 元，6 万—10 万元的上海中等收入群体的收入区间也是比较合适的。

由于缺乏微观数据，所以即使明确确定出上海中等收入群体的可支配收入上下限，也难以得出中等收入群体在上海所占的比重。笔者通过来自美国北卡罗来纳大学人口中心和中国疾病控制和预防中心的国际合作项目——中国经济、人口、营养和健康调查(CHNS)[①]的数据，将以上求出的上海中等收入者的6万—10万元的收入上下限剔除通货膨胀后降低了25%(这一数据为2011年上海中高收入组可支配收入均值40 771元减去江苏中高收入组30 385.88元的差额占上海中高收入均值的比例)，即40 993—73 439元，在CHNS的2009年江苏省个人收入微观数据中，收入处于这个区间的样本量为81，占2009年江苏省样本938的8.6%。考虑江苏和上海的差异，笔者推测可支配收入为6万—10万元的上海中等收入群体约占上海人口的20%。

9.3.4 中国未来"潜在中等收入群体"的收入结构与规模

笔者所界定出的中等收入上下限基本对应于统计年鉴上所公布的中等偏上户。如果要实现有效的"扩中"，比较合适的做法就是把比中等收入者中收入略低的人的收入增加上来，使其挤进中等收入群体。笔者在此称这些收入略低于中等收入群体的人为"潜在中等收入者"，基本对应于统计年鉴上所公布的"中等收入户"。这些"潜在中等收入者"的收入来源构成如何？他们的规模有多大？我们能通过增加这些人的哪些收入来促使其挤入中等收入群体？现在笔者就来进行一些考察。

由于笔者现在需要的是中等偏上收入户的收入构成数据，由于数据残缺，为将更多的省份纳入观测值，笔者将可获得的18个省、自治区或直辖市的城镇居民收入五等分组的工资性收入、经营性收入、财产性收入和转移性收入四种不同收入来源的数据进行了占可支配收入比重的计算，最终得到如表9.4的结果。

① 网址是 http://www.cpc.unc.edu，该项目目前已在1989年、1991年、1993年、1997年、2000年、2004年、2006年和2009年进行过调查，数据样本包括辽宁、黑龙江、江苏、山东、河南、湖北、湖南、广西和贵州9省，涉及16 000名以上的个人。

表 9.4 各省城镇居民的收入来源结构(%)

	低收入户				中等偏下户				中等收入户				中等偏上户				高收入户			
	工资	经营	财产	转移	工资	经营	财产	转移	工资	经营	财产	转移	工资	经营	财产	转移	工资	经营	财产	转移
北京	74	2	1	23	73	2	1	24	65	3	1	32	66	2	1	31	70	5	3	22
辽宁	65	6	0	29	59	7	0	33	57	7	1	35	61	7	1	31	53	15	3	30
黑龙江	65	5	0	29	68	7	0	24	61	8	0	31	62	7	1	31	52	13	2	33
上海	63	4	1	32	58	2	1	39	64	2	1	33	68	3	2	26	73	10	3	14
江苏	63	11	1	25	63	10	1	26	59	8	1	32	61	8	2	28	61	13	4	22
安徽	66	10	1	23	58	13	1	27	65	7	1	26	67	5	3	25	57	10	5	28
福建	64	13	2	21	62	10	6	22	68	9	5	18	67	8	7	18	58	13	13	17
江西	63	12	1	25	69	7	1	23	64	5	1	30	55	12	2	31	64	10	5	21
河南	68	8	1	23	69	8	1	22	68	8	1	24	62	11	1	26	51	18	3	28
广东	67	11	2	20	70	9	2	19	73	8	3	16	72	10	3	15	67	11	6	15
广西	60	15	1	25	56	10	3	31	68	7	2	23	70	5	3	23	65	9	7	19
海南	67	11	1	21	56	17	2	25	66	9	1	25	65	13	3	19	65	8	7	20
重庆	61	11	2	26	58	13	2	28	59	9	1	31	63	7	2	29	71	5	3	21
四川	64	12	2	23	64	8	2	26	65	6	2	27	67	7	2	24	63	10	4	23
西藏	64	12	6	18	80	5	2	13	89	2	2	8	93	0	1	5	91	2	2	5
陕西	70	8	1	21	73	4	0	22	70	3	0	26	71	2	2	25	68	4	1	27
甘肃	64	11	0	24	68	8	1	22	77	5	2	16	74	3	1	22	62	5	1	32
宁夏	65	18	1	16	62	19	1	18	66	13	1	19	60	8	1	31	63	9	1	27

注:仅使用了可支配收入中的工资性收入(或工薪收入)、经营性收入(或经营净收入)、财产性收入和转移性收入,其他收入忽略不计。其中内蒙古的收入数据仅分为薪水、财产收入和转移收入,笔者将薪水视为工资性收入,财产收入视为财产性收入,转移收入视为转移性收入,经营性收入则做零处理。

资料来源:各省 2012 年统计年鉴。

表 9.5 东、中、西部地区城镇居民的收入来源结构(%)

	低收入户				中等偏下户				中等收入户				中等偏上户				高收入户			
	工资	经营	财产	转移	工资	经营	财产	转移	工资	经营	财产	转移	工资	经营	财产	转移	工资	经营	财产	转移
东部 7 省	65	9	1	25	63	7	2	28	65	6	2	27	66	6	3	25	64	11	5	20
中部 5 省	66	9	1	24	64	10	1	24	65	7	1	27	62	10	2	26	58	12	4	26
西部 6 省	65	12	2	21	68	9	1	22	71	6	1	21	71	5	1	23	70	6	2	22

注:东部地区包括北京、辽宁、上海、江苏、福建、广东、广西,中部地区包括黑龙江、安徽、江西、河南、海南,西部地区包括重庆、四川、西藏、陕西、甘肃、宁夏。

由表 9.5 可知,除高收入户外,西部地区转移支付的占比均比东、中部地区低，而其工资性收入占比则较高；中等偏下户、中等收入户的财产收入比中等偏上户、高收入户低。笔者所关心的中等偏上户，无论东部、中部还是西部，其经营性收入和财产性收入均比高收入户低，这就是需要着重增加的两部分收入。另外，无论哪个地区、哪组收入户，工资性收入所占的比重均超过50%，所以有效提高居民的工资也是增加“潜在中等收入者”收入的重要措施。

这些“潜在中等收入者”大约能占到全国人口的1/5，即2.6亿居民。这些居民是最容易挤进中等收入群体的，由于不同年龄阶段的人身体健康程度不同，从事工作的努力程度也不同，笔者认为，这些“潜在中等收入者”以中等收入户甚至中等偏下收入户中的年轻人和中年人为主。这些人有机会接受更多教育、学会更多的知识和技能，在社会上比较容易获得就业机会，所以有着较高的收入流动性，比其他人群更有能力增加收入，挤入中等收入群体

9.4 扩大中国中等收入群体：政策与建议

根据笔者的研究可以得出，中等收入群体是有助于经济发展的重要群体，扩大中等收入群体有利于社会稳定，但目前我国的中等收入群体还太小，所以应努力扩大中等收入者的比重，这同时也是党的十六大、党的十七大和党的十八大报告一直提到的新发展理念。中国（海南）改革发展研究院课题组(2013)也认为：“我国正处于由中等收入阶段迈向高收入阶段的关键时期，扩大中等收入群体是个大战略，涉及经济社会各个领域的改革”。但“扩中”一词的要点本身并不在于中等收入群体本身，而是要将比中等收入群体收入略低的那些人的收入提升到中等收入的档次。笔者在此有如下针对性的对策。

9.4.1 推动经济增长，改善收入分配

一是提高居民的经营性和财产性收入。笔者通过计算中等偏上收入户的收入结构，发现这组居民的经营性和财产性收入所占的比重与高收入户相比都低，且有较大的增长空间，尤其是东部地区的各省。提高居民的经营性和财产性收入有助于拓宽居民的收入渠道，铸就活跃的中小企业经营氛围，放开市场准入，给予自主创业者税收优惠、放宽小额贷款条件、成立创业咨询机构等

来支持个人创业和私营企业发展。还可通过积极推行职工持股，甚至强制企业无偿分配给劳动者一定比例的股份来增加劳动者的财产性收入及其在可分配收入中的占比。

二是提高劳动者报酬占比。工资依然是城镇居民的主要收入来源，因此应努力提高劳动者报酬在GDP中所占的比重。从各省的生产总值收入法项目构成来看，劳动者报酬占GDP的比重虽然近几年内在上升，但还远未达到许多发达国家的60%占比。可通过完善独立的工会系统，发挥工会组织尤其是行业工会的作用，鼓励工人联合起来向资本所有者多索取一些利益，建立工资增长与利润增长挂钩的企业内部分配体制。

9.4.2 实施新型城镇化战略，实现城乡一体化发展

要以城镇化为契机，让城镇化的发展转型真正为有效扩大我国的中等收入群体提供支撑，进一步为中等收入群体倍增提供巨大的发展空间。应加快推进城乡一体化进程，搞好小城镇建设，加快人口城镇化的速度，带动人口的流动，加以快服务业主导的经济发展模式转型，进一步实现农村剩余劳动力的非农转移，让更多的人从事工业、服务业方面的工作，让更多的人尤其是年轻的大学毕业生成为白领，让低收入者获得更多的就业机会和更多的收入。同时需为乡镇企业的发展提供广阔的发展空间，给予更多的优惠政策，以提高乡镇企业吸收容纳农民工的能力。另外要搞好小城镇建设，努力帮助农民工市民化，成为城镇新增人口，从而促成整个居民收入结构发生变化，最终实现扩大中等收入群体的目标。

9.4.3 创造机会公平、权利公平和规则公平的环境，促进城乡居民的收入流动

收入分配差距并不可怕，可怕的是收入流动性很低。“即使存在较大的收入差距，但是只要存在社会机会均等，从而只要存在自然的收入流动性，收入差距就不会始终被固定化在某个水平上。”（权衡，2008）较高的收入流动性有利于降低长期收入分配差距、促进社会稳定，所以需要创造机会公平、权利公平和规则公平的环境。可以通过对与收入和财产有关的一些税制进行改革来

实现规则公平，比如实施严格的个人收入累进税能直接减少富人们的收入，较高的遗产税则能有效增强代际收入流动性，即富人的子女如果自身没有获得较高收入的能力就将不再富有、穷人的子女如果有能力获得较高收入也有可能变成富人，这样就能确保一种长期平等，中等收入群体的规模也就趋于增大。还需通过税收的征管和监管体系方面创新来减少我国目前在税收方面所存在的严重偷、漏税现象，通过完善和严格执行相关法律来杜绝不合法收入，确保收入的公平、正义。应努力推动实现利率、汇率的市场化，真正促成企业家阶层的迅速崛起，以有效充实中等收入群体的数量。

9.4.4 加快土地制度、户籍制度和公共服务均等化体系改革，加快人口流动和社会融合

我国现行的农业和非农业户籍制度，以及各大城市对本城市户口和外地户口的区别对待，已经形成了二元及城市新二元结构。在这种结构下，农民从农村流向城市受到了限制，农民的迁徙和进城就业的机会小于市民，而已进城务工的农民以及外地的城市居民在受教育、就业、医疗方面都与拥有大城市户籍的居民所能享受的待遇有很大差别，同工不同酬现象非常严重，大幅降低了这些人挤进中等收入群体的可能性。所以需通过进一步的深化改革来有效突破体制机制创新的瓶颈，改革户籍政策、改革征地制度、促进土地要素的市场化等措施来有效扩大中等收入群体。

9.4.5 优化中小企业发展环境，促进创业就业发展

从我国非公有制经济的发展来看，非公有制经济加速了我国的市场经济改革，同时也造就了一批私营企业家，这些人都是中等收入者甚至高收入者。所以私营企业队伍的发展和壮大会使越来越多的人成为私营企业家，同时还能吸纳较多的剩余劳动力，增加就业岗位和居民收入。可以通过给予个人自主创业者税收优惠、放宽小额贷款条件、成立创业咨询机构等来支持个人创业，从而增加创业型的就业、增加就业机会；类似地，也可以通过税收优惠、给予贷款等来促进私营企业的发展，优化中小企业发展环境。

9.4.6 促进教育、医疗与社会保障建设，提高中等收入群体健康成长的保障环境

可以通过给予人们平等的受教育机会、提供较完善的社会保障来促进城乡居民的收入流动，以此来增加低收入者挤进中等收入群体的机会。由于受教育年限与工作技术能力之间有着紧密的联系，而工作技术直接影响劳动者的收入。目前我国各地区的基础教育主要由地方政府进行投入，这就使得教育的质量与数量与地方政府的财政收入关系密切，但地方财政收入差距较大，所以教育的公平性难以得到保证。只有建立由中央财政来进行统一支付的基础教育体系，才能促进教育公平，让低收入者及其子女有机会获得较高的受教育年限，增加收入。另外，只有在相对较完善的社会保障下，人们才敢于超前消费、敢于更换工作、敢于寻求更多的受教育机会，所以需要通过完善社会保障来有效减少年轻人的负担，让低收入的年轻人更自由地去发展自己的事业，尽快成为中等收入者。

9.5 本章小结

党的十八大报告指出，要让“收入分配差距缩小，中等收入群体持续扩大，扶贫对象大幅减少”。有关中等收入群体的理论、观点、研究方法、结论等都会直接影响扩大中等收入群体的相关政策，所以应进行细致的研究，以便真正弄清中等收入群体的特点，确定出哪些人属于中等收入群体，进而找出有针对性的对策和措施来扩大这一群体。在本章的研究中，笔者即是从构建合理收入分配格局的总体要求出发，指出了中等收入群体在社会态度、价值观念等方面的特点，考察了国外的中产阶层发展情况和国际经验，研究了扩大中等收入群体对构建合理有序的收入分配格局的意义，总结和归纳了中等收入群体影响收入分配新格局的内在机理。由于中等收入群体在社会态度、价值观念等方面有如下特点——支持社会稳定、遵纪守法、崇尚自我和个性、理性务实，中等收入群体比重的扩大可以通过维持社会安定、保证机会平等、推进产业结构调整和升级以及产品和技术的更新换代等来有效地避免中国陷入“中等收入

陷阱”。

笔者赞同狄煌和苏海南对中等收入者的定义和界定，将收入水平作为界定中等收入群体最重要的依据，使用陶冶(2006)的做法，根据当年最高收入户、最低收入户水平以及全距来确定中等收入的上下限，应用23个省、自治区或直辖市的2012年七等份城镇居民可支配收入均值数据来进行实证分析，得出各省、自治区或直辖市以及中国东、中、西部地区的多种中等收入上下限。其中按照可支配收入均值法计算得出的中等收入上下限，东部地区为25 652—43 314元，中部地区为20 536—34 614元，西部地区为17 285—29 539元。笔者进一步分析了未来最有可能挤进中等收入群体的“潜在中等收入者”群体，该群体以中等收入户甚至中等偏下收入户中的年轻人和中年人为主体，这些人有机会接受更多的教育、学会更多的知识和技能，在社会上比较容易获得就业机会，所以有着较高的收入流动性，比其他人群更有能力增加收入，挤入中等收入群体。笔者还专门对上海的中等收入群体收入值进行了界定和估算，取原始值倍数推测法、中等收入上下限倍数推测法、王小鲁灰色收入推测法三种推测值的均值来作为上海中等收入群体的可支配收入上下限，即约6万—10万元。最后，笔者指出了若干扩大中国的中等收入群体的政策建议，如推动经济增长，改善收入分配；实施新型城镇化战略，实现城乡一体化发展；创造机会公平、权利公平和规则公平的环境，促进城乡居民的收入流动；加快土地制度、户籍制度和公共服务均等化体系改革，加快人口流动和社会融合；优化中小企业发展环境，促进创业就业发展；促进教育、医疗与社会保障建设，提高中等收入群体健康成长的保障环境。

10 产业动态比较优势重构与产业升级

一个国家的经济发展过程同时也是比较优势不断变化和产业结构不断升级的过程。随着发展水平的提高，一国原有比较优势减弱，新的比较优势形成与强化。这就决定了产业政策的重心不应是恪守现有的比较优势，而必须着眼于未来，培育动态比较优势（王岳平，2012）。改革开放以来，中国经济的高速增长在很大程度上得益于充分利用了廉价的劳动力、土地、资源等传统要素的比较优势。并以这些低成本要素参与国际分工与国际竞争，这在一定程度上改善了我国的资源配置效率，使我国经济规模不断扩大。但传统比较优势在理论上存在较大的局限性。一方面，随着经济全球化的迅速发展，传统比较优势理论的假设和前提已经发生了变化。无论是比较成本说还是资源禀赋说，都是以规模报酬不变、技术水平不变、要素质量和数量不变、完全竞争和产品无差异等静态的假设为前提。在当今技术变革迅速、分工日益深化、要素流动日益频繁的新形势下，这些假设与现实严重不符。固守传统的比较优势理论，可能导致发展中国家失去在潜在生产率增长相对大于其贸易伙伴的部门从事专业化生产的机会，从而造成动态福利的损失。而且，传统的比较优势理论在我国的实践中也遇到了很大的挑战，随着廉价劳动力、土地、资源等传统要素红利的逐步丧失，我国经济迎来了转型的关键时期。党的十八届三中全会强调要“发挥市场对技术研发方向、路线选择、要素价格、各类创新要素配置的导向作用”，这不仅是对深化科技体制改革的要求，实际上也对产业机构升级和产业动态比较优势提出了要求。如何避免陷入新一轮的分工锁定和“中等收入陷阱”，着力转变发展方式，培育新的动态比较优势，努力提升国际分工地位，成为未来我国经济发展需要关注和着力解决的战略问题。

10.1 中国传统要素比较优势不断弱化

要在发挥比较优势前提下实现产业的转型需要非常苛刻的条件。如克鲁格曼、卢卡斯等人的研究表明，技术扩散、边干边学虽然会提高生产率，但仍然会使得比较优势得到强化和分工锁定。Krugman(1987)、Redding(1998)等人的研究表明，扶持幼稚产业能够提升国民福利水平，关键是幼稚产业能否最终摆脱扶持依赖、形成国际竞争能力。但现实中，既有分工锁定、经济增长缓慢的国家，也有起飞成功的国家(王岳平，2012)。实际上，对于像我国这样的大国来说，在全球化不断深化的背景下，产业并不只是存在着要么分工锁定、要么与发达国家分工反转这两端的情况，而是存在着很多中间的产业部门，或者说是摇摆不定的产业。从动态的角度来看，如果对其中具有潜力的产业进行合理、适当的扶持，其将有可能成为我国在国际上具有竞争力的产业。不仅如此，在产业发展所需的资源上，更高级别要素的积累以及由此导致的禀赋结构的相对变化都会影响我国产业的转型发展。同时，随着我国综合国力的增强，今后我国某些产业在国际分工中不仅仅是一个追随者，更有可能成为产业发展的引领者。因此，不论是在理论发展、摆脱现实困境，还是在长期战略上，都需要我们未雨绸缪，合理引导，积极构建我国产业发展的动态比较优势。

10.1.1 劳动生产率的增长难以弥补劳动力成本优势的逐渐丧失

改革开放以来，我国一直凭借廉价的劳动力优势参与国际分工。但近年来，劳动力成本已呈现出不可逆转的上升之势。突出表现在以工资为主体的直接劳动成本和以社保为主体的间接劳动成本呈现快速增长。改革开放以来，随着中国经济的快速增长和收入分配制度改革的推进，职工工资呈现出快速的增长势头，从而推动了中国劳动力成本的同步升高(图 10.1)。一般认为，如果劳动力成本增长幅度大于国内生产总值的增长幅度，就可以认为劳动力成本增长过快，在一定时期内会对一国竞争力产生较大影响。特别是在 2008 年《劳动合同法》颁布以及实行严厉的最低工资标准后，劳动力成本的上升更加明显，近期用工荒、涨薪潮也预示中国的劳动力成本优势正在逐渐消失。

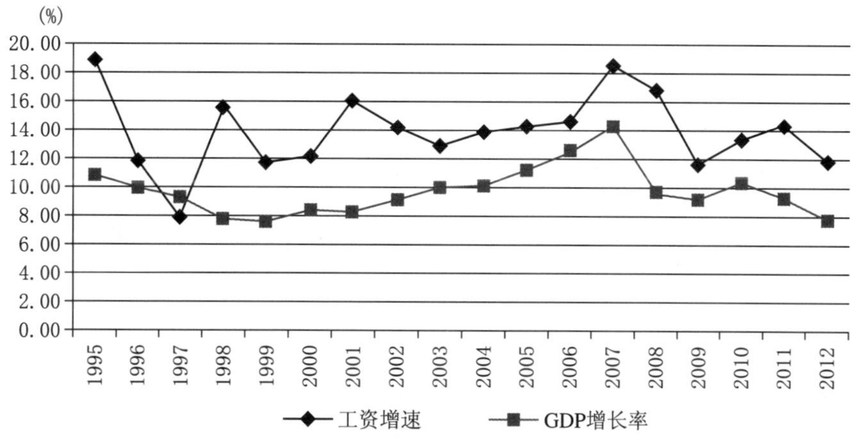

资料来源:《中国统计年鉴》。

图 10.1　1995—2012 年我国工资增长率与国内生产总值增长率

其次,以社会保险为主体的间接成本呈上升趋势。社会保险费用占中国劳动力成本的 20%左右,约占间接成本的 60%左右。随着我国社会保障制度的不断完善,以社会保险为主体的间接劳动成本不断增加,这一进程客观上增加了中国的劳动力成本。与之对应,随着和谐劳动关系成为构建和谐社会的重要内容,提高社会保险覆盖率一直成为近几年民生工作的重点,近年来各项社会保险的覆盖率有了大幅度的提高。社会保障制度的完善导致间接劳动成本的上升在一定程度上推动了劳动力成本上升的持续性。

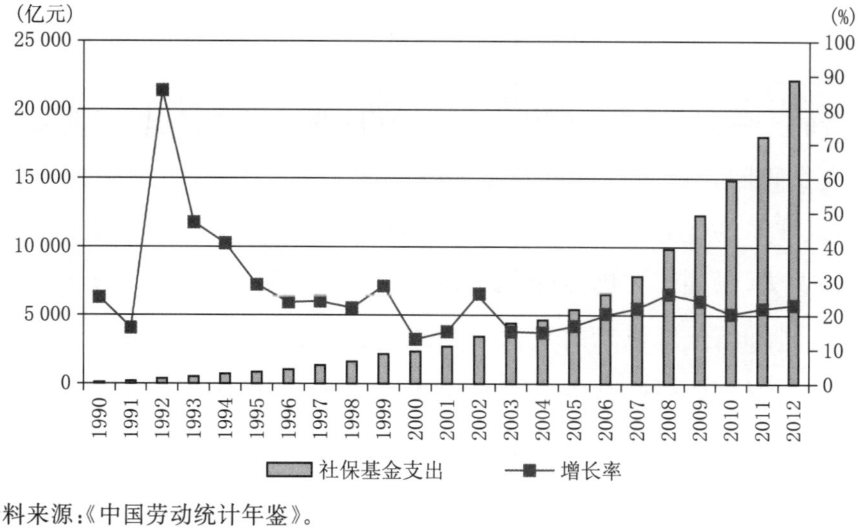

资料来源:《中国劳动统计年鉴》。

图 10.2　1990—2012 年我国社保基金支出及其增长率

同时，一般认为，如果劳动生产率的增长超过工资的增长则其依然具有竞争力。总体而言，按照1995年不变价格衡量的工资的增长率也已经超过了实际劳动生产率的增长率(图10.3)。劳动力的成本优势一直是我国诸多劳动密集型产业参与国际分工的重要要素，但当生产率的增长难以弥补成本的上升时，表明当前劳动力成本上升给我国经济转型发展带来的巨大挑战。

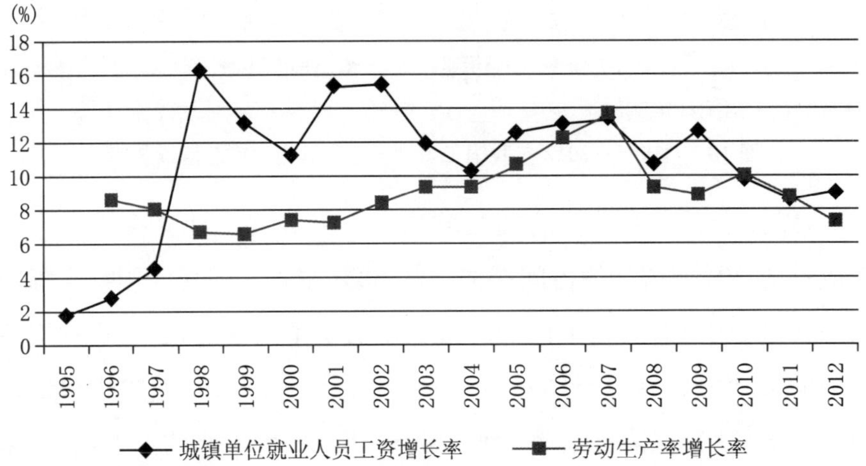

资料来源：《中国统计年鉴》。

图10.3　1995—2012年我国工资增长率与劳动生产率增长率

10.1.2　土地成本呈现不可逆转的上升趋势

廉价的土地也一直是我国地方政府吸引投资的主要方式，或明或暗的土地优惠也是我国企业参与国际竞争的重要砝码。但随着土地资源价格的上涨，这一低成本的优势也大打折扣。自2001—2012年，我国综合地价呈现持续攀升的态势，增加了2倍多(图10.4)。而商业、居住用地都呈现不可逆转的上升势头。同时，土地供给的数量限制造成了企业成本上升，过去十几年里虽然工业用地价格基本稳定，但是大量的商业和居住用地的需求推高了商业和居住用地的价格，造成了工业用地的机会成本不断上升，从而使低附加值的产业逐渐丧失了竞争力。

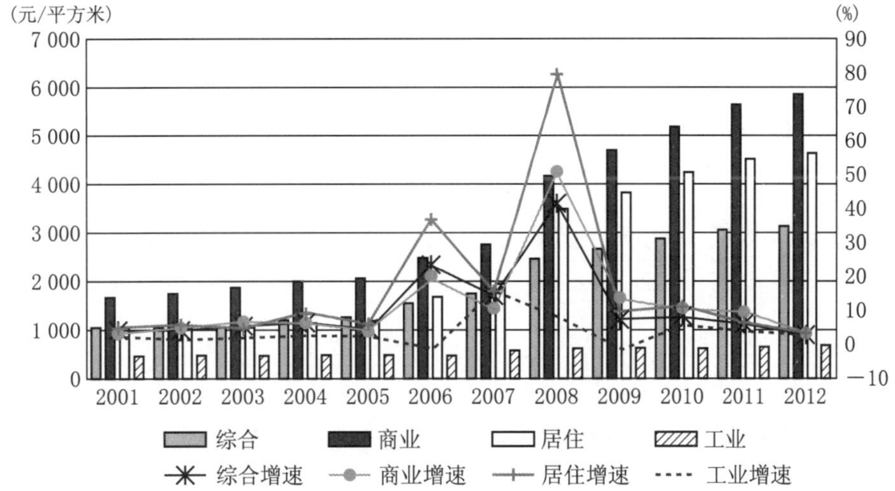

资料来源:根据国土资源部公布的数据整理。

图 10.4　2001—2012 年我国各类地价及其增速

10.1.3　物流的"冰山成本"侵蚀了我国的成本优势,影响了产业链的联动发展

作为影响产业发展的重要因素,物流成本的高企已经成为了阻碍我国产业发展的"梗阻",不仅推高了产品的价格,降低了产品的竞争力,而且严重挤

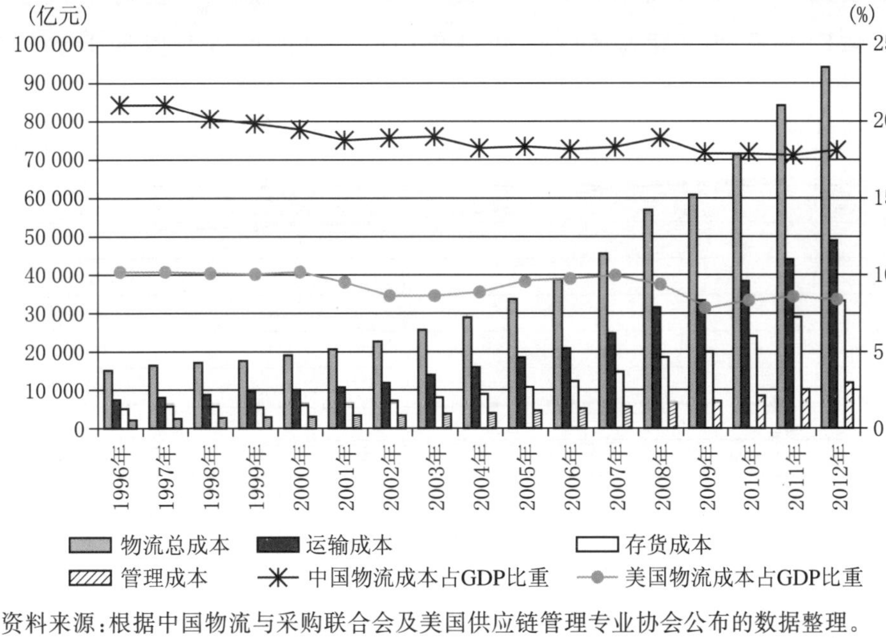

资料来源:根据中国物流与采购联合会及美国供应链管理专业协会公布的数据整理。

图 10.5　2001—2012 年我国各类物流成本及其增速

压了企业在研发、销售等方面的投入，影响了产业链上下游的联动发展。1996—2012年，我国物流总成本、运输成本、存货成本和管理成本均呈现较明显的上升态势(图10.5)。其中，物流总成本由1996年的14 993亿元攀升至2012年的94 000亿元，运输成本由7 633亿元增加至49 000亿元，存货成本由5 109亿元上升到33 000亿元，管理成本由2 250亿元上涨至12 000亿元。此外，我国物流成本占GDP的比重在18%左右，远高于美国8%的水平。

10.1.4 能源与环境的约束使传统的发展模式难以为继

2012年我国一次能源消费量36.2亿吨标煤，消耗全世界20%的能源，单位GDP能耗是世界平均水平的2.5倍、美国的3.3倍、日本的7倍，不仅大大高于高收入国家，甚至高于巴西、墨西哥等发展中国家，与中等收入水平的国家相比也存在较大的差距(图10.6)。如果中国单位GDP能耗达到世界平均水平，我国GDP规模可达到87万亿元；达到美国能效水平，GDP规模达109万亿元；达到日本能效水平，GDP规模为175万亿元(陆佑楣，2013)。在我国能源消费结构中，煤炭占68.5%，石油占17.7%，中国近年来能源消耗之所以出现加速增长，是当前中国在工业化进程中所处的阶段以及以加工贸易参与

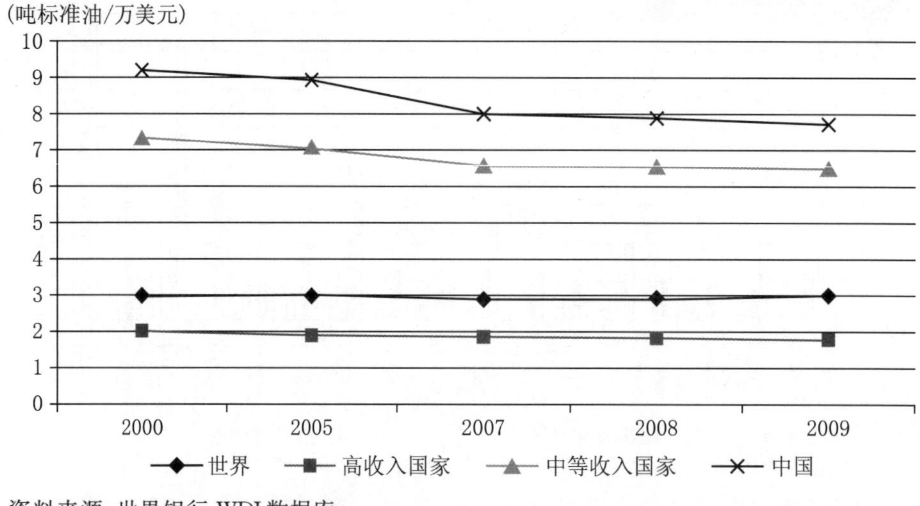

资料来源：世界银行WDI数据库。

图10.6 单位GDP能耗的国际比较

国际分工的共同结果。我国严重依赖化石能源的工业化发展路径使得我国在产业发展转型方面面临更大的压力，在产业结构调整以及技术进步上都需要相应的转变。同时，由此造成的环境污染对我国经济发展已造成了严重的阻碍，研究显示，我国环境污染造成的经济损失占 GDP 的比重超过 3%，日益严重的雾霾等恶劣气候的增多也对产业转型产生了强大的倒逼需求，这其中存在的制度性障碍也亟须突破。

10.2 传统比较优势引致的“比较优势陷阱”倾向

我国长期以来利用劳动力资源和自然资源优势参与国际分工，虽然能获得利益，但贸易结构不稳定，而且主要通过大量引进、模仿先进技术或接受技术外溢和改进型技术等作为手段来改善在国际分工中的地位。但是这种改良型的比较优势战略由于过度地依赖技术引进，使自主创新能力长期得不到提高，无法发挥后发优势，只能依赖发达国家的技术进步。从而只能获得相对较低的附加值，并且传统比较优势战略的实施还会强化这种国际分工形式，使我国长期陷入低附加值环节，在产业升级的过程中总是处于不利地位。与此同时，在传统的国际分工模式下，随着出口量的不断扩张，我国遭遇的国际摩擦也日益频繁。

10.2.1 自主创新能力较弱，在国际分工中处于价值链的低端

首先，在创新投入上，我国不仅制造业的 R&D 强度(R&D 占 GDP 的比重)低于发达国家，高技术产业的 R&D 强度更是大大低于发达国家(见表 10.1)。更为重要的是我国科技成果产业化的能力比较低，我国每年取得的科技成果有 3 万多项，但科技成果转化率和产业化率“两低”的局面依然没有明显改观。目前我国的科技成果转化率大约在 25%左右，真正实现产业化的不足 5%，与发达国家 80%的转化率差距甚远。可见，在创新上面，从投入到转化产出方面我国都存在较大的问题。一方面是因为创新机制对创新主体动力激励不足，企业不愿在创新上增加投入。另一方面，政府资助创新大多采用项

目管理的方式，缺乏对资金使用过程的有效监督，这也造成了政府补助投资部分的低效率。同时，在技术与市场两方面，始终缺乏有效的衔接机制来融合。政府的创新资助也没有撬动社会资金的参与，社会融资体系还不足以支撑技术成果产业化的发展。

表 10.1　部分国家制造业和高技术产业的 R&D 强度(%)

	中国（2010 年）	美国（2007 年）	日本（2008 年）	德国（2007 年）	法国（2006 年）	英国（2006 年）	意大利（2007 年）	韩国（2006 年）
制造业	1.1	3.4	3.4	2.3	2.5	2.4	0.7	1.9
高技术产业	1.6	16.9	10.5	6.9	7.7	11.1	3.8	5.9
医药制造业	1.8	26.6	16.4	8.3	8.7	24.9	1.8	2.5
航空航天器制造业	6.2	9.9	2.9	8.6	5.2	10.7	13.4	9
电子及通信设备制造业	1.9	15.7	8.9	6.3	12.2	7.6	4.5	6.7
电子计算机及办公设备制造业	0.6	10.7	7.6	4.5	7.9	0.4	1.2	3.9
医疗设备及仪器仪表制造业	2.1	18.3	17	6.3	7.1	3.6	2.6	2.2

资料来源：《中国高新技术产业统计》，2012。

其次，我国的消化吸收能力与人力资本的基础跟不上技术升级的要求，还不足以支撑“干中学”机制的发挥。尽管我国在消化吸收费用上近几年有了一定的增长，但在总量上依旧不高，而且消化吸收费用占技术引进费用的比重偏低，我国花 100 元引进国外技术，只花 40 多元用来消化吸收（见表 10.2）；而日本和韩国则是花 100 元引进技术，花 500 元用于消化创新。低的消化创新能力就导致了我们引进的技术并没有实现真正的“落地”即技术的本土化，只是将其作为生产的手段，没能实现技术上的再创新与超越。此外，虽然我国人力资源丰富，但还称不上人力资源的强国，在高素质人才和创新型人才方面还难以满足自主创新与“干中学”机制的要求，特别是缺乏既懂技术又懂市场的复合型人才，这也是我国创新机制难以取得突破的重要原因。

表 10.2 2001—2012 年我国大中型工业企业技术开发情况

	2001 年	2002 年	2003 年	2004 年	2005 年	2006 年	2007 年	2008 年	2009 年	2010 年	2011 年	2012 年
技术引进经费(亿元)	285.9	372.5	405.4	368.0	296.8	320.4	452.5	440.4	394.6	386.1	449	393.9
消化吸收经费(亿元)	19.6	25.7	27.1	56.0	69.4	81.9	106.6	106.4	163.8	165.2	202.2	156.8
消化吸收经费/技术引进经费	6.9∶100	6.9∶100	6.7∶100	15.2∶100	23.4∶100	25.6∶100	23.6∶100	24.2∶100	41.5∶100	42.8∶100	45∶100	40∶100

资料来源:历年《中国统计年鉴》。

第三,自主创新机制还缺乏必要的支撑。虽然在经济总量上我国具有大国的特征,但是无论是产品的技术知识含量还是产品附加值都没有较为明显的提升。以工业为例,我国工业增加值率基本在 26%—30%之间波动(见图 10.7)。2010 年,我国工业增加值率为 22.6%,而发达国家一般在 35%以上,美国、德国等国甚至超过了 40%。近年来,其附加值率处于下降的态势,而且易受外部环境的影响。同时,从劳动生产率的国际比较来看,不论是制造业还是高技术产业,我国与发达国家之间的差距都非常明显(表 10.3),这也进一步表明了我国技术水平落后、在国际分工中价值链攀升缓慢的现实。

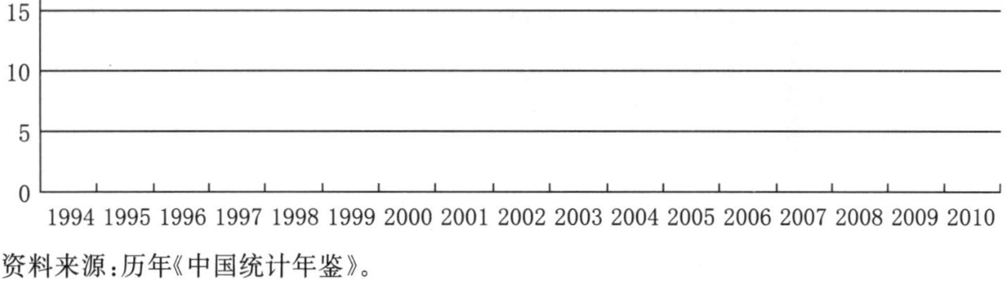

资料来源:历年《中国统计年鉴》。

图 10.7 1994—2010 年我国工业增加值率

表 10.3 部分国家制造业和高技术产业的劳动生产率(千美元)

	中国(2010 年)	美国(2009 年)	日本(2008 年)	德国(2007 年)	法国(2007 年)	意大利(2007 年)
制造业	10.7	37	30.5	30.4	37	27
高技术产业	10.1	38.8	33.2	31.3	54.4	26.7
医药制造业	10	71.8	70.2	41.2	107	42.6
航空航天器制造业	7	39.7	20	37.2	99.4	28.1
电子及通信设备制造业	8.8	29	31.4	43	34.3	24.3
电子计算机及办公设备制造业	16.1	50.3	39	46.6	40.4	30.1
医疗设备及仪器仪表制造业	8.1	28.5	20.1	19.2	24	19.1

资料来源:《中国高新技术产业统计》,2012。

虽然我国在 2004 年高新技术产品的进出口首次出现了顺差,但是外资企业所占的比重为一直占据绝大多数(超过 60%)。也就是说,尽管在出口数量上我国取得了长足的进步,但我国的自主创新能力并没有得到实质性地提升,在我国真正赚取较高利润的仍然是外资企业。这些都表明了我国经济的自主发展能力还不强,大多数产业都处于价值链的低端,只能获取低的价值,抵御风险的能力较弱。

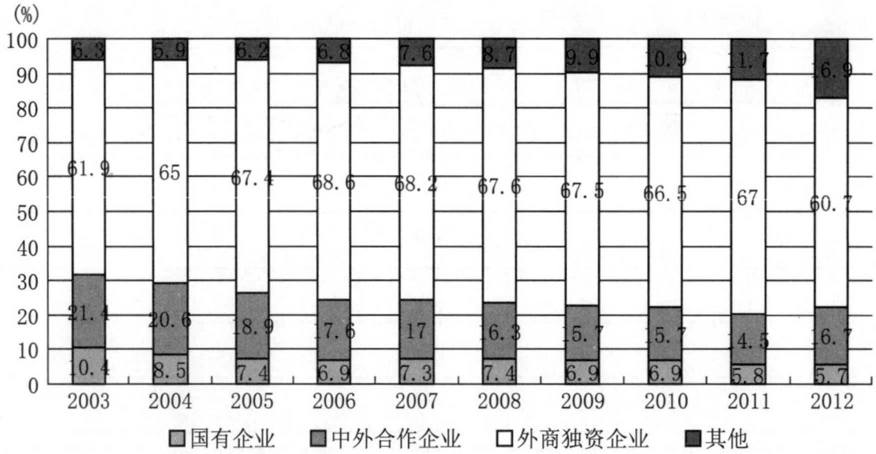

资料来源:《中国高新技术产业统计》,2013。

图 10.8 我国高技术产品出口的企业类型分布

10.2.2 我国面临的国际贸易摩擦不断增加

近年来,我国遭遇的国际反倾销案件数及其全球占比一直居高不下,1995—2012年,全球反倾销案件共计约4 200多件,而中国占据其中的900多件,比重高达20%以上,而近几年的平均水平在30%左右。其主要原因有以下两点:一是由于我国处于价值链的低端,所以出口扩张主要采取低价竞争的方式,极易引起反倾销调查;二是我国劳动密集型产品的出口会对其他国家的就业产生严重的影响。中国作为一个崛起中的大国,如果不能在技术能力与产业结构上实现有效的转型,我国今后相当长的时期内将会遭遇反倾销、反补贴、保障措施与特别保障措施、技术性贸易壁垒,以及涉及知识产权方面的贸易摩擦问题。

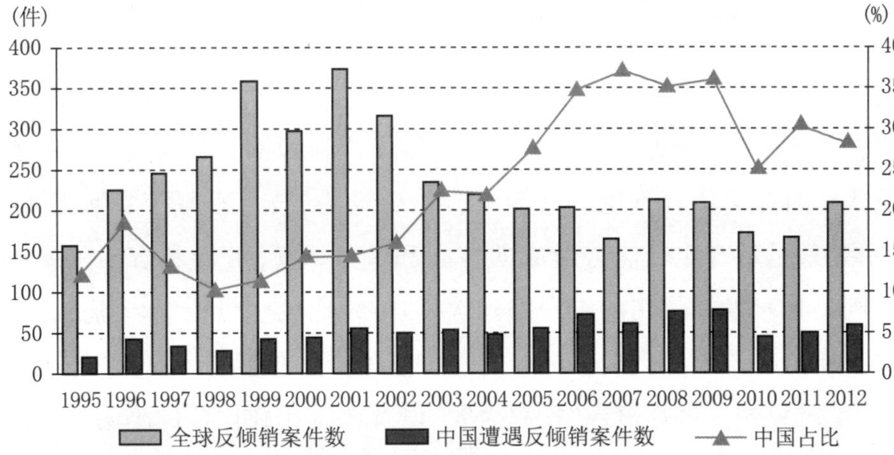

资料来源:根据世界贸易组织公布的数据整理。

图10.9 全球反倾销案件数及中国占比

10.2.3 传统发展模式下我国企业在低端环节的过度进入导致产能过剩现象突出

在比较优势的路径上,我国大部分企业依靠传统的比较优势资源切入全球价值链,再加上地方政府的推波助澜,使得我国企业在产业的低端环节过度进入,也使得各地出现了许多非市场化结果的产业同构以及产能过剩。这样的结果就使得价格战成为了我国企业常用的竞争手段,我国许多产业正是在这一恶性循环中丧失了升级的机会，这在一定程度上也削弱了我国的竞争优势。产能过剩本质上是我国粗放式经济发展模式的缩影，而且，更为严峻的是在发展新兴产业时，我国各地政府也出现了盲目扩张的倾向。高技术产业粗放式发展的趋势愈发明显，不仅钢铁、水泥、平板玻璃、电解铝等传统行业出现了长期性的产能过剩，而且光伏、风电设备等新兴行业的产能过剩矛盾也比较突出。这种路径依赖可能会对我国产业转型升级造成巨大的伤害。因此，在动态比较优势转换升级的过程中，政府自身首先得实现发展模式的转型。政府最重要的转型方向在于减少对经济的行政干预，纠正对市场机制的扭曲，放松对经济竞争性领域的管制，积极创造适合企业创业、创新以及发展的经济生态环境。

10.3 中国产业动态比较优势的演变历程

构建动态比较优势的重点在于打破低附加值固化的路径，实现产业升级与价值链的攀升，强调尊重比较优势动态转换内在规律。从形成机制来看，动态比较优势首先离不开基础的资源、资本、劳动力、技术水平等禀赋条件。其中，技术要素是动态比较优势形成的核心和关键，自然资源和资本是基础，而劳动力则是技术发挥作用的中介。其次，与传统比较优势相比，动态比较优势的形成需要这些要素实现最佳的配置。丰富的资源禀赋并不必然能获得比较优势，为了避免这一过程落入“资源诅咒”以及传统比较优势的陷阱，就需要一定的转化机制与推进机制，将资源禀赋的数量优势转化为质量优势。而对于一个后发国家来说，“干中学”机制是追赶发达国家的重要机制，而创新机制则是实现超越的源动力所在。从两种主要机制的作用来看，“干中学”是一种短期作用机制，它能使一个国家、产业或企业凭借后发的学习机制在短期内获取动态比较优势。而创新机制则是一种长期作用机制，通过创新，不断积累技术优势，实现长久技术领先，在一段比较长的时间内保持比较优势。

对于后发国家而言，在建立新的动态比较优势的过程中，完全凭借市场与企业的自发行为难以跨越技术的鸿沟，此时，政府就需要给予一定的补贴与支持。以此为杠杆撬动市场，激发市场这只“无形的手”发挥作用，进而激发创新主体的积极性。同时，后发国家向新的潜在优势产业的跃升也是一个创新的过程，面临市场风险，也需要政府对这种尝试提供支持和鼓励。在经济全球化的今天，相对落后的发展中国家不能再简单地利用现有的比较优势，特别是基于自然资源的外生的比较优势，可以利用战略性的政策、措施，在短期内违背现有的、外生的比较优势，推动资本积累和技术进步，通过各种手段来获得长期的、内生的比较优势。以此来提升比较优势等级，从而在较优的国际分工地位上参与国际分工，这样才能实现经济的持续发展，缩小与发达国家的差距。

综上所述，比较优势动态变化的过程可以表述为：生产率的初始水平决定了一国的比较优势进而决定了国际分工的地位，国际分工的模式通过资源配置决定了技术水平与生产率，而生产率的变化进一步作用于分工模式，由此形成了一国比较优势的动态变化。在这一过程中，比较优势变化机制中存在两种力量：一方面，自身要素积累和技术进步使原有优势不断加强；另一方面，技术转移、产业间累积知识的速度差异和政府的逆向扶持可能促成比较优势发生转变。而对于技术处于落后状态的后发国家来说，由于比较优势的初始状态较低，因此，后发国家需要通过创新机制实现资源禀赋的升级以及比较优势的转换。但后发国家的一个显著特征就是市场经济体制的不完善，因此，政府就需要打破传统经济制度的痼疾，为比较优势的升级创造条件。因此，动态比较优势的演变可以从要素禀赋的动态变化与具体产业的动态转换来刻画。

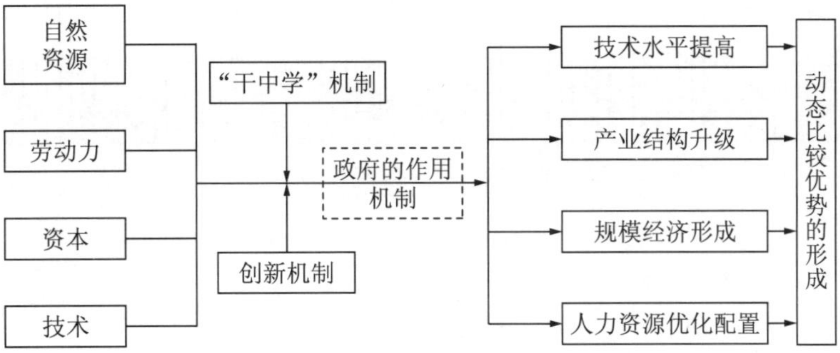

图 10.10 动态比较优势的机制框架

10.3.1 我国要素禀赋的动态变化

首先，我国劳动力总量增长趋缓，结构不断优化。在劳动力总量方面，资源还是比较丰富的，从改革开放以来，农村剩余劳动力的持续转移为我国二、三产业的发展提供了大量的劳动力，我国目前约有7.67亿就业人员。但随着产业发展对就业需求的持续扩张，以及人口老龄化的加剧，剩余劳动力进一步转出的空间已越来越小，就业人员的增长率已呈现出显著下降的趋势(图10.11)。随着义务教育的大力发展以及政府教育投入力度的加大，我国的人力资本呈现出较快的积累速度。从1990—2012年，全国6岁及以上人口的平均受教育年限已由1990年的7.62年提高到了2012年的8.94年，提高了17.3%。从教育结构来看，目前占据最大份额的是中等学历人口，具有高等学历的人口比例达到了10.6%。因此，尽管"人口数量红利"在逐渐减弱，与国际相比高素质的人才还比较缺乏，但我国劳动力资源优势的转变在于能够随着中国制造业结构的变化而提供足够数量、且具有相应教育程度的劳动力，这一"人口质量红利"的挖掘与再造将会是我国获取新的动态比较优势的重要基础。

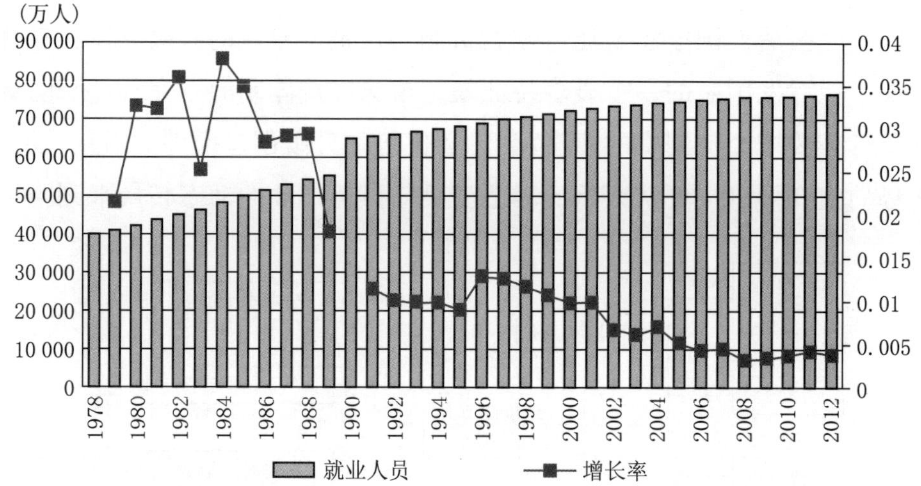

资料来源:《中国统计年鉴》。

图10.11 1978—2012年我国就业的总量及增长率

其次，资本积累为我国产业转型、经济发展奠定了坚实的基础。随着经济规模的扩大，我国的物质资本也得到了快速的积累。以1978年为基期衡量的全国物质资本存量已从3 837亿元增长到了2012年的365 308.6亿元。资本深化为我国资本密集型产业以及技术密集型产业的发展提供了一定的条件。

按 1978 年可比价格计算,平均每个劳动者所支配的物质资本已由 1978 年的 955.6 元,提高到了 2012 年的 47 625.76 元。

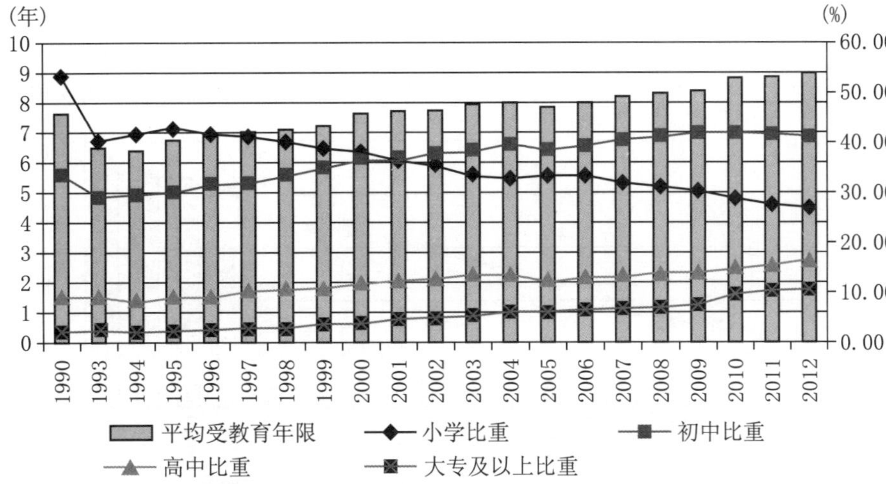

资料来源:《中国人口统计年鉴》。

图 10.12　1970—2012 年我国劳动力平均受教育年限

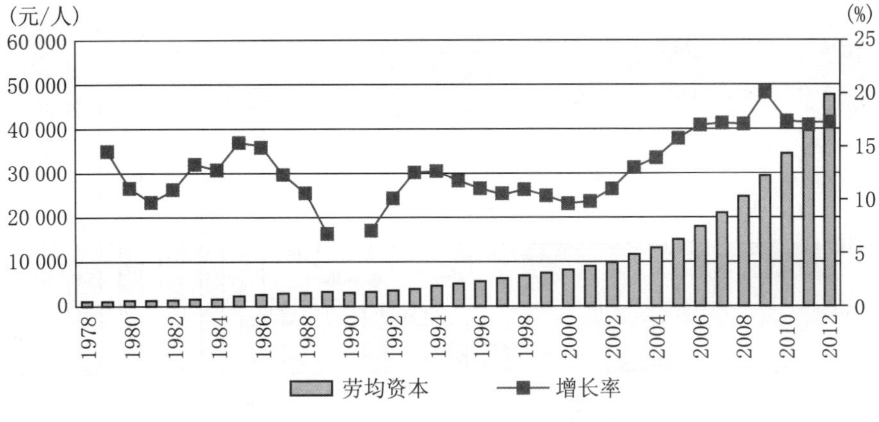

资料来源:《中国统计年鉴》。

图 10.13　1978—2012 年我国劳均资本变动趋势

第三,在研发上中国逐步从跟随者变为并行者。尽管与国外还有一定的差距,但纵向比较,我国研发支出与产出都有了较大的进步。我国的 R&D 经费支出总额在逐年递增,2012 年进入了万亿元俱乐部,并且 1995—2012 年间年均增长超过 20%,达到 22.15%。R&D 经费支出占 GDP 的比重也在稳步提升，目前该比重为1.98%，逐步接近国际2%的标准。我国的技术发明专利申请授权数一直呈快速上升之势，已由1995年的3 393项提高到了2012年的217 105项。

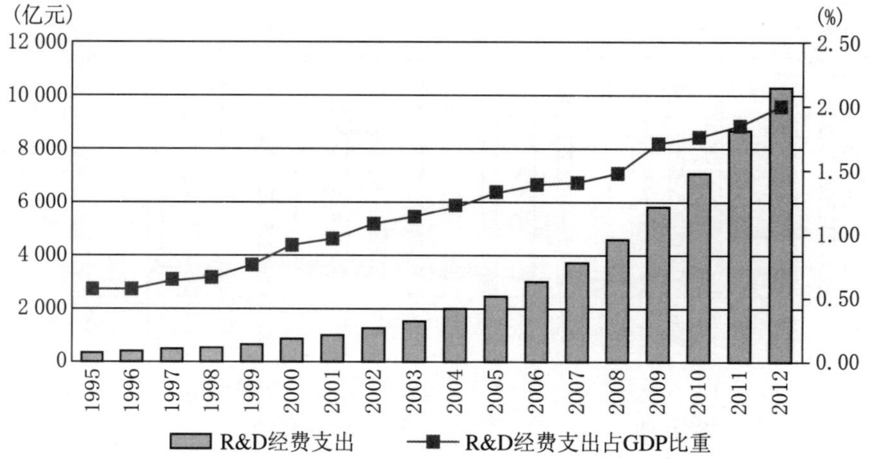

资料来源：《中国统计年鉴》。

图10.14 1995—2012年我国研发支出变化趋势

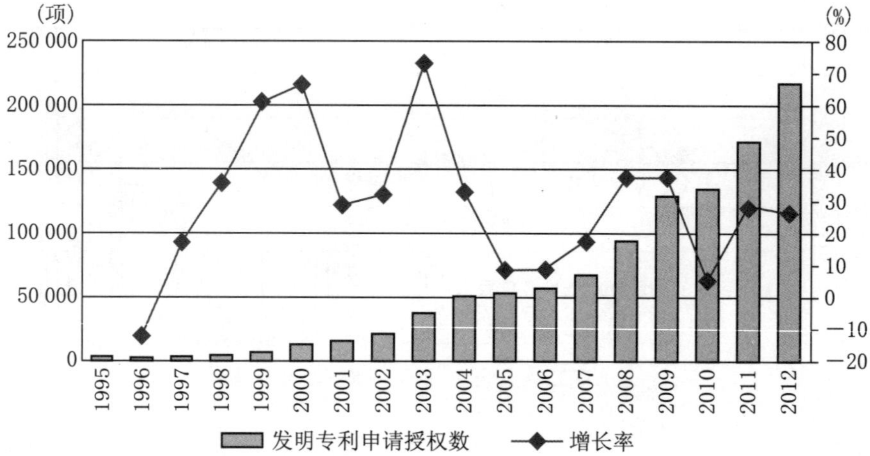

资料来源：《中国统计年鉴》。

图10.15 1995—2012年我国发明专利申请授权量

最后，改革开放以来我国市场化程度得到了较大的改善。我国经济快速发展的一个重要源泉就是制度改革带来的红利，市场机制的逐步建立与完善是我国经济转型发展最重要的特征之一。市场化改革提高了要素配置的效率,激发了经济主体的活力,为经济的发展提供了制度保证。樊纲等编写的《中国市场化指数》显示[①],总体上我国市场化的程度在逐年提升,尽管政府的管制对经济渗透较深,但党的十八届三中全会进一步确立了市场在资源配置中的决定性作用,这一制度变革的将会对我国产业的转型发展带来更多的制度红利。

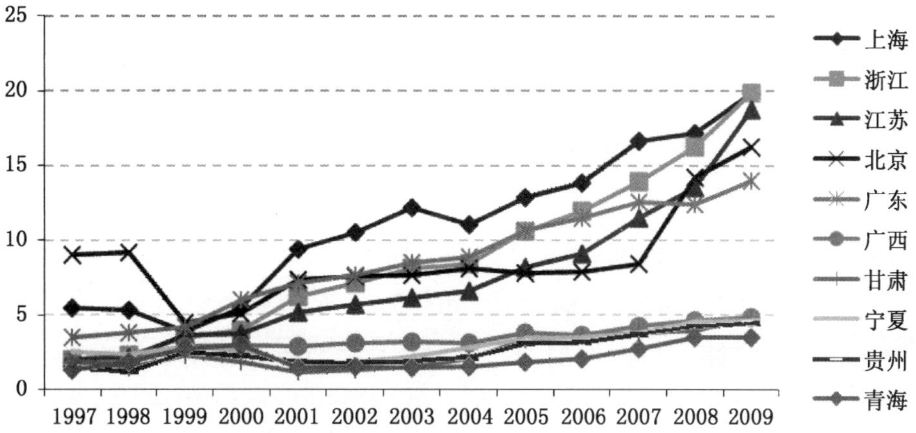

资料来源:樊纲等,《中国市场化指数》。

图 10.16 我国典型省(市)的市场化指数

10.3.2 我国出口商品的比较优势转换

在改革开放最初的五年,我国比较优势主要集中在以原材料、初级产品为主的资源密集型产业,如动、植物原料、无机化学品、纤维等是当时我国出口的主要产品。这一现象与我国当时特殊的国情有关:一方面,在之前的计划经济时期,相比于制成品、原材料及初级产品的生产较为丰裕,通过出口该类产品可以获得必要的外汇用以进口一些国外商品,因此其在我国对外贸易的比重本身就很高;另一方面,党的十一届三中全会后我国的经济体制逐渐向市场经济转型,这是一个"摸着石头过河"的过程,资源密集型产品凭借着原有的国际贸易经验和网络会更快地适应这一过程。而传统制造业的转型则需要更多的时间去摸索和尝试。尤其是在这一时期,经济体制改革的重点主要在农村地

① 这一市场化指数从政府与市场的关系、非国有经济的发展、产品市场的发育、要素市场的发育、市场中介组织发育和法律制度环境等五个大的方面综合计算了各地的市场化指数。

区，而大多集中于城市的工业生产的积极性仍未得到有效释放。因此，我国在当时虽然拥有丰富且廉价的劳动力，但还未能形成有效的比较优势。1984 年后，我国的比较优势开始从资源密集型产业向劳动密集型产业转换。这一时期，随着经济体制改革的重点从农村逐渐转向城市，包括传统制造业的生产积极性开始得到逐步释放，尤其是劳动密集型产业（如纺织服装、皮革制品等），通过雇用大量的廉价劳动力降低了生产成本，进而在国际分工中形成了明显的比较优势。但在 2001 年我国加入 WTO 后，随着更多产业的开放，资本与技术密集型产业的出口开始大幅增长，并逐渐超越资源与劳动密集型产品，成为我国参与国际分工的主导力量。

表 10.4 显示，1984 年代表资源密集型产品的"矿物燃料、润滑剂和相关材料"占我国商品出口结构的 23.02%，排名第一，但在随后该比例出现了大幅下滑，至 2000 年时占比仅为 3.14%。同样属于资源密集型的初级产品（0—4 类）均具有类似特征。与此同时，包含了纺织服装等典型劳动密集型产品的"杂项制品"则在这段时间内显著上升，取代"矿物燃料、润滑剂和相关材料"成为我国出口商品中占比最大的类别。我国出口商品结构的这种此消彼长，正好反映了我国比较优势从资源向劳动力转换的过程。但从 2000 年开始，劳动密集型产业开始下降，具有资本密集特征的"机械和运输设备"开始上升，2010 年

表 10.4　1984—2012 年中国出口商品结构变动情况（%）

代码	商品类别	1984 年	1990 年	1995 年	2000 年	2005 年	2010 年	2012 年
0	食品和活动物	12.41	10.85	6.67	4.92	2.95	2.61	2.54
1	饮料和烟草	0.42	0.55	0.92	0.30	0.16	0.12	0.13
2	粗材料，不能食用，但燃料除外	9.18	5.60	2.81	1.74	0.97	0.72	0.70
3	矿物燃料、润滑剂和相关材料	23.02	8.31	3.58	3.14	2.30	1.69	1.51
4	动物和植物油、油脂和蜡	0.55	0.26	0.30	0.05	0.04	0.02	0.03
5	化学品及有关产品	5.23	6.25	6.13	4.86	4.69	5.53	5.54
6	主要以材料分类的制成品	19.30	20.61	22.06	17.28	16.93	15.82	16.31
7	机械和运输设备	5.74	17.30	19.52	30.61	42.53	48.07	47.12
8	杂项制品	18.00	28.39	37.75	36.88	29.23	25.32	26.05
9	其他分类商品	6.14	1.89	0.26	0.21	0.21	0.10	0.07
	总　计	100.00	100.00	100.00	100.00	100.00	100.00	100.00

资料来源：UN Comtrade。

已成为我国最主要的出口产品类型(表10.4),该类产品在我国出口总额的占比已近一半。而与之相对应的是更具劳动力要素特征的“杂项制品”,其出口占比在近十年呈现出逐渐下降的趋势。总体而言,我国在出口上基本上遵循传统比较优势的路径,从资源密集型、劳动密集型逐步向资本密集型转变。

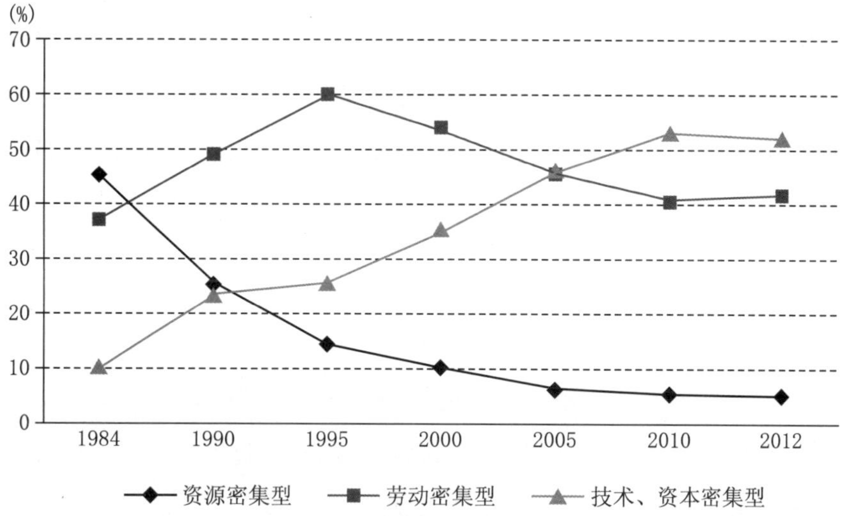

资料来源:UN Comtrade。

图 10.17 我国出口商品的结构变动

10.3.3 我国产业动态比较优势的转变过程与特点

上述主要从出口角度对我国比较优势的变化进行了分析,但我国是一个加工贸易大国,很多产品是大量进口原料并加工出口,在此过程中,我国从事的生产环节往往是低技术的,一些核心的部件都来自进口。因此,综合考虑进出口两方面也许更能客观地反映我国比较优势的变化。我们运用马尔科夫链的动态分析方法通过测算 Lafay 指数对我国产业比较优势的变化进行了分析①。Lafay(1992)所提出的国际专业化指标不仅考虑了进口,而且对产业内贸易和复出口都有所考虑,特别是在当今的分工深入到产业内甚至产品内分

① 根据 Lafay 指数的构造可以看出,括号内是产品 j 的贸易竞争指数与各产品部门贸易累积竞争指数的背离程度,再乘以产品 j 贸易总额在我国贸易总额中的比重。因此,Lafay 指数不仅考虑了产业内贸易和复出口,而且控制了各部门在贸易中的贡献度以及宏观环境的影响。同时,这一指数也是衡量专业化优势的指标,Lafay 指数值越高,则该部门专业化程度越高,该部门对于贸易平衡的贡献就越大;另一方面,负的 Lafay 指数值则意味着该部门更依赖进口。

工的前提下，世界贸易越来越由普通贸易向垂直贸易以及垂直三角贸易发展。因此，一组商品产业内贸易的规模就变得非常值得关注，如果只是考虑出口，那么这个衡量标准将有失公正。而且，Lafay指数还控制了宏观经济波动带来的扭曲。因为比较优势从定义上来看是结构性的，衡量周期性的影响是非常关键的一个问题，因为周期性的波动会影响到短期内的贸易流量大小。Lafay指数利用每个类型产品正常的贸易差额和总的正常贸易差额的差解决这一问题。最后，指数用贸易中的相对重要性来衡量每个产品的贡献度。因此，用其来衡量比较优势，观察一国产业的比较优势结构是较好的选择，Lafay指数可用下式表示：

$$LFI_j^i = 100\left[\frac{x_j^i - m_j^i}{x_j^i + m_j^i} - \frac{\sum_{j=1}^{N}(x_j^i - m_j^i)}{\sum_{j=1}^{N}(x_j^i + m_j^i)}\right]\frac{x_j^i + m_j^i}{\sum_{j=1}^{N}(x_j^i + m_j^i)}$$

其中，x_j^i 代表国家 i 的 j 产品对世界其他国家的出口，m_j^i 为该国该类型产品从世界其他国家的进口，N 是所有进出口货物的种类。i 国产品 j 的比较优势由产品 j 正常贸易差额和产品总差额的差乘上产品 j 的进出口总额的比重表示。如果 LFI 大于0，说明我国在该产品部门具有专业化优势；Lafay指数越高，则专业化程度越高，说明该产品的比较优势强，竞争力强，在产业结构中的重要性与贡献度高；小于0则为比较劣势。

1. 我国产业比较优势的静态比较分析

首先我们可以对我国产业的比较优势进行静态分析，根据2011年我国HS分类产品的LFI指数测算结果①，大致将96类产品分为强比较优势、弱比较优势、弱比较劣势、强比较劣势四类（见表10.5）②。在强比较优势产业中，除了纺织品、玩具、鞋类等传统劳动密集型产品以及肉类、鱼类外，值得关注的是有相当数量的技术密集型产业也成为我国具有强比较优势的产业。特别是84章（核反应堆、锅炉、机械器具及零件）、85章（电机、电气设备及其零件；录

① 在分工日益深化的背景下，从更为细分的产业或者产业环节来考察比较优势的变化更具现实意义。因此，在当前的数据样本中，用国际贸易中海关产品（HS）的样本来考察我国产业的比较优势变化也是一个相对比较好的选择。

② 马尔科夫链在测算转移矩阵时，需要将产业状态空间基本均分，使每一个状态所包含的样本数大致相等。

音机及放声机、电视图像、声音的录制和重放设备及其零件、附件)以及89章(船舶及浮动结构体)的LFI指数都在1以上,这表明最近几年来,我国对高技术行业的扶持取得了初步的成效。弱比较优势的产品大多也是我国具有传统比较优势的劳动密集型产品。具有强比较劣势的产品大多为资源密集型和初级产品,这些产品在我国改革开放初期是我国的主导产品,但是现在已经丧失了以前的优势地位,而部分附加值高的产业通过国家的支持不断获取比较优势。但与此同时,我国还有航空航天器、精密仪器、车辆、医疗设备等相当部分的高技术产品还处于比较劣势的状态。

表10.5 2001年与2011年LFI指数最高的10大产业的对比

2011年	LFI指数	2001年	LFI指数
核反应堆、锅炉、机械器具及零件	3.593	非针织或非钩编的服装及衣着附件	3.400
针织或钩编的服装及衣着附件	2.074	针织或钩编的服装及衣着附件	2.424
电机、电气设备及其零件;录音机及放声机、电视图像、声音的录制和重放设备及其零件、附件	1.671	鞋靴、护腿和类似品及其零件	1.813
非针织或非钩编的服装及衣着附件	1.590	玩具、游戏品、运动用品及其零件、附件	1.646
家具;寝具、褥垫、弹簧床垫、软坐垫及类似的填充制品;未列名灯具及照明装置;发光标志、发光名牌及类似品;活动房屋	1.480	家具;寝具、褥垫、弹簧床垫、软坐垫及类似的填充制品;未列名灯具及照明装置;发光标志、发光名牌及类似品;活动房屋	1.351
船舶及浮动结构体	1.097	皮革制品;鞍具及挽具;旅行用品、手提包及类似容器;动物肠线(蚕胶丝除外)制品	1.292
钢铁制品	1.053	钢铁制品	0.699
鞋靴、护腿和类似品及其零件	1.052	其他纺织制成品;成套物品;旧衣着及旧纺织品;碎织物	0.685
玩具、游戏品、运动用品及其零件、附件	0.861	肉、鱼、甲壳动物、软体动物及其他水生无脊椎动物的制品	0.380
皮革制品;鞍具及挽具;旅行用品、手提包及类似容器;动物肠线(蚕胶丝除外)制品	0.659	铁道及电车道机车、车辆及其零件;铁道及电车道轨道固定装置及其零件、附件;各种机械(包括电动机械)交通信号设备	0.369

为了进行比较静态分析,将2001年的LFI指数与2011年的LFI指数进

行对比，我们可以发现诸如纺织、玩具、鞋类等传统劳动密集型行业我国依然是具有比较强的比较优势，尽管由于成本上升、贸易摩擦等因素使得我国的劳动密集型产品竞争力有所下降。但纵观全球，还没有任何一个经济体在生产这些产品上比我国更有优势。而资源密集型产业逐渐丧失了以前的优势地位，同时，附加值高的部分产业通过国家的政策干预不断获取了比较优势。特别是在排名前10的强比较优势行业中，84章、85章以及89章等高新技术产业取得了较大的进步。从时间的变化趋势来看，84章到90章的高新技术产品的比较优势处于上升的态势，其中84章、89章、85章、86章最近几年的LFI指数为正，但90章、88章、87章的LFI指数为负。因此，从我国产品竞争地位的提升、高新技术产业的培育以及产业升级的角度来看，我国产业优势的提升依然任重道远。

从2001—2011年LFI指数的统计分布特征来看(表10.6)，其最大值趋于不断增大、最小值呈不断减小的趋势，表明我国强比较优势的产业在不断增强、强比较劣势的产业竞争力衰退的速度也在加快。这也表明了我国产业调整的原则也应该是有进有退的，扶持一批先进的产业，同时可加快淘汰一批落后的产业，腾出资源为附加值高的产业创造发展的空间。而LFI指数大于零的产业数总体趋于上升的态势，表明我国产业竞争力总体上依然处于上升的通道中。

表10.6　2001—2011年LFI指数的分布特征

	2001年	2002年	2003年	2004年	2005年	2006年	2007年	2008年	2009年	2010年	2011年
最大值	3.40	3.02	2.76	2.37	2.52	2.70	2.85	3.24	3.64	3.63	3.59
最小值	−2.01	−2.46	−2.46	−3.06	−3.69	−4.66	−4.59	−6.27	−5.27	−5.90	−7.04
>0的产业数	55	55	56	54	57	59	59	60	56	60	58

2. 我国产业比较优势的动态比较分析

静态比较分析所能包容的样本十分有限，无法准确地反映各产业的动态发展过程。因此，下面我们将对各产业的动态发展规律进行马尔科夫链的测算。根据LFI指数的测算结果，对我国2001—2011年HS2位数分类的共96类商品、1 056个样本的Lafay指数进行马尔科夫转移矩阵测算。我们把产业状态空间分为四个子空间，使每一个状态所包含的样本数大致相等，分别定义为强比较优势、弱比较优势、弱比较劣势、强比较劣势四种状态。这样，我们可以将 1 056 个样本分为以下四个状态空间，即[0.121，+∞)、[0.018，0.121)、(−0.042，0.018)、(−∞，−0.042]，分别代表强比较优势、弱比较优势、弱比较劣势、强比较劣势。按照这样的分法，我们首先可以计算每一年份的一步转移矩阵，即 2001—2002，…，2010—2011 的一步转移矩阵，然后将其平均可以得到一个 4×4 的马尔科夫链转移矩阵，一步转移概率矩阵见表 10.7 所示。

表 10.7 马尔科夫链一步转移概率矩阵

样本数	(−∞，−0.042]	(−0.042，0.018)	[0.018，0.121)	[0.121，+∞)
244	0.883 2	0.100 4	0.004 2	0.012 2
236	0.048 6	0.834 4	0.090 6	0.026 4
248	0	0.094 3	0.837 7	0.068
232	0.016 4	0.003 8	0.051 4	0.928 4
遍历值	0.114	0.255	0.30	0.331

对于一步转移矩阵，其中每一个元素(i, j)表示一个产业由时间 t 时的比较优势状态 i 在 $t+1$ 时转移到比较优势状态 j 的概率，第一列是每个状态初始产业的个数。以第二行为例。236 表示在 2001—2011 年(总共 11 年1 056 个样本，在计算一步转移矩阵时，共有 10 个转移矩阵，共 960 个样本)中，有 236 个样本的初始状态落在第二个区间，即就是 LFI 指数在(−0.042，0.018)。而这之中又有 83.44%的产业在第二年仍然处在这一区间，上升到第三种状态的概率是 9.06%，上升到第四种状态的概率是 2.64%，而下降为第一种状态的概率为 4.86%。第一、第三和第四行以此类推。

最后一排为遍历值，表示对于一个产业比较优势状态 i，不管现在的产业比较优势如何分布，经过长时间后，到达该状态 i 的概率。遍历值反映了各产业比较优势的长期稳定的分布结构。由遍历值可知，我国产业的长期状态将体现为强比较优势＞弱比较优势＞弱比较劣势＞强比较劣势，即到达强比较优势的概率最高，而到达强比较劣势的概率最低。也就是说长期而言，我国将有更多的产业将具有强比较优势，即从长期来看，我国产业的竞争力将处于不断上升的态势。结合前面静态比较优势的分析结果，资本与技术密集型的产业比较优势呈现明显的上升，也就是说，在长期稳定的状态下，将有更多的资本与技术密集型产业进入到强比较优势以及弱比较优势行列。因此，从长期来看，我国在国际分工中的地位将会得到提升。同时，我国还有相当比例的劳动密集型产品是具有强比较优势的产业，如果不提升这些产业的分工地位与附加值，其具有的路径依赖将会使这些产业陷入比较优势的陷阱。

表中矩阵对角线是产业比较优势“延续性”的体现，对角线上元素的值越大，表示产业比较优势状态随着时间变化的可能性就越小。非对角线上的元素体现比较优势状态的“流动性”，而每一行非对角线元素之和反映了优势“流动性”的强弱。由表 10.7 可知，“延续性”由强到弱依次为强比较优势＞强比较劣势＞弱比较优势＞弱比较劣势，也就是说，具有强比较优势的产业显得比较“顽固”，其状态转移的概率不大（只有 7.16％的转移概率），这表明只要具有了强比较优势，这种比较优势很难消失。

“流动性”由强到弱依次为弱比较劣势＞弱比较优势＞强比较劣势＞强比较优势。即第二种状态的产业流动性较强，$t+1$ 年有 16.56％的产业转移到其他产业去，其中上升到第三种状态的概率较大，为 9.06％。这样的结果表明，处于弱比较劣势的产业比较容易提高比较优势水平，但同时也有 4.86％的可能会落入强比较劣势的水平。处于弱比较优势的产业流动性也很强，上升到强比较优势的概率为 6.8％，但也更有可能退化到弱比较劣势状态（概率为 9.43％）。因此，对于这些具有一定潜力的“摇摆性”产业来说，我们可以积极创造条件，促使其向比较优势的状态转移，这些产业或环节经过培育可以成为今后产业升级与出口的重要部分。

五步转移矩阵表示经过 5 年产业状态转移的可能性。表 10.8 的解释和表 10.7 类似。与一步转移矩阵相比较可以发现，五步转移矩阵的对角线元素比一步转移矩阵的小，这说明 LFI 指数呈现了更大的流动性。依然以第二行为例。第二行表示 t 年为状态二的产业，在 $t+5$ 年的时候转移到其他状态的概率。仍然处在弱比较劣势状态的概率为 48.76％（远低于一步转移中的 83.44％），转移到强比较劣势的概率为 14.11％，转移到弱比较优势的概率为 24.29％，转移到强比较优势的概率为 12.85％，这样合起来共有 37.14％的产业比较优势上升(大于一步转移矩阵中的11.7%)。而处于第三状态(弱比较优势)的产业比较优势上升的概率(23.11%)小于比较优势下降的概率(28.14%)。马氏链多步转移矩阵为识别有发展潜力的产品提供了依据,一个目前处于比较劣势的产品,如果在长期内(多步转移)其优势保持或上升的可能性大于下降的可能性,则该产品具有发展潜力。由上面的分析可知,初期处于第二状态(弱比较劣势)的产品具有较大的发展潜力。这表明如果我们给予这些产业发展的支持,我国的产业实现动态比较优势的提升是完全有可能的。而且,强比较优势与强比较劣势的产业的"延续性"依然是最强的,这其中的含义表明,对于丧失比较优势的产业我们可以逐步淘汰,同时,应积极培育具有比较优势的产业。五步转移矩阵的遍历值与一步转移矩阵约遍历值相同,因为遍历值是一个长期稳定状态下的概率。我们发现,在五步转移矩阵中,所有元素的值都大于0,也就是说由我国比较优势指数构成的马尔科夫链是具有遍历性的,即具有平稳性。与一步转移概率矩阵类似,从总体趋势上看,我国产业会逐步向分工的价值链高端升级。但这种趋势是比较缓慢的(其强比较优势的遍历值只有0.331),如果要使产业结构不断升级,以使更多的产业优势在长时间内向收敛,就必须通过调整,使得比较优势的遍历值向1收敛。

表10.8 马尔科夫链五步转移概率矩阵

样本数	(−∞, −0.042]	(−0.042, 0.018)	[0.018, 0.121)	[0.121, +∞)
244	0.571 6	0.286 9	0.074 4	0.067 1
236	0.141 1	0.487 6	0.242 9	0.128 5
248	0.036 9	0.244 5	0.487 6	0.231 1
232	0.059 5	0.055 5	0.165 8	0.719 2
遍历值	0.114	0.255	0.30	0.331

与此同时,我们将上述产品的比较优势结果与我国分行业的制造业的增加值率进行简单的对比发现(见表10.9),尽管一些劳动密集型行业与高新技术产业的比较优势较强,但在增加值率方面依然水平不高(大多低于30%),有的甚至还低于我国的平均水平。这一方面表明了我国产业在全球分工中的地位还有待提高,另一方面也提醒我们在培育动态比较优势时,不能简单、笼统地扶持某些产业,而应该重视价值链环节、注重功能性政策的配置。更为重

要的是，我们应根据不同产业比较优势的现状，产业的要素配置状况、竞争特点等，实施差异化的产业政策，提高要素的质量与流动性，实现资源的优化配置。

表 10.9　1998—2011 年我国部分制造业的增加值率(%)

	1998 年	2001 年	2004 年	2007 年	2010 年	2011 年
平均	28.67	29.68	27.20	28.89	22.6	22.28
食品加工业	19.38	23.05	23.12	26.53	23.62	23.59
食品制造业	26.77	27.76	29.78	30.66	28.31	28.46
饮料制造业	34.41	35.22	36.64	37.06	33.70	32.36
烟草加工业	64.46	64.50	70.98	77.29	69.10	67.00
纺织业	23.25	24.68	22.95	26.23	24.96	26.22
服装及其他纤维制品制造	23.88	26.50	28.32	29.80	27.10	29.58
皮革毛皮羽绒及其制品业	22.93	24.91	25.53	28.73	27.48	28.74
木材加工及竹藤棕草制品业	22.87	26.03	25.56	29.27	25.49	26.37
家具制造业	26.01	27.04	22.32	26.67	22.75	23.27
造纸及纸制品业	25.64	26.32	25.34	27.56	24.96	25.40
印刷业记录媒介的复制	33.57	33.60	33.55	32.68	28.15	30.14
文教体育用品制造业	25.55	26.42	24.58	26.42	26.72	30.35
石油加工及炼焦业	22.69	19.25	19.66	17.35	16.45	16.12
化学原料及制品制造业	23.84	25.40	26.36	27.39	23.59	23.40
医药制造业	31.54	35.40	36.30	35.94	32.35	30.72
化学纤维制造业	22.34	21.72	20.55	19.64	20.97	19.38
橡胶制品业	26.53	27.78	26.07	27.70	25.51	25.22
塑料制品业	23.65	25.51	23.86	26.32	23.52	25.01
非金属矿物制品业	28.37	30.10	30.57	31.17	26.84	27.13
黑色金属冶炼及压延加工业	25.31	26.81	25.36	26.73	24.89	24.25
有色金属冶炼及压延加工业	20.40	24.95	23.16	24.83	21.62	21.72
金属制品业	23.45	25.01	25.81	26.30	23.63	24.99
普通机械制造业	27.02	27.72	25.77	27.73	23.76	24.54
专用设备制造业	25.28	27.08	24.12	28.96	24.44	24.50
交通运输设备制造业	25.65	25.23	24.90	25.69	21.37	21.06
电气机械及器材制造业	24.24	25.15	23.71	25.20	21.72	21.62
电子及通信设备制造业	22.91	22.64	21.06	20.20	18.39	18.04
仪器仪表文化办公用机械	24.32	25.37	27.34	27.00	24.62	23.94
电力蒸汽热水生产供应业	51.85	53.00	31.68	33.36	29.57	28.32
煤气的生产和供应业	13.69	24.96	25.05	31.02	24.61	23.19
自来水的生产和供应业	45.93	47.02	44.07	45.91	41.97	44.70

资料来源:《中国工业统计年鉴》。

10.3.4 相关结论与政策涵义

从静态比较分析的结果来看,我国资本与技术密集型行业的竞争优势处于上升的态势,一些传统的劳动密集型行业依然具有较强的比较优势。而一些初级产品与资源型产品的竞争力处于下降的趋势。由马尔科夫链的测算结果可知,具有强比较优势和强比较劣势的产业延续性较强。也就是说一个产业如果具有了强比较优势,就较难改变其比较优势状态。具有弱比较劣势和弱比较优势的产业流动性较大,这一类的产业通过培养很有可能进入强比较优势的行列,但如果发展不慎的话,也有可能落入比较劣势的陷阱。上述结论也具有较强的政策涵义。在培养动态比较优势的过程中,我们应该秉持进退结合的原则。我国具有强比较优势的产业有很大部分仍然是劳动密集型的产业,这些产业对我国出口量的增加以及解决就业问题上都有巨大的贡献。虽然其附加值大多不高,但是仍然不能立刻抛弃这些产业。马尔科夫链这一动态的测量方法与静态方法相比,一个明显优势就是能显示出具有发展潜力的产业。通过对动态比较优势研究不难发现,现在处于比较劣势,但是具有高附加值的资本与技术密集型产业转移到比较优势的可能性很大,如果加大对这些产业的投入与扶持,其完全有可能成为动态比较优势的产业。一部分高新技术产业经过国家的培养已逐步进入比较优势行列,这些产业一旦具有了强比较优势也比较容易保持这个状态。而高技术产业往往具有高附加值,高技术产业比较优势的增强更有利于我国产业结构的高附加值化,从而达到产业升级的目的。

但是,我们也应该认识到,要想摆脱静态比较优势的分工锁定,实现经济的转型,关键是要摆脱先天资源禀赋边际成本上升的约束,培育和提升新的比较优势,加快技术进步,促进出口的多样化、生产技术复杂化,实现产业结构和贸易结构的升级。简而言之,决定比较优势的是先天的要素禀赋,后天形成的技术水平、社会基础设施及制度的适应性、灵活性等因素综合作用所形成的生产率差异。而要打破现有分工格局,形成动态比较优势,归根到底应把未来比较优势部门从较低的生产率水平培育成为具有较高的相对生产率的产业,其中的关键在于基于技术创新和相对比较高级要素的积累,由此形成更高分工层级，这是提高国际分工地位、增加国民福利的基石。

10.4 中国构建动态比较优势的战略选择及对策建议

10.4.1 顺应我国产业升级的趋势，实施“人口红利”向“人才红利”转变的战略

虽然我国在数量上可以称为人力资源的大国，但还算不上人力资本的强国，而且劳动力方面的“二元结构”已成为当前中国经济发展的“短板”。在这种情况下，如何把人力资源这个短板补齐，实现人力资源优势向人力资本优势的转化是中国经济发展阶段性的客观要求。提高人力资本的积累并不仅仅是加大教育投入的问题，也不是简单地提高受教育水平的问题，因为现阶段我国即使是一些高技术的人才其生产效率也可能处于较低的水平。其中的关键在于一些制度性的障碍阻碍了人力资本的充分发挥。由于我国长期存在着劳动力市场的分割，户籍制度、就业制度、社会保障制度等严重影响了人力资本的合理流动与有效配置。而单一的制度改革很难在此方面取得突破，因此必须以综合配套改革的思路来统筹，构建统一的协调机制，真正实现人力资本流动的畅通，并采取直接与间接的措施推动人力资本积累，改善人力资本结构，提高人力资本的生产效率。更为重要的是，通过增强劳动力市场的竞争性和自由流动性能提供鼓励人力资本投资的刺激信号。促进我国人力资本积累的关键在于提高人力资本投资回报率。在这一过程中，技能培训作为一种重要途径同样不能忽视。实践表明，技能培训能增进人力资本的积累，并且短期内就能收到令人满意的效果，这也是培养大批我们急需的产业技术工人的重要手段。

10.4.2 充分利用我国生产配套能力的优势，促进产业融合，实现产业链的反向控制的战略

我国现在拥有强大的生产能力以及配套能力，这也是世界上其他国家无法比拟的。相对比较完善的生产配套体系是一国产业做大做强的重要保障。但是现阶段由于地区之间的行政壁垒、市场分割、行业管制壁垒等原因使得我

国这方面的优势没有完全发挥,没有形成产业与价值链的“集团化”优势。因此,我们有必要从产业融合的角度来整合我国的生产配套能力,将这种潜在的能力转化为新的比较优势。随着技术更新步伐的加快和经济“服务化”趋势的加深,产业融合作为提高产业生产率和竞争力的新兴发展模式和产业组织形式,给产业发展与经济转型注入了新的动力。产业融合作为一新型的产业发展范式,促进了全新的融合型产业体系的形成,使原本分立的产业价值链部分或全部实现了融合。与原产业相比,融合型产业不仅具有更高的附加值与更大的利润空间,并通过创新的连锁反应促进了产业结构的转型与升级。

在具体的实践中,我们需要积极推动以下几方面的工作。一是政府应重视和鼓励关联度高的产业技术创新,为各产业间的融合创造一个良好的技术平台与产业平台。二是适时对已经发生变化的产业放松经济性规制或进行规制改革,为产业进一步融合创造宽松的制度环境。三是以市场为导向,促进不同分割市场的融合,鼓励企业不断开拓新市场,提高企业联结新价值网络的能力。四是积极推进包括组织协调机制、企业主体机制和中介服务机制等在内的产业融合机制的建立,统筹协调部门、地区、行业关系,形成发展合力,促进产业融合的良性发展。五是坚持开放型、市场化的原则,积极吸收国内外的优势资源,大力推进核心技术链、产业链的整合,掌控产业融合发展的主导权,在此基础上增强对产业链的创新能力与控制能力。

10.4.3 积极培育潜在的“技术优势”,以核心技术引领产业优势的再造

虽然我国的技术水平现阶段还无法称为“技术强国”,但不论是从我国的纵向比较还是与其他国家的横向比较来看,在短短30多年改革开放的时期内,在技术水平上实现的成绩都为我国后续自主创新能力的培育打下了很好的基础。如果能够发挥我国在“技术序列”上的集成优势,现阶段看似处于劣势的技术水平,经过循序渐进的积累、集成与创新,完全有可能在未来成为我国新的动态比较优势。实现这一优势转变的前提是要在制度变革与体制建设上取得真正的突破,创造出符合市场需要的制度环境和体制基础,形成体制上的竞争力。

一是以“需求类政策”为杠杆撬动市场,鼓励创新产品进入和拓展市场,支

持相关产业起步、成长。积极促进技术成果的产业化，加大对技术预见与技术路线图的研究，推动科研更多与社会需求相结合，摆脱科技创新与企业的生产、经济发展“两张皮”的状况。二是在技术创新过程中注重技术与人力资本的融合，实现技术与人力资本“螺旋形”互动发展的态势。三是促进以企业投入为主体、银行贷款作支撑、吸纳社会投资的多元化自主创新投融资体系的形成。四是加快知识产权保护和市场规范制度的建立与完善。作为后发大国，在制定和实施知识产权保护制度时要注重发挥技术上的后发优势，应在鼓励自主创新和对国外技术模仿之间进行适当权衡，将有限的资源在自主创新与技术模仿吸收之间进行合理配置，根据各行业的技术水平采取有所差异的知识产权保护策略。

10.4.4 积极确立人民币的优势地位，充分发挥金融资本与产业资本的融合优势

随着我国综合国力的不断强大、国际地位的不断提高，可以预见，今后我国的人民币将可能成为一种“强势货币”。因此我们认为，未来助推我国新动态优势形成的重要力量即是我国的货币优势。目前，尽管我国在全球金融中的权重越来越大，但我国的金融结构、金融资产与资源分布以及金融资产管理能力等方面的发展还很滞后，难以形成强大的金融资本与产业资本的合力。为此我们需要实现两个重要的战略转型。一是从商品输出走向资本输出，二是实现资本开放战略的重要转型，即从资本集聚到资本辐射战略。我国经济发展归根到底取决于本国资本的积累能力和资源使用效率。为此，稳定主权货币，积极推进资本输出的人民币国际化进程，实现高能货币和高能资本的结合。在此过程中应选择以企业为主体的资本输出模式，加快核心要素的并购，通过合作研发，提高产业竞争力。不过，在此过程中我们应积极建立风险评估预警体系，政府、企业之间要形成良性互动，共同分担风险成本。

10.4.5 充分发挥大国综合优势，为产业动态比较优势提供多元的动力来源

大国综合优势的内涵主要源于由“大”而导致的规模经济、差异性、多元结

构和独立系统，以及由此而产生的分工优势、互补性优势、适应性优势和稳定性优势(欧阳峣，2009)。我国所具有的地区的、经济的、技术的多元化将会导致发展优势的多元化、动机的多元化、主体的多元化和产业的多元化，由此将会衍生出的“大国综合优势”是我国构建动态比较优势的重要战略基础。

首先，我国拥有庞大的国内市场，使得我国产业可以借助国内市场需求来实现产业升级，获取新的比较优势。然而，现阶段我国内需市场还亟需提振。内需乏力的重要原因在于不完善的商业环境导致国内市场交易成本过高。地方保护主义提高了市场准入门槛，市场分割加大了区域间贸易成本，企业营销渠道受限制、营销成本过高等使得国内一体化的市场无法建立起来(蔡洪斌，2012)。这也直接导致了我国需求结构与供给结构的不匹配，内需市场振兴困难。因此，内需扩张长效机制的建立既要激发释放居民消费意愿，更需要充分调动本土企业开拓本国市场的积极性，重点在于深化体制改革以改善企业经营环境，进一步推动市场化改革以构建国内统一的产品市场和要素市场，降低地区贸易的成本，推动市场一体化的进程。

其次，我国拥有的分工优势有利于构建基于现代产业体系导向的国家价值链。一方面，我国企业可以通过满足国内市场需求来提升自身产品的附加值，完成从加工制造向品牌营销方向的转型，提高产业在全球价值链中的地位。另一方面，可以通过调整国内产业空间布局，实施梯度升级的战略，以此促进价值链在国内的合理布局。生产制造类环节可以向具有成本和资源优势的中西部欠发达地区转移，而东部地区可以有更多的空间发展高附加值的资本与技术密集型环节。要实现这一目标，就要求我们在全球价值链分工的基础上，重新整合中国企业的产业关联和循环体系，重新塑造国家价值链的治理结构，调整国内不同地区产业的关系结构，为产业升级提供坚实的发展平台。

第三，打破产业调整的各种壁垒，提高其转换能力，降低产业转型升级的成本。目前，区域的行政壁垒、行业进入退出壁垒等严重影响到了产业资源的流动以及合理化的配置。这无形之中提高了我国产业转型升级的成本，这也是李克强一直强调要解决的结构调整中的难题。区域行政壁垒与市场分割是我国产业发展中一大历史性的难题，对于地方政府来说有着较大的维持现状的动力。而且，这一问题也不仅仅是行政管辖权和财政边界的问题，即不是调整行政关系就能彻底解决的，更为重要的是要尊重经济微观主体的市场行为，减少区域间产业竞争与发展的行政干预与政府越位行为。以开放式、市场化的方式让产业转型的企业主体来进行资源的整合，而政府需要做的是在基础设施、产业配套环境等方面为企业创造良好的环境。真正形成产业发展的各类主体“不缺位、不错位、不越位”，各司其职，和谐发展的格局。

10.4.6 实施差异化的产业扶持政策，重点培育具有潜在优势的价值链环节

我国培育产业的动态比较优势，首先应针对不同比较优势的产业实施差异化的发展策略。对于现有的具有比较优势的产业，我们可以更多地引入市场竞争机制，给予企业充分的自主权，使这些产业在良好的竞争环境中不断通过技术创新和制度创新来增强自身的国际竞争力。对于一些潜在的、未来较有可能成为比较优势的产业，政府可以在关键环节适当加以扶持，提高其国内生产以及在出口中的竞争力。而对于丧失比较优势的产业，则可以逐步淘汰相应的环节以及通过产业转移实现资源的优化配置。具体而言，差异化的措施主要体现在以下几方面：一是针对既有比较优势部门，如纺织、服装等劳动密集型行业，价格竞争已经异常激烈，而部分企业的创新能力也在逐步提高，应重点支持这类行业提高研发设计水平，培育品牌，促进由成本价格竞争向以产品多样化和设计、服务、品牌等差别化竞争和功能提升为主的转变，缓解贸易条件的进一步恶化。同时，应把建立海外营销网络作为提升该类行业国际竞争地位的重要方面，在融资、通关等方面进行政策支持。二是对于具有动态比较优势的产业，它们正在或即将成为我国出口的重点行业，应在促进提高生产率、降低出口的交易成本，支持开拓海外市场等方面提供政策支持。对这些产业的政策重心是支持研发设计和关键设备、关键部件的国内生产，提高国际分工层级，支持其提高产品档次和“走出去”。三是对于一直是比较劣势而地位重要的行业，如医药制造、高端装备以及关键部件、关键设备、关键材料等，则应以适度的市场保护和投入支持为重点，并着力提高开发设计水平，强化供应链管理，着力提升分工层级，支持高新技术行业和关键环节的战略性进入以及提高国际竞争能力，以打破海外垄断，形成有利于我国国民福利的市场结

构，改善贸易条件。四是对于一些陷入比较优势陷阱且比较顽固的产业，可以有针对性地淘汰落后的产能或生产环节，以及通过相应的产业转移为具有潜在发展优势的产业置换出相应的发展资源。

其次，在发展动态比较优势的过程中应重视具有一定潜力的价值链环节与功能的培育。新动态比较优势的培育既可能是新的行业，也有可能是在现有比较优势部门基础上的功能提升以及具有潜在比较优势的环节。不管何种方式，其一定是能够利用不断提升的人力资本、产业技术基础、配套条件、金融支持、社会组织网络等要素积累的部门。因此培育动态比较优势，关键是基于技术创新和相对比较高级要素的积累，由此形成更高分工层级。同时也是市场竞争过度竞争的减弱而市场势力增加、议价能力增强的过程。除了一般意义上的提高人力资本的教育水平与效率，松绑限制劳动力流动的制度束缚，发挥产业资本的功能外，目前还应该重视集聚资源、发挥要素功能的平台建设，积极培育一大批大中小型专业化平台企业的发展，发挥这些企业整合资源的能力。实现要素资源、市场信息的集聚和交易的集中，掌握产业价值链的话语权与主动权。此外，要着力形成有效竞争的市场结构，提高我国企业的市场势力，努力形成与跨国公司相抗衡的能力；对内，要促进形成经济规模和适度竞争。在这一过程中，企业也应在组织形式、管控模式、治理结构等方面上适应这些变化，实现双方转变的有效对接。

10.5 本章小结

如何摆脱传统粗放的发展模式，成功实现经济的转型是目前我国诸多改革的要义，在培育新的动态比较优势的过程中，既要充分认识到我国存在的诸多不足，也需要从长期战略的眼光来审视我国作为一个崛起的大国在未来全球中的重要地位。未来我国可能不仅仅是作为一个“追随者”参与全球分工，更有可能作为一个“并行者”甚至在有些领域作为“引领者”来主导价值的分配。特别是中国（上海）自由贸易试验区的成立以及党的十八届三中全会确立了市场在资源配置中起决定性作用之后，我国迎来了“对外开放”与“对内放开”的新制度变革。“对外开放”意味着我们更多的产业将会直面全球的竞争，我们的管理模式也需要实现相应的调整;“对内放开”意味着我国内部的制度变革将会极大地释放经济的活力。这些都为我国创造新的比较优势奠定了坚实的基础,动态比较优势的形成,既有高级要素禀赋的积累、战略性资源的培育,也有制度性障碍的破除,新红利的释放。与此同时,我们也认为,培育产业动态比较优势不等于培养动态比较优势产业,还包括体现动态比较优势要素升级的环节。它涉及人力资本、技术能力、营销能力、产业组织和制度保障等方面。在全球化过程中,国别之间的分工已由产业之间的分工,向行业内、产品内分工演变,培育产业动态比较优势,并不是简单的产业调整或扶持,还应从产业链和价值链的角度,培育体现动态比较优势要素的价值链环节。这意味着我国产业结构调整的政策重心应由结构性政策为主向支持关键环节的功能性政策为主、兼顾结构性政策转变。

11 服务业开放与经济增长新红利

从世界发展历程来看,“经济结构服务化”是产业发展的必然趋势,服务全球化已成为经济全球化进程中最明显的阶段性特征和最为明显的标志。但随着我国全球价值链融入的广度和深度的不断加深,中国产业发展暴露出了一些深层次的问题,总体上仍处于全球价值链的中低端环节。在新一轮全球多边、双边投资贸易谈判加快的大背景下,中国必须探索建立扩大开放的新途径,主动从 TPP(跨太平洋伙伴关系协议)、TTIP(跨大西洋贸易与投资协议)和 PSA(多边服务业协议)中突围,在新的国际分工规则制订中占据主动。党的十八届三中全会通过的《中共中央关于全面深化改革若干重大问题的决定》(以下简称《决定》)提出“以开放促进改革”,构建开放型经济新体制,对下一步的对外开放做出了全面部署。本轮对外开放的主要目标是要解决制约中国经济长期、稳定发展的结构性矛盾与问题,更大程度地创造与释放增长的红利空间。未来一段时期,破除体制机制障碍,以开放促进服务业的发展必将成为重中之重。

11.1 中国服务业发展概况

入世十多年来,中国服务业得到了迅速发展。服务业增加值占比从 2001 年的 40.5%上升到 2011 年的 43.4%;服务业就业人数占总就业人数的比重也从 2001 年的 27.7%上升到 2011 年的 35.7%。2001—2011 年,中国 GDP 年均增长 10.4%,服务业增加值增长 11.1%,高于 GDP 年均增长率(见图 11.1)。然而,中国服务业增加值占比依然偏低,不仅远低于发达国家 72%的水平和世界 69%的平均水平,也低于发展中国家 54%的平均水平。服务业就业人员比重呈增加趋势,就业人员增长率也一直保持正增长,但其增长率波动较大，且有一定的下降趋势。自 20 世纪 90 年代以来，服务业就业弹性[①]总体呈现不断下降的趋势，说明服务业吸纳就业的能力在不断降低。2005 年之前服务业就业弹性总体上高于第二产业，但自 2005 年以来，服务业的就业弹性失去了显著的优势地位。服务业相对于制造业的劳动生产率仅为 0.6—0.7 左右，且增速也远低于制造业。如果服务业的劳动生产率持续低于制造业，就很难摆脱结构性减速。资本投入方面，从绝对量来看，服务业全社会固定资产投资增加幅度很大，从增长速度来看，也保持了很高的增长率。但服务业产出投资弹性[②]变化较大，且近年来有一定下降，即投资对服务业增加值的贡献有所降低。服务业单位资本增加值基本呈不断下降态势，表明中国服务业的单位资本产出水平在不断下降，即资本的使用效率在不断下降。从服务业对中国经济增长的贡献率看，2001 年服务业经济贡献度为 48.2%，近十年来不升反降，2010 年仅为 39.3%，2011 年为 43.7%，且除了 2001 年外，其余年份均大大低于第二产业贡献率。服务业对 GDP 增长的拉动也无明显变化，自 2002 年以来一直低于第二产业。可见，服务业的发展对中国经济增长的作用还不够显著(见图 11.2)。同时，中国服务业能级不高，入世以来，服务业内部结构并没有出现明显的优化，传统服务业比重依然偏高，而附加值更

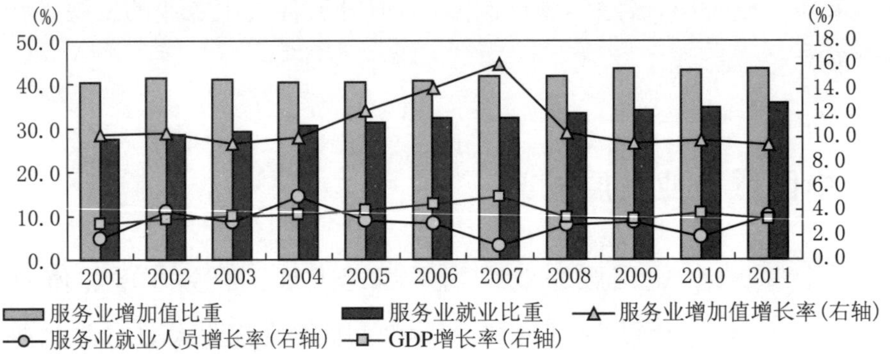

资料来源：中国统计数据库。

图 11.1　2001—2011 年我国服务业增加值及就业比重与增长率

① 就业产出弹性是指就业变动相对于产出变动的百分率，即表示产出增加 1% 导致就业增加的百分比。本章用增加值代表产出变量。

② 产出投资弹性是产出变动率与投资变动率之比，本章产出用增加值表示。服务业产出投资弹性可以用来分析服务业投资的增长对服务业产出规模的推动程度及其变化，可以评价服务业投资对其增长的贡献能力。

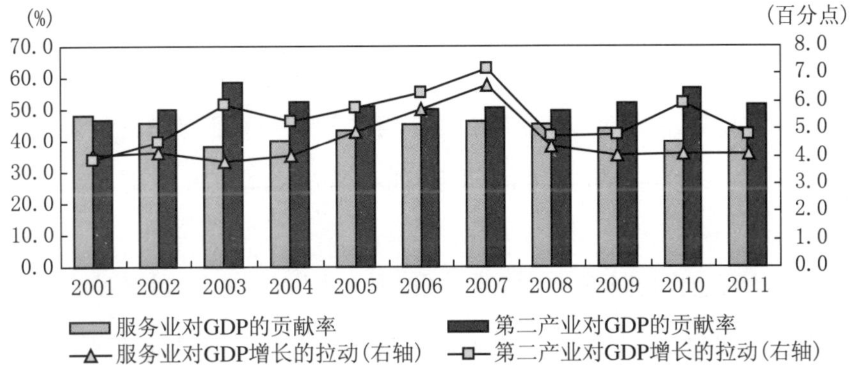

资料来源:中国统计数据库。

图 11.2　2001—2011 年我国服务业与第二产业对 GDP 的贡献率及对 GDP 增长的拉动

高的现代服务业发展滞后。根据亚洲开发银行统计,中国现代服务业占服务业的比重约为 40%,低于韩国 15 个百分点,低于美国 30 个百分点。

11.2　中国服务业技术效率分析

未来一段时期,中国服务业进一步增长的空间和潜力很大,而通过提高服务业技术效率是促进我国服务业深度发展的关键。基于随机前沿模型的研究结果显示,我国服务业技术效率总体水平偏低,增长主要依靠要素投入推动,具有较为明显的粗放型特征。同时,各部门、各区域之间还存在着显著差异,并没有实现相对均衡的发展。入世以来,中国服务业资本的产出弹性显著大于劳动力的产出弹性,说明我国服务业以资本推动为主。分行业来看,生产性服务业、消费性服务业和公共服务业的技术效率均比较低,虽然整体趋势是上升的,但增长率却呈现下降趋势。在技术效率本身程度不高的情况下,技术效率的提高却在放缓,说明我国服务业投入要素的使用效率相对低下,增长的质量不高。而且,处于我国服务业核心地位的生产性服务业没有起到领头羊的作用,技术效率低于消费性服务业,说明其中存在着严重的投入要素浪费,增长质量亟待改善。这种结果的产生,一方面与我国服务业市场化程度较低有着密切的关系。出于服务产品质量和价格的考虑,许多原本应由外部提供的服务被内部化了,从而抑制了效率的提升。另一方面,中国东、中、西部服务业的技术效率存在显著的地区差异。在技术效率的改进上,也不容乐观,近年来各地区的技术效率的增速均在放缓,东部地区的技术效率的提升更是到了瓶颈阶段,增速维持在非常低的水平,反映出我国服务业目前所处的特殊转型阶段,水平低且升级乏力,这一状况亟待重视和解决,否则将严重影响中国经济的增长潜力。

在技术效率的影响因素方面,我们发现,外国直接投资对于我国服务业技术效率的提高具有一定的促进作用,但目前其作用是微小的,这反映了外资所带来的先进服务理念和技术融入我国产业与市场,并且最后发挥作用的过程是比较缓慢的,而现阶段其促进作用体现得并不明显。对外贸易能够促进我国服务业技术效率的提高,而且这种作用相较于 FDI 更为明显。市场化程度越高,越能促进技术效率的提高,反之则会导致技术无效率。若要提高服务业技术效率,应努力提高市场化程度,加大服务业开放的力度,增加市场参与主体,鼓励竞争。从区域的层面看,我国经济发展的区域性不平衡性在一定程度上阻碍了我国服务业技术效率的提升、服务产业区域性的交流以及平衡发展,是从区域角度解决我国服务业技术效率低下的关键。在资本投入方面,我国服务业虽然以资本推动为主,但是,资本的有机构成却存在着一定的扭曲,阻碍了我国服务业技术效率的提高。因而,需要对我国服务业的资本结构进行调整,使资本投入发挥更加完全的正向作用。劳动力投入质量的提高能够显著促进服务业技术效率的提高,这可以通过提高从业人员的受教育程度来实现。就各省市自身而言,城镇化的发展能够为服务业的发展提供更好的环境、更大的需求,促进集聚效应的发挥,从而提高服务业的技术效率。然而,城镇化水平对服务业技术效率的提升影响非常微小,从而也说明目前我国城镇化水平还比较低,并没有完全起到推动产业发展、提高产业技术效率的作用。

运用数据包络分析法(DEA)得出的研究结果显示,我国服务业技术效率在行业层面也处于低水平状态,14 个行业之中只有 3 个行业达到了有效的效率水平,分别是金融业、房地产业、居民服务业和其他服务业,其他大部分行业的技术效率水平都非常低下。作为生产性服务业中非常重要的一环,交通运输、仓储和邮政业的技术效率仅为 0.297,而这也正是我国物流业饱受诟病的原因之一。教育、卫生、文化服务业等的技术效率水平甚至低于 0.2,这些公共服务业低下的技术效率水平显著拉低了我国服务业整体的技术效率水平（见表 11.1）。

表 11.1　DEA 模型下我国服务业各行业技术效率（2010 年）

服务业行业分类	技术效率值	有效性
交通运输、仓储和邮政业	0.297	无效
信息传输、计算机服务和软件业	0.568	无效
批发和零售业	0.858	无效
住宿和餐饮业	0.413	无效
金融业	1.000	有效
房地产业	1.000	有效
租赁和商务服务业	0.362	无效
科学研究、技术服务和地质勘查业	0.341	无效
水利、环境和公共设施管理业	0.270	无效
居民服务和其他服务业	1.000	有效
教育	0.154	无效
卫生、社会保障和社会福利业	0.181	无效
文化、体育和娱乐业	0.187	无效
公共管理和社会组织	0.210	无效
平均技术效率值	0.489	

除了完全效率的三个行业之外，其余服务业行业均存在大量的要素投入冗余，无论是资本投入还是劳动力投入方面，均表现出极大的浪费现象，在要素投入上的配置不合理是造成我国服务业技术效率低下一个非常重要的原因。从服务业投入结构看，资本投入冗余远大于劳动力投入的冗余，而我国服务业是以资本驱动为主，说明我国的资本投入存在着严重的扭曲，而这是导致我国服务业各行业技术效率低下问题的关键（见表 11.2）。

从区域层面来看，在 DEA 模型下我国 31 个省市服务业技术效率都处于较低水平，只有上海和江苏两个省市技术效率值为 1，达到了有效的技术效率水平，其余省市的技术效率值均小于 1，资源配置水平有待进一步改善。我国服务业技术效率存在严重的区域失衡现象，服务业技术效率从东往西逐渐递减，说明我国服务业的发展以及技术效率的提高并没有形成一个有效的传递，区域间的隔阂成为阻碍我国服务业技术效率提高的重要原因之一（见表 11.3）。

表 11.2　我国服务业各行业投入冗余(松弛度)

服务业行业分类	投入冗余	
	资本投入	劳动力投入
交通运输、仓储和邮政业	21 128.936	443.389
信息传输、计算机服务和软件业	1 059.755	80.208
批发和零售业	855.581	75.895
住宿和餐饮业	1 977.922	122.914
金融业	0.000	0.000
房地产业	0.000	0.000
租赁和商务服务业	1 719.012	197.958
科学研究、技术服务和地质勘查业	909.074	192.646
水利、环境和公共设施管理业	18 120.732	43.974
居民服务和其他服务业	0.000	0.000
教育	3 413.616	1 338.624
卫生、社会保障和社会福利业	1 734.639	517.805
文化、体育和娱乐业	2 404.710	106.747
公共管理和社会组织	4 487.000	1 129.121
平均松弛度	4 129.355	303.520

表 11.3　DEA 模型下我服务业各区域技术效率

东部地区			中部地区			西部地区		
省份	技术效率值	有效性	省份	技术效率值	有效性	省份	技术效率值	有效性
北京	0.853	无效	山西	0.422	无效	四川	0.425	无效
天津	0.814	无效	内蒙古	0.598	无效	重庆	0.439	无效
河北	0.516	无效	吉林	0.499	无效	贵州	0.417	无效
辽宁	0.494	无效	黑龙江	0.474	无效	云南	0.399	无效
上海	1.000	有效	安徽	0.428	无效	陕西	0.376	无效
江苏	1.000	有效	江西	0.470	无效	甘肃	0.366	无效
浙江	0.776	无效	河南	0.404	无效	青海	0.326	无效
福建	0.649	无效	湖南	0.522	无效	宁夏	0.507	无效
山东	0.701	无效	湖北	0.524	无效	新疆	0.377	无效
广东	0.884	无效	广西	0.392	无效	西藏	0.360	无效
海南	0.411	无效						
平均效率值		0.741	平均效率值		0.472	平均效率值		0.391
我国服务业平均技术效率值:0.543								

11.3 中国服务业国际竞争力分析

中国服务业开放是有步骤、渐进式、分阶段推进的。在《中国加入 WTO 议定书》中，中国对十大类服务贸易部门、94 个服务贸易分部门进行了具体承诺。中国完全履行了各项加入世贸组织的承诺，在 WTO 分类的 160 个服务贸易部门中（WTO 将服务贸易分部门从原来的 155 个调整为现在的 160 个），中国已经开放了 104 个服务贸易分部门，远高于发展中国家平均水平，接近发达国家水平。

服务贸易方面，2001 年至 2012 年，中国服务贸易年均增速 17.8%，是全球平均增速的 2 倍，占全球服务贸易的比重不断提高，服务贸易出口额占世界服务贸易出口总额的比重从 2001 年的 2.2%增长到 2012 年的 4.4%，进口额占比从 2.6%增长到 6.8%。见图 11.3。2012 年中国服务贸易进出口总额（按国际收支口径统计，不含政府服务，下同）达到 4 705.8 亿美元，全球排名提升到第三位，同比增长 12.3%，超过世界服务进出口平均增幅 10.3 个百分点。占世界服务贸易进出口总额的 5.6%，同比提升 0.5 个百分点，比 2001 年提高了 3.4 个百分点。服务贸易占对外贸易总额的比重达到 10.86%。服务贸易出口额为 1 904.4 亿美元，增长 4.6%；进口达到 2 801.4 亿美元，增长 18.2%。但贸易逆差继续扩大，创历史新高，达到 897 亿美元，比上年增长了 62.3%。

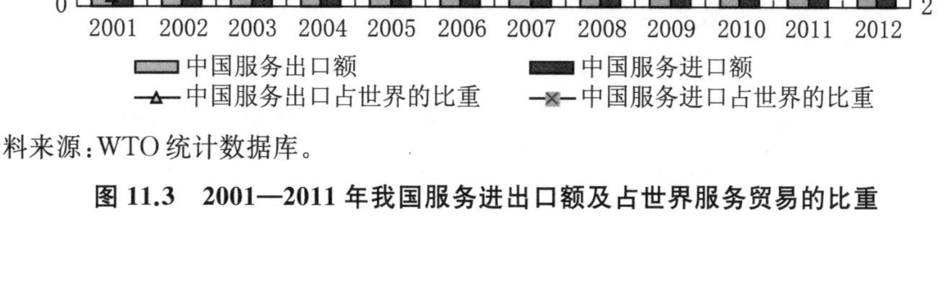

资料来源：WTO 统计数据库。

图 11.3 2001—2011 年我国服务进出口额及占世界服务贸易的比重

从服务贸易行业结构来看，运输和旅游服务占比最大。2012 年，运输和旅游服务在服务贸易进出口总额中的占比达到 58.8%，比上年增加 2.2 个百分点；旅游进出口总额突破了 1 500 亿美元，居各类服务之首，同比增长 25.6%；运输服务进口总额达到 1 247.7 亿美元，位居第二，同比增长 7.5%。近年来，中国的计算机和信息服务、保险服务、金融服务、专有权利使用费和特许费、咨询服务、高附加值服务贸易增长速度很快，在中国服务贸易中的比重由 2000 年的 8.7%上升到 2012 年的 25.1%。运输、旅游、建筑、其他商业服务的比重有所降低，由 2000 年的 78.9%下降到 2012 年的 68.2%，但仍占据中国服务贸易的主导(见表 11.4)。

表 11.4　2000 年和 2012 年我国服务贸易行业结构

	进口						出口					
	2000 年			2012 年			2000 年			2012 年		
	金额(亿美元)	比上年增长(%)	占比(%)	金额(亿美元)	比上年增长(%)	占比(%)	金额(亿美元)	比上年增长(%)	占比(%)	金额(亿美元)	比上年增长(%)	占比(%)
总　计	358.6	15.8	100.0	2 801.4	18.2	100.0	301.5	15.2	100.0	1 904.4	4.6	100.0
运输服务	104.0	31.6	29.0	858.6	6.7	30.6	36.7	51.7	12.2	389.1	9.4	20.4
旅　游	131.1	20.7	36.6	1 019.8	40.5	36.4	162.3	15.1	53.8	500.3	3.2	26.3
通信服务	2.4	25.1	0.7	16.5	38.6	0.6	13.5	128.2	4.5	17.9	3.7	0.9
建筑服务	9.9	−35.4	2.8	36.2	−2.9	1.3	6.0	−38.9	2.0	122.5	−16.8	6.4
保险服务	24.7	28.6	6.9	206.0	4.4	7.4	1.1	−47.1	0.4	33.3	10.3	1.7
金融服务	1.0	−41.6	0.3	19.3	158.4	0.7	0.8	−29.7	0.3	18.9	122.5	1.0
计算机和信息服务	2.7	18.5	0.7	38.4	−0.1	1.4	3.6	34.1	1.2	144.5	18.6	7.6
专有权利使用费和特许费	12.8	61.8	3.6	177.5	20.7	6.3	0.8	7.8	0.3	10.4	40.1	0.5
咨　询	6.4	22.0	1.8	200.2	7.7	7.1	3.6	26.9	1.2	334.5	17.8	17.6
广告、宣传	2.0	−7.6	0.6	27.7	−0.3	1.0	2.2	1.3	0.7	47.5	18.2	2.5
电影、音像	0.4	10.2	0.1	5.6	40.2	0.2	0.1	69.8	0.0	1.3	5.9	0.1
其他商业服务	61.2	−7.2	17.1	195.6	7.1	7.0	70.8	2.5	23.5	284.2	−12.0	14.9

资料来源：中国商务部。

利用外资方面，入世前五年，尽管服务业各个门类均出现强势增长的态势，但大多数高附加值的服务行业受到政策限制，外资无法进入。这一时期服务业利用外资约保持在总量的四分之一左右。2006 年底，中国加入 WTO 过渡期结束，中国服务业全面对外资开放，服务业吸收外资占全国实际使用外资总量的比重不断提高，从2002年的23.0％增加到2012年的48.2％。2011年服务业实际使用外资552.4亿美元，同比增长20.5％，比全国平均增幅高近11个百分点，在三大产业中增速最快，占同期全国总量的47.6％，首次超过制造业近3个百分点，成为我国吸收外商投资的第一大产业。2012年服务业实际使用外资538.4亿美元，同比下降2.6％，占利用外资总额的48.2％，连续两年超过制造业比重。利用外资的行业分布有所优化，扣除房地产因素，服务业实际使用外资金额增长4.8％（房地产实际使用外资下降10.3％）；服务业中分销、计算机应用、金融服务等行业实际使用外资同比增长较快，增幅分别为10.9％、12.3％和11.0％。外资在华设立的地区总部、研发中心、结算中心、物流中心等功能性机构不断增多，服务范围不断扩大。商务部统计显示，2013年1至9月，中国服务业实际使用外资金额447亿美元，同比增长13.28％，在全国总量中的比重为50.5％。相形之下，中国前三季度制造业实际使用外资金额355亿美元，同比下降3.96％，在全国总量中的比重为40％。然而，服务业在利用外资中的占比过半，并不意味着我国利用外资的行业结构和产业转型升级发生了本质性的变化。2004—2010年期间，传统服务业利用外资的项目数占服务业的比重由31.92％增长到52.26％，现代服务业的外资项目数比重反而由68.08％显著下降到47.74％。2004—2011年，房地产业实际利用外资金额平均占比高达45％。截止到2010年，在服务业中外商投资最多的是房地产业，占服务业合同利用外资总额的42.96％，其次是租赁和商务服务业（13.83％）和批发和零售业（10.66％）。外商投资于金融、保险、贸易、信息和咨询等行业的比例明显低于世界平均水平，也低于发展中国家平均水平，而这些行业恰恰是直接服务于生产过程的行业，对于优化产业结构，促进产业升级，培育要素市场具有十分重要的意义。在卫生体育和社会福利业、文教艺术和广播电影电视业、科学研究和综合技术服务业等部门中，外方注册资本和投资总额的比重也仍然很低。另外，根据商务部统计，2013年1—9月，在流入服务行业的外资中，燃气生产和供应业增长了112.1％，文化、体育和娱乐业增长了117.76％，而铁路、道路、隧道和桥梁工程建筑业则增长了696.71％。增长最快的是铁路、道路、隧道和桥梁工程建筑业，增长了近7倍。其中又以

“工程建筑业”中占了大头，说明外资流入房地产领域仍然明显。同时，服务业利用外资水平在东、中、西部地区间也存在巨大差异。随着制造业向中西部地区的转移，人口向东部地区主要城市群聚集，很可能出现地区间制造业差距不断缩小而服务业差距逐渐扩大的局面。另外，我们的前期研究表明，中国服务业利用外商直接投资的溢出效应为负；服务市场开放度、人力资本和研发水平是影响服务业FDI溢出效应的重要因素，它们的欠缺或不足抑制了中国服务业外商直接投资正向溢出效应的发挥。

服务外包业务规模稳步增长，服务外包产业国际竞争力增强，吸纳就业能力进一步提升。据商务部统计，2008年至2012年，我国国际（离岸）服务外包执行额由46.9亿美元增长至336.4亿美元，年均增幅超过60%。占全球离岸外包市场份额由2008年的7.7%增长至2012年的27.7%，提高了20个百分点，跃升为全球第二大服务外包接包国。2012年中国共签订服务外包合同144 636份，合同金额612.8亿美元，同比增长37%，执行金额465.7亿美元，同比增长43.8%。其中，承接国际服务外包合同金额438.5亿美元，同比增长34.4%，执行金额336.4亿美元，同比增长41.1%。2013年1—10月我国共签订服务外包合同金额648.1亿美元，同比增长41.6%；执行金额456.6亿美元，同比增长34.1%。其中，承接国际服务外包合同金额452.5亿美元，同比增长42.5%；执行金额323.4亿美元，同比增长36.3%。2008—2012年，服务外包企业由3 302家增至21 159家，增长5倍多，平均每年新增企业超过4 000家，其中，新创业企业近五成。涌现出多家万人以上企业。截至2012年底，服务外包产业吸纳从业人员数量由52.7万人增长到428.9万人（平均每年新增就业80万人），其中，大学毕业生291万人，占比67.8%。参照国际经验数据测算，我国服务外包产业已间接带动1 400多万人就业。2013年1—10月，我国服务外包新增从业人员73.8万人。截至2013年10月底，共有服务外包企业23 787家，从业人员503.4万人，其中大学（含大专）以上学历339.2万人，占从业人员总数67.4%。产业结构从初期的软件编码、程序测试，发展到以信息技术外包为主体，金融外包、医药研发、流程管理、工业设计等多元并进的格局，业务结构逐步优化。2013年1—10月，信息技术外包（ITO）、业务流程外包（BPO）和知识流程外包（KPO）占比分别为54.3%、13.8%和

31.9%，知识流程外包业务继续迅猛增长。

联合国贸发会的最新研究显示，由于大多数出口产品在生产过程中大量使用各种服务，服务部门贡献了全球出口增值部分的近一半。大力发展服务贸易有利于提升一国在国际产业链上的位置，提高外贸附加值和产业整体竞争力。这对于当前中国尤为重要。然而，当前中国外贸粗放型的增长方式没有得到根本转变，虽然服务出口国际市场占有率①逐年提高，但中国服务贸易国际竞争力还比较薄弱，服务贸易十几年来连续逆差，与货物贸易呈非均衡的发展态势，服务贸易在对外贸易总额中的比重依然较小②，服务贸易出口结构低级化，知识、技术密集型服务的比重严重偏低，与发达国家相比劣势非常明显③，缺乏真正有实力的企业，国际市场开拓能力不足、营销渠道不畅，在品牌、专利技术等自主知识产权方面缺乏核心竞争力。

从表 11.5 可以看出，虽然我国服务出口国际市场占有率在 24 国中排名第五，位居金砖国家之首，但服务出口贡献率却是所有国家中最低的，显示出中国仍以商品出口为主，服务出口占总出口的比重偏低。从服务贸易占 GDP 的比重来看，中国仅为 5.8%，在 24 国中排名第 22 位，在金砖五国中排位第 4。而 2011 年和 2012 年中国货物贸易占 GDP 的比重分别为 49.7%和 47.0%。TC 指数和 NRCA 指数均为负数，整体排名在 20 位左右，低于多数 OECD 国家，且明显低于印度。RCA 指数排名末位，远远小于 0.8，仅为 0.4 左右，不仅大大低于 OECD 主要国家(OECD 19 国 2011 年和 2012 年 RCA 指数平均为1.27和 1.28)和印度(印度 2011 年和 2012 年分别为 1.63 和 1.74，具有很强的国际竞争力)，与巴西和南非相比也有较大差距。这些数据充分反映出我国服务贸易连续逆差，在国际市场上高市场份额与低竞争力并存的局面。

---

① 国际市场占有率等于一国某种产品或服务的出口额与该产品或服务世界出口总额之比。这一指标测度的是一国出口的绝对量，在一定程度上反映了一国在贸易出口方面的地位和竞争能力。

② 2012 年世界平均水平为 18.6%，欧盟 27 国为 22.3%，英国、瑞典、西班牙超过 25%，印度也达到了 25.8%，而中国该比重仅为 10.8%。

③ 从贸易结构看，20 世纪 90 年代以来，世界服务贸易整体呈现出运输和旅游服务百分比不断下降，而包括通讯、金融、保险、计算机和信息服务、其他商务服务等在内的其他商业服务的百分比趋于增长的结构调整趋势。高收入国家金融、保险、计算机、信息、通讯、专利、版税和许可证费用和其他商务服务等知识、技术密集型服务的比重较高，达到服务贸易出口总额的 50%以上，英、美更是达到 60%以上。与此相比，我国服务贸易结构并不合理，服务贸易优势部门主要集中在建筑、旅游等比较传统的领域。

表 11.5　服务贸易国际竞争力比较

	服务出口贡献率		国际市场占有率		服务贸易占GDP的比重		TC 指数		RCA 指数		NRCA 指数	
	2011 年	2012 年	2011 年	2012 年	2011 年	2012 年	2011 年	2012 年	2011 年	2012 年	2011 年	2012 年
澳大利亚	0.16	0.17	1.20	1.19	8.1	—	−0.08	−0.10	0.83	0.86	−0.04	−0.03
奥地利	0.26	0.28	1.41	1.39	25.0	25.9	0.18	0.18	1.36	1.41	0.07	0.08
比利时	0.22	0.24	2.20	2.19	36.6	39.2	0.02	0.02	1.16	1.22	0.01	0.01
加拿大	0.15	0.15	1.83	1.79	10.7	10.5	−0.14	−0.15	0.76	0.75	−0.04	−0.04
芬　兰	0.28	0.30	0.70	0.67	21.0	20.9	0.01	−0.01	1.43	1.51	0.007	−0.004
法　国	0.28	0.27	5.16	4.73	14.5	14.1	0.08	0.10	1.42	1.39	0.06	0.06
德　国	0.15	0.15	6.08	5.85	16.1	16.8	−0.06	−0.05	0.75	0.76	−0.04	−0.04
爱尔兰	0.49	0.51	2.61	2.62	99.8	104.6	−0.01	0.02	2.53	2.63	−0.14	−0.13
意大利	0.17	0.17	2.45	2.39	10.2	10.4	−0.04	−0.03	0.87	0.89	−0.006	−0.008
日　本	0.16	0.16	3.34	3.23	5.3	—	−0.07	−0.10	0.81	0.80	−0.016	−0.016
荷　兰	0.20	0.20	3.19	3.02	24.2	25.8	0.06	0.05	1.04	1.02	0.003	−0.003
挪　威	0.20	0.21	0.98	0.99	18.7	—	−0.04	−0.06	1.04	1.05	−0.14	−0.15
葡萄牙	0.31	0.30	0.61	0.55	17.2	17.8	0.25	0.30	1.60	1.51	0.14	0.14
韩　国	0.15	0.17	2.20	2.50	17.6	19.4	−0.03	0.01	0.76	0.85	−0.004	−0.007
西班牙	0.31	0.31	3.28	3.09	16.2	16.8	0.20	0.21	1.63	1.59	0.11	0.10
瑞　典	0.28	0.31	1.72	1.73	22.5	23.3	0.15	0.16	1.47	1.56	0.05	0.05
瑞　士	0.23	0.23	2.22	2.09	19.1	19.8	0.36	0.33	1.20	1.19	0.10	0.10
英　国	0.38	0.38	6.75	6.38	19.4	19.0	0.24	0.22	1.96	1.93	0.16	0.10
美　国	0.29	0.29	13.96	14.31	6.9	6.8	0.17	0.18	1.49	1.47	0.13	0.13
俄罗斯	0.09	0.10	1.24	1.34	7.9	8.5	−0.25	−0.28	0.48	0.51	−0.12	−0.13

续表

	服务出口贡献率		国际市场占有率		服务贸易占GDP的比重		TC 指数		RCA 指数		NRCA 指数	
	2011 年	2012 年	2011 年	2012 年	2011 年	2012 年	2011 年	2012 年	2011 年	2012 年	2011 年	2012 年
巴　西	0.13	0.14	0.88	0.90	4.6	5.4	−0.33	−0.34	0.67	0.72	−0.12	−0.13
南　非	0.12	0.14	0.34	0.34	8.6	—	−0.14	−0.07	0.62	0.71	−0.04	−0.01
印　度	0.32	0.34	3.16	3.35	14.0	—	0.05	0.08	1.63	1.74	0.09	0.12
中　国	0.09	0.09	4.20	4.32	5.8	5.8	−0.13	−0.19	0.45	0.43	−0.04	−0.05
中国排名	24	24	5	5	22	—	20	21	24	24	20	20
中国在金砖国家中的排名	5	5	1	1	4	—	2	3	5	5	3	3

（1）出口贡献率等于一国某种商品或服务的出口额占该国出口总额的比例，指标值越大表示该商品或服务贸易对总体贸易的贡献越大。

（2）TC 指数（贸易竞争力指数）。表示一国进出口贸易的差额占其进出口贸易总额的比重，常用于测定一国某一产业的国际竞争力。

（3）RCA 指数（显示性比较优势指数）。$RCA_{ij}=\frac{X_{ij}}{Y_i}\div\frac{X_{iw}}{Y_w}$，$X_{ij}$ 代表 i 国 j 类产业或产品出口额，Y_i 代表 i 国所有商品和服务的出口额；X_{iw} 代表世界 j 类产业或产品出口额，Y_w 代表世界所有货物和服务的出口总额。当一国的 RCA 指数大于 1 时，则其在该商品或服务上就拥有“显性”比较优势；相反，当一国的 RCA 指数小于 1 时，则其处于比较劣势地位。如果 RCA 指数大于 2.5，则表明该国 j 类产业或产品具有极强的国际竞争力；RCA 介于 2.5—1.25 之间，表明该国 j 类产业或产品具有很强的国际竞争力；RCA 介于 1.25—0.8 之间，则认为该国 j 类产业或产品具有较强的国际竞争力；倘若 RCA<0.8，则表明该国 j 类产业或产品的国际竞争力较弱。

（4）NRCA 指数（净出口显示性比较优势指数）。$NRCA_{ij}=\frac{X_{ij}}{Y_i}-\frac{M_{ij}}{M_i}$，指数值大于 0 表示存在竞争优势，指数值小于 0 表示存在竞争劣势，指数值等于 0 表示贸易自我平衡。净出口显示性比较优势指数剔除了产业内贸易或分工的影响，反映了进口和出口两个方面的影响，因此用该指数判断产业国际竞争力要比其他指数更能真实反映进出口情况。该指数值越高，国际竞争力越强；该指数值越低，国际竞争力越弱。

资料来源：根据 UNCTAD 和 World Bank 网站公布数据整理计算。

表11.6和表11.7给出了服务业内部各分类的比较数据。从各部门的RCA数据来看，我国金融、版税及许可证费用在24国中排名末位，通信、个人、文化与娱乐和政府部门服务倒数第二，且这些部门的RCA指数在金砖国家中均为最低，国际竞争力差距显著。尤其是金融服务业与个人、文化与娱乐业，RCA指数仅为0.029和0.037，几乎没有任何竞争力。交通运输业、其他商业服务和保险业也劣势明显。可以看出，处于价值链高端的诸如金融服务、个人、文化娱乐业、版税及许可证费用、保险行业及其他商业服务等，我国的竞争力都极弱，且均低于印度。印度除了建筑服务业的竞争力弱于我国之外，其计算机及信息服务、金融、保险、交通运输和其他商业服务与其他金砖国家相比，均表现出明显的竞争优势。由此可见，中国在新兴服务业方面与其他可比国家的差距比传统服务业方面的差距要大得多。中国服务贸易的比较优势基本上还集中在劳动密集型与资源密集型行业，反映在出口收入上其稳定性差，一旦外部环境发生变化，服务出口将受到很大打击。

从NRCA指数来看，我国的排名情况虽较RCA指数有所改善，但交通运输(—0.025 3)、旅游(—0.015 0)、保险(—0.009 0)、版税及许可证费用(—0.007 4)、个人娱乐(—0.000 2)以及政府服务(—0.000 2)的NRCA指数均小于0，没有表现出竞争力；同时，通信(0.000 2)和金融服务(0.000 01)的NRCA指数接近于0，也几乎没有竞争力。交通运输服务排名第19位，竞争力薄弱。这主要是因为中国运输服务虽然出口较多，但常年逆差，是中国服务贸易逆差的最主要来源。由于高端运输服务发育不足，提供能力有限，一些高附加值、高技术含量的运输服务只能依靠进口。自2003年以来，运输成为中国服务贸易第一大进口行业。保险服务在24个经济体中列倒数第二，在金砖国家中居于末位，其主要原因在于，保险服务虽然在中国服务贸易总额中占比不高，但逆差额相对较大。

11.4 中国服务业的开放度分析

中国服务业的开放整体上晚于制造业，开放的程度与影响也低于制造业。据江小涓(2011)估算，开放对我国制造业增长的贡献约为28%，而对

表 11.6　服务贸易各部门的 RCA 指数(2011 年)

	交通运输	旅游	通信	建筑	保险	金融服务	计算机和信息服务	版税与许可证费用	其他商业服务	个人、文化与娱乐服务	政府部门服务
澳大利亚	0.43	2.05	0.76	0.05	0.30	0.30	0.45	0.22	0.48	1.69	0.81
奥地利	1.59	1.79	1.27	0.66	0.91	0.39	1.01	0.26	1.58	0.80	0.76
比利时	1.57	0.57	2.24	1.34	0.65	0.63	1.03	0.47	1.62	1.09	1.46
加拿大	0.63	0.65	1.25	0.17	0.85	0.49	1.16	0.41	0.98	2.87	0.87
芬　兰	0.83	0.74	0.72	3.63	0.25	0.45	5.57	2.30	1.79	0.45	0.37
法　国	1.43	1.41	1.68	2.46	1.52	0.57	0.46	1.48	1.76	3.20	0.39
德　国	0.85	0.45	0.67	1.42	0.82	0.58	0.92	0.61	0.98	0.31	0.78
爱尔兰	0.64	0.41	0.58	0	11.19	2.81	17.32	1.69	2.80	0.95	0.61
意大利	0.62	1.44	2.28	0.04	0.95	0.30	0.34	0.45	0.91	0.30	0.67
日　本	1.06	0.25	0.17	2.47	0.41	0.31	0.12	2.40	0.97	0.11	0.95
荷　兰	1.11	0.44	1.82	0.80	0.24	0.16	0.83	3.48	1.26	0.72	1.14
挪　威	2.10	0.52	1.27	0.49	0.27	0.77	0.58	0.12	1.28	1.31	0.09
葡萄牙	2.13	2.76	1.61	1.86	0.39	0.26	0.55	0.05	1.18	2.41	0.99
韩　国	1.46	0.41	0.27	4.86	0.18	0.37	0.06	0.52	0.58	0.90	0.55
西班牙	1.35	2.79	1.08	1.91	0.70	0.83	1.35	0.18	1.56	3.01	0.63
瑞　典	1.09	1.10	1.75	0.70	0.79	0.41	3.01	1.84	2.17	1.47	0.46
瑞　士	0.42	0.89	0.73	—	3.15	2.89	—	3.63	1.26	0.01	1.85
英　国	1.23	0.96	2.87	0.72	4.91	6.00	1.71	1.41	2.33	3.75	1.53
美　国	0.97	1.49	1.31	0.31	1.71	2.51	0.66	4.41	1.11	0.27	2.71
俄罗斯	0.76	0.42	0.55	1.14	0.18	0.14	0.27	0.12	0.54	0.54	0.36
巴　西	0.51	0.47	0.23	0.01	0.40	0.65	0.07	0.15	1.34	0.12	1.80
南　非	0.36	1.62	0.36	0.11	0.60	0.52	0.23	0.04	0.20	0.34	0.96
印　度	1.03	0.85	0.82	0.40	1.37	1.02	8.99	0.05	1.81	0.49	0.41
中　国	0.44	0.49	0.18	1.48	0.34	0.03	0.53	0.03	0.62	0.04	0.11
中国排名	21	17	23	7	18	24	15	24	20	23	23
中国在金砖国家中的排名	4	3	5	1	4	5	2	5	3	5	5

注:瑞士建筑业、计算机和信息服务业无相应数据。
资料来源:根据 UNCTAD 网站公布数据整理计算。

服务业增长的贡献仅为 7%。以下,我们将对中国服务业开放度进行测算与评估。

表 11.7 服务贸易各部门的 NRCA 指数(2011 年)

	交通运输	旅游	通信	建筑	保险	金融服务	计算机和信息服务	版税与许可证费用	其他商业服务	个人、文化与娱乐服务	政府部门服务
澳大利亚	−0.034 6	0.009 4	0.002 2	0.000 2	−0.001 0	0.001 3	−0.000 5	−0.010 7	−0.002 4	−0.002 7	−0.000 3
奥地利	−0.002 8	0.038 3	0.000 8	−0.000 3	−0.000 8	0.003 5	0.003 3	−0.003 1	0.036 3	−0.003 2	0.002 0
比利时	0.010 9	−0.024 1	0.002 5	0.000 7	−0.000 2	0.003 7	0.002 9	−0.000 03	0.015 2	−0.000 3	0.004 2
加拿大	−0.016 8	−0.027 8	0.001 7	0.000 0	−0.004 7	−0.000 9	0.007 3	−0.012 9	0.013 6	0.000 7	0.000 6
芬　兰	−0.030 1	−0.009 1	−0.001 5	0.005 7	−0.003 1	0.003 0	0.042 1	0.017 3	−0.015 2	−0.002 5	0.001 1
法　国	−0.004 1	0.016 9	0.002 7	0.004 4	0.003 1	0.003 9	−0.000 8	0.008 0	0.023 9	0.000 9	0.000 5
德　国	−0.010 4	−0.031 8	−0.001 6	0.001 9	0.000 7	0.002 2	0.000 1	−0.000 3	0.000 7	−0.001 2	0.001 9
爱尔兰	0.012 5	−0.018 4	−0.005 4	0.000 0	0.003 4	0.003 4	0.185 6	−0.199 4	−0.125 7	0.000 4	0.001 7
意大利	−0.016 5	0.025 0	0.000 7	0.000 0	−0.002 0	−0.003 6	−0.003 1	−0.005 0	−0.000 6	−0.000 4	−0.000 8
日　本	−0.009 6	−0.016 1	−0.000 2	0.003 8	−0.005 2	0.001 0	−0.003 0	0.011 5	0.001 6	−0.000 8	0.001 3
荷　兰	0.008 4	−0.012 5	0.000 9	0.000 4	−0.000 9	−0.000 6	0.000 6	0.009 5	−0.005 3	−0.000 1	0.002 6
挪　威	0.019 7	−0.093 7	−0.002 1	−0.005 6	0.000 5	−0.002 9	−0.006 2	−0.004 2	−0.034 7	−0.009 4	−0.000 7
葡萄牙	0.033 4	0.086 7	0.001 3	0.007 4	−0.001 6	−0.004 1	−0.000 5	−0.005 1	0.021 8	−0.003 3	0.001 9
韩　国	0.013 1	−0.010 4	−0.001 0	0.018 3	−0.000 2	0.003 9	−0.000 2	−0.004 2	−0.023 2	−0.000 1	0.000 2
西班牙	0.001 6	0.095 3	−0.001 0	0.006 2	−0.001 4	0.000 9	0.008 2	−0.003 6	0.003 7	0.000 3	0.001 3
瑞　典	0.007 5	−0.016 1	−0.002 3	−0.004 6	0.001 6	0.003 1	0.018 3	0.015 7	0.020 5	0.000 7	0.000 6
瑞　士	0.003 9	0.002 4	0.000 5	—	0.011 0	0.035 4	—	−0.014 9	0.059 2	−0.000 3	0.005 6
英　国	0.009 0	−0.016 8	0.004 2	0.001 3	0.016 9	0.069 1	0.011 2	0.005 4	0.057 3	0.004 7	−0.002 4
美　国	0.005 7	0.038 6	0.003 1	0.000 6	−0.013 9	0.029 1	−0.001 8	0.043 7	0.026 3	0.000 2	−0.003 8
俄罗斯	−0.007 5	−0.058 8	−0.003 6	−0.008 3	−0.002 4	−0.002 3	−0.002 8	−0.013 3	−0.019 3	−0.001 7	−0.003 9
巴　西	−0.027 1	−0.048 1	0.000 4	0.000 0	−0.004 0	0.003 1	−0.012 6	−0.008 9	−0.017 1	−0.003 5	−0.004 5
南　非	−0.053 7	0.033 8	−0.000 8	0.000 5	−0.002 6	0.006 2	0.000 9	−0.016 8	−0.008 5	0.000 4	−0.000 4
印　度	−0.064 5	0.014 8	0.001 2	−0.000 2	−0.005 3	−0.000 9	0.096 5	−0.004 5	0.043 5	0.000 1	−0.000 2
中　国	−0.025 3	−0.015 0	0.000 2	0.005 1	−0.009 0	0.000 01	0.003 8	−0.007 4	0.010 1	−0.000 2	−0.000 2
中国排名	19	14	14	5	23	17	8	17	11	12	16
中国在金砖国家中的排名	2	3	3	1	5	3	2	2	2	3	2

注:瑞士建筑业、计算机和信息服务业无相应数据。

资料来源:根据 UNCTAD 网站公布数据整理计算。

先从服务贸易依存度①和服务贸易关联度②来看,中国服务贸易依存度的整体水平并不高,2001 年中国服务贸易依存度为 5.51% ,其中服务贸易

① 服务贸易依存度是指一国的服务贸易进出口总额占该国国内生产总值的比重。

② 服务贸易关联度是指一国的服务贸易进出口总额占该国服务业增加值的比重。

出口依存度为2.53%,服务贸易进口依存度为2.98%。2007年达到近年来最高水平,为7.22%,之后几年有所回落。服务贸易关联度也基本体现出同样的趋势。见图11.4。可见,虽然中国服务贸易规模在不断扩大,但是服务贸易在国内生产总值和服务业增加值中的比重并没有明显上升,与商品贸易差距明显。

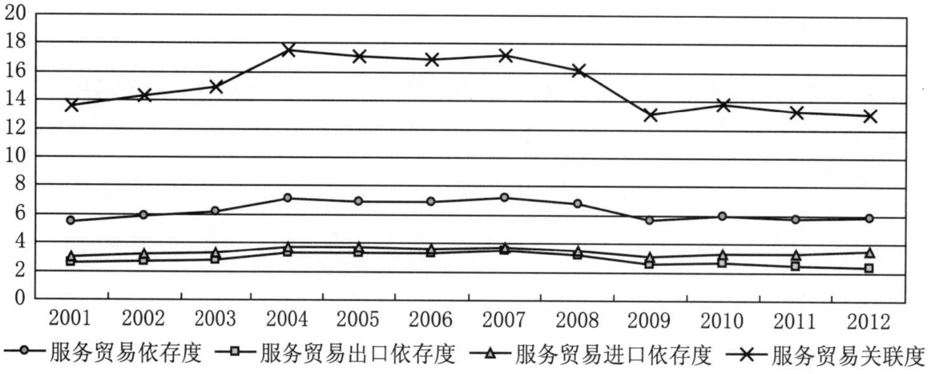

资料来源:根据商务部中国服务贸易统计表组数据计算。

图11.4 2001—2012年我国服务贸易依存度与关联度

由于一国贸易依存度受到该国经济发展水平、市场规模、国内消费需求等诸多因素的影响,单一的指标并不能完全或真实地反映一国贸易开放度的变动。以下,我们对该指标进行一定修正,力图更加准确地描述中国服务业的开放度。首先,由于服务业与其他产业在中国国内生产总值中所占比重不同,将传统贸易依存度公式中的分母调整为服务业增加值,然后再剔除经济规模与汇率的影响,公式如下:

$$\text{剔除经济规模影响后的服务贸易依存度} = \frac{1}{1-\text{服务业增加值}/\text{世界服务业增加值}} \times \frac{\text{服务贸易出口}+\text{服务贸易进口}}{\text{服务业增加值}}$$

$$\text{剔除汇率变动影响后的服务贸易依存度} = \frac{1}{1-\text{购买力平价服务业增加值}/\text{世界购买力平价服务业增加值}} \times \frac{\text{服务贸易出口}+\text{服务贸易进口}}{\text{购买力平价服务业增加值}}$$

另外,考虑到中国庞大的人口规模也可能会对服务贸易依存度有所影响,

设定如下计量模型：

$$\ln(STI_t) = \beta_0 + \beta_1[\ln(GDPS_t)]^2 + \beta_2[\ln(POP_t)]^2 + \beta_3\left[\ln\left(\frac{GDPS_t}{POP_t}\right)\right]^2 + \varepsilon_t$$

其中，STI 代表服务贸易依存度，$GDPS$ 是服务业增加值，POP 是年末人口数量。

得到的回归结果如下：

$$\ln(STI_t) = 36.767\,1 + 0.139\,2[\ln(GDPS_t)]^2 - 0.272\,3[\ln(POP_t)]^2 - 0.561\,9\left[\ln\left(\frac{GDPS_t}{POP_t}\right)\right]^2$$

F 检验的 P 值为 0.021 1，F 检验显著。说明我国服务业发展和人口规模对服务贸易开放程度的共同影响是非常显著的。拟合优度 $R^2 = 0.730\,3$。

修正后的服务贸易依存度如下：

$$ADSTI_t = \exp[\ln(STI_t - \varepsilon_t)]$$

从图 11.5 可以看出，剔除经济规模因素与汇率变动影响后的服务贸易依存度以及考虑了中国服务业发展水平和人口规模后的修正的服务贸易依存度基本呈现出同样的趋势，2001—2004 年间持续上升，2004—2007 年相对平稳，之后则出现了明显下降。

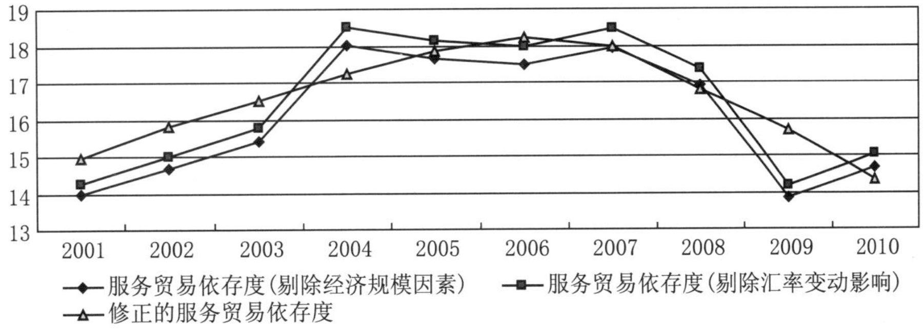

资料来源：根据世界银行统计数据库、商务部中国服务贸易统计表组数据、中国统计年鉴数据计算。

图 11.5　2001—2010 年我国服务贸易依存度(修正值)

再从服务业 FDI 依存度[①]和服务业 FDI 关联度[②]来看，整体水平也比较低，2008 年达到最高值，且 FDI 流出依存度首次超过了流入依存度，之后又有所下降，见图 11.6。

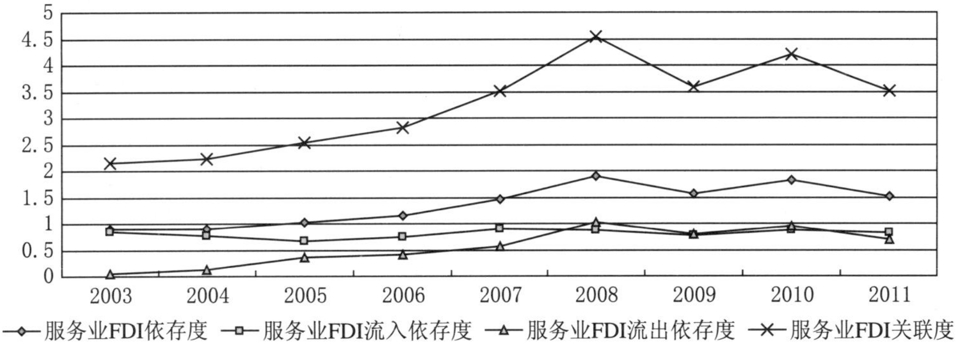

资料来源：根据中国统计年鉴数据计算。

图 11.6　2003—2011 年我国服务业外商直接投资依存度与关联度

从图 11.7 可以看出，在综合考虑了服务贸易进出口、服务业利用外商直接投资和服务业对外直接投资后，服务业开放度[③]指标总体呈现出下降趋势，这与图 11.5 反映的情况是一致的，再一次印证了我们的判断：中国服务业开

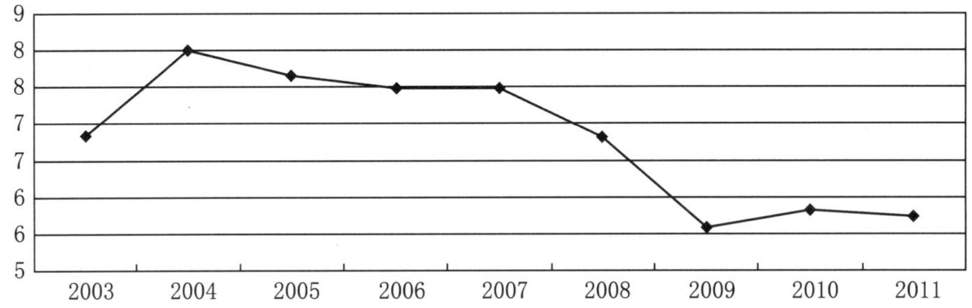

资料来源：根据商务部中国服务贸易统计表组数据、中国统计年鉴数据计算。

图 11.7　2003—2011 年我国服务业开放度

---

① 服务业 FDI 依存度是一国服务国际资本流动在该国国内生产总值中的比重，服务业 FDI 流入依存度是服务业吸引外资占 GDP 的比重，服务业 FDI 流出依存度是服务业对外直接投资占 GDP 的比重。中国对外直接投资的数据从 2003 年开始，因此这里的起始年份与服务贸易依存度不同。

② 服务业 FDI 关联度是一国服务国际资本流动在该国服务业增加值中的比重。

③ $OS = 100\times(a\times SE+b\times SI+c\times II+d\times IO)/GSP$，其中，$OS$ 代表一国服务业开放度指标，$a=SE/(SE+SI+II+IO)$，$b=SI/(SE+SI+II+IO)$，$c=II/(SE+SI+II+IO)$，$d=IO/(SE+SI+II+IO)$，SE 是该国服务贸易出口额，SI 是服务贸易进口额，II 为该国服务业 FDI 流入，IO 为服务业 FDI 流出，GSP 为该国服务业增加值。

放水平偏低。这其中虽然有近年来中国服务业增加值增长较快的因素，但服务业开放不足、开放度提升速度缓慢也是不争的事实。可见，中国服务业进一步开放的空间还很大。

11.5 中国对外商投资服务业的开放度分析

中国服务业开放过程中，对模式 1 跨境交付和模式 2 境外消费的贸易限制相对宽松，对模式 3 商业存在和模式 4 自然人流动的限制则相对严格。下面，我们对《外商投资产业指导目录（2011 年修订）》和《中国（上海）自由贸易试验区外商投资准入特别管理措施（负面清单）（2013）》①进行梳理与比照，以期了解中国对模式 3 商业存在的政策与开放程度。

设立中国（上海）自由贸易试验区，被认为是中国改革开放以来，尤其是加入 WTO 之后，在更加扩大开放、进一步促进改革方面迈出的极其重要的一步，主要任务是探索中国对外开放的新路径和新模式。《中国（上海）自由贸易试验区总体方案》（以下简称《总体方案》）提出，上海自贸试验区将对金融服务、航运服务、商贸服务、专业服务、文化服务以及社会服务领域扩大开放，暂停或取消在这些领域中对投资者的资质要求、股比限制、经营范围限制等准入限制措施。从短期看，上海自贸试验区的服务业开放是单边的开放措施，关键词是"放松管制"。通过降低上述服务领域的进入壁垒，对外资实行"有限度的市场开放"，鼓励外资进入自贸区投资现代服务业，使服务业的资本和人才等

① 《负面清单》相对于《产业指导》的具体变化差异：①《负面清单》和《产业指导》中，K 房地产业、N 水利环境公共设施管理业均为完全相同。②"F 批发和零售业"中增加了"F518（贸易经济与代理）"、"F524（文体用品与器材专门零售）"第 1、3 条；减少了"F526（汽车、摩托车、燃料及零配件专门零售）"中的"限制成品油批发"。③"G 交通运输仓储邮政业"增加了"G553（水上运输辅助活动）"第 1 条，"G562（通用航空服务）"第 2、4 条，"G563（航空运输辅助活动）"第 1、2、3、5 条，"G591（谷物棉花等农产品仓储）"。④"I 信息技术服务业"增加"I654（数据处理和存储服务）、I659（其他信息技术服务业）"第 2 条，"I641（互联网接入及相关服务）、I642（互联网信息服务）、I649（其他互联网服务）"第 4 条。⑤"J 金融业"增加投资"小额贷款公司、融资租赁担保公司"、"融资租赁公司"的限制条件。⑥"L 租赁和商务服务"增加"L712（文化及日用品出租）"、"L721（企业管理服务）"、"L722（法律服务）"第 2 条、"L726（人力资源服务）"、"L727（旅行社及相关服务）"、"L728（安全保护服务）"。⑦"M 科学技术研究和技术服务业"增加"M747（地质勘查）"、"M745（质检技术服务）"第 2 条。⑧"P 教育"增加了"P821（学前教育）、P822（初等教育）、P823（中等教育）、P824（高等教育）、P825（特殊教育）、P829（技能培训、教育辅助及其他教育）"第 1 条。⑨《产业指导》中对"Q 卫生和社会工作"没有限制。⑩"R 文体娱乐业"中减少了对"演出经纪机构、娱乐场所经营、演出场所经营"的限制。

生产要素能够自由流动，提高服务业的市场竞争，推动中国产业向全球价值链高端攀升。从长远看，上海自贸试验区的建立具有重塑服务业发展和服务贸易规则的意义，关键词是“有效管制”，它表明中国积极应对国际贸易规则，由侧重事前管制向事中和事后管制倾斜的新趋势（李眺、罗云辉，2013）。

上海自贸试验区实行负面清单管理模式，对外商投资保留的限制措施逐一列明，对除列明限制措施以外的外商投资，取消股比限制、经营范围限制、投资者资质限制等准入条件，实行国民待遇。负面清单所列的限制措施越具体，越细致，所释放的对外开放空间就越大。目前2013版负面清单包括了国民经济所有18个经济行业门类，涉及89个大类、419个中类和1 069个小类，编制特别管理措施共190项（约有17.8%的小类有特别管理措施）。其中对自贸区重点发展的产业（服务业和部分制造业）按照小类表述，制造业限制小类占比约11.6%，服务业限制小类占比约23%，增强了市场准入的透明度，提升了投资便利化水平。

《总体方案》中明确的23项开放措施，目前有15项可以实施，4项在相关行政法规和国务院文件调整后实施（游戏游艺设备生产销售、演出经纪、娱乐场所、增值电信），还有4项需进一步协调推进（国际运输管理、国际船舶管理、有限牌照银行、律师服务）。围绕正在成长的现代服务业，把扩大开放与体制改革相结合、把培育功能与政策创新相结合，上海试验自贸区正在形成与国际投资、国际贸易的通行规则相衔接的基本制度框架。

表11.8和表11.9是在七种限制类型下的具体活动数。七种限制类型的具体措施如下：(1)对服务提供者数量的限制，具体包括：资格认证；地域限制；规定服务提供者的最高数量；发放经营许可证或审批；经营业绩要求；经营需求测试；经营期限限制。(2)对服务交易或资产总额的限制，具体包括：注册资本不少于X万美元；总资产应超过X亿美元；每成立一个分支机构需增加注册资本X万美元。(3)对服务业务总数或产出总量的限制，具体包括：限定业务范围。(4)对特定服务部门或服务提供者雇用的限制，具体包括：对从业人员的专业资格认证和执业资历限制；合资企业的董事会主席或总经理由中方任命。(5)对采取的特定类型的法人实体形式的限制，具体包括：仅限于合资企业形式（允许外资拥有多数股权）；要求与中方专业机构进行合作；只能以

代表处的形式提供服务；不能建立分支机构。(6)对外国资本参与比例或投资总额的限制，具体包括：不允许建立外商独资企业；在合资企业中，外资比例不得超过 X%。(7)禁止投资。

根据《负面清单》的“特别管理措施”中的具体要求，将其归类于七种限制措施中的某种或某几种，比如：门类“J 金融业”下的 21 个中类均有限制投资的条件，具体的限制形式有对其特定服务部门的限制(限 4)、对外国资本比例的限制(限 6)、对业务范围的限定(限 3)、对外资注册资本金的要求(限 2)等 6 项限制，可以说，对其具体活动的限制几乎涵盖了所有的限制形式。再如，“K 房地产业”门类下有限制条件的是“K701 房地产开发经营”与“K703 房地产中介服务”这两个中类，具体地说，“K701 房地产开发经营”的具体限制措施为：(1)限制投资土地成片开发(限于合资、合作)(限 5)；(2)限制投资高档宾馆、高档写字楼等建设、经营(限 3)；(3)禁止投资别墅的建设、经营(限 7)。“K703 房地产中介服务”的具体限制措施为：(1)限制投资房地产二级市场交易及房地产中介或经纪公司(限 3)。因此，表 11.9 中“房地产业(2)”“2”代表有 2 个中类受到限制，“限 3”下数字为 2，“限 5”为 1，“限 7”为 1。其他行业也是如此处理。《外商投资产业指导》比照《负面清单》处理方法来处理。

表 11.10 和表 11.11 是运用频数分析法测度的中国对外商投资服务业的开放程度。方法如下：由于《负面清单》依据《国民经济行业与分类代码》编制，因此可以将具体的限制活动归于某一中类，然后再按频数分析法量化。具体地说，根据“特别管理措施”将服务业各门类下的中类的限制程度分为“无限制”、“有限制”及“禁止”三类，划分的标准在于该中类下的具体限制活动是“限制”还是“禁止”，若某一种类下的限制活动均为限制，则该中类为“有限制”；若均为禁止项，则该中类则列入表格中的“禁止”；若既有限制，又有禁止项，则根据各自数量所占的比重来确定表格中的“有限制”和“禁止”。例如，在“F 批发和零售业”门类中，“F512 食品饮料及烟草制品批发”这一中类下的具体限制为“(1)限制投资植物油、食糖、烟草的批发、配送；(2)禁止投资盐的批发”，则该中类的量化为“有限制”为 1/2，“禁止”为 1/2。“无限制”数据为差项，即每一门类下的中类总数减去“有限制”和“禁止”的中类数。最后，将每个门类下的所有中类加总，得到表格数据。然后对“无限制”、“有限制”和“禁

表 11.8　中国对外商投资服务业市场准入的限制情况(具体活动数)

	限 1 对服务提供者数量的限制	限 2 对服务交易或资产总额的限制	限 3 对服务业总数或产出总量的限制	限 4 对特定服务部门或服务提供者雇用的限制	限 5 对采取的特定类型的法人实体形式的限制	限 6 对外国资本参与比例或投资总额的限制	限 7 禁止投资	合　计
批发和零售业(9)			8		2	0		10
交通运输、仓储和邮政业(12)			3	0	2	7	2	14
住宿和餐饮业(0)								0
信息技术服务业(8)						2	2	4
金融业(21)			1	0		4		5
房地产业(2)			2	0	1		1	4
租赁和商务服务业(3)			2	0	2		1	5
科学研究和技术服务业(5)			1	0	1	1	2	5
水利环境和公共设施管理业(3)						1	2	3
居民服务修理和其他服务业(0)								0
教育(6)					2		1	3
卫生和社会工作(0)								0
文体娱乐业(15)			1	0	2	3	6	12
合计	0	0	17	1	13	21	17	69

注:1. 部门后括号内的数字代表的是该门类下做出限制投资的中类数目。

2. 由于《产业指导》并不是完全按照《国民经济行业与分类代码》来划分,因此需将其所有条目均按照《国民经济行业与分类代码》分类,然后按照处理《负面清单》的方法进行处理。

资料来源:《外商投资产业指导目录(2011 年修订)》。

表 11.9　上海自贸试验区对外商投资服务业市场准入的限制情况(具体活动数)

	限 1 对服务提供者数量的限制	限 2 对服务交易或资产总额的限制	限 3 对服务业总数或产出总量的限制	限 4 对特定服务部门或服务提供者雇用的限制	限 5 对采取的特定类型的法人实体形式的限制	限 6 对外国资本参与比例或投资总额的限制	限 7 禁止投资	合　计
批发和零售业(10)			8		2	0	3	13
交通运输、仓储和邮政业(13)	3		1	2	5	11	3	25
住宿和餐饮业(0)								0
信息技术服务业(8)			1	0		3	4	8
金融业(21)		1	2	1		2		6
房地产业(2)			2	0	1		1	4
租赁和商务服务业(8)		3	3	1	5	2	1	15
科学研究和技术服务业(6)	1		1	1	3	2	4	12
水利环境和公共设施管理业(3)						1	2	3
居民服务修理和其他服务业(0)								0
教育(6)					2		2	4
卫生和社会工作(5)	1	1			1			3
文体娱乐业(21)	1	1	2	1	2	2	8	17
合计	6	6	19	7	22	26	28	114

注:部门后括号内的数字代表的是该门类下做出限制投资的中类数目。
资料来源:《中国(上海)自由贸易试验区外商投资准入特别管理措施(负面清单)(2013)》。

表 11.10　中国对外商投资服务业的开放程度

	无限制		有限制		禁　止		个数合计	频数指数法	
	个数	比重(%)	个数	比重(%)	个数	比重(%)		平均数(%)	平均覆盖比率(%)
批发和零售业(9)	9	50	9	50	0	0	18	100	75
交通运输、仓储和邮政业(12)	8	40	9½	47.5	2½	12.5	20	87.5	63.75
住宿和餐饮业(0)	7	100	0	0	0	0	7	100	100
信息技术服务业(8)	4	33.33	6⅔	55.56	1⅓	11.11	12	88.89	61.11
金融业(21)	0	0	21	100	0	0	21	100	50
房地产业(2)	2	50	1⅔	41.67	1/3	8.33	4	91.67	70.83
租赁和商务服务业(3)	8	72.73	2⅔	24.24	1/3	3.03	11	96.97	84.85
科学研究和技术服务业(5)	12	70.59	2½	14.71	2½	14.71	17	85.29	77.94
水利环境和公共设施管理业(3)	9	75	2	16.67	1	8.33	12	91.67	83.33
居民服务修理和其他服务业(0)	15	100		0		0	15	100	100
教育(6)	0	0	4	66.67	2	33.33	6	66.67	33.33
卫生和社会工作(0)	10	100	0	0	0	0	10	100	100
文体娱乐业(15)	24	61.54	7	17.95	8	20.51	39	79.49	70.51
服务业综合	120	58.54	67	32.68	18	8.78	205	91.22	74.88

注:(1) 部门后括号内的数字代表的是每个部门“有限制”和“禁止”个数之和。

(2) “平均数(%)”一列计算的是频数分析法中的“简单平均”,即平均数(%)=(“无限制”数×1+“有限制”数×1)/总的门类数,而平均覆盖比率(%)=(“无限制”数×1+“有限制”数×0.5)/总的门类数。

资料来源:根据《外商投资产业指导目录(2011年修订)》整理计算。

表 11.11　上海自贸试验区对服务业具体开放程度

	无限制		有限制		禁　止		个数合计	频数指数法	
	个数	比重(%)	个数	比重(%)	个数	比重(%)		平均数(%)	平均覆盖比率(%)
批发和零售业(10)	8	44.44	8 1/6	45.37	1 5/6	10.19	18	89.81	67.13
交通运输、仓储和邮政业(13)	7	35	10 2/3	53.33	2 1/3	11.67	20	88.33	61.67
住宿和餐饮业(0)	7	100	0	0	0	0	7	100	100
信息技术服务业(8)	4	33.33	4	33.33	4	33.33	12	66.67	50
金融业(21)	0	0	21	100	0	0	21	100	50
房地产业(2)	2	50	1 2/3	41.67	1/3	8.33	4	91.67	70.83
租赁和商务服务业(8)	3	27.27	7 2/3	69.70	1/3	3.03	11	96.97	62.12
科学研究和技术服务业(6)	11	64.71	3 2/7	19.41	2 5/7	15.88	17	84.12	74.41
水利环境和公共设施管理业(3)	9	75	2	16.67	1	8.33	12	91.67	83.33
居民服务修理和其他服务业(0)	15	100		0		0	15	100	100
教育(6)	0	0	4	66.67	2	33.33	6	66.67	33.33
卫生和社会工作(5)	5	50	5	50	0	0	10	100	75
文体娱乐业(21)	18	46.15	13	33.33	8	20.51	39	79.49	62.82
服务业综合	101	49.27	81.47	39.74	22.53	10.99	205	89.01	69.14

注:(1) 部门后括号内的数字代表的是每个部门“有限制”和“禁止”个数之和。

(2) 个数之所以出现小数是由于在自贸区《负面清单》中,对于某一服务业门类的中类中既出现了“限制投资”的措施,又出现了“禁止投资”的规定,因此,在量化时,采用“限制”和“禁止”的规定占该中类所有规定的比例确定其数量。例如,“F512 食品饮料及烟草制品的批发”中规定:限制投资植物油、烟草的批发、配送;禁止投资盐的批发。那么在量化这一中类中,“有限制”=1/2,“禁止”=1/2。

(3) “平均数(%)”一列计算的是频数分析法中的“简单平均”,即平均数(%)=(“无限制”数×1+“有限制”数×1)/总的门类数,而平均覆盖比率(%)=(“无限制”数×1+“有限制”数×0.5)/总的门类数。

资料来源:根据《中国(上海)自由贸易试验区外商投资准入特别管理措施(负面清单)(2013)》整理计算。

止”进行赋值,按照频数分析法的赋值特点,将“无限制”赋值为 1,“有限制”为 0.5,“禁止”为 0。再计算平均数与平均覆盖率。平均数(%)=(“无限制”数×1+“有限制”数×1)/总的门类数,而平均覆盖比率(%)=(“无限制”数×1+“有限制”数×0.5)/总的门类数。数值越大,开放的程度越高。

由于上海自贸试验区《负面清单》以《外商投资产业指导目录(2011 年修改)》为蓝本的,因此《负面清单》在“特别管理措施”一栏中更加细化了《产业指导》中的条目,从表 11.8 和表 11.9 中可以看出,《产业指导》中对投资活动的限制主要以“限制外国资本比例以及投资总额”的方式为主,而在《负面清单》中对于外商的限制措施逐渐多元化。但这种细化并不意味着管制措施的更加严格,比如,在“交通运输仓储和邮政业”中,对于外商投资我国公路旅客运输领域,《产业指导》规定:“限制外商投资公路旅客运输公司”,即对于如何具体限制“不作承诺”,保留充分的政策自由权;但在《负面清单》中,对于外商进入这一领域这一问题有了明确的条件:合资、外资比例不得超过 49%,且投资者中至少有一方有中国境内 5 年以上旅客运输业务的企业。这样看来,表面上是对具体活动数的限制增加,其实是开放度进一步扩大了。

从表 11.10 和表 11.11 中可以看出,相比较而言,基于《负面清单》所度量的上海自贸区的开放程度要稍许低些。比如,从服务业综合程度来看,上海自贸区的“无限制”比率要比非自贸区低接近 10 个百分点。出现这种结果主要有以下原因:

第一,《负面清单》是按照《国民经济行业与分类代码(2011)》来列举各种限制措施,而《产业指导》则更倾向于根据具体经济活动的相似性来对限制活动进行分类。在运用频数分析法时,必须将各种限制措施统一归类于某一标准(此处为国民经济代码),而不能直接对于某一具体限制活动进行赋值。而《产业指导》给出的活动描述又过于笼统,因而可能会导致对其度量不够全面。此外,《负面清单》列举的详细程度远超《产业指导》。因此,在两者作对比时,往往《负面清单》因其详细的限制而导致开放度降低,实则不然,虽然限制措施的数量增多了,但限制的程度却大大降低了。

第二,《负面清单》中所增加的限制措施几乎全是以前《产业指导》尚未涉足的领域,如“L 租赁和商务服务业”中,《负面清单》比《产业指导》增加了

“L712(文化及日用品出租)”、“L721(企业管理服务)”、“L726(人力资源服务)”、“L727(旅行社及相关服务)”、“L728(安全保护服务)”等五类领域,这样使得其开放指数降低,但实质上是进一步扩大了开放领域。

2013版负面清单还只是一个初步的尝试,随着具体措施的推进与经验的总结,限制措施会有不断的调整,既有可能是对现有措施的删减,也有可能是对个别目前只能做原则表述门类的细化展开,但总的调整方向是越来越开放,开放形式、开放的行业和开放的对象都将有新的拓展。正如《总体方案》提出,“未来将根据试验的情况和要求,按一定程序扩大试验空间,逐步拓展实施范围”,“建设上海自贸试验区,要使其成为推进改革和提高开放型经济水平的‘试验田’,形成可复制、可推广的经验,发挥示范带动、服务全国的积极作用,促进各地区共同发展”。需要指出的是,消除隐性壁垒要与实行“负面清单”的管理模式同步推进,同时,项目核准、行政管理、公共财政、金融支持等方方面面的配套改革需要及时跟进,否则“负面清单”无疑画饼充饥,落入与非公36条类似的尴尬境地。

11.6 以开放促进中国服务业进一步发展的对策建议

当前,中国经济发展面临的外部形势复杂,经济深度转型与调整任重而道远。从国际上看,世界经济复苏乏力,不确定性因素依然很多,服务需求增长缓慢,需求不振进一步加剧服务贸易领域的竞争。发达国家进一步强化在高端服务贸易领域的竞争优势,其占主导地位的局面短期内难以撼动,新兴经济体和发展中国家也在加快推进服务贸易,积极承接服务业跨国投资和离岸服务外包,给中国带来了严峻挑战。国际金融危机引发国际经济体系加速改革和全球结构深度调整,促使各国加快经济结构调整和发展方式转变,推进区域经济和金融合作的进程,以服务业跨国转移和要素重组为主的新一轮国际产业转移不断加速,又为中国服务贸易与服务业的发展提供了良好的机遇和更大的发展空间。未来一段时间,中国服务业将进一步开放,国际化水平不断提升,全面融入全球产业链体系,在推动经济增长方面发挥更为重要的作用。

为使服务业成为经济增长的“新引擎”,提升其规模、效率与竞争力,我们提出以下政策建议。

第一，调整优化服务业投入要素结构。我国服务业投入要素结构存在不合理的问题，特别是在资本的有机构成上。进一步加强和改善服务业投资，调整和优化服务业投入要素结构，同时鼓励发展现代新兴服务部门是当务之急。另一方面，由于在人力资本投入质量上的提高，也能够有效地促进我国服务业技术效率，因而重视服务业劳动力素质的提高，提升人力资源水平，鼓励服务业技术创新活动，也是调整优化投入要素结构中的重要一环。

第二，优化服务业地区分布和行业协调发展。由于我国服务业在技术效率和开放上均存在着区域性和行业性不均衡现象，因而优化地区分布，鼓励地区间要素自由流动，缩小地区间服务业发展差距，促进不同地区服务业协调发展，优化服务业内部的行业结构，大力发展产业内部的专业化分工体系，推进企业内置服务市场化、社会化，努力提高资本使用效率，能在很大程度上提高我国服务业整体的技术效率，形成区域间和行业间的有效带动和传递效应。引导外商加大对中西部地区服务业投资的力度。加强中西部区域产业政策引导，鼓励中西部地区积极承接国内外产业转移。着重开展中西部地区投资促进工作，有序推进产业转移促进中心、产业转移示范园区建设。大力促进各地区生产性服务业与制造业的互动融合，实现产业价值链的攀升，这将有助于形成区域间产业联动效应，也是在我国目前经济转型时期，促进经济协调发展的一个有效措施。

第三，深化服务业市场化改革，扩大服务业对内对外开放。服务业的市场化程度在很大程度上影响着我国服务业的技术效率和国际竞争力。深化服务业市场化改革，通过投资审批许可制度改革，取消和下放涉及服务业发展的各种不必要的投资审批许可制度，放松或取消管制，让市场机制调节服务业投资和消费，破除行业垄断，贯彻“非禁即入”的政策，取消对非国有资本或者非本地要素的不平等做法，推动垄断行业向民间资本开放，鼓励小型微型服务业企业发展，引导和促成服务业投资主体多元化，优化服务业资源配置，促进资源与要素的自由流动。同时，积极稳妥、科学有序地深化对外开放，调整优化服务业投资结构，扭转房地产业投资占比长期“一股独大”的失衡状态。除涉及国家安全、自然资源、少数公共产品和公共服务领域外，其他行业和部门可以加大开放的力度，特别是处于高度垄断状态的部门，放宽投资准入，提高利用外资的综合效益。加快推动统一内外资法律法规，保持外资政策稳定、透明、可预期。实现对外开放与对内开放良性互动，形成多种所有制经济平等竞争、相互促进的新格局，在进一步扩大开放中实现转型发展。鼓励中国服务业企业承接高端国际服务外包，进一步简化企业境外投资手续，在国际并购、外汇管制、通关、投融资等方面实施力度更大的便利化措施，强化政策支撑，健全服务保障，完善支持国内企业“走出去”的服务平台，支持服务业企业开展国际化经营，增强全球价值链整合与国际化经营能力。同时，切实加强对服务业开放的监控，通过建立实时、有效的监控与预警系统，及时化解可能出现的市场风险与负面社会影响，维护好市场竞争秩序，保障国家经济、社会与文化安全。加快自由贸易区建设，积极参与区域服务贸易合作。统筹双边、多边、区域次区域开放合作，形成面向全球的高标准自由贸易区网络。

第四，积极推进新型城镇化进程。产业化创造供给，而城镇化创造需求。城市是服务业发展的主要平台，服务业发展的规模和结构在很大程度上取决于城市规模和城镇化的质量，而服务业的发展也是城镇化的一个重要标志。城镇化建设会给产业发展带来集聚效应、规模效应，极大地带动消费结构的优化和服务需求的增加。当前，我国正处于城镇化加速发展阶段，城镇化率已超过50%。但是，我国城镇化水平依然滞后，不仅远低于发达国家，而且也低于世界平均水平。未来我国城镇化的增长空间依然很大，推进服务业与新型城镇化的良性互动与融合发展应是未来工作一个重要的着力点。

第五，着力破除服务业发展的制度瓶颈和体制机制障碍，营造有利于服务业发展的政策和制度环境。服务经济时代政府管理的本质是服务而不是管制，体制安排要转向促进市场竞争和提供更加完善的公共服务方面。进一步完善服务领域的法律法规体系及相关政策。形成公开透明、管理规范和全行业统一的市场准入制度。深化财税体制改革，营造公平的发展环境，继续推进“营改增”工作，进一步扩大现代服务业试点范围，彻底消除营业税重复征税对服务业发展的制约。通过加快准入方式的改革、促进服务业监管体制改革与机制创新、完善多元化主体发展的制度安排、有序推进服务业配套改革与支撑体系的制度构建、进一步优化服务领域民营及中小企业发展环境、加大服务业综合改革试点工作力度等方面的努力，逐步解决制约服务业发展的体制机制性障碍，形成一整套适应服务活动开展和服务业发展的体制框架，具体涉及相应的制度环境、管理体制、要素市场以及公共政策和公共服务体系。

11.7 本章小结

服务业的发展会释放巨大的生产力潜能。然而，中国服务业增加值占比与就业占比依然偏低，服务业就业弹性总体呈现不断下降的趋势，劳动生产率低下，对 GDP 的贡献率及对 GDP 增长的拉动也不够显著。服务业技术效率总体水平偏低，增长主要依靠要素投入推动，具有较为明显的粗放型特征。同时，各部门、各区域之间还存在着显著差异，并没有实现相对均衡的发展。从行业层面看，技术效率也处于低水平状态，诸多行业均存在大量的要素投入冗余。从区域层面来看，除上海和江苏外，其余省市服务业技术效率都处于较低水平，资源配置水平有待进一步改善。外贸粗放型的增长方式没有得到根本转变，服务贸易长期逆差，出口结构低级化，知识、技术密集型服务的比重严重偏低，国际竞争力薄弱。服务业利用外资结构不合理，投入房地产业的比重畸高，区域分布严重不均衡，溢出效应尚不明显，未能显著提高我国服务业国际竞争力。服务业开放度较低，且提升速度缓慢，对商业存在的限制仍然比较严格。未来一段时间，中国将以上海自贸试验区建设为突破口，探索对外资实行准入前国民待遇、负面清单管理模式，破除体制机制障碍，大力推进市场化与城镇化进程，进一步开放服务业，用更深层面的开放带动转型，使服务业成为推动经济增长的“新引擎”。

12　税收制度改革与经济增长新红利

改革开放 30 年之后，依靠资源大量堆积、能源高消耗、环境高消耗、资金高消耗及低效率的发展模式已经不具有可持续性，必须在增长方式及其相应的制度供给上有所突破，才能真正避免宏观经济进入所谓的“中等收入陷阱”，被迫用时间来强制扭转。税收制度作为国家实施经济发展战略的重要工具，也必须从适应以往的“强制增长”而采取的高增速战略转型到主要为政府提供公共产品和服务筹集收入、并为经济主体营造公平、中性、适度的税收环境上来。党的十八届三中全会也为我国的具体税制改革拟定了蓝图，提出要“完善税收制度，深化税收制度改革，完善地方税体系，逐步提高直接税比重。推进增值税改革，适当简化税率。调整消费税征收范围、环节、税率，把高耗能、高污染产品及部分高档消费品纳入征收范围。逐步建立综合与分类相结合的个人所得税制。加快房地产税立法并适时推进改革，加快资源税改革，推动环境保护费改税。”同时要“完善以税收、社会保障、转移支付为主要手段的再分配调节机制，加大税收调节力度”。税制改革同时也是一项牵一发而动全身的系统性改革，不仅会影响到税制本身，对国家制度的其他宏观战略的实现同样有着直接或间接的关系。例如，党的十八届三中全会决定中提出的“更加重视劳动就业、居民收入、社会保障、人民健康状况”，“健全促进就业创业体制机制”等目标的实现需要对个人所得税制的基本结构进行改革；“深化教育领域综合改革，健全捐资激励等制度，鼓励社会力量兴办教育”以及“完善慈善捐助减免税制度，支持慈善事业发挥扶贫济困积极作用”则需要对部分企业税所得税或个人所得税的基本税前扣除规定重新评估；实行资源有偿使用制度和生态补偿制度需要进一步改革和完善资源税；“形成合理有序的收入分配格局”既关系到税收体系总体的重新构建，又关系到具体税种的大变革。因而，经济的转型与改革，财税先行。然而，财税制度本身是一个比较庞大的系统工程，不仅涉及技术层面的制度改革，还涉及如何更好地处理央地财税关系以及调动两个积极性，甚至是政府职能转变。限于本章篇幅，讨论基本以税制改革这一技术性的内容为主，分别从几个主要或是迫切需要改革的税种来加以分析。

12.1 增值税与营业税的改革

12.1.1 “营改增”税制改革的实施效果

“营改增”是统筹增值税和营业税改革的一项最重要的结构性减税及税制完善的现实政策，是深化财税体制改革的“重头戏”。实施以来在总体减税效果方面也是值得肯定的，据国家税务总局公布的数据，截至 2013 年 8 月 16 日，“营改增”已减税逾 900 亿元。随着“营改增”于 2013 年 8 月 1 日在全国推进以及从 2014 年 1 月 1 日起将铁路运输和邮政业继续纳入改革范围，“营改增”后结构性减税的效果会更加显著。

然而，在政策推行过程中也存在一些结构性问题：对于改革后的小规模纳税人，税率普遍由之前的 5%下降为 3%，税负下降是比较明显的。这反映了“营改增”税制改革客观上最有利于小微企业税负的减轻。一般纳税人税负变化则是增减互现，表现在原一般纳税人及改革后的多数一般纳税人税负是有所降低。原因在于：原一般纳税人购进的部分服务（如鉴证咨询服务）由不可抵扣增值税变为可抵扣，且其适用的增值税税率是不变的。当然，从原一般纳税人企业的总体税负角度而言，减税效果则未必如预期的一般。显著的变化是缴纳营业税时该税是可作为企业所得税的税前扣除项目来冲减税前所得的，这客观上会导致企业的所得税负担减轻。但“营改增”之后，增值税作为价外税是不能税前扣除的，“营改增”的附加效果就是使得企业在毛收入不变的情况下有可能会导致企业所得税负担加重；作为改革后的一般纳税人而言，运行的结果表现为行业性税负增减变化不一，这取决于不同企业资本有机构成及投入时间的差异，会使得进项税额与销项税额在一定时段上不匹配，以及涉及改革范围进一步扩大和管理方面的问题。交通运输业“营改增”之后由于税率从之前的 3%迅速提高到 11%，虽然改成增值税可抵扣购进货物和服务的进项税额，但因该行业本身资本有机构成较高，前期投入的固定资产沉淀较多，客观上导致改革初期购进货物的可抵扣金额较少。路桥费作为交通运输业的一大成本来源(据物流与采购联合会估计，该项成本平均占运输成本的34%)，因其上游产业的路桥相关服务并未纳入改革范围，也会导致这一大成本无法抵扣进项税额。加油费虽本属于增值税征收范围内的费用，现实中存在难以分清公私加油的区别，同样会导致部分企业的燃油购进无法充分抵扣进项税额。与此同时，接受交通运输服务的增值税一般纳税人可抵扣进项税额将由原 7%增加到 11%，可抵扣率的差异使得交通运输业部分增加税负的同时事实上实现了税收利益在企业间的转移。而对于其他现代服务业而言，改革后适用税率由 5%上升为 6%，但购进货物和部分服务可抵扣进项税额，因而其税负是否增加依然取决于可抵扣项目金额的多少。可抵扣项目金额的多少与各行业税负的变化的临界点如表 12.1。

表 12.1　税负临界点与可抵扣项目占比的行业分析

<table>
<tr><th>行业</th><th>细　　则</th><th>营业税率</th><th>增值税率</th><th>可抵扣成本对收入占比受益临界值</th><th>可抵扣成本对收入 R 占比每提高 10%带来的税收节约</th></tr>
<tr><td>交通运输</td><td>陆　路
水　路
航　空
管　道</td><td rowspan="2">3%</td><td rowspan="2">11%</td><td rowspan="2">47.1%</td><td rowspan="2">1.1%R</td></tr>
<tr><td colspan="2">邮政业</td></tr>
<tr><td rowspan="3">现代服务</td><td>物流辅助</td><td>3%</td><td rowspan="2">6%</td><td>17.6%</td><td rowspan="2">0.6%R</td></tr>
<tr><td rowspan="2">研发和技术服务
信息技术服务
文化创意
鉴证咨询
有形动产租赁</td><td rowspan="2">5%</td><td>5.9%</td></tr>
<tr><td>17%</td><td>70.6%</td><td>1.7%R</td></tr>
</table>

12.1.2　“营改增”税制改革的进一步完善方向

基于以上讨论，“营改增”税制改革在取得实质性减税效果的同时给各行业税负变化带来了不同的影响。但实际上，改革引起的各行业税负的变化仅是税制改革的一个派生问题，而非主要问题所在，其最终解决方案也取决于进一步的税制改革，改革中设置的过渡性政策补助并非是长久之计。总体而言，

“营改增”税制改革的进一步完善应从两方面着手，即增值税的进一步扩围以及税收管理改革。

1.“营改增”的扩围

交通运输业税负阶段性加重的很大一个原因在于该行业上游的部分行业并没有被纳入改革范围(路桥费等)，这实际上依然造成了抵扣环节的中断。对于部分现代服务业而言，据统计，试点一般纳税人中，85%的研发技术和有形动产租赁服务、75%的信息技术和鉴证咨询服务、70%的文化创意服务业纳税人流转税负下降。当然，税负上升的案例也不同程度存在，究其原因，部分现代服务业企业的成本构成中也存在因征税范围未全面铺开而引致的不能抵扣进项税额的问题。例如，目前作为现代服务中成本支出仅次于人工费用的房租、物业管理、通信、保险费、信贷、外包劳务公司劳务等依旧不能抵扣，而这些成本构成项目变成可抵扣的前提显然是增值税继续扩围，在覆盖广度上取得进一步的突破，将不动产租赁、通信、保险、信贷等服务纳入“营改增”范围。当然，这又牵涉到这些行业自身的上游关联行业是否实行“营改增”的问题，“营改增”要做到彻底，事实上就是一个牵一发而动全身、关系到全行业税制改革的一个系统性问题。按照增值税的设计原理，该税种的增值额真正应该覆盖的范围只是“因劳动而形成的增值”部分。因而，从理论上来说，除了劳动成本支出之外，增值税一般纳税人的其他成本构成项目理应全部做进项税抵扣。在目前，如果尚不能做到全行业铺开，可借鉴之前交通运输业发票按7%抵扣增值税进项税额的做法，按6%左右对不动产租金、通信费等占比较高的成本支出允许进行进项税抵扣，为将来的全面铺开做过渡。

2. 与“营改增”相关的征收管理方式的变通

对于改革中引起的行业税负变化，除了上述税制覆盖范围这一根本性问题之外，征收管理也在企业的税负变化中起到一定的作用。例如几乎在所有的增值税一般纳税人中购进汽柴油抵扣进项税处理过程中，目前的过渡性办法是按照购进油品的性质(即区分汽柴油，购进柴油的发票可抵扣进项税，而汽油则不允许)来甄别购进货物是否真正用于增值税应税货物或服务。这在信息不充分条件下是一项相对合适的政策变通，一般纳税人自运输车辆不占主要构成部分时对纳税人税负造成的影响也是有限的。但对于已纳入“营改增”的交通运输业来说，普遍采用这种变通政策显然是不合适的。而在实际操作中，如果允许纳税人购进的汽油抵扣进项税额则涉及如何开具分散用户的增值税专用发票以及如何甄别购进的货物是否真正用于增值税应税货物或服务的问题，这一矛盾是较难克服的。这实际上是一个征收管理问题而非扩围的问题。针对这种情形，可供选择的变通做法是根据行业特点及成本构成比例的科学评估，采用投入产出法或成本法估算某些特定行业允许抵扣进项税额与销售收入的比重进行核定扣除。对于沉淀成本较多且固定资产更新速度较慢的行业(如交通运输业)，应该允许其部分次新购置的固定资产可抵扣进项税额。非特殊行业的一般纳税人的购进油品可采取单位加油卡的方式来管理，以实现购进货物进项税的充分抵扣。

12.1.3 增值税税制要素的改革

除了增值税扩围之外，增值税自身的税制要素也需要进行调整，以更好地体现其中性原则，并更好地兼顾到收入分配及环境保护等功能。

第一，考虑税率的调整。20世纪90年代，欧洲增值税改革除了“扩围”之外，还将征收增值税的产品和劳务分为可持续性和不可持续性的，制定具有生态化的差别税率。对能源利用率高、污染物排放量小，能够促进节能减排的产品及劳务实行低税率。欧盟主要国家增值税税率的设置基本分三个档次：基本税率、低税率和超低税率。如法国增值税税率有四档：(1)标准税率(19.6%)，适用于生产或经营一般商品和劳务；(2)低税率(5.5%)，适用于生产或经营基本生活用品包括食品和饮料以及客运服务；(3)特别税率(2.0%)，适用于销售出版物、药品、屠宰等；(4)零税率，适用于出口、向欧盟内部提供产品等。荷兰增值税设三档税率：(1)标准税率19%；(2)低税率6%；(3)零税率。英国标准税率为17.5%，低税率为5%。在亚洲，新加坡对进口货物和销售货物和劳务征收，税率为7%，出口零税率。我国台湾地区增值税现行基本税率则低至5%，小规模营业人更是只有0.1%—1%的税率。

鉴于我国的税制结构中以增值税为主的流转税占比过高和流转税本身在税负分配方面的“累退”效应，以及国际上对多数商品和服务实行较低税率的通行做法，将增值税基本税率由17%调整至13%左右是比较适宜的。既可以显著地降低宏观税负，使经济增长更加健康[平均来说，税收占 GDP 的比重不超过 19.3%的国家，经济增长率达到了最大化；在税收负担率大于 45%时，经济增长率将趋向于 0(Scully，1995)，OECD 国家 2012 年底宏观税负的平均水平为 35%左右]，又可以降低物价水平，刺激消费，改善由税收制度导致的收入分配差距拉大情况。

“营改增”全国推行之后，为不增加到各改革行业的税负，税率又增加了 11%和 6%两个档次。虽然对推进改革来说是必须的，但同时也使得增值税税率事实上变为 5 个档次，一定程度上破坏了增值税的中性，也使得上下游产业间的抵扣链条变得不具有连续性。长远来看，保留 3 个档次的税率结构应该成为下一步改革的考量。笔者的建议是基本税率 13%，优惠税率 6%，出口税率为 0。

第二，对于小规模纳税人应该设置免征额而非起征点。国际上，对中小企业普遍采用的低税率、高免税线做法。日本、泰国和卢森堡对小企业的税率为 0.3%、1.5%和 1%；德国、爱尔兰、希腊和意大利规定的免税线分别为年销售额 12 108 美元、48 273 美元、7 984 美元和 14 825 美元。在我国，采用起征点方式的本意是给予部分小规模纳税人税收优惠的措施。然而，在实践中，部分地区为不使税源漏损，要求低收入的小规模纳税人按照超过起征点申报纳税的情形也是普遍存在的，这就使得提高起征点的进一步优惠措施无形之中成为进一步增加小规模纳税人税负的措施。而以免征额替代起征点则可避免类似“变通”征管措施对税收优惠政策的“误读”。

第三，更科学地确定增值税央地分成的比例。目前增值税在央地之间的分成采取一刀切的 75-25 分成机制，这应该说是分税制改革兼顾中央和地方两者税收利益的基础上的一个妥协结果。然而，这种一刀切似的分成方法事实上与各地方政府的支出需要和经济发展的转型并不匹配。“营改增”后更是实行改革后收入归属不变的过渡性政策。随着时间的推移，这种分成方式必然会扰乱整个央地税收分成机制。在党的十八届三中全会的决定中，关于税收分成的内容做出了“结合税制改革，考虑税种属性，进一步理顺中央和地方收入划分”的战略部署。结合经济发展战略由主要由投资拉动转型为主要由消费拉动的调整和增值税自身税负转嫁的特点，未来该税在央地之间的分成方式应该采用各地的最终增值税应税货物和服务的消费支出占增值税税基的比重来确定地方分成比例，一定三年不变。这种调整能将消费拉动战略与地方政府的税收利益挂钩，是一种适合经济发展战略转型的激励方式。

12.2 消费税税制改革

消费税的未来改革方向应至少涵盖四个方面：税目、税率、征税环节及税收归属。在税目方面，我国在 2006 年作出部分调整之后至今未有新的改革措施出台；现有以比例税率为主的税率结构也与该税应有的功能不完全匹配；征税环节最终向消费环节转变也没有实质性的举措。在税收归属上，由中央税种转向地方税种应该成为一种基本方向。

12.2.1 税目的调整

税目的调整是消费改革中最重要的一环。按照消费税本身的立税逻辑，其功能除了筹集财政收入之外，应该致力于抑制公民的不良消费、调节收入分配以及促进资源的合理利用等功能。按照该逻辑，现行的税目设置中部分税目已经不适宜纳入征税范围。如化妆品、鞭炮烟花、摩托车等税目并不符合不良消费的一般界定，与收入分配亦没有太多的相关性；对轮胎征税则存在明显的重复征税的情形；对木制一次性筷子和实木地板征收 5%的税率则显得较软，并不能很好地促进资源的合理利用；而对保护环境、调节分配有重要意义的高能耗、高污染及高档消费品，现行税目则少有涉及，仅限于对高档手表、游艇等征收。另一个更大的问题在于现行税目仅涵盖增值税应税货物，而不涵盖营业税应税劳务。考察 OECD 国家消费税的改革动向，易见其主要方向在于以下几方面：一是消费税征税范围主要集中在烟、酒、能源产品、机动车（豪华车）四类产品，这与我国消费税税收来源主体相似。不过，与我国不同的是，有些欧洲国家咖啡纳入征税范围。奥地利、韩国、美国等则对某些特殊消费行为（特种服务）征税，特别是将娱乐业、赌博或博彩业纳入征税范围的国家较多。此外，奢侈品是消费税的重要征收对象，这是体现消费税调节收入分配功能的重要表现。二是消费税的环保功能日益增强。能源产品和机动车作为主要的环境污染产品，成为了消费税的重要征收对象。此外，税率的设计直接与产品的污染程度挂钩。对清洁能源、节能、低污染的机动车给予消费税减免优惠。而对于高污染型的产品，如电池、农药、洗涤用品、塑料袋等，也开始成为消费税的重要征收对象，被丹麦、法国、荷兰、挪威、葡萄牙、美国、保加利亚、南非等国纳入消费税税目开征。三是在交易环节征收的机动车消费税逐步向保有使用环节征收的机动车年税转移。2005 年 7 月欧盟委员会又提出建议，争取在 5—10 年内取消机动车注册税，仅征收机动车年税，并把二氧化碳排放量因素考虑进来。

与国外的改革节奏相对应，我国在党的十八届三中全会决定中针对消费税改革也提出了一个明确的方向，即“调整消费税征收范围、环节、税率，把高耗能、高污染产品及部分高档消费品纳入征收范围”。因此，未来消费税税目改革将高污染、高能耗及部分高档品纳入征税范围应该是确定不移的。主要的问题就在于如何合理地界定“三高”产品的具体目录。另外，必须打破单纯对增值税应税货物征收的格局，将征税范围拓展到营业税应税服务，毕竟，居民收入分配差距在消费结构上的体现早已不仅仅是商品结构的差异，消费服务的差异在某种程度上更能反映收入差距。例如现有税目中包含了高尔夫球及球具，但并未将打高尔夫球这种活动的消费纳入进来，在税源的选择上事实上是“拣了芝麻，丢了西瓜”。营业税征税范围中的“娱乐业”税目中的高档餐饮、住宿等项目在继续征收营业税的同时，也应该纳入消费税的征收范围。

12.2.2 税率的调整

对于高档消费品而言，单纯地以销售价格来确定税目并不十分合理(如同现有税目中的高档手表，简单地以单价超过 1 万元为判断标准)。从可操作性角度考虑，笔者建议按照商品的售价减除一定的免征额之后按照超额累进税率征收。而不同收入结构的纳税人对烟酒两个税目的消费差异主要是体现在价格方面，从更好地调节收入分配的角度而言，这两个税目的税率更亦应该按照商品售价实行超额累进征收。如果要在刺激消费和减少污染两者之间找到更好的平衡，则应该下调小汽车购买环节的税率。当然，在车辆使用环节对成品油征收的消费税已经不低，不宜继续提高。

12.2.3 征税环节与税收归属

征税环节方面，从国外的情况看，消费税的征收多选择在零售环节。而我国是选择在生产环节征收。生产环节征收的优点在于税源控制较为方便简单，但缺点也较明显，例如催生避税行为以及占用生产企业资金等。在生产环节征收也使得将消费税变为地方税存在事实上的地区间的不公平。当然，消费环节征收需要一定的征管条件。在国外，如何准确地判定购买应税商品和服务是消费还是中间生产环节很大程度上也要依赖于纳税人的诚信申报，税源管理存在一定的困难。改革过程可以先选择条件相对成熟的税目来推进，例如成品油，实行专卖管理的烟草也可适时推进消费环节征收。

“营改增”对央地财税分成方式的重新构建提出了迫切要求，在消费税主要税目实现消费环节征收的条件下，将消费税变为地方政府主体税种之一就成为了一种必然趋势。与笔者建议的增值税分成方式改革一样，将消费税变为地方税也必然成为刺激地方经济发展战略转型以及顺利完成“营改增”后续改革项目的重要抓手。

12.3 个人所得税的税制改革

近年来个人所得税的改革聚焦于免征额的调整方面。但现阶段个人所得税由于总体收入偏少及单向调节的特性决定了免征额的调整对于该税种来说不会带来太大的改变。更加重要的，是对该税的税制进行较为彻底的改革，使其真正担负起调节收入分配、刺激和保障就业以及帮扶弱势群体的功能。在该税税收总量难以在短期内有根本性变化的条件下，就必然要求改变个人所得税单向调节属性，在完善和增加扣除项的同时，使其成为国家对弱势群体进行转移支付的工具。这就要求该税在免征额、扣除项目和抵免项目、课税模式以及税率结构方面都需做出改变。

12.3.1 免征额

免征额是个人所得税最重要的要素之一，其每次调整甚至演变为一个关系到众多纳税人实际利益、被公众舆论绑架的公共决策行为。理论上而言,一个相对较高的免征额是合理的。因为"它提供了一个相较于固定零税率税档而言更加富有弹性的税制,因为免征额与家庭的规模是相对应的,不同的家庭因而面临的有效税率是不一样的。尤其在那些为低收入者提供福利的国家,对低收入者征税其实是变成了一个左手进、右手出的毫无意义的迂回"(Jacobs, 1966)。要摆脱免征额调整的困境,需要明确其自身的作用和功能及可供选择的形式,根据其自身的特点而不是舆论倾向做出是否需要调整的决策。免征额的确定涉及两个层面的问题:一是免征额的功能定位;二是免征额应采用的形式。关于功能定位,国外学者提供了一个确定免征额的代表性四点框架,即:(1)使申报者的数量在可管理的范围之内,尤其是要控制那些税收贡献小于征收成本的纳税人;(2)能维持纳税人的最低生计,从而使得政府避免因对贫困者征税带来的经济、政治和社会方面的负面效果;(3)使有效税率在较低税档部分获得一个平滑的累进;(4)按照纳税人的家庭规模区分纳税义务(Goode, 1976; Thimmaiah, 1990)。这给免征额的设计提供了一个客观的标准:维持纳税人的最低生计费用被认为是最基本的功能,而区分家庭规模只是其生计功能的具体化。关于免征额所应采用的形式,亦有四种可供选择的类型:(1)起征点式免征额,即应税所得一旦超过免征额,则需就全部所得征税。(2)递减式免征额,即免征额随应税所得的提高而逐渐减少直至消除,也是美国现行所得税宽免政策所采用的形式。不过,递减式免征额的最大缺点就在于使得所得税完全依据纳税人的收入水平个性化了,这无论对税务机关的征管水平还是对纳税人的依法纳税意识都有着双重的高要求。优点就在于提高免征额时不会减少富人的应纳税额,只对穷人和中产者的纳税义务有影响,这就不会导致税收收入的显著变化了,从而使免征额的调整不再过度受制于收入因素,调整的频率就可以更高。(3)固定式免征额。简洁是固定式免征额最大的优点,但因为不能反映生计费用随经济增长(或通货膨胀)而增加的事实,有损中低收入者的利益并从形式上增加他们对所得税不公平的感受。(4)抵免式,即先就全部应税所得计算征税,再从应纳税额中扣除。由此可见,对于一个税收征管环境和居民纳税意识均很好的经济体来说,免征额的最佳形式应该是递减式的;相反,如果不具备这些条件,则采用固定式免征额是可行的和合理的。

综上，我国个人所得税免征额在形式上继续采用固定式是没有疑义的。而在功能定位上应该体现纳税人家庭的生计费用的需要。然而，生计费用支出的需要显然是家庭规模、通货膨胀率和纳税人所处地域的函数。但很显然，要完全按照美国所得税那样以家庭规模和通货膨胀的真实详细数据为依据每年调整免征额在现有的税收环境和所得税之次要地位的情形下既不现实，也无必要。我国免征额的调整需要考虑以上这些因素，但也需要作一定的变通。具体为将指数化周期延长，一旦累积的通货膨胀率超过一定的水平，如10%，则应该调整免征额。这样就使得调整周期可能延长至2—4年，不但简化了调整过程，甚至还能使所得税的内在稳定机制更准确地反映较长期的经济形势变化。事实上，这种延长指数化周期的做法也是有先例的。如西班牙在2003年就对其所得税制度由于从1999年以来因通货膨胀给纳税人带来的额外负担进行了全面改革，致力于消除负面影响(Fernández, 2006)。

对于免征额体现家庭规模，可以在总体上将纳税人分为已婚和未婚两大类，而不按家庭的真实规模进一步具体化，也不采取夫妇联合申报这种相对复杂的操作。这既适当考虑了纳税人家庭负担的实际情况，同时又不缺简洁性。在这种大分类之下，对于已婚纳税人，合理的假定是纳税人为三口之家。这样，已婚单个纳税人在确定免征额时可按照标准的1.5倍计算。既能比较准确地反映中国式的家庭规模，同时又保持了免征额计算的简洁性。对于单身纳税人则依照单倍的标准确定即可。对于反映地区生计费用的差异，这在实际操作层面上会面临一系列问题，虽然生计费用差异的存在是确定不疑的。然而，国际上并没有地区化的先例，即使是在所得税地位偏低的时期。因此，目前只宜继续实行全国统一的免征额标准。不过，标准的确定必须依据生计费用最高的地方。当然，免征额全国统一会存在所得税负担分配的地域不均，造成一种宏观的不平等。所以，在全国统一的基础上，还必须灵活配以其他的要素来缓解地区不公。目前可以很好地加以利用而且事实上就是地方化政策的工具就是住房公积金扣除。建立在工薪收入基础上的住房公积金缴存制度能较好地实现包括平衡所得税税负地域差异在内的诸多政策目标。

12.3.2 课税模式的选择

税制模式的选择问题一直以来也是国际上所得税改革的重要讨论对象。不同的国家在不同的时期也或多或少地面临过税制模式调整的压力和实践。其中有的是从分类税制转向了综合税制，也有的是综合税制向分类税制的部分回归。这些实践经验背后的理论和现实背景同样可以对我国税制模式的调整提供一个很好的借鉴。

一般而言，对所得课税从基本模式上分为三类：即分类税制（同一纳税人的不同类别所得以不同的税率征税）、分类综合税制（或称为二元税制、混合税制，一般是在分类征收的基础上再征收附加税或补充税，或者是部分单独征税，其余合并征税）以及综合税制（同一纳税人的各种所得作为一个整体来纳税）。当然，在实际的税制中，无论哪种类型的所得税，都会有很多的体现特定经济目标的优惠措施，这些都会扭曲税收负担的预期分配。尽管综合税制的目的是要对所有的所得项目全部综合并公平课税，但大量特别优惠法令对税基构成的侵蚀使得税制事实上成为了"拟分类"税制。所以，准确来说，从税基方面而言并没有真正意义上的纯分类税制或纯综合税制。只是从技术上而言，几种税制模式的差异才是比较明显的。一个国家采取什么样的所得税制类型，不但是一个经济问题、管理问题，有的时候还是一个政治问题。这需要在分析各种类型税制优劣及具体实施条件的基础上做出判断。

分类税制方面，从历史上看，是经济不够发达的国家所采用的典型税制，如老挝、黎巴嫩、苏丹等。俄罗斯的税制也可看作是特殊的分类税制。虽然对于总所得按 13％的单一税率课征，但对一些特殊项目，如获奖超过法典规定部分、股息收入等则适用 35％和 9％的税率。韩国 1974 年之前是分类综合税制，此后转为综合税制。但现在又成了从综合税制部分回归分类税制的典型国家之一：对利息和股息单独适用 15％的税率，而在 1997 年之前该两项所得是并入综合所得的；对资本利得则按不同的税率征收，其他所得以四档累进税率合并征收。在 20 世纪 80 年代，采用分类税制的国家和地区要更普遍，多数中东国家及我国的香港地区都包括在内，此外还有部分非洲、拉丁美洲的国家。20 世纪 90 年代初期，丹麦、芬兰、挪威、瑞典等北欧国家引进了一种特殊分类税制(DIT)。在这种制度下,对资本所得采用比例税率,而对劳动所得采用累进税率,这就使得所得税税基背离了综合税制的基础。但一般来说,高收入者资本所得高,DIT 会使得其调节横向公平和纵向公平的能力受到质疑。然而,不同于综合所得税制对高收入者住房抵押贷款利息不予扣除的规定,DIT 对所有获得资本所得的纳税人不予扣除,以此来实现公平。荷兰在 2001 年的税制改革中也将收入分为三类分别征税:对劳动所得按累进税率征收,对股利所得按 25%的比例税率征收,对资本所得则按 30%的比例税率征收,这与其他的北欧国家有所不同(Marietta, 2002)。

分类综合税制方面,二战前后,法国、意大利、比利时、西班牙和希腊都实行过。但"很多国家实行的论据是基于可行性的考虑而不是理论学说[①]"。拉美国家在 20 世纪 70 年代大多采用分类综合税制,但研究发现这其实是受各自前宗主国的影响较深。现在,这些国家大部分都转向了综合税制。日本实际上采用的也是分类综合税制,除对利息、山林所得和部分红利及资本利得单独课税外,其他所得(每一项所得均有相应的各项扣除)均被要求汇总申报纳税。此外,日本还有两个属于个人所得税性质的税种:个人居民税和个人事业税。前者按地区定额征收,后者对自由职业者征收。需要指出的是,日本是 OECD 国家中个人所得税占税收总量的比重最低一类的国家之一,大概为 20%左右。而 OECD 国家该比例的平均值是 30%(Attanasio, 2001)。这似乎也是其所得税制类型选择的一个注脚。

综合税制方面,应该来说这是历史最悠久、且在国际上处于主流地位的所得税制形式。英国从 1842 年开始正式实施的将比例税率和减免额相结合实现间接累进的所得税是综合税制的早期形式。1909 年,英国又对较高的所得采用一套累进的附加税,使得税制具备了双重累进的性质,这种制度一直延续到 1973 年,之后就过渡到现代综合税制。法国在 1917 年开始实行分类综合税制,而且在分类时对不同的所得比例税率不同,不过这种变化被认为是"源于政治上的妥协而不是经济或技术上的论证"[②]。这种制度在 1947 年被引自

① 引自西尔文·R.F.普拉斯切特:《对所得的分类、综合及二元课税模式》,中国财政经济出版社 1993 年版,第 24 页。

② 同上书,第 21 页。

英国的双重累进制替代，直到 1959 年变为现代综合所得税制。美国的所得税从 1913 年正式开征以来，基本上就以综合税制的形式出现。发展到现在，已经是资本主义国家中最复杂、也是最完善的综合所得税制。

综合所得税制的最大目标就是实现税制的纵向公平，这也正是综合税制在民主体制中被广泛推崇的原因之一，尤其是当所得税在国家的税制体系中占据重要地位时。不过，此种税制能否实现公平，关键在于如何恰当定义所得这一引起很大争议的问题。关于所得定义，有两种不同的理论："一种是'来源说'，即只有从一个可以获得固定收入的永久性来源中获得收入才是应税所得；另一种是'净增值'说，也就是后来发展的 H-S 准则的雏形，即一定时期内个人消费权利净增加的货币价值"①。两者的本质区别在于对资本利得、偶然收入等非永久性收入来源的处理上。不过 H-S 准则的难处在于如何处理实物所得、转移所得及推定所得等。所以，在实际中，如果完全按照这个标准作为构建税制的基础，会遇到很多困难。如经营费用和消费支出的区分、耐用品的估算租金和实物形式的所得和服务等（Harvey，2006）。所以，在实践中，也并非就是完全按照 H-S 标准来定义所得的。如美国的所得税中应税所得就不包括自有住房的推定租金所得。相反，较为局限的所得概念"来源说"往往就成为了分类税制的基础。

不过，综合税制依然要以所得的分类为基础。这是因为每一类所得都有自己的特点，出于明确纳税人的义务和方便税务管理以及体现每类所得特有的核税方面的可行性、限制性考虑，课税方法必须适应各类所得的特点，如源泉扣缴比较适合工薪、股息利息所得等等。但自营职业者和农业所得是公认非常难征的所得项目，也无法用源泉扣缴来征收。从这一角度来说，几种税制类型在第一阶段的对所得分类上是一致的，只是在第二阶段征收时表现出不同的操作方式。

应该说，不同税制模式各有利弊，评判其优劣的标准有三："收入生产率、对所得分配的影响和税法的简洁性"②。

---

① 引自西尔文·R.F.普拉斯切特：《对所得的分类、综合及二元课税模式》，中国财政经济出版社 1993 年版，第 59 页。

② 同上书，第 165 页。

从收入生产率上来看，分类税制和综合税制并无根本区别。因为一个国家在一个确定的时期其所得税税基的种类和数量总是固定的，这并不会因采取的税制模式的不同而使得税收更容易征或更难征。而且，分类税制和综合税制都需建立在对所得的分类基础之上。这显然也不会因为是否是将各类所得合并后再征或对各类所得征税后再合并税款而使得总税款有所不同。

从简洁性来看，分类税制显然比综合税制更显简单。这主要不是因为综合税制采用的累进税率比分类税制采用的比例税率复杂（事实上分类税制也有着自己一套有区别的比例税率），而是因为分类税制可以灵活地根据每种不同类型的所得而采取不同的稽征方法，因为稽征方法的选择与税制类型没有关系，而是与每一所得的类型有关系。但在综合税制下，各类所得合并之后就只有选择一种方式来稽征了。在实施的难易程度方面，分类税制也更优，因为源泉扣缴的税款就是最后的税款，而综合税制则需要将源泉扣缴与年度申报相结合。

不过，综合税制的最大优势则在于建立在累进税率基础上的按能力分配税负的机制被认为在形式上要强于建立在比例税率基础上的按所得类型分配税负的机制。这在有着相同的各类所得税基时是一个事实，可如果因针对各类所得的优惠或扣除项目不同而使得两种税制税基不同时，税负分配的预期结果可能会发生变化。但不管是什么原因导致实际税负分配未达到预期目标，在分类税制的框架内其扭曲性总是比在综合税制中要轻。综合税制的另一个优势就是按能力标准建立的税制更加容易获得纳税人的认可。总而言之，税收学者普遍认为综合税制要比分类税制更好，虽然这并不意味着用综合税制取代分类税制是一种现实的选择。

分类综合税制的基本做法是在分类征收的基础上再对符合条件的总所得征收一种附加税或补充税。按照评判标准，从收入生产率来看，附加税一般只占总收入的一小部分。如 1960 年，在法国、意大利和比利时，附加税占所得税的比重分别为不足 2％、18％和 10％；从税负分配角度看，分类综合税制的目的在于在分类税制的“底层”（分类部分）和综合税制的“上层”（综合部分）分别实施区别定性原则和纳税能力原则以实现税负纵向分配的合理化。这种税负分配机制实际上使得税收负担在纳税人之间由渐变变成了突变，在适用综合税制的纳税人和适用分类税制但本该适用综合税制的纳税人之间又产生了新的不公;从简洁性来看,分类综合税制显然比综合税制包含更多的税种和税率模式。而附加税全面个人化并完全实行累进税率与综合税制模式实际上是一致的。这就决定了分类综合税制一定会比综合税制更复杂并会导致税务管理更难。附加税也似乎并不能完全弥补分类税制的不足。因为如果一笔所得逃避了分类税制,那么这笔少缴税款通过附加税来补交的可能性也同样非常小。因此,“分类综合税制不能弥补税务管理上的低效率,而只能使低效管理更严重”①。总之,没有证据表明分类综合税制要好于综合税制。法国的经验证明,分类综合税制并不能使分类税制和综合税制的优缺点互补。

综上,一个国家税制模式的选择除了受政治和文化的影响外,更多的应综合考虑本国经济上的需要和技术上的可能。从经济上而言,主要考量的是不同税制模式的税负分配结果是否能与社会的价值取向保持一致以及征收成本是能做到最低;从技术上而言,需要考量的是税务管理的水平是否符合税制模式对其的要求。

从税负分配角度而言,分类税制的税负分配效果首先是体现出国家对不同类型所得的抑扬态度,可能会导致税负向国家不鼓励的所得类型上倾斜;其次,由于不同所得的纳税人所得来源不同的可能性很大的缘故,以比例税率为基本特征的分类税制通过对不同所得采取不同的比例税率,也可以部分地实现税负按能力标准的分配。所以,分类税制和综合税制同样可以发挥税负分配作用。合理的分类税制所固有的按所得类型分配与作为综合税制特征的按人的类型分配可能会有很多重叠,均可以体现出不同纳税人的纳税能力。但无论如何,综合税制在贯彻按能力标准、以累进税率的形式分配税负方面的优势很明显,也更容易得到纳税人的认同。当然,对仅有一种所得来源的纳税人(大部分纳税人正好处于这种状况)来说,采用分类还是综合方法,实质上是无关紧要的,因为对他们而言,没有什么需要综合的,他们关心的只是税率的高低和形式。处于中庸地位的分类综合税制似乎可以平衡两者的优缺点,但事实证明这只是一种期望。分类综合税制由于在对所得分别征税的基础上再就

① 引自西尔文·R.F.普拉斯切特:《对所得的分类、综合及二元课税模式》,中国财政经济出版社 1993 年版,第171页。

高综合收入者补充征税，这既有可能因同类所得中的高所得者面临额外的补充税而偏离分类调节的目标，也很难再在高所得者的综合税基中加入特别扣除来体现特定优惠项目。总之，在税负的分配方面不比分类税制和综合税制有优势。至于征纳成本方面，不同的征纳成本与所得的类型有关。建立在所得分类基础之上的分类税制可以依据不同的所得类型来选择征纳成本最小化的稽征方法，总的征纳成本必定是最小的。综合税制必然要求以充分的纳税人信息为基本前提，如纳税人的所得来源、所得额、家庭情况等信息，对这些信息进行鉴别并反映到纳税人的应纳税额中去显然不是一件容易的事，加大征纳成本不说，是否可行也还是个问题。

另外，有效的税务管理也是一种可行税制的基础，再好的税收也离不开管理。在这一点上，综合税制要求高水平的税务管理，需要充分掌握纳税人的全面信息和具备充分的技术手段。信息缺乏和征管落后的综合税制必然导致税基受到严重侵蚀。分类税制则不存在这个问题，只需要灵活地采用不同的稽征方法应用于不同的所得类型就可以了。因而对税务管理水平的要求是相对不高的。至于在分类税制下很难征的税，在综合税制下也同样是很难征的。所以，由分类税制向综合税制的转变是需要有适当有效的税务管理的，如果这个条件不能满足，综合税制虽然从公平的观点看可能是更可取的，但结果却有可能只是一个税收公平的假象。

一般来说，不发达国家的税务管理水平相对较低，但面临的税收环境却更加复杂。因此，提出不能有效实施的税制改革方案是没有意义的，改进稽征才是头等重要的事。“对一个比较简单的分类税制的充分实施优于对超出税务管理能力的更为复杂的综合税制的漫不经心的实施”[①]。事实上，一些采用综合税制的国家在实施过程遇到的问题已经使得返回分类税的提议受到重视。如秘鲁和菲律宾通过对某些所得给予单独处理的方法实际上已经打破了其综合税制的基础。

可见，分类税制或分类综合税制向综合税制的转向并不是一个一般性的趋势，而是在很大程度上取决于其实际的经济环境、税收环境和社会的价值取

① 引自西尔文·R.F.普拉斯切特：《对所得的分类、综合及二元课税模式》，中国财政经济出版社 1993 年版，第 191 页。

向等因素。只要实际税负和名义税负之间存在着大的差距，由分类税制或分类综合税制向综合税制模式转向就没有什么实际意义。当应税所得易于逃避税收时，综合税制预期的税基综合性和理论上的累进性只会是一种假设性存在而已。

综上分析，由分类税制向分类综合税制或综合税制转向的建议并不一定能实现预期的政策目标。是否转向需要根据一定时期的经济、政治、技术和管理上的现实需要和可能甚至是文化传承的惯性来决定。

引入综合税制本是在按能力负担的原则下出于调节高收入阶层收入(大部分不以工薪收入为主要来源)的考虑，但正如前文所分析的，在分类税制中难以征收的税，同样会在综合税制中体现出来，综合税制并不会比分类税制更加有利于税负分配的公平。相反，分类税制却往往可以运用简单的稽征方法征税。因此，并没有理论和实践证据表明在操作上综合税制要明显地优于分类税制。但综合税制的优点却在于可以将很多的经济、社会，甚至是政治的功能融合进来。不过，这又造成了税制过于复杂的结构，并在各自的国家遭致了很多的批评。此外，综合税制还会因为其高边际税率压制生产积极性和使逃避税行为增多，并且受通货膨胀影响引起的税档爬升更严重，这就进一步增加了综合税制管理的难度。

而要实行分类综合税制，唯一可行的办法就是在现行分税制征收的基础上，再针对超过一定应税所得总额的纳税人征收附加税，以求达到名义上的公平。不过，这样做对税负分配的影响并不能比分类税制或综合税制更能达到公平税负分配的目的。相反，却使得税制更加复杂，这种转向并不是一个好的选择。

事实上，在工薪收入构成了我国居民收入的主要来源的收入结构之下，再加之对资本利得暂时不征税，我国的分类税已经具备部分综合税制的性质了。因为对于主要的工薪、个体工商户生产经营以及对企事业单位的承包承租经营所得均是采取累进税率这一综合税制最基本的税率形式的；劳务报酬、稿酬所得、特许权使用费以及财产租赁所得则通过设置特殊的扣除方式而实现了特殊的累进形式。其他所得则采用比例税率形式。所以，我国的现行的税制模式并不是简单的分类税制或综合税制，也不是标准的分类综合税制，而更像是一种特殊的分类税制。这种特殊的分类税制既体现了国家对不同所得类型的不同税收政策，符合区别定性理论；同时又针对纳税人主要收入来源的工薪所得采用累进税率，符合纳税能力标准。而且这种特殊的分类税制对税务管理水平的要求与分类税是一致的。因此，这种特殊的分类税才是适合我国目前国情的税制模式。

提倡在我国实行综合税制的另一个重要考量就是税制要照顾到纳税人的家庭负担。但社会的这种要求事实上在我国的特殊分类税制下也是可以实现的，方法就是对于已婚纳税人的免征额乘以一定的家庭系数（如 1.5）。因为在中国，城市家庭结构基本相似（基本上都是三口之家），而家庭结构较复杂的农村居民现在却基本是所得税调节的盲区。因此是否按家庭申报或是否扣除抚养和赡养费其实对改变税负的人际分配并没有显著的作用。所以，引进夫妻合并申报制度这一复杂的操作形式也就没有太大的实际意义。另外，允许符合条件的家庭医疗支出和个人住房按揭贷款利息支出（美国允许超过 AGI 7.5%部分医疗支出以及不超过 100 万美元贷款的按揭利息支出进行税前扣除）在工薪所得税税前扣除又一可行的的方式。总之，平衡家庭税负可以通过变通办法来解决，并不意味着要对个人所得税税制的整体架构作出重大变革。

12.3.3 引入劳动所得抵免制度

对就业和公民福利的干预是市场经济体制下财政政策的重要职能之一，也是政府再分配的重要手段和经济健康可持续发展的必要保证。随着我国市场经济体制建设的逐步完善和财政干预能力的逐步增强，我国近几年财政政策的取向也逐步转向支持就业和各项福利的改善。不过，国家推出的很多财政支持政策体系仍然还有进一步丰富的空间和必要。如现有的福利政策基本上是一种权力福利，也即公民获得福利是以拥有一定的国籍、户籍、年龄等非自身努力因素为条件的，最典型的就是医疗卫生体制。权利福利的最大弊端就是对福利领受者的反激励效应，这种反激励效应会给经济的长期发展带来危害，从而容易引起“高福利”症。当然，权利福利在任何一个注重民生的市场经济国家都广泛存在，是必须的，然而却也是不够的。所以，欧洲很多国家在 20 世纪 90 年代纷纷引入了源自美国的以 EITC 制度（劳动所得抵免，Earned

Income Tax Credit）为代表的工作福利制度。这种福利的获得条件是劳动者必须拥有自己的劳动所得。而且，获得福利的多少与劳动者自身劳动所得的多少有一定的联系。这就将劳动者的福利和经济增长联系在了一起，而且对申请福利的纳税人产生了积极的就业刺激，可谓一举两得。

在我国，初次分配中劳动所得份额不足及其造成的分配差距扩大和内需不足是一个共识。劳动所得份额不足还会影响劳动参与率，也即就业，造成一方面总体上就业仍不足，另一方面又频现“民工荒”的悖论。就业不足又会进一步强化劳动份额不足，从而，劳动所得的多少不仅成了就业的结果，还成了就业的原因。劳动力市场已经从改革初期的推动经济增长，转变成了通过扩大收入分配差距来阻碍经济进一步增长的制约因素。党的十八届三中全会决定中提到：要“形成合理有序的收入分配格局。着重保护劳动所得，努力实现劳动报酬增长和劳动生产率提高同步，提高劳动报酬在初次分配中的比重”，“完善最低工资和工资支付保障制度，完善企业工资集体协商制度”。这表明政府已经意识到提高劳动所得与促进就业的内在关系。然而，对于主要依赖劳动所得的低收入群体收入而言，财政尚缺乏有效的转移支付手段。

EITC 制度事实上是一种财政对中低收入者的转移支付，具有再分配效果，是国家承担所应该承担的社会责任的具体形式。而目前我国唯一与 EITC 制度同属于工作福利性质的就是最低工资制度。但最低工资制度的要求者是政府，给予者是企业，相当于“国家请客，企业买单”。所以，这实际上是国家将收入再分配的社会责任完全转嫁给了企业，不利于在国家和企业间合理分配社会责任。当然，由于最低工资制度的保护对象和政策目标与 EITC 制度并不是完全重合的，所以最低工资制度的存在也是必须，这也是一种国际惯例。在中国的宏观经济面临着外需不振、内需乏力的现实背景下，选择一种以 EITC 制度为主线，结合最低工资制度的综合性工作福利制度，对于刺激就业、增加中低收入家庭的收入水平以扩大内需、减轻企业负担和促进政府职能的转变都具有重要意义。

EITC 是目前世界上比较流行的用于解决在职劳动者贫困问题的可返还性的税收抵免制度。一旦纳税人获得的税收抵免超过应纳税额，则超过部分可以现金的方式支付给纳税人，所以事实上是一项工资补贴政策。在美国，

EITC是最重要的反贫困方案，其每年帮助脱离贫困线的家庭数目超过任何其他联邦扶贫计划。2007年，该项支出在税式支出预算中达到了447亿美元[①]。其中，88%的抵免额直接返还给了纳税人[②]。很多州政府也以联邦EITC制度为蓝本将其引入州所得税体系。有资格获得抵免的纳税人，除劳动所得必须低于一定水平外，投资所得也不得高于一定水平。

纳税人可以有四种方式获得抵免：一是通过减少纳税义务；二是在年终从国库获得现金支付（如果纳税人的收入还未达纳税标准而无需申报的话）；三是减少纳税与现金支付的结合；四是通过调整扣缴额获得预先支付。可获得抵免额的多少则取决于抵免参数，包括抵免率、抵免递减率、最大抵免的最小劳动所得、最大抵免额、递减起始所得以及最大投资所得。抵免额的确定采用分段函数的形式。具体变化见图12.1。

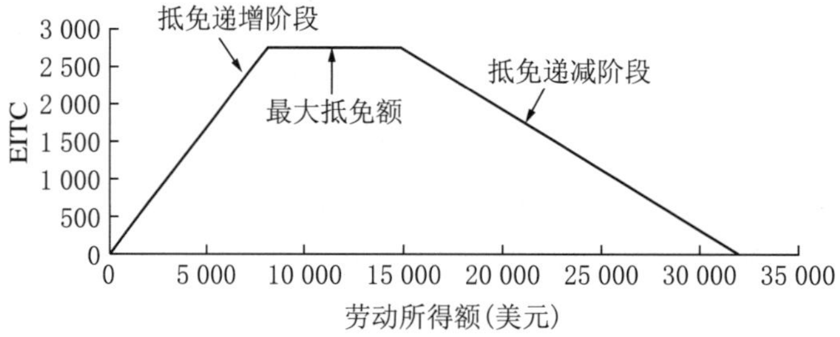

资料来源：Christine Scott, 2006, The Earned Income Tax Credit (EITC): An Overview, *CRS Report for Congress*, p8。

图12.1　2006年美国一孩单亲家庭EITC与劳动所得额的函数关系

EITC的分段式结构会使得纳税人的边际税率发生四种变化：在抵免额递增阶段，纳税人的额外一美元收入不仅无需纳税，还可获得相当于抵免率的抵免额，所以实际边际税率为负，大小等于抵免率。此时，EITC事实上就是一项工资补贴制度，对工作有正的激励作用。在抵免额不变阶段，纳税人虽说无需纳税，但抵免额也不会增加，所以实际边际税率变为零。此时，抵免额不因劳动所得的增加而增加，因而对工作的激励作用受到了一定限制。在抵免额递

① 数据来自Chris William Sanchirico, 2008, Progressivity and Potential Income: Measuring the Effect of Changing Work Patterns on Income Tax Progressivity, *Columbia Law Review*, vol108, no7, 11-2008, p1559。

② 数据来自Christine Scott, 2006, The Earned Income Tax Credit(EITC): An Overview, *CRS Report for Congress*, p2。

减阶段，纳税人不仅要为额外的一美元收入交税，而且还减少了相当于递减率的抵免额。因而，此时面临的实际边际税率是法定边际税率(即税法规定的税率)与抵免递减率的相加。这就导致纳税人的实际边际税率显著高于法定边际税率。此时，该项制度就是一种负激励；在最后阶段，也即纳税人的收入水平使得其自动丧失了获得抵免资格时，由于抵免归零，所以纳税人的实际边际税率就是法定边际税率。这种边际税率的变化过程见下图 12.2。

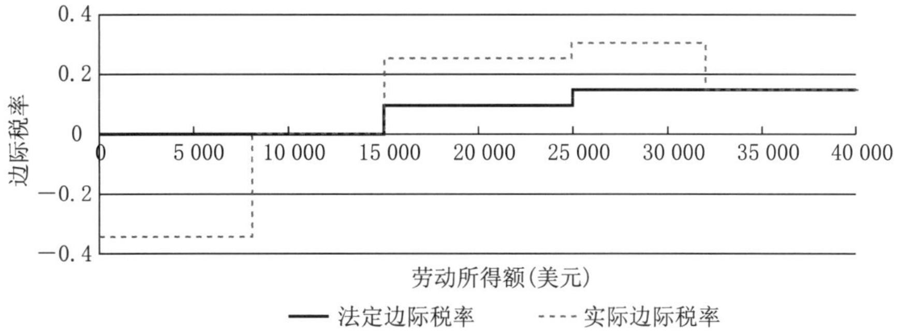

资料来源：Christine Scott，2006，The Earned Income Tax Credit(EITC)：An Overview，*CRS Report for Congress*，p.20。

图 12.2　2006 年美国一孩单亲家庭的 EITC 对其实际边际税率的影响

鉴于以上分析，引入以 EITC 制度为代表的工作福利制度，再配之以现有的最低工资制度，最终形成一种综合性工作福利制度是我国福利制度发展的必要方向。也是将我国个人所得税单向调节变为双向调节，更好地用于收入分配和完善税制的必然选择。

12.3.4　引入税收递延型养老储蓄账户

20 世纪 80 年代，美国的储蓄率显著下降，并一直持续。这引起了人们对储蓄是否能支撑投资、经济增长以及美国家庭未来退休支出的担忧。作为应对之策，具有税收激励的税延型养老储蓄计划(即 Tax-Deferred Retirement Accounts，以下简称 TDAs，账户类型主要包括 401(K)、IRA 以及 Keogh 计划，均为自愿性参与的私人养老缴款计划)便应运而生，且不久就成为多数发达国家退休储蓄的主要项目之一(Poterba，et al，1996)。在美国，该类退休资产占总退休资产的比重早已超过了 50%，2009 年，该类资产总额已经达到 7.6 万亿美元，政府相关的税收放弃也超过了700亿美元[①]。401(k)的年度缴款上限也持续增加，2012年，49岁以下者最多可缴款17 000美元，50岁及以上者可达22 500美元。除可进行税收递延之外，TDAs的另一个特点就是款项在退休之前被"锁定"，提前支取需要支付罚金，这就使得进入TDAs的资金具有一定的稳定性，投资于证券市场足可成为一支重要的稳定力量。到2010年末，美国62%的TDAs资金投到了如权益基金、公司股票、平衡增长基金等权益类证券上面，33%投到了如债券和货币基金等固定收益证券方面。2003—2009年，401(k)账户余额的平均增值幅度达10.5%，账户平均余额也达到了109 723美元[②]。再者，如果TDAs缴款达到一定的数额，认缴者还可以以自己的账户余额为信用基础申请贷款用于解决临时性的周转困难，这进一步将TDAs发展成了具有抵押贷款功能的金融工具。

可见，做为一种税收鼓励的成熟补充私人养老储蓄形式，TDAs可谓是融养老储蓄、投资品、稳定基金及个人信用工具等功能于一身，这对于我国这样一个社会养老金不足、投资品匮乏、证券市场波动较大以及国民缺乏普遍信用工具的国度而言，并非只是一个简单的金融产品创新，而是一个对我国未来多支柱养老保障体系的建设以及金融市场完善具有实际借鉴价值，并且有可能改变常规储蓄、消费和投资分配的重要私人养老储蓄品种。

据笔者调查研究，总体上，建立在自愿选择基础之上的TDAs预期参与率在65%左右。合理的推测是通过科学的TDAs设置可以进一步提高其参与率，加强对纳税人的金融知识培训或加大TDAs的宣传力度将有助于TDAs储蓄参与率的提升。工作单位越"稳定"，员工参与率越高。而且纳税人在面临TDAs计划时，选择储蓄替代的概率要大大超过选择消费和投资替代的概率。这说明TDAs在我国的推出并不会对消费和投资带来显著的负面影响，最可能的情形就是发生储蓄形式的转换而已。

我国目前以立法规定企业年金可实行税收递延型储蓄来管理，这是一个

---

① 数据来自 Heim, Bradley T. and Ithai Z. Lurie, 2010, Taxes, Income, and Retirement Savings: Differences by Permanent and Transitory Income, Working Paper, December, 2010。

② 数据来自 VanDerhei, Jack, Sarah Holden, and Luis Alonso, 401(k) Plan Asset Allocation, Account Balances, and Loan Activity in 2011, EBRI Issue Brief。

良好的开端。这也符合笔者的研究结论,即先在相对稳定性的单位来推行税延型养老储蓄,然后择机推广,将其作为与“三险”性质类似的、企业员工可自主选择的普遍性的税收递延型养老储蓄。

12.3.5 税档和税率的调整

税档和税率是个人所得税设置中又一重要要素。我国现行工薪所得的税档为 7 级,相较于发达经济体依然过多(美国现行税档为 5 级)。税档过多易导致纳税人因通货膨胀因素在实际收入不变的情况下被自动推入更高税率档次纳税,加之我国税档设置越是在中低收入阶段间隔越小,税档爬升的受害者就以中等收入者为主。这种税档设置现状不利于我国收入分配的“提低、扩中、限高”战略目标的实现。中外个人所得的来源结构差异也表明现行税制设计是不利于中低收入者的,如在美国,近 50%的工薪阶层只承担了联邦所得税的 5%,10%的高收入者承担了个税的 60%,1%的最高收入者承担了 30%。中国 20%的富人,承担的个人所得税不到个税总收入的 10%。

因而,在税档重置方面,笔者建议将现行工薪税率表的前 3 级合并,并在进一步提高免征额的基础上取消 3%和 25%的税率,以保证在不增加中低收入者税负的基础上完成 7 级税率向 5 级税率的转变。具体税率结构如表 12.2。

表 12.2 建议的拟改革税率表

级数	全月应纳税所得额 含税级距	税率(%)
1	不超过 9 000 元的部分	10
2	超过 9 000 元至 35 000 元的部分	20
3	超过 35 000 元至 55 000 元的部分	30
4	超过 55 000 元至 80 000 元的部分	35
5	超过 80 000 元的部分	45

在其他税目的税率改革方面,出于鼓励劳动所得和调节收入分配的双重目标的需要,调减中低端劳务报酬所得的税率同时增加高端劳动报酬所得的税率应同步进行。建议取消一次收入畸高加成征收的规定,将劳务报酬所得的纳税办法与工薪所得拟适用的税率表加以统一,即按照表 12.2 中假设的税

率表来对劳务报酬所得征税，税前扣除方式亦参照调整后的免征额设定。对于股息红利、财产转让、财产租赁等资本利得和财产性所得，考虑到获得此类所得的纳税人一般而言以高收入者为主，建议取消比例税率征收，对净所得采取超额累进办法进行征收。税率表亦可参照工薪所得税率表，但不能重复扣除免征额。

12.4 资源税的改革

资源税改革是建立反映真实市场均衡状态的资源价格的一大利器。我国现行资源仅选择部分矿产品和盐征收，这种选择性征税对象已经不大适合当前环境保护目标的实现，较之古代“资源税”征税对象亦是不如的。在我国汉代，对资源征税的税种为山泽税，取自山泽之金、银、铜、铁等矿产及珍奇异兽、鱼、果蔬、草木等皆为征税对象，征税对象涵盖的范围甚广；税率设置基本实行从量定额的征收模式，这实际上是不利于充分反映资源市场的均衡需求的，尤其在通货膨胀存在的条件下，从量定额的资源税税率结构极易导致国家的税收流失以及资源的误用。因此，当前资源的改革内容主要就在于征税范围的扩大和税率的调整。

笔者认为，一切产权属于国家且使用权归属于个人和单位的资源均应纳入资源税的征税范围。党的十八届三中全会决定中也提到：“健全自然资源资产产权制度和用途管制制度。对水流、森林、山岭、草原、荒地、滩涂等自然生态空间进行统一确权登记，形成归属清晰、权责明确、监管有效的自然资源资产产权制度”。这种资源的确权可以成为拓展资源税征税范围的基础性工作。

税率方面，可以采取从量定额和从价定率相结合的税率结构。对不能形成有效市场交易价格的自然资源可实行从量定额的税率形式，如国家所有的水流、森林、草场等；而对于可以很好形成市场交易价格的资源则采取从价定率的税率形式，如矿产品等。资源税从价定率征收是实现党的十八届三中全会决定中提出的“加快自然资源及其产品价格改革，全面反映市场供求、资源稀缺程度、生态环境损害成本和修复效益”的必然要求。

12.5 房产税改革

房产税改革既是一个关系到地方主体税种确立的问题，又是一个实现房产地调控长效机制必不可少的工具。我国现行税制是以流转税为主，所得税为辅的双主体税制结构，流转税无论对于中央政府还是地方政府而言均为主要的税收收入来源。“营改增”之后，作为地方主体税种的营业税将成为一个较为尴尬的税种。按照目前的过渡办法，“营改增”之后形成的增值税全国归属地方，但长久而言必然导致央地税收分配关系的紊乱。如何确定今后增值税在央地之间的分成比例依然是一个值得研究的课题。环顾发达经济体，中央政府一般而言是以个人所得税为主体，省级政府则以流转税为主体，地方一级政府以财产税为主体。显然，在我国个人所得税收入占比很低且几乎不存在财产税的税制结构之下，要使央地各级政府均能财权与事权相匹配就必须依靠央地之间分配流转税，同时配合不规范的转移支付来实现。这就导致我国政府间的转移支付制度长期不能固定化，随意性必然很强。当然，要使个人所得税成为中央级政府的主要收入来源在可预见的未来都是不现实的。作为可行的办法之一，税制结构就必须从现在的流转税所得税双主体结构逐渐过渡到流转税、所得税和财产税三主体的税制结构。其中，中央和省级政府以流转税为主体，地方级政府则应该以财产税为主。以房产税为主的财产税甚至在我国古代时期也长期存在过。例如，在唐代设置有间架税，税屋间架，分三等，上间钱三千，中间一千，下间五百。因此，对房产税而言，征收管理因素不应该成为该税开征的障碍。

从国际经验来看，房产税不但关系到地方主体税种的确立，还关系到以市场调节为主体的房地产调控机制是否健全。美国房地产税是地方政府最大和最稳定的财政收入来源，一般占 70%—80%，OECD 国家这一比重的平均水平约为 43%。相较于其他税种，房地产税还具有可调控的特点。因而，房地产税也被地方政府广泛用于填补收支缺口。但一般来说各州法律对地方政府每年征收的房地产税都规定了最高限额。日本的土地税制问题是促成经济泡沫的一个原因。在 1990 年，日本的不动产税（财产税）对国民所得以及税收总额比率分别为 1.7%和 6%,而当时美国该比率分别为 3.5%和 14%。即使这样,也造就了日本在 20 世纪 80 年代形成了巨大的房地产泡沫,并最终破灭。及至 2002 年,日本的财产税对国民所得以及税收总额比率上升为 2.4%和 11%,房地产税制建设显然更加科学。

税率设置方面,美国大部分地区房产税的税率维持在 0.8%—3%之间,并以 1.5%左右的税率居多,税基则是房地产评估值的一定比例。一般而言,一评三年不变。加拿大根据业主的不同情况,以土地和房屋的评估总值的 0.5%—15%征收房产税。自己居住、自住加出租、商业性等不同用途的地产,房产税也不相同,对拥有第二套住宅的人以高税率征收。新加坡对所有房产征收房产税,自住房产的物业税率是 4%,其他类型的房产的物业税率是 10%。

党的十八届三中全会决定对房产税改革的规划界定为"加快房地产税立法并适时推进改革",可见,改革房产税必将成为整体税制体系完善的重要一环。对于具体的税制要素的设置,可从三方面加以界定:一是征税范围方面,必须将现有房产税的征税对象扩大至自住房,以及将现有试点方式中只对增量房征收的过渡方法转变为对存量房亦征收。从国际经验来看,仅对增量房征收房产税事实上并非真正意义上的房产税。二是税率设置方面,宜参考加拿大模式,在对房产价值进行市场评估的基础上,按照套数的多少实行累进征收。为简化税制,对居民的第一套住房,无论面积大小均可设置 0 税率,从第二套开始,税率不应低于 1%,第三套以上税率应有较显著的提高。三是税种归并方面,在对自住房征收房产税的情形下,事实上也就意味着对财产的征税而不仅仅是财产的资本利得,因此,合并现有的土地增值税、耕地占用税以及城镇土地使用税,建立统一的房地产税就是未来房产税的必然改革方向。

12.6 本章小结

党的十八届三中全会为我国具体的税制改革拟定了蓝图,要在完善的基础上深化税收制度改革,对税种、征收范围和方式等都作出了改革的方向性指示。税制改革同时也是一项牵一发而动全身的系统性改革,不仅会影响到税制本身，对国家制度的其他宏观战略的实现同样有着直接或间接的关系。然而，财税制度本身是一个比较庞大的系统工程，不仅涉及技术层面的制度改革，还涉及如何更好地处理央地财税关系以及调动两个积极性，甚至是政府职能转变。

"营改增"是统筹增值税和营业税改革的一项最重要的结构性减税及税制完善的现实政策，是深化财税体制改革的"重头戏"。但在政策推行过程中也存在一些结构性问题，对于改革后的小规模纳税人，税负下降比较明显，一般纳税人税负变化则是增减互现。"营改增"税制改革需要进一步完善，并从两个方面着手，即增值税的进一步扩围以及税收管理改革。增值税自身的税制要素也需要进行调整，要考虑税率的调整，对于小规模纳税人应该设置免征额而非起征点，应更科学地确定增值税央地分成的比例。营业税税目亦存在进一步调整的可能性。

消费税的未来改革方向应至少涵盖四个方面：税目、税率、征税环节及税收归属。按照党的十八届三中全会精神，未来消费税税目改革将高污染、高能耗及部分高档品纳入征税范围应该是确定不移的。主要问题就在于如何合理地界定"三高"产品的具体目录。高档消费品的税率建议按照商品售价减除一定的免征额之后按照超额累进税率征收，烟酒这两个税目的税率应按照商品售价实行超额累进征收。如果要在刺激消费和减少污染两者之间找到更好的平衡，则应该下调小汽车购买环节的税率。征税环节应瞄准国外的零售环节，在目前征管条件不具备的条件下，改革过程可以先选择条件相对成熟的税目来推进。在消费税主要税目实现消费环节征收的条件下，将消费税变为地方政府主体税种之一就成为了一种必然趋势。

个人所得税要求在免征额、扣除项目和抵免项目、课税模式以及税率结构方面都需做出改变。我国个人所得税免征额在形式上继续采用固定式是没有疑义的。而在功能定位上应该体现纳税人家庭的生计费用的需要。我国免征额的调整可具体为将指数化周期延长，一旦累积的通货膨胀率超过一定的水平，则应该调整免征额。对于免征额体现家庭规模，可以在总体上将纳税人分为已婚和未婚两大类。个人所得税改革应考虑引入劳动所得抵免制度和税收递延型养老储蓄账户。税档重置方面，建议将现行工薪税率表的前 3 级合并，并在进一步提高免征额的基础上取消 3%和 25%的税率，以保证在不增加中低收入者税负的基础上完成 7 级税率向 5 级税率的转变。建议取消一次收入畸高加成征收的规定，将劳务报酬所得的纳税办法与工薪所得拟适用的税率表加以统一。对于股息红利、财产转让等资本利得和财产性所得，建议取消比例税率征收，对净所得采取超额累进办法进行征收。

此外，资源税改革是建立反映真实市场均衡状态的资源价格的一大利器，当前资源的改革内容主要就在于征税范围的扩大和税率的调整。同时，房产税改革既是一个关系到地方主体税种确立的问题，又是一个实现房产地调控长效机制必不可少的工具。

13 扩大内陆沿边开放与内陆沿边经济带建设

自 1992 年沿边开放政策正式提出以来，我国内陆沿边开放取得了快速的发展。2012 年党的十八大提出“全面提高开放型经济水平”，“促进沿海内陆沿边开放优势互补”；2013 年 11 月 12 日，党的十八届三中全会通过了《中共中央关于全面深入改革若干重大问题的决定》，指出我国发展已经进入新阶段，为适应经济全球化新形势，必须推动对外开放相互促进、引进来和走出去更好结合，促进国际国内要素有序自由流动、资源高效配置、市场深度融合，加快培育参与和引领国际经济合作竞争新优势，以开放促改革。针对内陆沿边开放，该决定也提出了新要求，达成了“扩大内陆沿边开放”、“加快沿边开放步伐”的共识。中国内陆沿边开放提升到了新的高度，这对于促进中国区域经济的协调均衡发展，使得内陆沿边地区成为中国经济增长的新引擎之一，具有重要的意义。随着丝绸之路经济带与长江流域经济带的进一步发展与开放，中国未来区域经济发展格局也将发生新的积极变化。

13.1 内陆沿边开放战略及其实施效果

13.1.1 内陆沿边的概况与开放意义

所谓内陆沿边地区，是指我国处于内陆边境区域的省、自治区。观察中国地图，中国内陆地区的边境线自东北辽宁地区鸭绿江口起，向北折向西，再折向南和向东，直抵广西壮族自治区北部湾区域，内陆边境线达到 2.28 万公里，沿国境线依次分布着辽宁、吉林、黑龙江、内蒙古、甘肃、西疆、西藏、云南以及广西等 9 个省、自治区。与中国接壤的国家依次分别是朝鲜、俄罗斯、蒙古、哈萨克斯坦、吉尔吉斯斯坦、塔吉克斯坦、阿富汗、巴基斯坦、印度、尼泊尔、锡金、不丹、缅甸、老挝以及越南等 15 个国家。我国沿边地区大多是少数民族的集聚区，2.28

万公里的内陆国境线有1.9万公里经过内蒙古、新疆、西藏以及广西4个少数民族自治区，136个陆地边境县中有107个为民族自治县，少数民族人口占边境地区总人口数量近一半，其中有30多个民族与国外同一民族相邻而居①。

我国内陆沿边省区具有与多国接壤进行对外开放的地理区位优势，虽然经济相对落后，交通以及通信网络不便，资金、信息、人才等经济要素短缺，但具有丰富的矿产资源、能源资源、土地资源、人力资源以及旅游资源，同时经过20世纪60年代中期至80年代初期的"三线建设"，内陆沿边地区具备一定的工业基础。1978年改革开放以来，内陆沿边地区虽然也有很大的发展，但从发展的速度、质量以及取得的经济成果上来看均不如东部沿海地区。当前，中国正处于对外开放的新时期，如何在继续保持东部沿海地区良好发展势头的同时，加快内陆沿边地区的开放与发展，以缩小区域间经济差距，使两个区域的开放和发展能够对接、相互呼应，这是我们需要研究的重大现实问题。正如王铁(2008)所指出的，中国沿边经济圈的形成，无疑是在我国再造了一条"经济万里长城"。

实施内陆沿边开放政策是我国区域经济战略布局的重要一环，内陆沿边的开放具有重大意义：一是缩小中国区域间经济差距，实现区域经济协调均衡发展；二是内陆沿边地区多为我国少数民族集聚地区，可有利于进民族团结，维护边境的稳定；三是内陆沿边地区有着丰富的矿产、能源资源与旅游资源，其开放可促进各类资源的充分开发和有效利用；四是中亚在世界版图中具有重要的战略地位，我国内陆沿边的开放可加强同中亚各国的经济关系，形成友好的国家关系。

13.1.2 内陆沿边开放的历史演变

1949—1978年这段时期内，中国面临着两条不同发展道路的选择，一是默认已经形成的二元结构格局，让中国经济持续沿着极化增长的轨道前进；二是推行空间平等优先的区域间均衡发展战略。基于当时严峻的国际环境以及当时政府高层对社会主义经济建设的认识，中国毫无余地选择了大规模推行内地边缘区工业化的以经济效率换空间均衡的发展道路(唐杰、Fujita，1994)。这段时期，中国内陆边缘地区形成了一定的工业基础。

---

① 《国家民委经济发展司副司长张志刚谈兴边福民行动》，人民网，2012年12月02日。

1978年改革开放到1991年,中国经济发展重心由内陆转向东部沿海,实施了效率优先的非均衡发展战略。在这十余年内,内陆尤其是沿边省、自治区并没有得到政策的有效支持,导致与沿海地区经济差距的扩大。1991—1999年,中国区域经济发展开始由非均衡发展战略转向“效率优先,兼顾公平”的区域非均衡协调发展战略(王泽强,2009);1999—2013年,中国区域经济发展战略是以公平为主的统筹区域协调发展战略。2012年12月中央工作会议指出“城镇化”是我国现代化建设的历史任务,2013年3月李克强指出城镇化是我国经济增长的巨大引擎,以及2013年11月党的十八届三中全会提出关于扩大沿边开放的经济决议,这些必将促进我国以城市和城市群为载体,注重可持续发展能力提升的统筹区域协调发展战略的形成,塑造我国区域经济的新格局。中国区域经济格局的演变体现出了中央政府对内陆偏远地区经济发展的重视,以及对社会公平性认识的提升。自新中国成立以来的区域经济的格局的演化具体见表13.1。

表13.1 中国区域经济发展格局的演变

时间	背景	重要讲话、会议以及文件决议	区域经济战略
1949—1978年	严峻的国际环境;严重失衡的区域经济发展状况以及当时国家领导人对社会主义经济建设的认识	“三线建设”	以内陆边缘区工业建设为重心的区域均衡发展战略,以效率换空间均衡
1979—1990年	改革开放	党的十一届三中全;经济特区的设立;邓小平“两个大局”理论	经济重心向东转移,优先发展东部地区,经济效率优先的非均衡区域经济发展战略
1991—1999年	建立社会主义市场经济体制	《“八五”计划纲要》中提出区域协调发展的思想;提出“效率优先,兼顾公平”的原则;西部大开发	效率优先、兼顾公平的区域协调发展战略
2000—2012年	东中西部区域经济差距不断扩大	科学发展观;中部崛起;振兴东北老工业基地	注重公平,统筹区域协调发展战略
2013年至今	国际经济发展形势的不确定性;国内区域间经济差距进一步扩大	党的十八大;党的十八届三中全;李克强指出城镇化是我国经济增长的巨大引擎	以城市与城市群为载体,注重可持续发展能力的提高,统筹区域协调发展战略

资料来源:唐杰、M.Fujita(1994);王泽强(2009)。

改革开放之初，我们区域发展战略调整的初衷是使“一部分地区先好起来”，并希望这些地区（中心）能够产生一定的“示范和学习效应”，带动“左邻右舍”（边缘、外围）从而整个国民经济不断“波浪式地向前发展”。在以“先富”带动“后富”为逻辑基础的区域递推发展模式下，区域经济发展战略经历了从改革之初效率优先的非均衡发展战略、再到20世纪末、21世纪初以来的相对协调发展的转变，至“十五”期末，中国区域发展的战略重心相应体现为由东向西，从沿海到内陆的调整和转移，进而形成中国区域发展战略的中心——外围空间结构（见图13.1）。

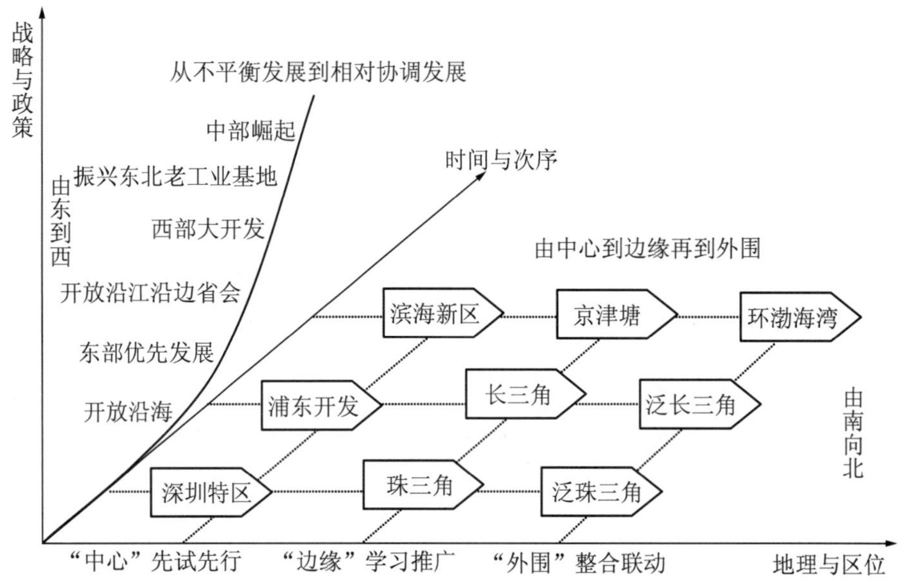

资料来源：孙海鸣、张学良(2011)。

图13.1 改革开放以来中国区域经济发展的空间格局

“十一五”以来，我国的区域发展重心仍在不断转移调整，但是已改变了过去传统的“东部、中部、西部”条状区域发展思路，不仅局限于东部率先、中部崛起、西部大开发的简单政策框架，部分地区或城市群的“块状”区域规划上升为国家战略，国家从不同地区的实际出发，陆续批准了天津滨海新区、北部湾经济区、成渝统筹城乡综合配套改革试验区等重点发展区域，2009年以来又批准了海峡西岸经济区、江苏沿海经济带、关中—天水经济区发展规划辽宁沿海经济带、皖江城市带承接产业转移示范区等区域振兴规划方案，至今已出台了50多个关于促进区域协调发展的规划指导性文件和相关方案（范恒山，2011），助推原有的经济区域等由“带状”转向“块状”发展，形成了若干个以中心城市为核心的巨大城市群，国家主要城市化地区也聚集在以若干城市群为核心的重点开发国土面积上。

正如陶一桃（2013）所指出的，中国对外开放的区域布局是随着中国区域经济格局的变动而演变的。中国对外开放是以经济特区、沿海开放、沿江开放、沿边开放等形式渐近推进形成的。1992年，党的十四届三中全会通过了《关于建立社会主义市场经济体制的若干问题的决议》，该决议强调：积极参与国际经济竞争与合作，发挥我国经济的比较优势，发展开放型经济，使国内经济与国际经济实现互接互补。沿边开放政策也是于1992年正式提出来的，根据内陆沿边开放政策与沿边开放的实际发展的状况，张丽君等（2011）把内陆沿边开放划分成四个发展阶段：第一阶段，1982—1993年，沿边开放的政策的酝酿和提出阶段。该时期内边境口岸相继恢复通商同时相继出台多部边境贸易政策，为内陆沿边开放政策实施打下了良好的基础。第二阶段，1994—1997年，沿边开放政策的调整阶段。得益于前一阶段国家在沿边开放政策上的扶持内陆沿边开放出现繁荣景象，但逐步暴露出诸多问题，如边境贸易混乱、假冒伪劣产品充斥市场，国家采取配额管理和严格的审批制度以整顿内陆沿边贸易秩序。第三阶段，1998—2007年，沿边开放政策的规范阶段。在该阶段内，国家实施了两个重大举措，即西部大开放和兴边福民，这直接推动了内陆沿边贸易的繁荣。第四阶段，2008年至今，是沿边对外开放的扩大与提升阶段。党的十七大提出“提升沿边开放水平”是该阶段起点的重要标志，党的十八大提出“全面提高开放型经济水平”，“促进沿海内陆沿边开放优势互补”，党的十八届三中全会决议形成“扩大内陆沿边开放”、“加快沿边开放步伐”的共识，把内陆沿边开放提升到一个新的高度，形成全方位开放新格局（如表13.2）。

表 13.2　改革开放以来中国内陆沿边开放政策演变

时　间	背　景	政　策
1982—1993年，酝酿提出阶段	党的十一届三中全会、改革开放，百业待兴，构建社会主义市场经济体制	1982年，中苏两国恢复黑龙江边境贸易，指定绥芬河为通商口岸；1982年，中苏两国恢复新疆贸易口岸；1983年，指定黑河为贸易口岸；1983年，恢复内蒙古铜苏联、蒙古的边境贸易；1984年，外经贸部发布《边境小额贸易暂行管理板房》；1986年，外经贸部成立新疆边贸进出口公司；1988年，国务院发布《关于加快和深化对外贸体制改革若干问题的规定》；1990年，国务院发布《关于进一步改革和完善对外贸易体制若干问题的决定》；1991年，国务院发布《关于积极发展边境贸易和经济合作促进对外贸易体制若干问题的决定》
1994—1997年，调整阶段	边境贸易得到巨大发展，但也暴露出许多问题，如：缺乏长远眼光、管理混乱、市场无秩序、假冒伪劣产品充斥市场等	1994年，颁布《中华人民共和国对外贸易法》；1996年，发布《国务院关于边境贸易有关问题的通知》
1998—2007年，规范阶段	对外开放的要求进步一步深化，但内陆边境贸易出现不断萎缩的局面	1998年，出台《国家外经贸部关于进一步发展边境贸易的补充规定的通知》；1999年，实施“西部大开发”战略；2003年，外汇管理局颁布《边境贸易外汇管理办法》；2003年，财政部颁布《关于调整部分商品边境贸易进口税收政策的通知》；2007年，出台《兴边富民行动“十一五”规划》
2008年至今，扩大和提升阶段	内陆与沿海的经济差距进一步拉大；形成全方位对外开放新格局	2007年，党的十七大提出“提升沿边开放水平”；2012年，党的十八大提出“全面提高开放型经济水平”，“促进沿海内陆沿边开放优势互补”；2013年，习近平发表建设“丝绸之路经济带”重要讲话，党的十八届三中全会形成“扩大内陆沿边开放”、“加快沿边开放步伐”的共识

资料来源：张丽君、陶田田、郑颖超(2011)。

13.1.3　内陆沿边开放的成就与问题

自20世纪90年代实行沿边开放以来，内陆沿边省区取得了巨大的对外开放成就。内陆沿边7个省区①(吉林、黑龙江、内蒙古、甘肃、新疆、西藏以及云南)的出口总额由1991年的38.56亿美元增长到2012年的606.98亿美元，增长了约15.73倍，年均增长速度约为14.02%；进口总额由1991年的14.32

① 辽宁省与朝鲜接壤，广西壮族自治区与越南接壤，但仍属于沿海省区，并不属于严格意义上的内陆沿边地区，故数据分析不包含这两个省区。

亿美元增长到 2012 年的 714.84 亿美元，增长了约 49.91 倍，年均增长速度约为 20.47%；进出口总额由 1991 年的 52.88 亿美元增长到 2012 年的 1 321.4 亿美元，增长了约 24.99 倍，年均增长速度约为 16.56%；外商直接投资额由 1991 年的 3.08 亿美元增长到 2012 年的 98.98 亿美元，增长了约 32.16 倍，年均增长速度达到了 17.97%；实际外资利用额由 1991 年的 4.54 亿美元增长到 2012 年的 43.99 亿美元，增长了约 9.70 倍，年均增长速度约为 11.43%。同时，根据崔玉斌(2013)的数据，沿边开放尤其是内陆沿边的开放保障了国家能源安全，20 多年来，沿边省区进口的能源原料的 70%销往我国东中部地区，支持了沿海和内地经济的可持续发展。

通过上述的数据分析，内陆沿边开放取得的巨大成就，但也存在着不少问题，主要表现在以下几个方面：

首先，内陆沿边各个省区经过 20 多年的对外开放与发展，但开放程度依然不高。2012 年在全国 31 个省市区(不包括港澳台)开放程度排名中内陆沿边 7 个省区的排名为：吉林第 13 位、黑龙江第 15 位、内蒙古第 27 位、甘肃第 26 位、新疆第 20 位、西藏第 29 位、云南第 18 位。从开放度排名我们可以看出，除了工业基础较好的吉林省、黑龙江省以及云南省，其他 4 个内陆沿边各省区的对外开放程度在全国范围内均排在了 20 名之后，西藏的开放程度甚至居全国所有省市区中的倒数第三。具体各省市区开放度排名以及各项指标得分等详见表 13.3。

其次，内陆沿边区域经济发展水平依然落后，与东部沿海相比，经济差距有不断扩大的趋势。与中亚各国相比而言，经济发展也存在着差距。刘育红(2012)指出，从人均 GDP 的角度来看，内陆沿边区域，尤其是西北沿边省区地区在中国内地省份与中亚各国之间形成了一个经济凹陷带。

再次，内陆沿边口岸没有形成繁荣的开放局面。内陆沿边开放已经 20 多年的历史，但大多数口岸的发展如今是“开而不发”局面，没有出现如东部沿海开放地区那种全面繁荣的景象；内陆沿边口岸没有充分发挥应有的中国内陆窗口的作用，在促进中国经济增长以及区域经济平衡方面的贡献较小；内陆沿边口岸没有深入挖掘自身潜力和充分发挥自身资源能源的优势，成为中国内陆经济的增长极，为区域协调发展做出相应的贡献(邢军，2007)。

表 13.3　2012 年中国内地对外开放指数

	上海	北京	广东	天津	福建	江苏	浙江	辽宁	海南	山东	重庆
开放度排名	1	2	3	4	5	6	7	8	9	10	11
经济开放度	99.3	51.6	68.1	49.8	45	50.6	38.1	31.3	34.5	27	13.7
技术开放度	68.8	78.3	31.9	36.5	23.9	28.2	24.2	25.1	5.9	18.6	29.2
社会开放度	79.8	79.6	62.9	49.4	50.4	30.9	43.3	28.3	27.9	19.1	17.1
开放度总分	84.7	68.1	56.9	46.2	41.4	38.1	36.3	28.7	24.8	22.1	18.9
	湖北	吉林	陕西	黑龙江	安徽	湖南	云南	河北	新疆	四川	江西
开放度排名	12	13	14	15	16	17	18	19	20	21	22
经济开放度	16.8	21.1	11.2	9.6	16.5	9	15.7	12.6	14.6	11.5	15.7
技术开放度	26.8	14.8	18.5	18.6	16.4	14.6	8.1	9.9	5.2	14.8	8.6
社会开放度	12.5	13.3	15.7	14.7	6.9	14	10.6	12.4	13.2	8.7	8
开放度总分	17.9	16.8	14.6	13.7	13.2	12.2	12	11.8	11.7	11.4	11.2
	广西	山西	河南	甘肃	内蒙古	宁夏	西藏	青海	贵州		
开放度排名	23	24	25	26	27	28	29	30	31		
经济开放度	13.3	6.6	9.3	4.7	5.2	5.2	8	3.9	3.5		
技术开放度	4.1	8.1	14.6	20.3	3.4	8.4	1.3	4.7	3.6		
社会开放度	11.7	12.5	7.3	4.2	13.5	9.1	10.2	11	3.1		
开放度总分	10.4	9	8.7	8.6	7.6	7.4	7	6.5	3.4		

资料来源：国家发改委国际合作中心：《中国区域对外开放指数研究报告》，2012 年。

最后，内陆沿边的对外开放的发展水平很不均衡，各个省区对外开放的指标结构存在较大的差异。这些问题影响到内陆沿边开放的整体水平的提高以及协调发展。2012 年内陆沿边 7 个省区的对外贸易进出口总额达到 1 321.4 亿美元，然而，进口总额和出口总额的比值却达到了 34.27，1991—2012 年的年均增长速度相差了约 6.44 个百分点。7 个省区中，吉林的对外开放度总得分为 16.8 分，排名第 13 位；然而，内蒙古的对外开放度总得分为 7.6 分，在全国 31 个省市区中排名倒数第 5 位，西藏的对外开放度总得分只有 7 分，排名倒数第 3 位。这反映出内陆沿边各个省区之间对外开放存在较大的差异性。

内陆沿边 9 个省区除了面临上述四个问题，还存在省区之间各自为战，缺乏协调统一的合作机制的问题；与东部沿海和中亚各国之间也缺少合作机制的问题；内陆沿边省区基础设施建设较为落后，尤其是交通网络设施，严重制约了其经济发展与对外开放水平的提高；过于重视经济效率的提高，缺乏可持续发展的意识，导致内陆沿边省区环境遭到破坏。

13.1.4　内陆沿边开放的分析框架与空间组织形态

内陆沿边开放与发展是我国区域经济发展战略中的重要布局，内陆沿边经济的发展应遵循区域经济的空间发展规律。我国“内陆沿边”是一种特殊的地理区位板块。2005 年，国务院发展研究中心提出“四大板块八大经济区”方案①。随着内陆沿边与东部沿海地区差距越拉越大，以及其重要的战略地位，内陆沿边的经济发展与对外开放逐渐受到国家的重视。2008 年，党的十七大提出“提升沿边开放水平”。2012 年，党的十八大提出“全面提高开放型经济水平”，“促进沿海内陆沿边开放优势互补”；2013 年 9 月 6 日，习近平在哈萨克斯坦访问时提出要构建“丝绸之路经济带”。2013 年，党的十八届三中全会提出要抓住全球产业重新布局的机遇，扩大内陆沿边开放，加快沿边开放的步伐，完善同周边国家和区域基础设施互联互通的建设，推进丝绸之路经济带、海上丝绸之路建设，形成全方位开放新格局。

根据我国内陆沿边自身的资源环境以及其社会经济特征，我们从系统论层面的区域空间结构理论来论述内陆沿边的经济建设与开放。系统论层面区域空间结构，以依托交通干线的带状城市联合体这种经济活动的空间轴状聚集现象为对象，把区域空间分为点、轴（线）、网络和域面四个基本要素。点是某些经济活动在地理空间上集聚而形成的点状分布形态，点在空间上是同位的，不同的经济活动、社会活动和人口的集聚与一个地方可能形成一个城市，并且成为区域空间结构中重要的点；轴（线）是由处在不同位置的点连接而成的，在地理空间上所呈现的现状分布，包括交通线（由铁路、公路、水运、航空灯组成）、通信线（由各种通信设施组成）、能源供给线（由各种能源设施组成）、供排水线（由各种水利设施组成），或者是由一定数量的城镇作线状分布而形成的线；网络是指相关点和轴（线）的连接所形成的，产生单个点或轴所不具有的功能，可分为单一网络和综合网络两种，前者由单一性质的点与轴组成，如

---

① 四大板块为东部、中部、西部、东北，四大板块又划分为八大综合经济区，即东部板块划分为北部沿海、东部沿海、南部沿海三个综合经济区；中部板块划分为黄河中游、长江中游两个综合经济区；西部板块划分为大西南、大西北两个综合经济区；东部板块即东北综合经济区。

交通网络、通信网络、能源供给网络等，后者则是由不同性质的点与轴组成；域面是指区域内某些经济活动在地理空间上所便显出的面状分布状态，如：农业空间分布所呈现出的域面，各种市场所形成的域面，城市经济辐射力所形成的域面（孙海鸣、张学良，2011）。

点、轴（线）、网络和域面不是简单的空间形态，按照一定的拓扑关系排列组合就可形成复杂的区域空间结构，并且具有特定的经济内涵以及相应的功能。陆玉麟（1998）对点、线、面之间的组合方式进行了系统的研究，并给出了点—点、点—线、点—面、线—线、线—面、面—面、点—线—面 7 种组合模式（见表 13.4）。

表 13.4　空间结构要素的组合模式

要素及其组合	空间子系统	空间组合类型
点—点	节点系统	村镇系统、城镇系统、城市体系
点—线	经济枢纽系统	交通枢纽、工业枢纽
点—面	城市区域系统	城市集聚区、城市经济区
线—线	网络设施系统	交通通信网络、电子网络、给排水网络
线—面	产业区域系统	作物带、工矿带、工业走廊
面—面	宏观经济地域系统	基本经济区、经济地带
点—线—面	空间经济一体化系统	等级规模体系

资料来源：陆玉麒（1998）。

在由点、轴（线）、网络、域面组成的区域空间结构中，点处于基本和核心地位，其他要素都是围绕点来展开的，因此节点，特别是高等级的节点（一般是中心城市），是区域空间结构的核心。空间结构具体表现为节点相互依存，域面协调发展，通道配套运行，各种空间经济实体的联系交错密集，呈现网络化系统。

2012 年，中央经济工作会议明确强调“城镇化”是我国现代化建设的历史任务，也是扩大内需的最大潜力所在，要围绕提高城镇化质量，因势利导、趋利避害，积极引导城镇化健康发展；2013 年李克强指出城镇化是我国经济增长的巨大引擎，工作重点是加强“新城镇化”的建设；2013 年，中央城镇化工作会议描绘了具有中国特色的城镇化蓝图，对城镇化总体布局做了安排，提出了

"两横三纵"的城市化战略格局，特别指出要在中西部和东北有条件的地区，依靠市场力量和国家规划引导，逐步发展形成若干城市群，成为带动中西部和东北地区发展的重要增长极。我国已经全面进入城市社会经济发展的时代，区域经济格局正逐渐由东中西部以及东北组成的"四大板块八大经济区"省域布局转向以城市与城市群为载体的布局形态。

在我国区域经济格局发生重大变革时期，内陆沿边也进入到扩大开放的新时期。内陆沿边省区的开放面临着新的机遇与新的要求。我们认为，内陆沿边开放要紧紧抓住在我国区域经济战略格局中新时期的新机遇，以城市与城市群为载体扩大开放。

经济发展规律认为由于资源禀赋原因与历史原因，区域经济的发展是不均衡的(我国生产力布局由均衡布局到非均衡布局的调整已经证明了这一经济发展规律的正确性)。区域经济的发展总是首先发生在资源禀赋较好的地区，然后通过扩散效应辐射到周围地区，从而带动其周围地区经济的发展，最终促进整个区域的经济发展。内陆地区经济发展较东部沿海地区落后，而且地广人稀，但20多年的沿边开放与对外贸易形成了许多口岸城市，同时亚欧大陆桥通过我国西北内陆地区。针对内陆沿边地区的情况应该以"点—点"模式，即以沿边口岸城市、省会城市为"节点"；以重要的交通线路为"轴线"，以交通线路两侧分布的城市为"节点"，即"点—轴(线)"模式组织区域空间经济的发展。总之，我国内陆地区应该在其社会经济特点的基础上，应该选择"点—点"、"点—轴"的空间经济组织模式，在不断完善交通与通讯网络的基础上，通过"点"(中心城市)对周围地区的辐射带动作用，最终，由"点—点"、"点—轴"空间组织模式向"面—面"形态的空间组织模式转变。通过空间组织模式的转变带动内陆沿边地区整体的经济发展与全面的对外开放。

13.1.5 内陆沿边开放的对策建议

根据内陆沿边地区开放中存在的问题，结合内陆沿边的实际情况，我们对扩大内陆沿边开放提出以下对策建议：

一是加强基础设施建设，是内陆沿边扩大开放的前提与基础。20世纪90年代，中国兰新铁路西段与哈萨克斯坦土西铁路接轨，标志着东起连云港、西至荷兰鹿特丹的新亚欧大陆桥全线贯通。这是目前亚欧东西之间最为便捷的货物流动渠道，所经之地很大部分与古丝绸之路重合，因而又称为现代“丝绸之路”。“中国—吉尔吉斯斯坦—乌兹别克斯坦铁路”还在建设之中，建成之后将会凸显出中亚交通枢纽的作用，同时也为中国内陆沿边开放，尤其是“丝绸之路经济带”的建设提供新的历史机遇。此外，中国与中亚国家连接的主要干线公路均加入了亚洲公路网，由中国连云港经西安至霍尔果斯的国家高速公路与穿越中亚的欧洲 E40 号公路相连；中国已经开通同哈萨克斯坦的阿拉木图、乌兹别克斯坦的塔什干、塔吉克斯坦的杜尚别等地的直达航线。尽管，内陆地区与中亚国家有着全面的区际和国际交通网络联系，但是，与我国东部沿海发达地区相比，内陆地区的交通网络密度仍就比较低，交通设施建设依旧比较滞后，严重影响到内陆沿边与丝绸之路经济带的进一步发展。中央政府以及地方政府要支持内陆城市增开国际客货运航线，发展多式联运，形成横贯东中西、连接南北方对外经济走廊(邢军，2007；胡波，2013)。

二是促进内陆沿边省区的产业集群式发展，形成外向型优势产业，提升自身经济实力。基于自身特点，结合国内东部以及国际分工与转移，发挥比较优势，提升要素配置效率，重点打造面向周边国家和地区的外向型优势产业。加快区域产业合作，加强与周边国家和地区重点产业的对接合作，建立跨国产业链条分工体系以及国际产业合作带，在农牧产品、农产品加工、交通运输、设备制造和加工业、贸易投资、能源、矿产、资源开发等领域与中亚国家和地区进行合作与开发，在橡胶生产和木材加工业、贸易投资、机电产品设备生产行业、能源、信息等领域与东南亚、南亚国家开展合作与开发(王睿、陈德敏，2013)。

三是加强区域合作，形成自身区位优势。内陆沿边的发展与开放要搞好同其他区域的合作：一方面，内陆沿边省区要加强同经济发达的东部地区的合作，经过 30 多年的改革开放的发展，东部地区取得了令人举目的经济成就，新时期东部地区面临着产业结构的调整与升级，所以，内陆沿边省区可依据自身实际情况抓住机遇引进东部迁出的产业。另一方面，内陆沿边省区要加强同接壤国家合作关系，充分利用丰富的矿产资源与能源资源以及旅游资源的优势，积极参与国际分工，提升我国内陆沿边省区的国际竞争力。两种合作形式要紧抓不放，要以前者为基础，以后者为长期战略。坚持与东部地区的合作可提高内陆沿边省区的经济实力，坚持与周边国家的合作可促使内陆沿边省区走向国际。

四是完善内陆沿边开放政策体系，形成长期有效的开放体制。内陆沿边的开放属于政策导向型的开放，自20世纪90年代以来内陆沿边能够取得今天经济发展与对外开放成就，关键在于国家政策的倾斜与扶持。然而，国家实行的政策在前期内并不具有连续性和一致性，如：1996年国务院颁布的《关于边境贸易有关问题的通知》明确规定边境贸易实行进口关税和进口环节增值税减半征收；然而，2003年财政部下发的《关于广西壮族自治区边贸进口越南水果税收执行期限的通知》规定不再执行对越南水果税收减半的政策。这样的前后不一致的边贸政策对边贸市场产生较大的不良影响，造成进口企业成本的增加，严重影响到我国沿边地区开放水平的提高（张丽君等，2011）。要加快内陆沿边的开放步伐，政府部门要通盘考虑，不仅不能出现各个部门提出的政策出现“打架”现象，而且各项政策要相互协调配合且具有连贯性与一致性，只有这样才能形成沿边开放的长效机制。

五是加强环境保护，提高内陆沿边省区可持续发展能力。我国内陆沿边省区大多是环境脆弱的区域，尤其是西北内陆沿边省区以沙漠和草原生态环境为主，而且淡水资源匮乏，如果走东中部发达地区先污染后治理的发展老路，将会对内陆沿边省区的生态环境造成不可逆转的影响。2012年，内陆的四个城市群，即关中—天水城市群、兰州—西宁城市群、呼包鄂榆城市群以宁夏沿黄城市群，工业废水排放量达到了77 251.26万吨，工业二氧化硫排放量达到190.30万吨，工业粉尘排放量达到101.08万吨，上述污染物的排放量分别是全国22个城市群[①]排放的1.07倍、3.24倍、3.08倍。这些数据表明内陆沿边省区的发展中心的环境，即城市群的环境已经受到严重污染。良好的生态环境为区域经济的发展提供了地理空间场所，鉴于目前内陆省区的环境现状，政府部门在提出内陆沿边开放政策时应充分考虑到其生态环境的保护，这样才能提高其可持续发展能力。内陆沿边省区要依据自身经济条件以及生态环境的状况引入产业，眼光要放得长远，不能以生态环境的破坏换短期经济效

① 城市群的划分来源于张学良主编的《2013年中国区域经济发展报告——中国城市群的崛起于协调发展》，人民出版社2013年版。

益，同时环境监管部门也应加强监管工作。

13.2 内陆沿边城市群与丝绸之路和长江流域两大经济带建设

内陆沿边的开放与发展也非“遍地开花”，其主要空间载体应该是发展条件较好的城市群与经济带，特别是要加快建设丝绸之路经济带与长江流域经济支撑带。

13.2.1 内陆沿边城市群基本情况

依照张学良等(2013)对中国城市群的划分，内陆沿边城市群包括呼包鄂榆城市群、哈长城市群、滇中城市群、藏中南城市群、兰州—西宁城市群、天山北坡城市群等 6 个城市群 35 个内陆沿边城市(见表 13.5)。

表 13.5 2011 年中国内陆沿边省区城市群

城市群名称	包含的城市	土地面积(万平方公里)	常住人口(万人)	GDP(亿元)
呼包鄂榆城市群	呼和浩特市、包头市、鄂尔多斯市、榆林市	17.48	1 095.6	10 693.45
哈长城市群	长春市、吉林市、松原市、延边朝鲜族自治州、哈尔滨市、齐齐哈尔市、大庆市、牡丹江市	26.68	3 894.5	18 214.01
滇中城市群	昆明市、曲靖市、玉溪市、楚雄彝族自治州	13.15	1 740.7	5 078.56
兰州—西宁城市群	兰州市、西宁市、白银市、定西市、宁夏回族自治州	6.85	1 197.6	2 822.28

注：由于数据的可得性，只给出了呼包鄂榆城市群、哈长城市群、滇中城市群、兰州—西宁城市群 4 个城市群的基本数据。

资料来源：笔者根据 2012 年《城市统计年鉴》与各省市区 2012 年《中国统计年鉴》相关资料整理后获得。

《全国主体功能规划》依据各城市群的自然条件和经济基础，分别为各城市群进行了功能定位。内陆沿边 6 个城市群的定位具体如下：

呼包鄂榆城市群：全国重要的能源、煤化工基地、农畜产品加工基地和稀土新材料产业基地，北方地区重要的冶金和装备制造业基地；哈长城市群：我国面向东北亚地区和俄罗斯对外开放的重要门户，全国重要的能源、装备制造基地，区域性的原材料、石化、生物、高新技术产业和农产品加工基地，带动东北地区发展的重要增长极；滇中城市群：我国连接东南亚、南亚国家的陆路交通枢纽，面向东南亚、南亚对外开放的重要门户，全国重要的烟草、旅游、文化、能源和商贸物流基地，以化工、冶金、生物为重点的区域性资源精深加工基地；兰州—西宁城市群：全国重要的循环经济示范区，新能源和水电、盐化工、石化、有色金属和特色农产品加工产业基地，西北交通枢纽和商贸物流中心，区域性的新材料和生物医药产业基地；藏中南城市群：全国重要的农林畜产品生产加工、藏药产业、旅游、文化和矿产资源基地，水电后备基地；天山北坡城市群：我国面向中亚、西亚地区对外开放的陆路交通枢纽和重要门户，全国重要的能源基地，我国进口资源的国际大通道，西北地区重要的国际商贸中心、物流中心和对外合作加工基地，石油天然气化工、煤电、煤化工、机电工业及纺织工业基地。

选取地区生产总值，第一、第二和第三产业增加值，工业总产值，固定资产投资，粮食产量，社会消费品零售总额，地方财政一般预算收入，外商直接投资实际使用额作为经济总量的衡量指标(见表 13.6)。

表 13.6　2011 年内陆沿边城市群经济总量分析

城市群名称	地区生产总值(亿元)	第一产业增加值(亿元)	第二产业增加值(亿元)	第三产业增加值(亿元)	工业总产值(亿元)	固定资产投资(亿元)	粮食产量(万吨)	社会消费品零售额(亿元)	地方财政收入(亿元)	外商直接投资实际使用额(万美元)
哈长城市群	18 214	1 779	9 748	6 688	20 151	10 296	5 488	6 506	1 050	371 772
天山北坡城市群	4 874	599	2 523	1 752	5 256	1 021	699	1 120	447	—
滇中城市群	5 079	549	2 569	1 960	5 281	3 850	542	1 879	521	118 747
呼包鄂榆城市群	10 693	385	6 019	4 290	10 669	6 814	502	2 428	840	341 649
宁夏沿黄城市群	1 848	150	1 004	694	2 511	1 498	286	440	157	19 171
兰州西宁城市群	2 822	189	1 375	1 258	3 746	2 076	325	1 126	166	10 279

资料来源：《中国区域经济统计年鉴(2012)》，作者整理得到。

地区生产总值方面，除哈长城市群与呼包鄂榆城市群地区生长总值超过了 1 万亿元，其他城市群大致都在 0.15—0.51 万亿元之间，宁夏城市地区生长总值甚至仅有 0.18 万亿元，内陆沿边城市群之间的经济发展存在较大的差距；第一产业增加值方面，哈长城市群达到了 1 779 亿元，其他 5 个城市群均不到 600 亿元，宁夏沿黄城市群仅有 150 亿元；第二产业增加值方面，哈长城市群接近 1 万亿元，其次是呼包鄂榆城市群达到 6 019 亿元，其他 4 个城市群与上述两个城市群有着较大的差距；第三产业增加值方面，哈长城市群达到 6 688亿元，其他城市群与其有着较大差距，宁夏沿黄仅有 694 亿元；工业产值方面，哈长城市群超过了 2 万亿元，呼包鄂榆城市群超过了 1 万亿元，其他 4 个城市群与上述两个城市群有着较大差距；固定投资方面，哈长城市群超过 1 万亿，其他城市群与之有较大差距，天山北坡城市群仅有 1 021 亿元；粮食产量方面，由于东北地区是我粮食的主要产区，所以，天山北坡、滇中、呼包鄂榆、宁夏沿黄、兰州西宁 4 个城市群与哈长城市群有着较大的差距；社会消费品零售额方面，除了哈长城市群达到 6 506 亿元，其他 5 个城市群距不足 3 000 亿元，宁夏沿黄城市群仅有 440 亿元；地方财政收入方面，哈长城市群的地方财政收入超出其他 4 个城市群许多，是宁夏沿黄城市群地方财政收入的 6.69 倍；外商直接投资实际使用额方面，哈长、呼包鄂榆城市群均超过 30 亿美元，兰州西宁城市群外商直接投资实际使用额最小，仅有 1.03 亿美元。

在表 13.7 中，我们选取了人均、地均生产总值和各产业比重来表示经济发展水平。

表 13.7　2011 年内陆沿边城市群经济发展水平分析

城市群名称	人均地区生产总值（元/人）	地均地区生产总值（万元/平方公里）	第一产业比重(%)	第二产业比重(%)	第三产业比重(%)
哈长城市群	46 769	683	9.77	53.52	36.72
天山北坡城市群	40 628	101	12.29	51.77	35.94
滇中城市群	29 175	538	10.81	50.59	38.60
呼包鄂榆城市群	97 604	612	3.60	56.28	40.12
宁夏沿黄城市群	35 902	454	8.12	54.34	37.54
兰州—西宁城市群	23 566	412	6.71	48.73	44.56
城市群合计	44 268	43 353	6.64	51.07	42.29
全　国	35 181	493	10.04	46.61	43.35

资料来源：《中国区域经济统计年鉴(2012)》，作者整理得到。

人均地区生产总值方面，哈长、呼包鄂榆城市群超过全国城市群平均水平，天山北坡、宁夏沿黄城市群超过全国平均水平，而滇中、兰州西宁城市群的人均地区生产总值低于全国平局水平，分别仅有 2.92 和 2.36 万元；地均地区生产总值方面，哈长、滇中、呼包鄂榆城市群高于全国平均水平，天山北坡、宁夏沿黄、兰州西宁城市群低于全国平均水平；三次产业比重方面，天山北坡、滇中城市群的第一产业比重高于全国的平均水平，6 个内陆沿边城市群的第二产业比重均高于全国平均水平，然而，第三产业比重仅有兰州西宁城市群高于全国的平均水平。

选取了工业总产值和工业结构（轻重结构、规模结构、所有制结构）等指标来表示工业化进程（见表 13.8）。

表 13.8　2011 年内陆沿边城市群工业化进程分析

城市群名称	工业总产值（亿元）	轻重结构		规模结构			所有制结构		
		轻工业比重（%）	重工业比重（%）	大型企业比重（%）	中型企业比重（%）	小型企业比重（%）	内资企业比重（%）	港澳台商投资企业比重（%）	外商投资企业比重（%）
哈长城市群	20 151	22.2	77.8	57.7	12.7	29.6	78.0	3.5	18.5
天山北坡城市群	5 256	10.9	89.1	65.6	16.8	17.6	97.7	0.7	1.6
兰州—西宁城市群	3 746	10.6	89.4	69.2	14.6	16.2	96.5	0.7	2.8
滇中城市群	5 281	27.2	72.8	53.8	24.4	21.8	94.5	2.1	3.4
呼包鄂榆城市群	10 669	9.8	90.2	33.6	22.6	43.8	92.6	1.9	5.5
宁夏沿黄城市群	2 511	14.0	86.0	57.6	19.2	23.2	95.8	0.6	3.6
城市群合计	658 112	27.7	72.3	41.8	23.1	35.1	69.7	10.6	19.7
全　国	844 269	28.2	71.8	41.6	23.6	34.8	74.1	9.2	16.7

资料来源：《中国区域经济统计年鉴(2012)》，作者整理得到。

工业总值方面，哈长、呼包鄂榆城市群远高于其他 4 个城市群的水平；轻重工业结构表明我国内陆沿边 6 个城市群重工业较为发达，均超过 70%，呼包鄂榆城市群甚至达到 90.2%；规模结构表明大型企业比重较大，均超过 50%，高于全国水平；所有制结构方面，内资企业比重远远超过全国水平，最低的是哈长城市群也达到了 78%，天山北坡城市群甚至达到了 97.7%。

选取常住人口、城镇人口、城市化率、全社会从业人员和人均固定资产投资来表示城镇化进程（见表 13.9）。

表 13.9　2011 年内陆沿边城市群城市化进程比较

城市群名称	常住人口（万人）	城镇人口（万人）	城镇化水平（%）	全社会从业人员（万人）	单位从业人员数			人均固定资产投资（元/人）
					第一产业	第二产业	第三产业	
哈长城市群	3 894.5	2 177.9	55.9	428.5	28.9	162.6	237.1	26 436.3
天山北坡城市群	1 199.6	636.8	53.1	77.5	1.1	35.5	40.8	122.1
兰州—西宁城市群	1 197.6	593.0	49.5	171.8	3.4	71.6	96.8	17 337.7
滇中城市群	1 740.7	846.2	48.6	179.7	3.2	79.7	96.8	22 115.6
呼包鄂榆城市群	1 095.6	683.6	62.4	118.1	1.8	48.0	68.4	62 198.2
宁夏沿黄城市群	514.8	274.3	53.3	50.3	2.5	18.1	29.7	29 102.0
城市群合计	83 424.6	46 480.0	55.7	10 610.3	134.7	5 233.4	5 242.3	26 892.2
全　　国	134 735.0	69 079.0	51.3	13 791.1	273.4	6 585.8	6 932.0	23 084.0

资料来源：2012 年各省统计年鉴，国家统计局网站和各省、市统计局网站。

城镇化水平方面，内陆沿边 6 个城市群的城镇化水平均高于全国 51.3%的城镇化水平，呼包鄂榆城市群甚至高出 11 个百分点；三次产业就业人员数量方面，6 个城市群的人员就业主要集中于第三产业；人均固定资产投资方面，呼包鄂榆城市群最高，达到 62 198.2 元，最低的是天山北坡城市群，仅有 122.1 元。

我们选取了进出口总额及其占 GDP 比重、进口额、出口额、外商直接投资实际使用额、人均外商直接投资实际使用额、接待入境旅游者人数及其占总旅游人数比重、国际旅游外汇收入及其占总旅游收入比重来表示 6 个城市群对外开放程度（见表 13.10）。

表 13.10　2011 年内陆沿边城市群对外开放程度比较

城市群名称	进出口			进出口总额占地区生产总值（%）	人均进出口总额（美元/人）	外商直接投资（亿美元）	人均外商直接投资（美元/人）	接待入境旅游人数（万人次）	入境旅游人数占总旅游人数（%）	国际旅游外汇收入（万美元）	国际旅游收入占总旅游收入（%）
	总额（亿美元）	进口额	出口额								
哈　　长	391	275	116	13.89	1 004	37	95	204	1.38	88 046	3.97
天山北坡	203	59	144	26.93	24	—	—	116	4.65	39 061	7.52
兰州—西宁	37	16	21	8.46	308	1	9	5	0.15	1 821	0.62
滇　　中	127	55	72	16.21	731	12	68	105	1.42	31 159	3.94
呼包鄂榆	55	23	32	3.36	503	34	312	16	0.45	11 321	1.54
宁夏沿黄	23	7	16	8.01	444	2	37	2	0.18	599	0.5
城市群合计	34 274	16 643	17 603	54.64	4 108	1 928	116	9 064	2.06	5 150 808	7.34
全　　国	36 419	17 435	18 984	49.80	2 703	1 177	87	13 542	4.88	485	13.95

注：由于各城市群之间及内部外商直接投资实际使用额有重复，故对各城市群外商直接投资实际使用额进行等比例缩减。

资料来源：《中国区域经济统计年鉴(2012)》。

13.2.2 丝绸之路经济带

2013 年 9 月 7 日，习近平访问哈萨克斯坦时在坦纳扎尔巴耶夫大学发表了《弘扬人民友谊，共创美好未来》重要演讲，演讲中提出建设“丝绸之路经济带”的战略构想和建设路径：以点带面，从线到片，逐步形成区域大合作。“丝绸之路经济带”的构建是我国西北内陆沿边地区发展的重要战略布局，将会对扩大内陆沿边开放产生积极的带动作用。“丝绸之路经济带”会与“长江流域经济带”呈现出平行并进的战略布局，进而促进我国区域经济的全面协调发展。

所谓“丝绸之路经济带”是在古丝绸之路的基础上提出的一个新的经济发展区域。是中国和中亚各国之间形成的一个经济合作区域，大致与古丝绸之路的路线重合，包括我国的西北地区的陕西、甘肃、青海、宁夏、新疆等 5 个省区。“丝绸之路”是沿边对外开放的重要组成部分，在古代有着辉煌的历史。丝绸之路的形成始于西汉，发展于魏晋南北朝，至唐代达到鼎盛，为当时的经济繁荣以及民族大融合起到了至关重要的作用，在东西方文化和经济交流中起到了不可替代的作用。到了明清两代，封建君主实行闭关锁国的政策，加上经济重心的南移、海上丝绸之路的兴起，尤其是自给自足的封建自然经济以及西方殖民者的入侵等多种因素的作用下，最终导致“丝绸之路”失去昔日辉煌。

建设“丝绸之路经济带”的战略构想为我国尤其是内陆沿边地区带来了新的历史机遇。一是可以加强中国同中亚国家的贸易关系，近几年来，我国同中亚国家的贸易往来持续扩大，根据数据显示，我国与中亚五国的贸易额由 1992 年建交时期的 4.6 亿美元增长到了 2012 年的 459.4 亿美元，增长了近 100 倍，年均增长速度达到了 25.88%，我国已经成为哈萨克斯坦和土库曼斯坦两国的第一大贸易伙伴，成为乌兹别克斯坦和吉尔吉斯斯坦两国的第二大贸易伙伴，是塔吉克斯坦的第三大贸易伙伴。中亚在世界版图中占有重要的战略地位，中国—中亚的贸易关系不断的强化必然带动整个地区的经济发展，使之重新古“丝绸之路”的辉煌。二是可以加强中国—中亚的能源合作关系，中亚地区有着丰富的能源资源。中哈原油管道、中国—中亚天然气管道等大型能源合作项目相继建成并投入运营，为区域经济发展输入新鲜血液。全长

2 800 公里的中哈石油管道自 2006 年正式开通以来，已成为中国同里海相连的能源大动脉，哈萨克斯坦已经累计向中国输送原油 5 000 多万吨。中国—中亚天然气管道年设计输气量为 300—400 亿立方米，自 2009 年底到 2013 年，已累计向中国输送天然气 600 多亿立方米，相当于中国 2010 年天然气总产量的一半(塔拉普，2013)。加强同中亚的能源合作关系可以一定程度上减小中国能源的风险，同时又可带动中亚国家地区的经济发展，双方在能源方面存在着互补性，这是一个互利共赢的合作局面。

针对“丝绸之路经济带”的建设，可以从以下方面入手：

首先，加强交通通讯等基础设施的建设。加快推进互联互通建设是丝绸之路经济带有关国家的共识。毫无疑问，“丝绸之路经济带”战略实施的支撑条件和先导产业必然是以交通通讯设施为基础的。由于我国西部地区经济、文化、科技水平较为落后，因此在这一战略中我国更应该在开发项目中予以政策性的倾斜。比如沿带地区的交通基础设施包括空航、铁路、公路、管道等运输方式构成的综合运输体系，在充分发挥铁路交通设施的基础上充分发挥公路在短途运输中的灵活性、空航在长途运输的优势。总而言之，在运输结构上只有多种运输方式相互协调发展、相辅相成才能够推动我国同中亚各国间的进一步合作。当前，中国正在积极推动与中亚国家间建成铁路、公路、航空、电信、电网、能源管道的互联互通网络，发展与中亚国家的资金流、物流、人流和信息流等方面的合作，激活新的经济增长点。2012 年，中国政府在上合组织峰会上承诺，向中亚提供 100 亿美元贷款，主要用于中亚地区铁路、公路、光缆、石油天然气管道等基础设施建设。中国对基础设施建设资金的注入，将加快中亚各国经济建设的步伐。

其次，加强同中亚各国之间的政策沟通与区域合作。要积极地推进中国与中亚各国之间的贸易和投资便利化以及降低贸易与投资的成本，是“丝绸之路经济带”区域建设的关键。要推进贸易投资便利化，提升海关、交通运输、出入境检验检疫、金融、信息交流等功能领域的合作显得非常重要，须加强中国与中亚各国有关政府部门和国家之间的贸易政策协调和沟通。丝绸之路经济带建设，可以综合交通通道为展开空间，依托以沿线交通基础设施和中心城市，对域内贸易和生产要素进行优化配置，促进区域经济一体化，最终实现区域经济和社会同步发展。推进贸易投资便利化、深化经济技术合作、建立自由贸易区，是“丝绸之路经济带”建设的三部曲。以上海合作组织为平台，积极同中亚各种进行政策方面的互动沟通，尽早建立中国同中亚各国自由贸易区。

最后，加强生态环境的保护，提高可持续发展的能力。“丝绸之路经济带”的中国部分可分为三段：“丝绸之路经济带”的东段是我国的黄土高原区，环境特点是土质疏松，土壤侵蚀较为严重；“丝绸之路经济带”的中段经过我国甘肃省的河西走廊，环境特点是沙砾戈壁、绿洲、沙地交错分布；“丝绸之路经济带”的西段经过我国新疆维吾尔自治区，以沙漠、绿洲自然景观为主（王峰，2005）。总的来说，“丝绸之路经济带”的自然环境较为复杂，除黄土高原区，其他地区均为干旱或极干旱区，生态环境极为脆弱。我们认为保护“丝绸之路经济带”沿线的自然环境应从以下方面入手：第一，有效控制沿线的人口增长，减轻人口对该地区自然环境的承载压力。第二，保护和节约水资源，针对沿线农业要积极发展先进的灌溉技术，针对沿线的工业生产的布局，要优先发展和引进用水少低污染的部门行业。第三，重视沿线旅游资源的保护与开放，丝绸之路有着悠久的历史文化，传承至今天，遗留下丰富的旅游资源，众所周知，旅游是清洁型的产业，对生态环境造成的压力较小，所以，要积极发展沿线的旅游产业，这样才能促进“丝绸之路经济带”沿线地区社会和经济的可持续发展，同时，也要重视对旅游资源的保护。

13.2.3 长江流域经济支撑带

长江流域经济带西起云南东至上海，沿岸分布着云南、重庆、四川、湖北、湖南、江西、安徽、江苏以及上海 7 省 2 个直辖市，共计 145 万平方公里，占到我国国土面积的 15.1%，还分布着长三角城市群、江淮城市群、武汉城市群、长株潭城市群、环鄱阳湖城市群以及成渝城市群等 6 个城市群（见表 13.11）。2012 年长江流域经济支撑带 7 省 2 市的地区生产总值达到 19.43 万亿元，占到全国 GDP 总值的 37.42%，常住人口达到 4.89 亿人，占到全国总人口的 36.11%，所以，长江流域经济支撑带是我国经济较发达的流域经济带。2013 年 9 月 23 日发改委与交通运输部共同启动了《依托长江建设中国经济新支撑带指导意见》研究起草工作，长江流域经济带将升级为国家重大经济战略部署，这一举措将会带动东中西部地区经济的全面发展，长江流域经济支撑带会成为中国经济发展的“脊梁”。

表 13.11 长江流域经济支撑带城市群及其功能定位

城市群名称	包含的城市	功能定位
长三角城市群	上海市、南京市、无锡市、常州市、苏州市、南通市、扬州市、镇江市、泰州市、杭州市、宁波市、嘉兴市、湖州市、绍兴市、舟山市、台州市	长江流域对外开放的门户，我国参与经济全球化的主体区域，有全球影响力的先进制造业基地和现代服务业基地，世界级大城市群，全国科技创新与技术研发基地，全国经济发展的重要引擎，辐射带动长江流域发展的龙头，我国人口集聚最多、创新能力最强、综合实力最强的三大区域之一
江淮城市群	合肥市、芜湖市、马鞍山市、铜陵市、安庆市、滁州市、六安市、池州市、宣城市	承接产业转移的示范区，全国重要的科研教育基地，能源原材料、先进制造业和科技创新基地，区域性的高新技术产业基地
武汉城市群	武汉市、黄石市、鄂州市、孝感市、黄岗市、咸宁市、仙桃市、潜江市、天门市	全国资源节约型和环境友好型社会建设的示范区，全国重要的综合交通枢纽、科技教育以及汽车、钢铁基地，区域性的信息产业、新材料、科技创新基地和物流中心
长株潭城市群	长沙市、株洲市、湘潭市、衡阳市、岳阳市、益阳市、常德市、娄底市	全国资源节约型和环境友好型社会建设的示范区，全国重要的综合交通枢纽以及交通运输设备、工程机械、节能环保装备制造、文化旅游和商贸物流基地，区域性的有色金属和生物医药、新材料、新能源、电子信息等战略性新兴产业基地
环鄱阳湖城市群	南昌市、景德镇市、九江市、新余市、鹰潭市、吉安市、宜春市、抚州市、上饶市	全国大湖流域综合开发示范区，长江中下游水生态安全保障区，国际生态经济合作重要平台，区域性的优质农产品、生态旅游、光电、新能源、生物、航空和铜产业基地
成渝城市群	重庆市、成都市、自贡市、泸州市、德阳市、绵阳市、遂宁市、内江市、乐山市、南充市、眉山市、宜宾市、广安市、达州市、雅安市、资阳市	全国统筹城乡发展的示范区，全国重要的高新技术产业、先进制造业和现代服务业基地，科技教育、商贸物流、金融中心和综合交通枢纽，西南地区科技创新基地，西部地区重要的人口和经济密集区

资料来源：《全国主体功能区规划》。

长江流域经济支撑带之所以能够升级成为国家重大经济战略部署，主要是因为长江流域地区具有得天独厚的优势。首先，交通网络发达，区位优势明显。长江流域有着“黄金水道”的美誉，随着三峡大坝的建成，进一步提升了长江的航运能力；长江流域经济支撑带贯穿我国腹地，不仅连接我国东中西部地区，而且还与京沪、京九、京广、皖赣、焦柳等南北铁路干线交汇，承东启西，接南济北，通江达海；近些年来，随着高铁的建设，进一步提升了长江流域经济支撑带的交通通达性。其次，产业优势。长江流域经济支撑带是我国重要的工业走廊之一，我国钢铁、汽车、电子、石化等现代工业的精华大部分汇集于此，集中了一大批高耗能、大运量、高科技的工业行业和特大型企业。此外，大农业的基础地位也居全国首位，沿江 7 省 2 市的粮棉油产量占全国 40%以上。再次，城市密集，市场广阔。目前，长江流域经济支撑带分布着已经形成或正在形成的城市群一共 6 个涉及 67 个城市。2011 年长三角城市群人均 GDP 达到 7.56 万元，江淮城市群人均 GDP 达到 3.33 万元，武汉城市群人均 GDP 达到 3.89 万元，长株潭城市群人均 GDP 达到 3.85 万元，环鄱阳湖城市群人均 GDP 达到 2.75 万元，成渝城市群人均 GDP 达到 3.02 万元，从 6 个城市群的人均 GDP 我们可以发现，长三角城市群具有巨大的市场潜力。最后，社会经济开放程度较高。沿江 7 省 2 市在全国省市区的开放度排名中依次为：上海排名第 1 位，江苏排名第 6 位，重庆排名第 11 位，湖北排名第 12 位，安徽排名第 16 位，湖南排名第 17 位，四川排名第 21 位，江西排名第 22 位。除四川与江西之外，其余省市均排名前 20 位。长江流域经济支撑带较高的开放程度，体现出该区域参与国际分工的积极性，提升了其国际竞争力。

长江流域经济支撑带虽然有着巨大的优势，但仍存在限制其进一步发展的瓶颈。第一，东中西经济发展差异较大，影响到长江流域经济支撑带的整体实力与竞争力。长江流域经济支撑带横贯中国腹地，由于沿江各省市之间发展的基础以及自然因素等原因，经济的发展必然存在较大的差距。2012 年，东部江苏 GDP 总量达到 5.40 亿元，是安徽 GDP 总量的 3.14 倍，是江西 GDP 总量的 4.17 倍，是湖北 GDP 总量的 2.43 倍，是湖南 GDP 总量的 2.44 倍，是四川的 2.27 倍，更是云南的 5.24 倍；上海 GDP 总量是重庆的 1.75 倍；至东向西 7 省 2 市的 GDP 总量呈现递减的趋势，经济发展水平存在较大的差异。第二，沿江省市经济发展不协调，缺乏整体上的经济政策指导。有学者经过对长江流域中游地区产业发展进行研究认为，该地区产业同构现象较为严重，地区之间缺少有效的产业关联与协作，导致区域整体经济效益较差（陈雯等，2003）。建立行之有效的区域经济一体化政策是提升长江流域经济支撑带区域发展水平的当务之急。

针对长江流域经济支撑带的优势及存在的问题，我们提出以下建议：加强沿江省市的区域合作，建立一体化的流域经济支撑带。国家发改委与交通运输部共同启动的《依托长江建设中国经济新支撑带指导意见》研究起草工作是沿江省市区域合作的新起点，指导意见的最终形成将会极大促进长江流域经济支撑带的一体化发展；基于长江流域经济支撑带城市与城市群高度密集的优势，我们认为，长江流域经济支撑带的发展应该采用“多极带动”模式（李树桂，1996）。长江流域贯穿我国腹地的东中西部，长江主干道长 3 000 多公里，仅仅依靠上海或者长三角城市群来带动整个流域的经济发展是不现实的。在以上海和长三角城市群作为龙头的同时，积极发展其他中心城市与城市群，使其成为该区域的增长极，最终实现“多极带动”模式的形成，从而共同带动长江流域的发展。

13.3 本章小结

内陆沿边区域经济发展是我国区域经济发展战略的重要组成部分，自 1992 年沿边开放提出以来，内陆沿边取得了重大发展，以开放促改革、以开放促发展成为共识。20 多年来，内陆沿边开放取得了巨大的成绩，但是也存在许多不足。党的十八届三中全会对内陆沿边开放提出了新的战略举措，提出要抓住全球产业重新布局机遇，推动内陆贸易、投资、技术创新协调发展；创新加工贸易模式，形成有利于推动内陆产业集群发展的体制机制；支持内陆城市增开国际客货运航线，发展多式联运，形成贯穿东中西、连接南北方对外经济走廊；推动内陆同沿海沿边通关协作，实现口岸管理相关部门信息互换、监督互认、执法互助。新时期内陆沿边开放势必将取得重大进展。

本章认为，内陆沿边的开放与发展也非“遍地开花”，其空间载体仍然是城市群与经济带。要以丝绸之路经济带与长江流域经济带作为内陆沿边开放的重要突破口，选择经济带的中心城市，通过“点”（中心城市）对周围地区的辐射作用，最终由“点—点”、“点—轴”空间组织模式向“面—面”的形态的空间组织模式转变，通过城市群与经济带的全方位开放，形成中国区域经济发展的新格局。

参考文献

Aghion, P., Angeletos, G.Baberjee, A., and K.Manova, 2010, "Volatility and Growth: Credit Constraints and Productivity-enhancing Investment", *Journal of Monetary Economics*, Vol. 57(3): 246—265.

Arrow, Kenneth J., 1962, "The Economic Implication of Learning by Doing", *Review of Economic Studies*, 29, 1.

Attanasio, J. Banks and M. Wakefield, 2001, "Tax and the economy: A comparative Assessment of OECD Countries", *OECD Tax Policy Studies*, No.6, 11.

Balassa, B., 1979, "The Changing Pattern of Comparative Advantage in Manufactured Goods", *Review of Economics and Statistics*, 61(2):259—266.

Balassa, B., 1965, "Trade Liberation and Revealed Comparative Advantage", *Manchester School of Economic and Social Studies*, 33.

Balasubramanyam, V. N., Salisu M., Sapsford D., 1996, "Foreign Direct Investment and Growth: New Hypotheses and Evidence", Discussion Paper EC7/96.

Barlevy, Gadi, 2007, "On the Cyclicality of Research and Development", *American Economic Review*, Vol.97:1131—1164.

Bianchi, J., 2011, "Overborrowing and Systemic Externalities in the Business Cycle", *American Economic Review*, 101:3400—3426.

Bianchi, J., and Mendoza, E. Q., 2011, "Overborrowing, Financial Crises and 'Macro-Prudential' Policy", IMF Working Papers, WP/11/24.

Bloom, D.E. and J.G.Williamson, 1998, "Demographic Transitions and Economic Miracles in Emerging Asia", *World Bank Economic Review*, 12:419—456.

Bourdieu, P., 1979, *La Distinction: Critique Sociale du judgement*, Paris: Minuit.

Centers, R., 1949, *The Psychology of Social Classes: A study of Class Consciousness*, Princeton University Press.

Cooper, R.N., 2010, "Does the SDR Have a Future?", *Journal of Globalization and Development*, Vol.1, No.2.

Dooley, Michael P., *et al.*, 2004, "The Revived Bretton Woods System", *International Journal of Finance and Economics*, 9(4):307—313.

Duncan, D., 1961, "A socioeconomic index for all occupations and properties and characteristics of the socioeconomic index", *Occupatiom and Social Status*(A.J.Reiss, Ed.), Free Press, Gleneoe, IL,: 109—161.

Edwards, A.M., 1943, *Comparative Occupational Statistics for the U.S.*, Washington, D.C.: Government Printing Office.

Eichengreen, B.J., 2006, *Global Imbalances and the Lessons of Bretton Woods*, Cambridge, MA: MIT Press.

Elements for policies for sustainable consumption, UNEP. Nairobi, Symposium: Sustainable Production and Consumption Pattern, Oslo, Norway, 1994.

Fernández, Amadeo Fuenmayor, 2006, "Inequality effects of inflation: the 'bracket creep' effect in the Spanish income tax system", working paper.

Frankel, J.A., 2000, Globalization of the Economy(No.w7858). National Bureau of Economic Research.

Frankel, J.A., 1999, "No Single Currency Regime is Right for All Countries or at All Times," NBER Working Paper, No.7338.

Goode, R, 1976, *The Individual Income Tax*, Washington, D.C.: Brookings Institution.

Greenwald, Bruce and Stiglitz, Joseph, 2008, "A Modest Proposal for International Monetary Reform", International Economic Association Meeting, Istanbul.

Grubel, H.G., 1987, "All traded services are embodied in materials or people", *The World Economy*, 10(3), 319—330.

Heim, Bradley T. and Ithai Z.Lurie, 2010, "Taxes, income, and retirement savings: differences by permanent and transitory income", Working Paper, December, 2010.

Hoekman, B., and Braga, C.A.P., 1997, "Protection and trade in services: a survey", *Open Economies Review*, 8(3), 285—308.

Husain I., Jun K.W., 1992, "Capital Flows to South Asian and ASEAN Countries: Trend, Determinants and Policy Implications," Working paper of World Bank WPS 842.

IMF, 2013, "Global Impact and Challenges of Unconventional Monetary Policies", IMF Policy Paper.

Jacobs, Bruce, 1966, "A Proposed Flexible Personal Exemption for the Federal Income Tax", *Stanford Law Review*, Vol.18, No.6:1162—1183.

Jacobs, Bruce, 1966, "A Proposed Flexible Personal Exemption for the Federal Income Tax", *Stanford Law Review*, Vol.18, No.6:1162—1183.

Jayakumar, V., and Weiss, B., 2011, "Global Reserve Currency System: Why Will the Dollar Standard Give Way to a Tripolar Currency Order?", *Frontiers of Economics in China*, 6(1):92—130.

Jeanne, O., 2012, "Capital Flow Management", *American Economic Review*, 102(3):203—206.

Jeanne, O., Subramanian, A. and Williamson, J., 2012, "Who Needs to Open the Capital Account", Peterson Institute for International Economics.

Johnson, R. C., & Noguera, G., 2012, "Fragmentation and trade in value added over four decades" (No.w18186). National Bureau of Economic Research.

Kleinert, J., 2004, *The role of multinational enterprises in globalization*(Vol.326), Springer.

Korinek, A., 2011, "The New Economics of Prudential Capital Controls: A Research Agenda", *IMF Economic Review*, 59(3):523—561.

Kowalski, P., Büge, M., Sztajerowska, M., and Egeland, M., 2013, *State-Owned Enterprises: Trade Effects and Policy Implications*(No.147). OECD Publishing.

Krugman, P., 1979, "A model of innovation, technology transfer, and the world distribution of income", *The Journal of Political Economy*, 253—266.

Lee, Ronald, Andrew Mason and Timothy Miller, 2000, "Life Cycle Saving and the Demographic Transition: The Case of Taiwan", *Population and Development Review*, 26, 194—219.

Lucas, Robert, 2003, "Macroeconomic Priorities", *American Economic Review*, 93(March).

Ma G. and McCauley, R.N., 2008, "Efficacy of China's Capital Controls: Evidence From Price and Flow Data," *Pacific Economic Review*, 13(1):104—123.

Marietta. A. Haffner, 2002, "Dutch Personal Income Tax Reform 2001: An Exceptional Position for Owner-occupied Housing", *Housing Studies*, Vol.17(3):521—534

Marta Beng., 2003, "Foreign direct investment, economic Freedom and growth: new evidence from Lartin America", *European Journal of Political Economy* 19:529—545.

McKinnon, Ronald I., 2007, "The Transfer Problem in Reducing the U. S. Current Account Deficit", *Journal of Policy Modeling*, 29(5):669—675.

Mundell, Robert, 2007, "Dollar Standards in the Dollar Era", *Journal of Policy Modeling*, 29(5): 676—690.

North C. C., Hatt P. K., 1947, "Jobs and occupations: a poular evaluation", *Public Opinion News*, 9-1(3).

Obstfeld, M., Shambaugh, J.C. and Taylor, A.M., 2005, "The Trilemma in History: Tradeoffs a Among Exchange Rates, Monetary Policies, and Capital Mobility", *Review of Economics and Statistics*, 87(3):423—438.

Pannekoek, Anton, 1909, "The New Middle Class", *International Socialist Review*, 10.

Patrick, L., Marcelo O., Javier S., 1998 , "Does Globalization Cause a Higher Contraction of International Trade and Investment Flow?" WTO Working Paper, 8.

Quah, Danny, 1993, "Empirical Cross-section Dynamics in Economic Growth", *European Economic Review*, 37.

Redding, Stephen, 1999, "Dynamic Comparative Advantage and The Welfare Effects of Trade", Oxford Economic Papers, 51.

Rosen, Harvey. S., 2006, *Public Finance*, McGraw Hill Education.

Rosenbaum, E. F. , 1999, "Against Native Materialism: Culture, Consumption and the Causes of Inequality", *Cambridge Journal of Economics*, 23(3):317—335.

Sanchirico, Chris William, 2008, "Progressivity and potential income: measuring the effect of changing work patterns on income tax progressivity", *Columbia Law Review*, vol.108, no.7.

Scott, Christine, 2006, "The Earned Income Tax Credit(EITC): An Overview", CRS Report for Congress.

Standard and Chartered Bank, 2013, "China—Growth in 2014: Do not Panic" October.

Stiglitz, J.E., 2011, "The Best Alternative to A New Global Currency", *Financial Times*, 31(March).

Subacchi, P., 2010, "Who is in Control of The International Monetary System", *International Affairs*, 86(3):665—680.

Subramanian, A., and Kessler, M., 2013, "The Hyperglobalization of Trade and Its Future", Peterson Institute for International Economics, Working Paper, 13-6.

Thimmaiah, G., 1990,"Exemption Limit for Income Tax", *Economic and Political Weekly*, Vol.25,

No.20:1104—1135.
Tzu-Han, Y.A.N.G., and Hung, D.S., 2011, Multinational Corporations, FDI and the East Asian Economic Integration(No.11071).
VanDerhei, Jack, Sarah Holden, and Luis Alonso, 2011, "401(k) Plan Asset Allocation, Account Balances, and Loan Activity", in EBRI Issue Brief.
Vernon, R., 1966, "International investment and international trade in the product cycle", *The Quarterly Journal of Economics*, Vol.80, No.2, May:190—207.
Wamer W.L., 1963, *Yankee City*, Abridged ed., New Haven. Conn: Yale University Press.
Williamson, E., 1976, "Franchise Bidding for natural monopolies", *Bell Journal of Economics*, Vol. 73-04.
Williamson J., 2010, "The Future of the Reserve System", *Journal of Globalization and Development*, Vol.1, No.2.
Xie, Ping and Chuanwei Zou, 2012, "The Theory of Internet Finance", Working Paper of CICB.
Yamaoka, Hiromi and Murtaza Syed, 2010, "Managing the Exit: Lessons from Japan's Reversal of Unconventional Monetary Policy", IMF Working Paper.
阿图·葛文德:《清单革命:如何持续、正确、安全地把事情做好》,浙江人民出版社 2012 年版。
安东尼·奥罗姆:《政治社会学》,上海人民出版社 1989 年版。
安然:《福利国家改革与西方中产阶级的变迁研究》,《社会科学战线》2006 年第 2 期。
巴曙松:《从国际货币体系改革趋势看中国金融发展战略》,《重庆理工大学学报》2010 年第 2 期。
巴曙松:《互动与融合:互联网金融时代的竞争新格局》,《中国经济时报》2012 年 9 月 18 日。
边江璐、陈霞:《嘉兴市农村宅基地置换模式的现状及意义》,《北方经济》2012 年第 12 期。
蔡洪斌:《建设整合高效的全国统一市场:"十二五"时期经济转型的关键》,载《比较》2012(01)。
查尔斯·I·琼斯:《宏观经济学》,格致出版社 2010 年版。
常兴华:《界定中等收入者》,《国际金融报》2003 年 12 月 30 日。
陈剩勇、孙仕祺:《产能过剩的中国特色、形成机制与治理对策——以 1996 年以来的钢铁业为例》,《南京社会科学》2013 年第 5 期。
陈世斌:《略论内轮沿边省份对外开放口岸的合理布局》,《世界地理研究》,1998 年第 12 期。
陈雯、周成军等:《长江流域经济一体化下的中游地区产业发展研究》,《长江流域资源与环境》2003 年第 3 期。
陈晓娟:《关于沿边经济发展的几点认识》,《中共南宁市委党校学报》2008 年第 5 期。
陈长春:《我国西部沿边地区经济开放评价》,《湘潭师范学院学报》1999 年第 6 期。
陈智远:《动态比较优势经验研究》,《世界经济文汇》2002 年第 1 期。
程云川、陈丽君:《中国沿边开放的态势与前景》,《云南社会科学》2009 年第 6 期。
崔玉斌:《我国沿边开放 20 年的回顾与前瞻》,《北方经贸》2013 年第 3 期。
崔玉斌:《我国沿边开放的回顾与展望》,《边疆经济与文化》2010 年第 10 期。
道格拉斯·诺斯、罗伯特·托马斯:《西方世界的兴起》,华夏出版社 2001 年版。
狄煌:《合理界定中等收入者家庭人均收入应达到 10 000—40 000 元》,《经济参考报》2003 年 2 月 12 日。
丁宁宁:《我国区域经济的几个问题》,《开放导报》2004 年第 8 期。

樊瑛:《中国服务业开放度研究》,《国际贸易》2012 年第 10 期。
范恒山:《编制区域规划遵循三大主线》,《财经界》2011 年第 11 期。
范剑平:《外贸恐成 2014 年唯一加速指标》,《21 世纪经济报道》2013 年 12 月 20 日第 6 版。
菲利普·阿吉翁、彼得·霍依特:《内生增长理论》,北京大学出版社 2004 年版。
冯海发:《为全面解决“三农”问题夯实基础——对十八届三中全会〈决定〉有关农村改革几个重大问题的理解》,《农民日报》2013 年 11 月 18 日。
盖瑞·米勒:《管理困境——科层的政治经济学》,上海人民出版社 2002 年版。
干春晖、余典范:《中国构建动态比较优势的战略研究》,《学术月刊》2013 年第 4 期。
高新才:《中国区域经济格局巨变与开发新秩序——建国 60 周年的回顾与展望》,《社科纵横》2009 年 10 期。
耿伟:《动态比较优势与中国目标产业选择实证分析》,《现代财经》2007 年第 12 期。
龚建国、杨晓中、骆玲:《可持续消费的几个问题》,《财经科学》2004 年第 2 期。
苟琴、王戴黎、鄢萍、黄益平:《中国短期资本流动管制是否有效》,《世界经济》2012 年第 2 期。
顾海英、赵德余:《农村集体建设用地流转的法律与产权问题》,《农业经济问题》2003 年第 10 期。
顾纪瑞:《界定中等收入群体的概念、方法和标准之比较》,《现代经济探讨》2005 年第 10 期。
顾乃华、李江帆:《中国服务业技术效率区域差异的实证分析》,《经济研究》2006 年第 1 期。
广东省统计局:《广东省城镇居民中等收入群体的生活状况分析研究》[EB/OL]。
国家发改委地区司与外经所课题组:《世界可持续消费的最新动态》,《经济研究参考》,2004 年第 8 期。
国家发改委宏观经济研究院课题组:《扩大我国中等收入者的比重——中等收入者的定义和划分标准》,《经济研究参考》2005 年第 5 期。
国家统计局城调总队课题组:《6—50 万:中国城市中等收入群体研究》,《数据》2005 年第 6 期。
韩俊:《构建新型工农城乡关系破解“三农”发展难题》,《农民日报》2013 年 12 月 2 日。
韩松:《集体建设用地市场配置的法律问题研究》,《中国法学》2008 年第 3 期。
洪民荣:《充分释放承包经营的制度红利》,《解放日报》2013 年 12 月 12 日。
洪银兴:《从比较优势到竞争优势—兼论国际贸易的比较利益理论的缺陷》,《经济研究》1997 年第 6 期。
胡波:《构建“丝绸之路经济带”的三大原则》,《观察评论》2013 年。
胡立法:《我国贸易开放度的重新估计》,《世界经济研究》2004 年第 5 期。
胡联合:《政治学最高法则下的中产阶层“稳定器”构建战略——兼与张翼先生商榷》,《社会科学》2009 年第 1 期。
胡智:《我国对外开放度的测算与国际比较》,《世界经济研究》2005 年第 7 期。
黄繁华:《90 年代度量贸易开放度的新方法及启示》,《外国经济与管理》2001 年第 1 期。
黄繁华:《我国对外开放度及其国际比较研究》,《国际贸易问题》2000 年第 1 期。
黄莉芳、黄良文、洪琳琳:《基于随机前沿模型的中国生产性服务业技术效率测算及影响因素探讨》,《数量经济技术经济研究》2011 年第 6 期。
黄满盈:《中国对美国出口商品的比较优势及其稳定性分析》,《世界经济研究》2011 年第 4 期。
黄小虎:《征地制度改革和集体建设用地流转》,《经济研究参考》2008 年第 31 期。
江苏省统计局:《浅析南京“中等收入”家庭生活现状》[EB/OL]. http://www.jssb.gov.cn/jstj/fxxx/

sxfx/200410/t20041026_37108.htm.
金荦、李子奈:《中国资本管制有效性分析》,《世界经济》2005 年第 5 期。
凯恩斯:《凯恩斯文集》下卷,改革出版社 2000 年版。
康振华:《对双边自由贸易协定的重新认识》,《河南科技大学学报(社会科学版)》2013 年第 4 期。
赖特·米尔斯:《白领——美国的中产阶级》,浙江人民出版社 1987 年版。
蓝建中、李国荣、蒋旭峰:《国际先驱导报》2012 年 11 月 9 日。
李春玲:《中国中产阶级的增长及其现状》,《江苏社会科学》2008 年第 5 期。
李坤望、王有鑫:《FDI 促进了中国出口产品质量升级吗? ——基于动态面板系统 GMM 方法的研究》,《世界经济研究》2013 年第 5 期。
李树桂:《区域经济合作与长江流域经济带建设的思考》,《社会科学动态》1996 年第 7 期。
李栓、王红梅、刘媛媛、丁冠华、吴黎:《农村集体建设用地流转问题分析》,《中国人口、资源与环境》2011 年第 3 期。
李水:《动态比较优势理论:一种新的模型解释》,《经济评论》2003 年第 1 期。
李眺,罗云辉:《中国经济加速服务化转型 》,《国际金融报》2013 年 11 月 4 日。
李晓华:《后危机时代我国产能过剩研究》,《财经问题研究》2013 年第 6 期。
李晓钟:《产业比较优势动态性的实证分析》,《国际贸易问题》2004 年第 7 期。
李晔:《P2P 理财:火爆背后存隐忧》,《解放日报》2013 年 10 月 20 日。
李忠民、刘育红、张强:《“新丝绸之路”交通基础设施、空间溢出与经济增长——基于多维要素空间面板数据模型》,《财经问题研究》2011 年第 4 期。
理查德·弗罗恩:《宏观经济学》,中国人民大学出版社 2011 年版。
林弘:《让中等收入者多起来》,《中国经济信息》2003 年第 10 期。
林毅夫、李永军:《比较优势、竞争优势与发展中国家的经济发展》,《管理世界》2003 年第 7 期。
蔺雷、吴贵生:《服务创新》,清华大学出版社 2007 年版。
刘秉泉:《分配制度改革中的热点和难点问题》,《群言》2003 年第 9 期。
刘宏、李述晟:《FDI 对我国经济增长、就业影响研究——基于 VAR 模型》,《国际贸易问题》2013 年第 4 期。
刘建颖:《2013 年上半年我国外贸形势回顾与展望》,《对外经贸》2013 年第 9 期。
刘欣:《TPP 国家经济的比较性分析及影响研究》,《世界贸易组织动态与研究》2013 年第 3 期。
刘育红:《“新丝绸之路”经济带交通基础设施、空间溢出与经济增长》,陕西师范大学 2012 年博士毕业论文。
卢锋、李远芳:《中国贸易条件及其与宏观涨落关系(2001—2011)——开放大国经济的“飞去来器效应”》,北京大学中国经济研究中心讨论稿系列 No.C2011021, 2011。
陆圣:《TPP 对太平洋地区纺织品服装贸易流量的潜在影响——基于一般均衡模型的评估》,《世界贸易组织动态与研究》2013 年第 5 期。
罗杰·法默:《宏观经济学》,北京大学出版社 2009 年版。
马德勇:《当代中国社会“中间阶层”初探》,《新东方》1999 年第 4 期。
毛英、闫敏:《FDI 对中国经济增长影响的实证研究》,《经济问题》2011 年第 8 期。
孟春、刘雅露:《加大沿边开放力度,提高沿边开放水平》,《财经研究》1996 年第 7 期。
倪天麒、王昌燕、杜宏茹、段祖亮:《新疆区域经济开发格局研究》,《干旱区资源与环境》2009 年第

10 期。
倪迅:《国务院各部门行政审批制度改革取得新成绩——2004 年行政审批制度改革工作情况综述》,《光明日报》2005 年 2 月 7 日。
欧阳峣:《"大国综合优势"的提出及研究思路》,载《经济学动态》2009 年第 6 期。
皮坚:《丝绸之路对外贸易走向衰落研究》,2011 年硕士毕业论文。
钱纳里等:《工业化和经济增长的比较研究》,上海三联书店、上海人民出版社 1996 年版。
裘红萍:《2012 年全球贸易救济案件综述》,《中国贸易救济》2013 年第 8 期。
权衡:《"收入分配—收入流动"现代框架:理论分析及其政策含义》,《学术月刊》2008 年第 2 期。
厦门大学宏观经济研究中心:《中国宏观经济预测与分析——2013 年秋季报告》,2013 年 8 月 18 日。
盛斌:《中国加入 WTO 服务贸易自由化的评估与分析》,《世界经济》2002 年第 8 期。
施晓苏:《中国贸易依存度分析》,《当代财经》2001 年第 11 期。
石良平、黄丙志:《贸易便利化与上海国际贸易中心建设》,中国海关出版社 2011 年版。
石良平、周阳:《试论中国(上海)自由贸易试验区海关监管制度的改革》,《上海海关学院学报》2013 年第 4 期。
世界银行:《世界发展指标》,中国财政经济出版社 2010 年版。
四川省城调队:《中等收入群体悄然走来》,《四川日报》2004 年 12 月 8 日。
宋伟、陈百明等:《中国村庄宅基地空心化评价及其影响因素》,《地理研究》2013 年第 1 期。
苏海南:《努力扩大我国的中等收入者比重》,《宏观经济研究》2003 年第 4 期。
孙海鸣、张学良:《区域经济学》,上海人民出版社 2011 年版。
谭峻、涂宁静:《农村宅基地取得制度改革探讨》,《中国土地科学》2013 年第 3 期。
唐杰、M. Fujita:《空间平等与总体经济效率——中国区域经济格局转型分析》,《经济研究》1994 年第 8 期。
陶冶:《扩大中等收入群体比重的有效途径——对市场经济条件下"扩中"的探讨》,《上海经济研究》2006 年第 9 期。
陶一桃:《从沿海开放到沿边开放》,《深圳大学学报(人文社会科学版)》2013 年第 1 期。
万璐:《美国 TPP 战略的经济效应研究——基于 GTAP 模拟的分析》,《当代亚太》2011 年第 4 期。
王峰:《张骞通西域与丝绸之路中国境内的自然生态保护》,《宁夏大学学报(人文社会科学版)》2005 年第 5 期。
王国斌:《互联网时代的投资》,《上海国资》2013 年第 8 期。
王健:《还原真实的美联储》,浙江大学出版社 2013 年版。
王睿、陈德敏:《西部地区向西开放总体战略构想研究》,《中国软科学》2013 年第 4 期。
王铁:《关于打造中国沿边经济圈的战略构想》,《管理世界》2008 年第 6 期。
王伟同、张旭:《人口红利衰减、稳增长约束与人口城乡迁移速度》,《财经问题研究》2013 年第 10 期。
王小鲁:《灰色收入与发展陷阱》,中信出版社 2012 年版。
王晓雁:《国务院法制办:减少行政审批项目激发市场创造活力》,《法制日报》2013 年 12 月 23 日。
王岳平:《培育我国产业动态比较优势的机理分析与政策研究》,《经济研究参考》2012 年第 15 期。
王泽强:《改革开放以来我国区域发展战略回顾及展望——基于效率与公平的视角》,《中共宁波市委党校学报》2009 年第 2 期。
魏浩、毛日升、张二震:《中国制成品比较优势及贸易结构分析》,《世界经济》2005 年第 2 期。

温静:《中国社会中间阶层的发展和问题》,《社会》2003 年第 7 期。
吴学军:《行政审批服务标准化建设问题探析》,中国改革论坛,2010 年 4 月 20 日。
吴宇寰:《从移动市场支付交易规模单季破千亿,支付宝份额进一步扩大》,《都市商报》2013 年 8 月 7 日;http://tech.hexun.com/2013-08-09/156963668.html。
西尔文·普拉斯切特:《对所得的分类、综合及二元课税模式》,中国财政经济出版社 1993 年版。
夏斌:《国际货币体系缓慢变革下的人民币国际化》,《中国金融》2011 年第 15 期。
肖碧林、王道龙等:《我国农村宅基地置换模式、问题与对策建议》,《中国农业资源与区划》2011 年第 3 期。
谢平:《迎接互联网金融模式的机遇和挑战》,《21 世纪经济报道》2012 年 9 月 3 日。
邢军:《对新时期我国沿边口岸发展模式的思考》,《经济纵横》2007 第 10 期。
徐振斌:《收入分配与社会稳定解析》,《人民日报》2002 年 2 月 26 日。
许统生、熊正德:《服务贸易开放度度量及中国的经验实证》,《国际服务贸易评论》2007 年第 1 期。
亚里士多德:《伦理学》,商务印书馆 2003 年版。
杨涛:《我国失地农民问题研究综述》,《求实》2006 年第 9 期。
杨小凯、张永生:《新贸易理论、比较利益理论及其经验研究的新成果:文献综述》,《经济学(季刊)》2001 年第 10 期。
杨珍莹:《"蚂蚁借贷"可以走更远》,《浦东开发》2013 年第 8 期。
杨祖义:《20 世纪 90 年代中国区域经济发展的历史考察与基本经验》,《当代中国史研究》2006 年第 3 期。
殷德生:《权力、相互依赖于国际货币合作:基于国际货币体系史的考察》,《世界经济与政治》2011 年第 8 期。
殷德生:《上海国际金融中心发展的突破口》,《文汇报》2013 年 4 月 8 日。
殷醒民:《宽松货币政策实施与退出的"滞胀"效应》,载周振华主编:《复苏调整中的双重压力:预防滞胀——中国经济分析 2010—2011》,格致出版社、上海人民出版社 2011 年版。
于津平:《中国与东亚主要国家和地区间的比较优势与互补性》,《世界经济》2003 年第 5 期。
余典范、干春晖、郑若谷:《中国产业结构的关联特征分析——基于投入产出结构分解技术的实证研究》,《中国工业经济》2011 年第 11 期。
余典范:《中国产业动态比较优势的实证研究:基于马尔科夫链的方法》,《经济管理》2013 年第 12 期。
约翰·凯恩斯:《凯恩斯文集》下卷,改革出版社 2000 年版。
再英·塔拉普:《浅谈新丝绸之路给我国带来的机遇与挑战》,《宏观经济》2013 年第 9 期。
张斌、徐奇渊:《汇率与资本项目管制下的人民币国际化》,《国际经济评论》2012 年第 4 期。
张定安,《行政审批制度改革攻坚期的问题分析与突破策略》,《中国行政管理》2012 年第 9 期。
张国华:《论宅基地使用权的可流转性及其实现》,法律出版社 2013 年版。
张纪南:《扎实推进行政审批制度改革　增强经济社会发展内生动力》,《中国机构改革与管理》2013 年 11 月。
张康之:《行政审批制度改革:政府从管制走向服务》,《理论与改革》2003 年第 6 期。
张鹏、王亦白:《对农村集体建设用地使用权流转试点的思考》,《法学》2006 年第 5 期。
张伟:《互联网金融的先驱国美国:形态各异　羽翼未丰》,《经济日报》2013 年 11 月 19 日。

张学良:《2013 年中国区域经济发展报告——中国城市群的崛起于协调发展》,人民出版社 2013 年版。
张翼:《当前中国中产阶层的政治态度》,《中国社会科学》2008 年第 2 期。
张云华等:《完善与改革农村宅基地制度研究》,中国农业出版社 2011 年版。
赵凌云:《1979—1991 年间中国区域经济格局变化、原因及其效应》,《中国经济史研究》2001 年第 2 期。
中国(海南)改革发展研究院课题组:《扩大中等收入群体是个大战略》,《光明日报》2013 年 4 月 23 日。
中国互联网络信息中心:《中国互联网络发展状况统计报告(第 32 次)》2013 年 7 月。
中国企业联合会"去产能化"调研组:《当前部分行业产能过剩情况及化解建议》,《中国经贸导刊》2013 年 4 月下。
中国人民银行货币政策分析小组:《中国货币政策执行报告》,2008—2013 年的各个季度报告。
中国人民银行调查统计司课题组:《我国加快资本账户开放的条件基本成熟》,《中国金融》2012 年第 5 期。
中国银行:《汇率市场化:寻求人民币汇率的均衡点》,《月度观察》2013 年第 22 期。
钟水映、李魁:《人口红利与经济增长关系研究综述》,《人口与经济》2009 年第 2 期。
周立三:《论我国内陆沿边开放在全国经济发展中的地位和作用》,《人文地理》1993 年第 3 期。
周小川:《关于改革国际货币体系的思考》,《中国金融》2009 年第 7 期。
朱显平:《中国—中亚新丝绸之路经济发展带构想》,《东北亚论坛》2006 年第 9 期。
宗建亮、熊豪:《中美贸易互补性实证分析》,《世界经济与政治论坛》2007 年第 3 期。

后　记

2013年年末，中国召开了举世瞩目的党的十八届三中全会，对于中国全面深化改革做出了令人振奋的谋划和部署。另一方面，全球经济仍处在缓慢复苏中，发达经济体和新兴市场国家经济增长仍然充满不确定性。如何在全面深化改革和全球经济发展不确定中寻找中国新一轮发展红利，实现经济可持续增长，则是摆在专家学者面前的一个重大任务。

在过去的一年中，沪上经济学界同仁似乎比往年更加关注全面深化改革中如何再造发展红利。中国经济过去30多年的增长，依靠的就是改革和开放带来的巨大的市场化红利和全球化红利。未来中国经济如何持续获得发展红利，特别是全面深化改革的红利和中国(上海)自由贸易试验区建设带来的新一轮全球化红利如何促使中国经济获得长期增长的内生性动力？显然，这将更加吸引经济学家们努力探索中国未来发展的新改革、新红利和新发展。

本书由上海市人民政府发展研究中心主任周振华研究员组织部分沪上知名学者进行研究和撰写。参与本书研究大纲讨论的专家学者有周振华、张幼文、石良平、袁志刚、张军、殷醒民、陈宪、权衡等。本书写作分工如下：导论由周振华、周国平、权衡等(上海市人民政府发展研究中心、上海社会科学院)执笔；第1章由袁志刚等(复旦大学)执笔；第2章由张军(复旦大学)执笔；第3章由殷醒民(复旦大学)执笔；第4章由石良平、孙浩(上海社会科学院、上海海关学院)执笔；第5章由殷德生(华东师范大学)执笔；第6章由汤蕴懿(上海社会科学院)执笔；第7章由洪民荣、王秀治、郑琦、薛艳杰(上海社会科学院)执笔；第8章由李凌(上海社会科学院)执笔；第9章由权衡、常亚青执笔(上海社会科学院、华东理工大学)执笔；第10章由干春晖、余典范(上海财经大学)执笔；第11章由殷凤、陈宪(上海大学、上海交通大学)执笔；第12章由余显财(复旦大学)执笔；第13章由张学良、杨朝远(上海财经大学)执笔。

课题研究和初稿写作过程中，上海社会科学院经济研究所副所长权衡研究员负责课题组织和协调工作，上海市人民政府发展研究中心科研处处长吴苏贵也做了大量的组织和协调工作。初稿完成后，由周振华研究员、权衡研究员对本书进行了全面修改和统稿，对部分内容章节内容作了调整和修改，以便使全书内容更加系统，逻辑关系更加顺畅。

本书作者们是沪上一批著名经济学人。多年来，他们尽管各自忙于工作、教学和研究任务，但是总能常常聚集一起，怀着对中国增长奇迹的兴趣和好奇，怀着对深化中国经济改革的责任和担当，坚持不懈，努力为经济学的“经邦济世”贡献着自己的智慧和汗水。本书编者对他们表示敬意和感谢！

由于本年度经济运行情况变化较大，变量较多，为及时反映最新情况和分析新出现的问题，几经易稿，所以最后定稿的时间比较仓促，难免会在观点及编辑中存在若干不足和问题。作者期待学界同仁对本书提出指正和批评。

周振华　权　衡

2014 年 1 月 10 日于上海

图书在版编目(CIP)数据

新改革·新开放·新红利:中国经济分析:2013~2014/周振华等著.—上海:格致出版社:上海人民出版社,2014
ISBN 978-7-5432-2342-4

Ⅰ.①新… Ⅱ.①周… Ⅲ.①中国经济-经济分析-2013②中国经济-经济预测-2014 Ⅳ.①F123.2

中国版本图书馆CIP数据核字(2014)第022216号

责任编辑 忻雁翔
装帧设计 路 静

新改革·新开放·新红利——中国经济分析2013—2014
周振华 等著

出 版	世纪出版股份有限公司 格致出版社 世纪出版集团 上海人民出版社 (200001 上海福建中路193号 www.ewen.cc) 格致出版 编辑部热线 021-63914988 市场部热线 021-63914081 www.hibooks.cn	印 刷	苏州望电印刷有限公司
		开 本	787×1092 1/16
		印 张	24
		插 页	3
		字 数	358,000
		版 次	2014年2月第1版
发 行	上海世纪出版股份有限公司发行中心	印 次	2014年2月第1次印刷

ISBN 978-7-5432-2342-4/F·709 定价:70.00元